Dominando Ética

ALYSSON RACHID

Dominando Ética

7ª edição
2025

- O Autor deste livro e a editora empenharam seus melhores esforços para assegurar que as informações e os procedimentos apresentados no texto estejam em acordo com os padrões aceitos à época da publicação, *e todos os dados foram atualizados pelo autor até a data da entrega dos originais à editora*. Entretanto, tendo em conta a evolução das ciências, as atualizações legislativas, as mudanças regulamentares governamentais e o constante fluxo de novas informações sobre os temas que constam do livro, recomendamos enfaticamente que os leitores consultem sempre outras fontes fidedignas, de modo a se certificarem de que as informações contidas no texto estão corretas e de que não houve alterações nas recomendações ou na legislação regulamentadora.

- Data do fechamento do livro: 25/09/2024

- O Autor e a editora se empenharam para citar adequadamente e dar o devido crédito a todos os detentores de direitos autorais de qualquer material utilizado neste livro, dispondo-se a possíveis acertos posteriores caso, inadvertida e involuntariamente, a identificação de algum deles tenha sido omitida.

- Direitos exclusivos para a língua portuguesa
  Copyright ©2025 by
  Saraiva Jur, um selo da SRV Editora Ltda.
  Uma editora integrante do GEN | Grupo Editorial Nacional
  Travessa do Ouvidor, 11
  Rio de Janeiro – RJ – 20040-040

- **Atendimento ao cliente: https://www.editoradodireito.com.br/contato**

- Reservados todos os direitos. É proibida a duplicação ou reprodução deste volume, no todo ou em parte, em quaisquer formas ou por quaisquer meios (eletrônico, mecânico, gravação, fotocópia, distribuição pela Internet ou outros), sem permissão, por escrito, da **SRV Editora Ltda.**

- Capa: Tiago Fabiano Dela Rosa
  Diagramação: Fabricando Ideias Design Editorial

- **DADOS INTERNACIONAIS DE CATALOGAÇÃO NA PUBLICAÇÃO (CIP)**
  ODILIO HILARIO MOREIRA JUNIOR – CRB-8/9949

  R119d   Rachid, Alysson
  Dominando ética / Alysson Rachid. – 7. ed. – São Paulo: Saraiva Jur, 2025.

  368 p.
  ISBN: 978-85-5362-651-9 (impresso)

  1. Ética. 2. Ética profissional. 3. Estatuto da Advocacia e da OAB. 4. OAB. 5. Exame de Ordem. 6. Prerrogativas profissionais. I. Título.

	CDD 340.112
2024-2460	CDU 34:174

  Índices para catálogo sistemático:
  1. Direito : Ética   340.112
  2. Direito : Ética profissional   34:174

Quando você faz um desejo a uma estrela
Não faz diferença quem você é
Qualquer coisa que seu coração desejar
Virá para você

Leigh Harline / Ned Washington
(Walt Disney)

Dedico este livro à minha esposa, Luciana,
e aos meus filhos, Laila e Pedro Henrique,
pelo imenso amor, alegria e motivação
que me proporcionam todos os dias.

Alysson Cesar Augusto de Freitas Rachid
@alyssonrachid

SUMÁRIO

1 INTRODUÇÃO, CONCEITOS E PRINCÍPIOS FUNDAMENTAIS 1
   1.1. Sigilo profissional 2

2 ATIVIDADE DE ADVOCACIA 11
   2.1. Advocacia Pública 15
   2.2. Ética do Advogado 16

3 ESTÁGIO PROFISSIONAL 25

4 MANDATO JUDICIAL E RELAÇÕES COM O CLIENTE 33

5 DIREITOS DO(A) ADVOGADO(A) 49
   5.1. Direitos da advogada 56
   5.2. Criminalização da violação de direitos ou prerrogativas de advogado(a) ... 58
   5.3. Desagravo público 58

6 INSCRIÇÃO NA OAB 75

7 SOCIEDADE DE ADVOGADOS E SOCIEDADE UNIPESSOAL DE ADVOCACIA.. 89
   7.1. Advogado associado 92

8 ADVOGADO EMPREGADO 105

9 HONORÁRIOS ADVOCATÍCIOS 111
   9.1. Advocacia *pro bono* 118

10 INCOMPATIBILIDADES E IMPEDIMENTOS 133

11 PUBLICIDADE PROFISSIONAL 141

12 INFRAÇÕES E SANÇÕES DISCIPLINARES 157
12.1. Reabilitação 163
12.2. Prescrição 163

13 ORDEM DOS ADVOGADOS DO BRASIL 173
13.1. Conselho Federal 174
13.2. Conselhos Seccionais 177
13.3. Subseções 181
13.4. Caixas de Assistência dos Advogados 182

14 ELEIÇÕES E MANDATO 191

15 PROCESSO DISCIPLINAR 199
15.1. Recurso 207
15.2. Suspensão preventiva 207

16 DICAS SOBRE O REGULAMENTO GERAL DO ESTATUTO DA ADVOCACIA E DA ORDEM DOS ADVOGADOS DO BRASIL 217

17 DICAS SOBRE O CÓDIGO DE ÉTICA E DISCIPLINA DA OAB 233

18 LEGISLAÇÃO ESPECÍFICA 243
18.1. Estatuto da Advocacia e a Ordem dos Advogados do Brasil (OAB).....243
18.2. Código de Ética e Disciplina da OAB 278
18.3. Regulamento Geral do Estatuto da Advocacia e da OAB 297
18.4. Provimento n. 205/2021 351

1 INTRODUÇÃO, CONCEITOS E PRINCÍPIOS FUNDAMENTAIS

arts. 1º a 7º, CED

A ética, de forma geral, pode ser tratada como um estudo dos costumes e da conduta humana de acordo com a época e o local. **Ética profissional do advogado** é parte da ética geral que trata da técnica dos profissionais do direito e das suas condutas perante toda a sociedade, visando sempre à **dignidade da advocacia**.

São privativos dos inscritos na Ordem dos Advogados do Brasil – OAB a denominação de advogado e o exercício da advocacia no território brasileiro, sendo dever do advogado observar:

Estatuto da Advocacia		Regulamento Geral do Estatuto da Advocacia
	Código de Ética e Disciplina	
Provimentos		Princípios da moral individual, social e profissional

Note que, ao contrário do Estatuto da Advocacia (Lei n. 8.906, de 4 de julho de 1994), o Código de Ética e Disciplina não é uma lei, mas sim um Regramento Especial com força normativa de natureza infralegal. Dessa forma, é importante destacar que compete ao Conselho Federal editar e alterar o Regulamento Geral do Estatuto da Advocacia, o Código de Ética e Disciplina e os Provimentos necessários. Porém, em relação ao Estatuto da Advocacia, essa competência é atribuída ao Poder Legislativo.

Algumas características e conceitos inerentes à profissão do advogado devem ser relembrados:

Sigilo Profissional

Confiabilidade   **Pessoalidade**

Quando falamos em **confiabilidade**, trata-se da confiança recíproca que estrutura as relações entre advogado e cliente e se dá, preferencialmente, por meio da **consulta pessoal** (pessoalidade). Nesse ponto, **sentindo o advogado que essa confiança lhe falta**, é recomendável que externe ao cliente sua impressão e, não se dissipando eventuais dúvidas existentes, providencie, em seguida, o **substabelecimento do mandato ou a ele renuncie**.

Os três conceitos estão inter-relacionados, mas o sigilo profissional possui capítulo específico no Código de Ética e Disciplina da OAB e deve ser estudado com maior atenção.

1.1. SIGILO PROFISSIONAL

> arts. 35 a 38, CED
> art. 7º, XIX, EAOAB
> art. 34, VII, EAOAB

O **Sigilo Profissional** estabelece que todas as informações que o advogado obtém no exercício da sua profissão são sigilosas, de forma que se presumem confidenciais as comunicações de qualquer natureza entre advogado e cliente. Trata-se de um **direito/dever** do advogado.

Sigilo Profissional	
Direito do Advogado (art. 7º, XIX, EAOAB)	**Dever do Advogado** (art. 35, CED)
Constitui **direito do advogado** recusar-se a depor como testemunha em processo no qual funcionou ou deva funcionar, ou sobre fato relacionado com a pessoa de que seja ou foi advogado, **mesmo quando autorizado ou solicitado pelo constituinte**, bem como fato que constitua sigilo profissional.	O **advogado tem o dever** de guardar sigilo dos fatos de que tome conhecimento no exercício da profissão.

Algumas **observações** quanto ao sigilo profissional merecem especial atenção:

1. É de ordem pública, ou seja, independe de qualquer solicitação de sua observância que lhe seja feita pelo cliente.
2. Abrange os fatos obtidos pelo advogado em virtude de funções desempenhadas na Ordem dos Advogados do Brasil.
3. Deve ser respeitado pelo advogado, também, no exercício das funções de mediador, árbitro e conciliador.
4. Sua violação, sem justa causa, constitui infração disciplinar passível de sanção de censura.

IMPORTANTE LEMBRAR

O **sigilo profissional cederá** em face de circunstâncias excepcionais que identifiquem **justa causa**. Por exemplo, diante de grave ameaça ao direito à vida, à honra ou em defesa própria do advogado.

Podemos ainda acrescentar outras características à ilustração apresentada, como a **independência**, a **não mercantilização** e a **exclusividade**:

A **independência** é uma característica da advocacia a qual o advogado tem o dever de zelar, mesmo que vinculado ao cliente ou constituinte mediante relação empregatícia ou por contrato de prestação permanente de serviços, ou como integrante de departamento jurídico, ou de órgão de assessoria jurídica.

Note que é justificável a recusa pelo advogado do patrocínio de causa e de manifestação, no âmbito consultivo, de pretensão referente a direito que também lhe seja aplicável ou contrarie orientação que tenha manifestado anteriormente.

A **não mercantilização** se mostra como uma proibição a adoção de características típicas do comércio no exercício da advocacia. Pretende-se assim afastar condutas que impliquem, direta ou indiretamente, a angariação ou captação de clientela.

Por sua vez, a **exclusividade** pode ser vista na proibição da divulgação de serviços de Advocacia juntamente com a de outras atividades ou a indicação de vínculos entre uns e outras.

O Código de Ética e Disciplina, ao tratar dos **princípios fundamentais**, aponta o advogado como sendo indispensável à administração da Justiça, defensor do Estado Democrático de Direito, dos direitos humanos e garantias fundamentais, da cidadania, da moralidade, da Justiça e da paz social. Estabelece **deveres e abstenções**, que podem ser resumidos da seguinte forma:

O advogado tem o dever de:	O advogado deve abster-se de:
▪ Preservar, em sua conduta, a honra, a nobreza e a dignidade da profissão, zelando pelo caráter de essencialidade e indispensabilidade da advocacia; ▪ Atuar com destemor, independência, honestidade, decoro, veracidade, lealdade, dignidade e boa-fé; ▪ Velar por sua reputação pessoal e profissional; ▪ Empenhar-se, permanentemente, no aperfeiçoamento pessoal e profissional; ▪ Contribuir para o aprimoramento das instituições, do Direito e das leis; ▪ Estimular, a qualquer tempo, a conciliação e a mediação entre os litigantes, prevenindo, sempre que possível, a instauração de litígios; ▪ Desaconselhar lides temerárias, a partir de um juízo preliminar de viabilidade jurídica; ▪ Pugnar pela solução dos problemas da cidadania e pela efetivação dos direitos individuais, coletivos e difusos;	▪ Utilizar de influência indevida, em seu benefício ou do cliente; ▪ Vincular seu nome ou nome social a empreendimentos sabidamente escusos; ▪ Emprestar concurso aos que atentem contra a ética, a moral, a honestidade e a dignidade da pessoa humana; ▪ Entender-se diretamente com a parte adversa que tenha patrono constituído, sem o assentimento deste; ▪ Ingressar ou atuar em pleitos administrativos ou judiciais perante autoridades com as quais tenha vínculos negociais ou familiares; ▪ Contratar honorários advocatícios em valores aviltantes.

1 ■ INTRODUÇÃO, CONCEITOS E PRINCÍPIOS FUNDAMENTAIS

O advogado tem o dever de:	O advogado deve abster-se de:
■ Adotar conduta consentânea com o papel de elemento indispensável à administração da Justiça; ■ Cumprir os encargos assumidos no âmbito da OAB ou na representação da classe; ■ Zelar pelos valores institucionais da OAB e da advocacia; ■ Ater-se, quando no exercício da função de defensor público, à defesa dos necessitados.	

> **IMPORTANTE LEMBRAR**

1. O advogado deve ter consciência de que o **Direito é um meio de pacificar as desigualdades** a fim de se encontrar soluções justas e de que a **lei é um instrumento para garantir a igualdade de todos**.

2. É defeso (proibido) ao advogado expor os fatos em Juízo ou na via administrativa falseando propositadamente a verdade e utilizando de má-fé.

3. **Perspectiva de gênero:** o advogado e a advogada devem atuar com perspectiva interseccional de gênero e raça em todas as etapas dos procedimentos judicial, administrativo e disciplinar, **afastando estereótipos, preconceitos e problemas estruturais** que possam causar indevido desequilíbrio na relação entre os sujeitos.

QUESTÕES

01. (OAB FGV – XXVI Exame) Rafaela, advogada, atua como árbitra em certa lide. Lena, também regularmente inscrita como advogada perante a OAB, exerce atualmente a função de mediadora. Ambas, no exercício de suas atividades, tomaram conhecimento de fatos relativos às partes envolvidas. Todavia, apenas foi solicitado a Rafaela que guardasse sigilo sobre tais fatos.

Considerando o caso narrado, assinale a afirmativa correta.

A) Apenas Rafaela, no exercício da profissão, submete-se ao dever de guardar sigilo dos fatos de que tomou conhecimento. O dever de sigilo cederá em face de circunstâncias excepcionais que configurem justa causa, como nos casos de grave ameaça aos direitos à vida e à honra, bem como em caso de defesa própria.

B) Apenas Lena, no exercício da profissão, submete-se ao dever de guardar sigilo dos fatos de que tomou conhecimento. O dever de sigilo cederá em face de circunstâncias excepcionais que configurem justa causa, como nos casos de grave ameaça aos direitos à vida e à honra, bem como em caso de defesa própria.

C) Ambas as advogadas, no exercício da profissão, submetem-se ao dever de guardar sigilo dos fatos de que tomaram conhecimento. O dever de sigilo cederá em face de circunstâncias

6 DOMINANDO ÉTICA

excepcionais que configurem justa causa, como nos casos de grave ameaça aos direitos à vida e à honra, bem como em caso de defesa própria.

D) Apenas Rafaela, no exercício da profissão, submete-se ao dever de guardar sigilo dos fatos de que tomou conhecimento. O dever de sigilo cederá em face de circunstâncias excepcionais que configurem justa causa, como nos casos de grave ameaça aos direitos à vida e à honra. Porém, não se admite a relativização do dever de sigilo para exercício de defesa própria.

GABARITO: C.

COMENTÁRIO: O advogado deve observar o sigilo profissional, também, quando no exercício das funções de mediador, conciliador e árbitro. O sigilo profissional cederá em face de circunstâncias excepcionais que configurem justa causa, como nos casos de grave ameaça ao direito à vida e à honra ou que envolvam defesa própria.

FUNDAMENTAÇÃO: Arts. 36, § 2º, e 37, CED.

---

02. (OAB FGV – XXII Exame) Juliana, advogada, foi empregada da sociedade empresária OPQ Cosméticos e, em razão da sua atuação na área tributária, tomou conhecimento de informações estratégicas da empresa. Muitos anos depois de ter deixado de trabalhar na empresa, foi procurada por Cristina, consumidora que pretendia ajuizar ação cível em face da OPQ Cosméticos por danos causados pelo uso de um de seus produtos. Juliana, aceitando a causa, utiliza-se das informações estratégicas que adquirira como argumento de reforço, com a finalidade de aumentar a probabilidade de êxito da demanda. Considerando essa situação, segundo o Estatuto da OAB e o Código de Ética e Disciplina da OAB, assinale a afirmativa correta.

A) Juliana não pode advogar contra a sociedade empresária OPQ Cosméticos, tampouco se utilizar das informações estratégicas a que teve acesso quando foi empregada da empresa.

B) Juliana pode advogar contra a sociedade empresária OPQ Cosméticos, mas não pode se utilizar das informações estratégicas a que teve acesso quando foi empregada da empresa.

C) Juliana pode advogar contra a sociedade empresária OPQ Cosméticos e pode se utilizar das informações estratégicas a que teve acesso quando foi empregada da empresa.

D) Juliana não pode advogar contra a sociedade empresária OPQ Cosméticos, mas pode repassar as informações estratégicas a que teve acesso quando foi empregada da empresa, a fim de que sejam utilizadas por terceiro que patrocine a causa de Cristina.

GABARITO: B.

COMENTÁRIO: É permito ao advogado atuar em nome de terceiros contra o ex-empregador ou ex-cliente, devendo resguardar o sigilo profissional.

FUNDAMENTAÇÃO: Art. 21, CED.

---

03. (OAB FGV – XX Exame) Michael foi réu em um processo criminal, denunciado pela prática do delito de corrupção passiva. Sua defesa técnica no feito foi realizada

1 ■ INTRODUÇÃO, CONCEITOS E PRINCÍPIOS FUNDAMENTAIS

pela advogada Maria, que, para tanto, teve acesso a comprovantes de rendimentos e extratos da conta bancária de Michael. Tempos após o término do processo penal, a ex-mulher de Michael ajuizou demanda, postulando, em face dele, a prestação de alimentos. Ciente de que Maria conhecia os rendimentos de Michael, a autora arrolou a advogada como testemunha.

Considerando o caso narrado e o disposto no Código de Ética e Disciplina da OAB, assinale a afirmativa correta.

A) Maria deverá depor como testemunha, prestando compromisso de dizer a verdade, e revelar tudo o que souber, mesmo que isto prejudique Michael, uma vez que não é advogada dele no processo de natureza cível.

B) Maria deverá depor como testemunha, mesmo que isto prejudique Michael, uma vez que não é advogada dele no processo de natureza cível, mas terá o direito e o dever de se calar apenas quanto às informações acobertadas pelo sigilo bancário de Michael.

C) Maria deverá recursar-se a depor como testemunha, exceto se Michael expressamente autorizá-la, caso em que deverá informar o que souber, mesmo que isso prejudique Michael.

D) Maria deverá recursar-se a depor como testemunha, ainda que Michael expressamente lhe autorize ou solicite que revele o que sabe.

GABARITO: D.

COMENTÁRIO: Constitui direito e dever do advogado recusar-se a depor como testemunha sobre fato relacionado a quem seja ou foi advogado, mesmo quando autorizado ou solicitado pelo constituinte.

FUNDAMENTAÇÃO: Art. 7º, XIX, EAOAB.

---

04. (OAB FGV – XIV Exame) Andrea e Luciano trocam missivas intermitentes, cujo conteúdo diz respeito a processo judicial em que a primeira é autora, e o segundo, seu advogado. A parte contrária, ciente da troca de informações entre eles, requer ao Juízo que esses documentos sejam anexados aos autos do processo em que litigam. Sob a perspectiva do Código de Ética e Disciplina da Advocacia, as comunicações epistolares trocadas entre advogado e cliente:

A) constituem documentos públicos a servirem como prova em Juízo.

B) são presumidas confidenciais, não podendo ser reveladas a terceiros.

C) podem ser publicizadas, de acordo com a prudência do advogado.

D) devem ser mantidas em sigilo até o perecimento do advogado.

GABARITO: B.

COMENTÁRIO: Presumem-se confidenciais as comunicações de qualquer natureza entre advogado e cliente. O advogado tem o dever de guardar sigilo dos fatos conhecidos no exercício da profissão.

FUNDAMENTAÇÃO: Art. 36, § 1º, CED.

8 DOMINANDO ÉTICA

05. (OAB FGV – XIII Exame) Valdir representa os interesses de André em ação de divórcio em que estão em discussão diversas questões relevantes, inclusive de cunho financeiro, por exemplo, o pensionamento e a partilha de bens. Irritado com as exigências de sua ex-esposa, André revela a Valdir que pretende contratar alguém para assassiná-la.

Deve Valdir comunicar o segredo revelado por seu cliente às autoridades competentes?

A) Valdir não pode revelar o segredo que lhe foi confiado por André, pois o advogado deve sempre guardar sigilo sobre o que saiba em razão do seu ofício.

B) Valdir poderia revelar o segredo que lhe foi confiado por André, mas apenas no caso de ser intimado como testemunha em ação penal eventualmente deflagrada para a apuração do homicídio que viesse a ser efetivamente praticado.

C) Valdir pode revelar o segredo que lhe foi confiado por André, em razão da vida da ex-esposa deste último estar em risco.

D) Valdir não pode revelar o segredo que lhe foi confiado por André, mas tem obrigação legal de impedir que o homicídio seja praticado, sob pena de se tornar partícipe do crime.

GABARITO: C.

COMENTÁRIO: O sigilo profissional cederá em face de circunstâncias excepcionais que configurem justa causa, como nos casos de grave ameaça ao direito à vida e à honra ou que envolvam defesa própria do advogado.

FUNDAMENTAÇÃO: Art. 37, CED.

---

06. (OAB FGV – VI Exame) Mévio, advogado, é procurado por Eulâmpia, que realiza consulta sobre determinado tema jurídico. Alguns meses depois, o advogado recebe uma intimação para prestar depoimento como testemunha em processo no qual Eulâmpia é ré, pelos fatos relatados por ela em consulta profissional. No concernente ao tema, à luz das normas estatutárias, é correto afirmar que:

A) o advogado deve comparecer ao ato e prestar depoimento como testemunha dos fatos.

B) é caso de recusa justificada ao depoimento por ter tido o advogado ciência dos fatos em virtude do exercício da profissão.

C) a simples consulta jurídica não é privativa de advogado, equiparada a mero aconselhamento protocolar.

D) o advogado poderá prestar o depoimento, mesmo contra sua vontade, desde que autorizado pelo cliente.

1 ■ INTRODUÇÃO, CONCEITOS E PRINCÍPIOS FUNDAMENTAIS

9

GABARITO: B.

COMENTÁRIO: Constitui direito do advogado recusar-se a depor como testemunha em processo no qual funcionou ou deva funcionar, ou sobre fato relacionado com pessoa de quem seja ou foi advogado, mesmo quando autorizado ou solicitado pelo constituinte, bem como sobre fato que constitua sigilo profissional.

FUNDAMENTAÇÃO: Art. 7º, XIX, EAOAB.

07. (OAB FGV – V Exame) O advogado Antônio é convocado para prestar depoimento como testemunha em ação em que um dos seus clientes é parte. Inquirido pelo magistrado, passa a tecer considerações sobre fatos apresentados pelo seu cliente durante as consultas profissionais, mesmo sobre estratégias que havia sugerido para a defesa do seu cliente. Não omitiu quaisquer informações. Posteriormente à audiência, foi notificado da abertura de processo disciplinar pelo depoimento prestado.

Em relação ao caso acima, com base nas normas estatutárias, é correto afirmar que:

A) no caso em tela, houve justa causa, capaz de permitir a revelação de dados sigilosos.

B) inquirido pelo magistrado, o advogado não pode se escusar de depor e prestar informações.

C) a quebra do sigilo profissional, ainda que judicialmente, como no caso, é infração disciplinar.

D) o sigilo profissional é uma faculdade do advogado.

GABARITO: C.

COMENTÁRIO: Constitui dever do advogado guardar sigilo de todos os fatos dos quais tenha conhecimento por conta do exercício da profissão. A quebra injustificada do sigilo caracteriza infração disciplinar.

FUNDAMENTAÇÃO: Art. 35, CED.

08. (OAB FGV – XI Exame) José é advogado de João em processo judicial que este promove contra Matheus. Encantado com as sucessivas campanhas de conciliação busca obter o apoio do réu para um acordo, sem consultar previamente o patrono da parte contrária, Valter.

Nos termos do Código de Ética, deve o advogado:

A) buscar a conciliação a qualquer preço por ser um objetivo da moderna Jurisdição.

B) abster-se de entender-se diretamente com a parte adversa que tenha patrono constituído, sem o assentimento deste.

C) entender-se com as partes na presença de autoridade sem necessidade de comunicação ao *ex adverso*.

D) participar de campanhas de conciliação e, caso infrutíferas, tentar o acordo extrajudicial diretamente com a parte contrária.

10 DOMINANDO
ÉTICA

GABARITO: B.

COMENTÁRIO: O advogado deve abster-se de entender-se diretamente com a parte adversa que tenha patrono constituído, sem o assentimento deste.

FUNDAMENTAÇÃO: Art. 2º, VIII, *d*, CED.

---

09. (OAB FGV – XXX Exame) Antônio e José são advogados e atuam em matéria trabalhista. Antônio tomou conhecimento de certos fatos relativos à vida pessoal de seu cliente, que respondia a processo considerado de interesse acadêmico. Após o encerramento do feito judicial, Antônio resolveu abordar os fatos que deram origem ao processo em sua dissertação pública de mestrado. Então, a fim de se resguardar, Antônio notificou o cliente, indagando se este solicitava sigilo sobre os fatos pessoais ou se estes podiam ser tratados na aludida dissertação. Tendo obtido resposta favorável do cliente, Antônio abordou o assunto na dissertação.

Por sua vez, o advogado José também soube de fatos pessoais de seu cliente, em razão de sua atuação em outro processo. Entretanto, José foi difamado em público, gravemente, por uma das partes da demanda. Por ser necessário à defesa de sua honra, José divulgou o conteúdo particular de que teve conhecimento.

Considerando os dois casos narrados, assinale a afirmativa correta.

A) Antônio infringiu o disposto no Código de Ética e Disciplina da OAB, violando o dever de sigilo profissional. Por outro lado, José não cometeu infração ética, já que o dever de sigilo profissional cede na situação descrita.

B) Antônio e José infringiram, ambos, o disposto no Código de Ética e Disciplina da OAB, violando seus deveres de sigilo profissional.

C) José infringiu o disposto no Código de Ética e Disciplina da OAB, violando o dever de sigilo profissional. Por outro lado, Antônio não cometeu infração ética, já que o dever de sigilo profissional cede na situação descrita.

D) Antônio e José não cometeram infração ética, já que o dever de sigilo profissional, em ambos os casos, cede nas situações descritas.

GABARITO: A.

COMENTÁRIO: O advogado tem o dever de guardar sigilo das informações obtidas no exercício da profissão. O dever de sigilo cede diante de circunstâncias excepcionais que configurem justa causa, como em casos de grave ameaça à honra ou em defesa própria.

FUNDAMENTAÇÃO: Arts. 35 e 37, CED.

2 ATIVIDADE DE ADVOCACIA

arts. 1º a 5º, EAOAB
arts. 1º a 7º, RGEAOAB

O art. 1º do Estatuto da Advocacia enumera **atividades que somente podem ser praticadas por advogados(as)** regularmente inscritos(as). Sob esse aspecto, a prática de atos privativos de advocacia por profissionais e sociedades não inscritos na OAB, além de constituir **exercício ilegal da profissão**, é considerada **nula**.

As atividades previstas são:

- Postulação em juízo;
- Assessoria, consultoria e direção jurídicas;
- Visar atos e contratos constitutivos de pessoas jurídicas.

Note que:

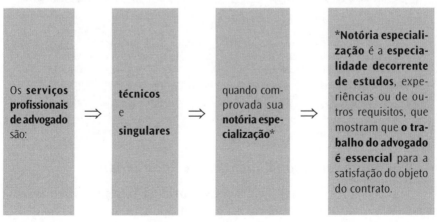

Os **serviços profissionais de advogado** são: ⇒ **técnicos e singulares** ⇒ quando comprovada sua **notória especialização*** ⇒ *Notória especialização é a **especialidade decorrente de estudos**, experiências ou de outros requisitos, que mostram que **o trabalho do advogado é essencial** para a satisfação do objeto do contrato.

12 DOMINANDO ÉTICA

Nos termos da lei, considera-se **notória especialização** o profissional ou a sociedade de advogados cujo conceito no campo de sua especialidade, decorrente de desempenho anterior, estudos, experiências, publicações, organização, aparelhamento, equipe técnica ou de outros requisitos relacionados com suas atividades, permita inferir que seu trabalho é essencial e indiscutivelmente o mais adequado à plena satisfação do objeto do contrato **(art. 3º-A, parágrafo único, EAOAB, incluído pela Lei n. 14.039/2020).**

■ Postulação em juízo

O advogado é indispensável à administração da justiça, sendo, nos limites da Lei, inviolável por seus atos e manifestações. No processo judicial, contribui na postulação de decisão favorável ao seu constituinte e ao convencimento do julgador.

Quanto à **postulação em juízo**, convém observar que o STF, no julgamento da ADIn 1.127-8, declarou inconstitucional a expressão "qualquer" prevista no inciso I do art. 1º do EAOAB.

> ***Art. 1º*** *São atividades privativas de advocacia:*
> *I – a postulação a qualquer órgão do Poder Judiciário e aos juizados especiais* [...].

Com este posicionamento, a postulação em juízo constitui atividade privativa dos advogados, mas existem **exceções** previstas em lei que dispensam a sua presença.

São exceções:
- Impetração de ***habeas corpus*** em qualquer instância ou tribunal (art. 1º, § 1º, EAOAB).
- **Juizados Especiais Cíveis** (art. 9º, Lei n. 9.099/95). Neste caso, a dispensa do advogado pode-se dar em causas com valor de até 20 salários-mínimos.
- **Justiça do Trabalho** (art. 791, CLT, e Súmula 425, TST). O *jus postulandi* das partes limita-se às Varas do Trabalho e aos Tribunais Regionais do Trabalho. Não alcança a ação rescisória, a ação cautelar, o mandado de segurança e os recursos de competência do Tribunal Superior do Trabalho.
- Juizados Especiais no âmbito da Justiça Federal (art. 10, Lei n. 10.259/2001).
- Defesa em Processo Administrativo Disciplinar (Súmula Vinculante 5, STF).
- Ação de Alimentos (art. 2º, Lei n. 5.478/68).

■ Assessoria, consultoria, direção e gerência jurídicas

As atividades de **assessoria e consultoria na área jurídica** para pessoas físicas ou jurídicas, públicas ou privadas, podem ser vistas como uma atuação extrajudicial privativa do advogado regularmente inscrito. Tem como finalidade prevenir conflitos ou mesmo solucioná-los por caminhos alternativos ao processo judicial.

Ainda nesse ponto, o advogado não pode prestar serviços de assessoria e consultoria jurídicas para terceiros, em sociedade que não possam ser registradas na OAB.

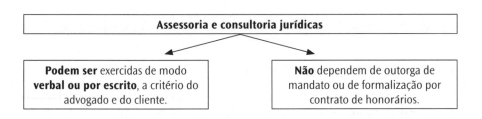

A **direção jurídica** refere-se à administração de assuntos jurídicos que, devido à sua natureza, requer a presença do profissional do direito.

Além da diretoria jurídica, a **gerência jurídica** em qualquer empresa pública, privada ou paraestatal, inclusive instituições financeiras, também constitui atividade privativa de advogado, não podendo ser exercida por quem não se encontre inscrito regularmente na OAB.

- **Visar atos e contratos constitutivos de pessoas jurídicas**

Os **atos e contratos constitutivos de pessoas jurídicas** devem ser visados por advogado para que seja admitido o registro, sob pena de nulidade. Note que **se trata de requisito e não de mera formalidade**, no qual o visto do advogado deve resultar da efetiva constatação de que os respectivos instrumentos estão de acordo com as exigências legais pertinentes.

IMPORTANTE LEMBRAR

1. **Microempresas (ME) e Empresas de Pequeno Porte (EPP)**: dispensam o visto de advogado em seus contratos constitutivos, conforme estabelece o art. 9º, § 2º, LC n. 123/2006 (Estatuto Nacional da Microempresa e da Empresa de Pequeno Porte).
2. Os **advogados que prestem serviços a órgãos** ou entidades da Administração Pública direta ou indireta, da unidade federativa a **que se vincule a Junta Comercial**, ou a quaisquer repartições administrativas competentes para o mencionado registro estão **impedidos de visar atos constitutivos de pessoas jurídicas**.

■ Atos nulos

São nulos os atos privativos de advogados praticados por
- Pessoa não inscrita na OAB.
- Advogado impedido, no âmbito do impedimento.
- Advogado que passar a exercer atividade incompatível com a advocacia.
- Advogado licenciado.
- Advogado suspenso.

> A nulidade do ato não afasta a aplicação de sanções civis, penais e administrativas!

■ Exercício efetivo da advocacia

Considera-se efetivo exercício da atividade de advocacia a **participação anual mínima em cinco atos privativos** previstos no art. 1º do Estatuto, **em causas ou questões distintas**.

A comprovação do efetivo exercício faz-se mediante
- Certidão expedida por cartórios ou secretarias judiciais.
- Certidão expedida pelo órgão público no qual o advogado exerça função privativa do seu ofício, indicando os atos praticados.
- Cópia autenticada de atos privativos.

■ Advogado (patrono) × preposto

Não é permitido ao advogado funcionar no mesmo processo, simultaneamente, como patrono e preposto do empregador ou cliente. Essa vedação justifica-se pelo dever que o advogado tem de manter o sigilo das informações obtidas em decorrência do exercício de sua profissão.

■ Processo Administrativo

No **processo administrativo**, o advogado contribui com a postulação de decisão favorável ao seu constituinte, e os seus atos constituem **múnus público**.

Vale lembrar que os atos do advogado constituem múnus público, pois não se limitam às partes de determinado processo, mas refletem na sociedade como um todo. Assim, o advogado tem papel relevante na manutenção e no fortalecimento do Estado Democrático de Direito e constitui pressuposto indispensável na realização da justiça.

- *Processo Legislativo e elaboração de normas jurídicas*

O advogado **pode contribuir** com o processo legislativo e com a elaboração de normas jurídicas, no âmbito dos Poderes da República.

2.1. ADVOCACIA PÚBLICA

No exercício de atividade privativa de advocacia, os integrantes da advocacia pública observam as normas do Estatuto, de seu Regulamento Geral e do Código de Ética e Disciplina.

Note que não exercem atividades incompatíveis com a advocacia, de forma que são elegíveis e podem integrar qualquer órgão da OAB. Situação diversa ocorre com os membros da Magistratura, do Ministério Público e serventuários da justiça, que são incompatibilizados e não se sujeitam ao Estatuto da Advocacia.

O advogado público
- Exerce suas funções com independência técnica.
- Deve observar e preservar o dever de urbanidade (dever de respeito) nas relações com colegas, autoridades, servidores e público em geral.
- Ao tratar todos com respeito e consideração deve receber igual tratamento, preservando suas prerrogativas.
- Contribui, sempre que possível, para a solução ou redução de litigiosidade.

Exercem atividade de advocacia, sujeitando-se a regime próprio e aos diplomas da OAB, os integrantes (art. 3°, § 1°, EAOAB):
- da Advocacia-Geral da União;
- da Procuradoria da Fazenda Nacional;
- da Defensoria Pública;
- das Procuradorias e Consultorias Jurídicas dos Estados, do Distrito Federal, dos Municípios e das respectivas entidades de administração indireta e fundacional.

IMPORTANTE LEMBRAR

STF – Defensor público: o Supremo Tribunal Federal, no julgamento da ADI 4.636, em junho de 2020, decidiu pela **dispensa do registro na OAB para que o defensor público** possa exercer as atividades do cargo. Decidiu também que os defensores públicos podem atuar em favor de empresas.

16 DOMINANDO ÉTICA

2.2. ÉTICA DO ADVOGADO

Constitui obrigação do advogado **cumprir** os deveres consignados no **Código de Ética e Disciplina**, devendo proceder de forma que o torne merecedor de respeito e que contribua para o prestígio da classe e da advocacia.

IMPORTANTE LEMBRAR

1. **Receio de desagradar autoridade:** nenhum receio de desagradar a magistrado ou a qualquer autoridade, nem de ficar sujeito à impopularidade, deve deter o advogado no exercício da profissão.
2. **Responsabilidade do advogado:** o advogado é responsável pelos atos que, no exercício profissional, praticar com dolo ou culpa.

■ *Lide temerária*

Em caso de lide temerária, o advogado **será solidariamente responsável** com seu cliente, quando coligado com este para lesar a parte contrária, o que será **apurado em ação própria**.

Note-se que na lide temerária o advogado, com a concordância do cliente, altera uma realidade para se obter vantagem com a ação. Ocorre a má-fé processual.

QUESTÕES

01. (OAB FGV – XXVII Exame) Guilherme é bacharel em Direito, não inscrito na OAB como advogado. Ao se deparar com situações de ilegalidade que ameaçam a liberdade de locomoção de seus amigos César e João, e com situação de abuso de poder que ameaça direito líquido e certo de seu amigo Antônio, Guilherme, valendo--se de seus conhecimentos jurídicos, impetra habeas corpus **em favor de César na Justiça Comum Estadual, em 1ª instância;** habeas corpus **em favor de Antônio, perante o Tribunal de Justiça, em 2ª instância; e mandado de segurança em favor de João, na Justiça Federal, em 1ª instância.**

Considerando o que dispõe o Estatuto da OAB acerca da atividade da advocacia, assinale a afirmativa correta.

A) Guilherme pode impetrar *habeas corpus* em favor de César, mas não pode impetrar *habeas corpus* em favor de Antônio, nem mandado de segurança em favor de João.

2 ■ ATIVIDADE DE ADVOCACIA

B) Guilherme pode impetrar *habeas corpus* em favor de César e Antônio, mas não pode impetrar mandado de segurança em favor de João.

C) Guilherme pode impetrar *habeas corpus* em favor de César e Antônio, e também pode impetrar mandado de segurança em favor de João.

D) Guilherme pode impetrar mandado de segurança em favor de João, mas não pode impetrar *habeas corpus* em favor de César e Antônio.

GABARITO: A.

COMENTÁRIO: Cuidado, essa questão merece muita atenção! Note que, para o personagem Antônio, a **medida adequada é mandado de segurança e não *habeas corpus***. Por isso, o bacharel não pode impetrar *habeas corpus* em favor dele.

FUNDAMENTAÇÃO: Art. 1º, § 1º, EAOAB.

02. (OAB FGV – XXIII Exame) Juliana é integrante da equipe de recursos humanos de certa sociedade anônima, de grande porte, cujo objeto social é o comércio de produtos eletrônicos. Encontrando-se vago um cargo de gerência jurídica, Juliana organizou processo seletivo, tendo recebido os currículos de três candidatas.

A primeira delas, Mariana, é advogada regularmente inscrita na OAB, tendo se especializado em Direito Penal. A segunda, Patrícia, não é graduada em Direito, porém é economista e concluiu o doutorado em direito societário e mercado de capitais. A terceira, Luana, graduada em Direito, foi aprovada no exame da OAB e concluiu mestrado e doutorado. É conselheira de certo tribunal de contas estadual, mas encontra-se afastada, a pedido, sem vencimentos.

Considerando a situação narrada, assinale a afirmativa correta.

A) Qualquer das candidatas poderá exercer a função de gerência jurídica, mas apenas Mariana poderá subscrever os atos privativos da advocacia.

B) Qualquer das candidatas poderá exercer a função de gerência jurídica, mas apenas Mariana e Luana poderão subscrever os atos privativos da advocacia.

C) Apenas Mariana poderá exercer a função de gerência jurídica.

D) Apenas Mariana e Luana poderão exercer a função de gerência jurídica.

GABARITO: C.

COMENTÁRIO: Apenas Mariana, por ser advogada regularmente inscrita na OAB, poderá exercer a função pretendida. As funções de diretoria e gerência jurídicas são privativas de advogado.

FUNDAMENTAÇÃO: Art. 7º, RGEAOAB.

18 DOMINANDO ÉTICA

03. (OAB FGV – XXI Exame) Pedro é advogado empregado da sociedade empresária FJ. Em reclamação trabalhista proposta por Tiago em face da FJ, é designada audiência para data na qual os demais empregados da empresa estarão em outro Estado, participando de um congresso.

Assim, no dia da audiência designada, Pedro se apresenta como preposto da reclamada, na condição de empregado da empresa, e advogado com procuração para patrocinar a causa.

Nesse contexto,

A) Pedro pode funcionar no mesmo processo, simultaneamente, como patrono e preposto do empregador, em qualquer hipótese.

B) Pedro pode funcionar no mesmo processo, simultaneamente, como patrono e preposto do empregador, pois não há outro empregado disponível na data da audiência.

C) Pedro pode funcionar no mesmo processo, simultaneamente, como patrono e preposto do empregador, em qualquer hipótese, desde que essa circunstância seja previamente comunicada ao juízo e ao reclamante.

D) Pedro não pode funcionar no mesmo processo, simultaneamente, como patrono e preposto do empregador ou cliente.

GABARITO: D.

COMENTÁRIO: O Código de Ética e Disciplina da OAB proíbe o advogado de funcionar no mesmo processo, simultaneamente, como patrono e preposto do empregador ou cliente.

FUNDAMENTAÇÃO: Art. 25, CED.

---

04. (OAB FGV – XVII Exame) Patrícia foi aprovada em concurso público e tomou posse como Procuradora do Município em que reside. Como não pretendia mais exercer a advocacia privada, mas apenas atuar como Procuradora do Município pediu o cancelamento de sua inscrição na OAB.

A partir da hipótese apresentada, assinale a afirmativa correta.

A) Patrícia não agiu corretamente, pois os advogados públicos estão obrigados à inscrição na OAB para o exercício de suas atividades.

B) Patrícia não agiu corretamente, pois deveria ter requerido apenas o licenciamento do exercício da advocacia e não o cancelamento de sua inscrição.

C) Patrícia poderia ter pedido o licenciamento do exercício da advocacia, mas nada a impede de pedir o cancelamento de sua inscrição, caso não deseje mais exercer a advocacia privada.

D) Patrícia agiu corretamente, pois, uma vez que os advogados públicos não podem exercer a advocacia privada, estão obrigados a requerer o cancelamento de suas inscrições.

2 ■ ATIVIDADE DE ADVOCACIA

GABARITO: A.

COMENTÁRIO: A advogada não agiu corretamente, pois os integrantes da Procuradoria do Município exercem a advocacia e estão sujeitos ao regime do Estatuto da Advocacia, além do regime próprio a que estão subordinados.

FUNDAMENTAÇÃO: Art. 3º, § 1º, EAOAB.

---

05. (OAB FGV – XVII Exame) Os atos e contratos constitutivos de pessoas jurídicas, para sua admissão em registro, em não se tratando de empresas de pequeno porte e de microempresas, consoante o Estatuto da Advocacia, devem:

A) apresentar os dados do contador responsável.

B) permitir a participação de outros profissionais liberais.

C) conter o visto do advogado.

D) indicar o advogado que representará a sociedade.

GABARITO: C.

COMENTÁRIO: Constitui requisito legal que os atos e contratos constitutivos de pessoas jurídicas, para que sejam admitidos em registro, em não se tratando de empresas de pequeno porte e de microempresas, sejam visados por advogados.

FUNDAMENTAÇÃO: Art. 1º, § 2º, EAOAB.

---

06. (OAB FGV – XVI Exame) Bernardo é bacharel em Direito, mas não está inscrito nos quadros da Ordem dos Advogados do Brasil, apesar de aprovado no Exame de Ordem. Não obstante, tem atuação na área de advocacia, realizando consultorias e assessorias jurídicas. A partir da hipótese apresentada, nos termos do Regulamento Geral da Ordem dos Advogados do Brasil, assinale a afirmativa correta.

A) Tal conduta é permitida, por ter o bacharel logrado aprovação no Exame de Ordem.

B) Tal conduta é proibida, por ser equiparada à captação de clientela.

C) Tal conduta é permitida mediante autorização do Presidente da Seccional da Ordem dos Advogados do Brasil.

D) Tal conduta é proibida, tendo em vista a ausência de inscrição na Ordem dos Advogados do Brasil.

GABARITO: D.

COMENTÁRIO: A ausência de inscrição, como advogado, na Ordem dos Advogados do Brasil proíbe a prática de atividades privativas de advocacia, caracterizando o exercício ilegal da profissão.

FUNDAMENTAÇÃO: Art. 4º, RGEAOAB.

20 DOMINANDO
ÉTICA

07. (OAB FGV – XIV Exame) Mara é advogada atuante, tendo especialização na área cível. Procurada por um cliente da área empresarial, ela aceita o mandato. Ocorre que seu cliente possui, em sua empresa, um departamento jurídico com numerosos advogados e um gerente. Por indicação deles, o cliente determina que Mara inclua, no mandato que lhe foi conferido, os advogados da empresa, para atuação conjunta.

Com base no caso apresentado, observadas as regras do Estatuto da OAB e do Código de Ética e Disciplina da OAB, assinale a opção correta.

A) A advogada deve aceitar a imposição do cliente por ser inerente ao mandato.

B) A advogada deve aceitar a indicação de um advogado para atuar conjuntamente no processo.

C) A advogada deve acolher o comando, por ser natural na vida forense a colaboração.

D) A advogada não é obrigada a aceitar a imposição de seu cliente no caso.

GABARITO: D.

COMENTÁRIO: O advogado não se sujeita à imposição do cliente que pretenda ver com ele atuando outros advogados, nem fica na contingência de aceitar a indicação de outro profissional para com ele trabalhar no processo.

FUNDAMENTAÇÃO: Art. 24, CED.

---

08. (OAB FGV – XXXIV Exame) Aline, advogada inscrita na OAB, poderá praticar validamente, durante o período em que estiver cumprindo sanção disciplinar de suspensão, o seguinte ato:

A) impetrar *habeas corpus* perante o Superior Tribunal de Justiça.

B) visar ato constitutivo de cooperativa, para que seja levado a registro.

C) complementar parecer que elaborara em resposta à consulta jurídica.

D) interpor recurso com pedido de reforma de sentença que lhe foi desfavorável em processo no qual atuava em causa própria.

GABARITO: A.

COMENTÁRIO: Não se inclui nas atividades privativas de advocacia a **impetração de** *habeas corpus* em qualquer instância ou tribunal.

FUNDAMENTAÇÃO: Art. 1º, § 1º, EAOAB.

---

09. (OAB FGV – XXXIV Exame) Determinada sociedade de advogados sustenta que os serviços por ela prestados são considerados de notória especialização, para fins de contratação com a Administração Pública.

Sobre tal conceito, nos termos do Estatuto da Advocacia e da OAB, assinale a afirmativa correta.

2 ■ ATIVIDADE DE ADVOCACIA

A) Todas as atividades privativas da advocacia são consideradas como serviços de notória especialização, tratando-se de atributo da atuação técnica do advogado, não extensível à sociedade de advogados.

B) Todas as atividades privativas da advocacia são consideradas como serviços de notória especialização, conceito que se estende à atuação profissional do advogado ou da sociedade de advogados.

C) Apenas exercem serviços de notória especialização o advogado ou a sociedade de advogados cujo trabalho seja possível inferir ser essencial e, indiscutivelmente, o mais adequado à plena satisfação do objeto do contrato.

D) Apenas exercem serviços de notória especialização o advogado cujo trabalho seja possível inferir ser essencial e, indiscutivelmente, o mais adequado à plena satisfação do objeto do contrato, tratando-se de atributo da atuação técnica do advogado, não extensível à sociedade de advogados.

GABARITO: C.

COMENTÁRIO: Considera-se com **notória especialização** o profissional ou a sociedade de advogados cujo conceito no campo de sua especialidade, decorrente de desempenho anterior, estudos, experiências, publicações, organização, aparelhamento, equipe técnica ou de outros requisitos relacionados com suas atividades, permita inferir que o seu trabalho é essencial e indiscutivelmente o mais adequado à plena satisfação do objeto do contrato.

FUNDAMENTAÇÃO: Art. 3º-A, parágrafo único, EAOAB.

10. (OAB FGV – 36º Exame) O advogado João ajuizou uma lide temerária em favor de seu cliente Flávio. Sobre a responsabilização de João, assinale a afirmativa correta.

A) João será solidariamente responsável com Flávio apenas se provado conluio para lesar a parte contrária.

B) João será solidariamente responsável com Flávio independentemente de prova de conluio para lesar a parte contrária.

C) João será responsável subsidiariamente a Flávio apenas se provado conluio para lesar a parte contrária.

D) Flávio será responsabilizado subsidiariamente a João independentemente de prova de conluio para lesar a parte contrária.

GABARITO: A.

COMENTÁRIO: O advogado é responsável pelos atos que, no exercício profissional, praticar com dolo ou culpa e, em caso de lide temerária, será solidariamente responsável com seu cliente, desde que coligado com este para lesar a parte contrária, o que será apurado em ação própria.

FUNDAMENTAÇÃO: Art. 32, parágrafo único, EAOAB.

22 DOMINANDO ÉTICA

11. (OAB FGV – 36º Exame) O advogado Francisco Campos, acadêmico respeitado no universo jurídico, por solicitação do Presidente da Comissão de Constituição e Justiça da Câmara de Deputados, realizou estudos e sugestões para a alteração de determinado diploma legal.

Sobre a atividade realizada por Francisco Campos, assinale a afirmativa correta.

A) A contribuição de Francisco dá-se como a de qualquer cidadão, não se configurando atividade da advocacia, dentre as elencadas no Estatuto da Advocacia e da OAB.

B) É vedada ao advogado a atividade mencionada junto ao Poder Legislativo.

C) A referida contribuição de Francisco é autorizada apenas se Francisco for titular de mandato eletivo, hipótese em que, no que se refere ao exercício da advocacia, ele estará impedido.

D) Enquanto advogado, é legítimo a Francisco contribuir com a elaboração de normas jurídicas, no âmbito dos Poderes da República.

GABARITO: D.

COMENTÁRIO: O advogado pode contribuir com o processo legislativo e com a elaboração de normas jurídicas, no âmbito dos Poderes da República.

FUNDAMENTAÇÃO: Art. 2º-A, EAOAB.

---

12. (OAB FGV – 39º Exame) O advogado Edson foi contratado para prestar a um cliente assessoria jurídica quanto a uma questão imobiliária.

Considerando o caso hipotético, assinale a afirmativa correta.

A) Edson pode prestar a assessoria de modo verbal. Também não é necessária a outorga de mandato ou formalização por contrato de honorários.

B) Edson deve prestar a assessoria de modo escrito. Faz-se necessária a outorga de mandato, mesmo que não haja formalização por contrato de honorários.

C) Edson pode prestar a assessoria de modo verbal. É necessária a outorga de mandato, mesmo que não haja formalização por contrato de honorários.

D) Edson deve prestar a assessoria de modo escrito, mas não é necessária a outorga de mandato ou formalização por contrato de honorários.

GABARITO: A.

COMENTÁRIO: As atividades de consultoria e assessoria jurídicas podem ser exercidas de modo verbal ou por escrito, a critério do advogado e do cliente, e independem de outorga de mandato ou de formalização por contrato de honorários.

FUNDAMENTAÇÃO: Art. 5º, § 4º, EAOAB.

---

13. (OAB FGV – 39º Exame) Bruno, advogado, compareceu à audiência de conciliação acompanhado de seu cliente Carlos, tendo-lhe sido conferidos poderes para

2 ■ ATIVIDADE DE ADVOCACIA

transacionar em juízo ou fora dele. Na audiência, foi oferecida proposta de acordo pela parte adversa, que não foi aceita por Bruno, visto que conflitava flagrantemente com os interesses de seu cliente.

Contrariado, o magistrado cassou a palavra de Bruno, determinando que não se manifestasse mais durante a audiência, visto que a opção de aceitar ou não o acordo seria de decisão única de Carlos, sem possibilidade de influência de seu patrono.

Nesse contexto, de acordo com o Estatuto da Advocacia e Ordem dos Advogados do Brasil (OAB), assinale a afirmativa correta.

A) O magistrado agiu corretamente, considerando que tem o dever de manter a ordem dos trabalhos e, em sua atuação, deve fomentar a solução pacífica dos conflitos, que estava sendo inviabilizada pela resistência de Bruno ao acordo.

B) A palavra de Bruno não poderia ter sido cassada sob o fundamento de que aceitar ou não o acordo é de decisão única de Carlos sem possibilidade de influência de seu patrono, vez que o advogado é indispensável à administração da justiça e deve orientar seu cliente.

C) Em insistindo em falar com seu cliente sobre a aceitação ou não do acordo, a conduta de Bruno acarretará responsabilidade perante a OAB, em razão da violação da ordem hierárquica do magistrado.

D) Em caso de manutenção da insubordinação de Bruno, o juiz poderá determinar que a seccional competente da Ordem dos Advogados do Brasil aplique a pena de suspensão das atividades de advocacia por ele desempenhadas, por prazo não inferior a dois anos.

GABARITO: B.

COMENTÁRIO: O advogado é indispensável à administração da justiça, contribuindo nos processos, judicial e administrativo, na postulação de decisão favorável ao seu constituinte, ao convencimento do julgador. Não há hierarquia nem subordinação entre advogados, magistrados e membros do Ministério Público, devendo todos tratar-se com consideração e respeito recíprocos.

FUNDAMENTAÇÃO: Arts. 2º, § 2º, e 6º, *caput*, EAOAB.

---

14. (OAB FGV – 41º Exame) O empresário João Pedro, movido pelo sentimento de vingança, contrata o advogado Beraldo para propor ação de cobrança contra seu ex-sócio Marcos, apresentando frágeis documentos que comprovariam uma suposta dívida.

A ação foi proposta e, concedida medida cautelar pelo juiz da causa, gerou diversos danos a Marcos, a partir da indisponibilidade de seus bens e do bloqueio de todos os seus ativos bancários *initio litis*. Ao final, porém, o pedido foi julgado totalmente improcedente, sendo expressamente reconhecida a lide temerária.

Acerca da responsabilidade do advogado nessa hipotética situação, assinale a afirmativa correta.

A) Beraldo poderá ser responsabilizado subsidiariamente pelos prejuízos causados, caso demonstrada culpa ou dolo no exercício da profissão, o que deverá ser apurado nos próprios autos.

B) Beraldo e João Pedro poderão ser responsabilizados solidariamente pelos prejuízos causados, desde que demonstrada a coligação entre ambos para lesar Marcos, o que deverá ser apurado em ação própria.

C) Beraldo não poderá ser responsabilizado pelos prejuízos causados, pois o Estatuto da Advocacia e da OAB não prevê consequência jurídica para a hipótese de lide temerária.

D) Beraldo poderá ser responsabilizado solidariamente pelos prejuízos causados, desde que seja demonstrada a coligação com João Pedro para lesar Marcos, o que deverá ser apurado nos próprios autos.

GABARITO: B.

COMENTÁRIO: O advogado é responsável pelos atos que, no exercício profissional, praticar com dolo ou culpa. A **lide temerária** é a ação que **não possui justa causa** para litigar, demonstrando um comportamento imprudente daqueles que a promoveram. Diante de **lide temerária**, o advogado será **solidariamente responsável** com seu cliente, desde que coligado com este para lesar a parte contrária, o que será **apurado em ação própria**.

FUNDAMENTAÇÃO: Art. 32, parágrafo único, EAOAB.

15. (OAB FGV – 41º Exame) A advogada Marina prestou consultoria na área de Direito Tributário para uma sociedade empresária, analisando um tema importante para as funções da referida pessoa jurídica.

Sobre a atividade da advogada, de acordo com o Estatuto da Advocacia e da OAB, assinale a afirmativa correta.

A) A mencionada consultoria deve ser prestada exclusivamente de modo escrito e pressupõe formalização de contrato de honorários.

B) Se a pessoa jurídica e a advogada assim acordarem, independentemente de mandato ou mesmo da formalização do contrato de honorários, é possível a prestação da consultoria por escrito ou verbalmente.

C) Caso a consultoria seja prestada verbalmente, a concordância com essa forma deve ser expressa por ambas as partes em contrato escrito de prestação de serviços advocatícios.

D) A consultoria prestada por Marina pode ser realizada de modo escrito ou verbalmente e, assim, o contrato de prestação de serviços advocatícios pode ser verbal ou escrito, mas é necessária a outorga de mandato.

GABARITO: B.

COMENTÁRIO: As atividades de consultoria e assessoria jurídicas podem ser exercidas de modo verbal ou por escrito, **a critério do advogado e do cliente**, e **independem** de outorga de mandato ou de formalização por contrato de honorários.

FUNDAMENTAÇÃO: Art. 5º, § 4º, EAOAB.

3 ESTÁGIO PROFISSIONAL

> **art. 9º, EAOAB**
> **art. 34, XXIX, EAOAB**
> **arts. 27 a 31, RGEAOAB**

O estágio profissional de advocacia constitui meio adequado de aprendizagem prática e é requisito necessário, inclusive para graduados, para obter a inscrição no quadro de estagiários da OAB.

Pode ser oferecido pela instituição de ensino superior autorizada e credenciada em convênio com a OAB, complementando-se a carga horária do estágio curricular supervisionado com atividades práticas da advocacia e de estudo do Estatuto e do Código de Ética e Disciplina.

O estagiário regularmente inscrito na OAB pode praticar os atos de advocacia previstos no art. 1º do Estatuto, desde que **em conjunto com o advogado ou o defensor público.**

É permitido, pelo Regulamento Geral do EAOAB, ao estagiário inscrito na OAB praticar isoladamente os seguintes atos, mas ainda sob a responsabilidade do advogado:

- **Retirar e devolver autos em cartório**, assinando a respectiva carga.
- **Obter** junto aos escrivães e chefes de secretarias **certidões** de peças ou autos de processos em curso ou findos.
- **Assinar petições de juntada de documentos** a processos judiciais ou administrativos.

Para o exercício de atos extrajudiciais, o estagiário pode comparecer isoladamente, quando receber autorização ou substabelecimento do advogado.

26 DOMINANDO ÉTICA

■ Sanção de censura

O estagiário que praticar ato excedente de sua habilitação comete infração disciplinar passível de sanção de censura.

■ Requisitos para inscrição como estagiário

- ■ Capacidade civil;
- ■ Título de eleitor e quitação do serviço militar, se brasileiro;
- ■ Não exercer atividade incompatível com a advocacia;
- ■ Idoneidade moral;
- ■ Prestar compromisso perante o Conselho.

Note que o aluno de curso jurídico que exerça **atividade incompatível com a advocacia** pode realizar o estágio ministrado por instituição de ensino superior, somente para fins de aprendizagem, mas não cumpre com requisito para a inscrição na OAB. O estágio profissional pode ser feito por bacharel em Direito que queira se inscrever na OAB.

■ Local da inscrição do estagiário

A inscrição do estagiário é feita no **Conselho Seccional** em cujo território se localize seu **curso jurídico**.

■ Cartão de identidade do estagiário

O cartão de identidade do estagiário perde sua validade imediatamente após a prestação do compromisso como advogado. Possui a indicação de "Identidade de Estagiário" e do prazo de validade, que não pode ultrapassar três anos. Tem o mesmo modelo e conteúdo do cartão de identidade do advogado.

■ Regime de teletrabalho / Trabalho a distância

Diante de caso de pandemia ou em outras situações excepcionais que impossibilitem as atividades presenciais, declaradas pelo Poder Público, o estágio profissional **poderá ser realizado no regime de teletrabalho ou de trabalho a distância** em sistema remoto ou não, por qualquer meio telemático, **sem configurar vínculo de emprego** a adoção de qualquer uma dessas modalidades.

3 ■ ESTÁGIO PROFISSIONAL

Nessa hipótese, havendo concessão, pela parte contratante ou conveniada, de equipamentos, sistemas e materiais ou reembolso de despesas de infraestrutura ou instalação, todos destinados a viabilizar a realização da atividade de estágio, essa informação **deverá constar**, expressamente, do convênio de estágio e do termo de estágio.

> **IMPORTANTE LEMBRAR**

1. Para se obter a inscrição definitiva, **não é exigido** como requisito a inscrição anterior de estagiário.
2. O estágio realizado na Defensoria Pública da União, do Distrito Federal ou dos Estados, na forma do art. 145 da Lei Complementar n. 80, de 12 de janeiro de 1994, é considerado válido para fins de inscrição no quadro de estagiários da OAB.

QUESTÕES

01. (OAB FGV – XXIII Exame) Diogo é estudante de Direito com elevado desempenho acadêmico. Ao ingressar nos últimos anos do curso, ele é convidado por um ex-professor para estagiar em seu escritório.

Inscrito nos quadros de estagiários da OAB e demonstrando alta capacidade, Diogo ganha a confiança dos sócios do escritório e passa a, isoladamente e sob a responsabilidade do advogado, retirar e devolver autos em cartório, assinando a respectiva carga; visar atos constitutivos de sociedades para que sejam admitidos a registro; obter junto a escrivães e chefes de secretaria certidões de peças ou autos de processos em curso ou findos; assinar petições de juntada de documentos a processos judiciais ou administrativos; e subscrever embargos de declaração opostos em face de decisões judiciais.

Considerando as diversas atividades desempenhadas por Diogo, isoladamente e sob a responsabilidade do advogado, de acordo com o Estatuto e Regulamento da OAB, ele pode:

A) retirar e devolver autos em cartório, assinando a respectiva carga, bem como visar atos constitutivos de sociedades, para que sejam admitidos a registro.

B) obter, junto a escrivães e chefes de secretaria, certidões de peças ou autos de processos em curso ou findos, bem como assinar petições de juntada de documentos a processos judiciais ou administrativos.

C) obter, junto a escrivães e chefes de secretaria, certidões de peças ou autos de processos findos, mas não de processos em curso, bem como subscrever embargos de declaração opostos em face de decisões judiciais.

28 DOMINANDO ÉTICA

D) assinar petições de juntada de documentos a processos judiciais, mas não a processos administrativos, nem subscrever embargos de declaração opostos em face de decisões judiciais.

GABARITO: B.

COMENTÁRIO: Diogo, como estagiário inscrito na OAB, isoladamente e sob a responsabilidade do advogado, pode retirar e devolver autos em cartório, assinando a respectiva carga, obter certidões de peças ou autos de processos em curso ou findos, assim como assinar petições de juntada de documentos a processos judiciais ou administrativos.
FUNDAMENTAÇÃO: Art. 29, § 1°, I, II e III, RGEAOAB.

---

02. (OAB FGV – XVIII Exame) Fernanda, estudante do 8° período de Direito, requereu inscrição junto à Seccional da OAB do estado onde reside. A inscrição foi indeferida, em razão de Fernanda ser serventuária do Tribunal de Justiça do estado. Fernanda recorreu da decisão, alegando que preenche todos os requisitos exigidos em lei para a inscrição de estagiário e que o exercício de cargo incompatível com a advocacia não impede a inscrição do estudante de Direito como estagiário.

Merece ser revista a decisão que indeferiu a inscrição de estagiário de Fernanda?

A) Sim, pois Fernanda exerce cargo incompatível com a advocacia e não com a realização de estágio.

B) Não, pois as incompatibilidades previstas em lei para o exercício da advocacia também devem ser observadas quando do requerimento de inscrição de estagiário.

C) Sim, pois o cargo de serventuário do Tribunal de Justiça não é incompatível com a advocacia, menos ainda com a realização de estágio.

D) Não, pois apenas estudantes do último período do curso de Direito podem requerer inscrição como estagiários.

GABARITO: B.

COMENTÁRIO: A decisão não merece ser revista, uma vez que o não exercício de atividade incompatível com a advocacia constitui requisito legal para a inscrição na OAB como advogado ou estagiário
FUNDAMENTAÇÃO: Art. 9°, I e § 3°, EAOAB.

---

03. (OAB FGV – IV Exame) Juvenal, estagiário regularmente inscrito nos Quadros da OAB, em processo no qual se encontra indicado como tal, retira do cartório os autos do processo, deixando de devolvê-los no prazo legal. Regularmente intimado, mantém a sua inércia. Em termos disciplinares, é correto afirmar que:

A) o estagiário não sofre sanções disciplinares.

3 ■ ESTÁGIO PROFISSIONAL

B) o advogado responsável pelo estagiário é o destinatário das sanções nesse caso.

C) não há diferença na atuação do estagiário e do advogado para efeito de sanções disciplinares.

D) no caso em tela, não haverá qualquer sanção nem ao advogado nem ao estagiário.

GABARITO: B.

COMENTÁRIO: O estagiário inscrito na OAB pode, isoladamente, **sob a responsabilidade do advogado** retirar e devolver autos em cartório, assinando a respectiva carga.

FUNDAMENTAÇÃO: Art. 29, § 1º, I, RGEAOAB.

04. (OAB FGV – VII Exame) Nos termos das normas do Regulamento Geral do Estatuto da Advocacia e da OAB, o Estágio Profissional de Advocacia é requisito para inscrição no quadro de estagiários da OAB, sendo correto afirmar:

A) É ministrado pela Seccional da OAB sem intervenção de entidade de ensino superior.

B) Pode ser ofertado por instituição de ensino superior em convênio com a OAB.

C) Deve ter carga horária mínima de 360 horas distribuídas em dois anos de atividade.

D) Pode ocorrer a complementação de carga horária em escritórios sem credenciamento junto à OAB.

GABARITO: B.

COMENTÁRIO: O estágio profissional de advocacia pode ser oferecido pela instituição de ensino superior autorizada e credenciada, em convênio com a OAB, complementando--se a carga horária do estágio curricular supervisionado com atividades práticas típicas de advogado e de estudo do Estatuto e do Código de Ética e Disciplina.

FUNDAMENTAÇÃO: Art. 27, § 1º, RGEAOAB.

05. (OAB FGV – XI Exame) Ferrari é aluno destacado no curso de Direito, tendo, no decorrer dos anos, conseguido vários títulos universitários, dentre eles, medalhas e certificados. Indicado para representar a Universidade em que estudou, foi premiado em evento internacional sobre arbitragem. A repercussão desse fato aumentou seu prestígio e, por isso, recebeu numerosos convites para trabalhar em diversos escritórios de advocacia. Aceito o convite de um deles, passou a redigir minutas de contratos, sempre com supervisão de um advogado. Após um ano de estágio, conquistou a confiança dos advogados do seu setor e passou a ter autonomia cada vez maior. Diante dessas circunstâncias, passou a chancelar contratos sem a interferência de advogado.

Nos termos do Estatuto da Advocacia, o estagiário deve atuar:

A) autonomamente, após um ano de estágio.

B) conjuntamente com um advogado, em todos os atos da advocacia.

C) autonomamente, em alguns atos permitidos pelo advogado.

D) vinculado ao advogado em atos judiciais, mas não em atos contratuais.

GABARITO: B.

COMENTÁRIO: O estagiário de advocacia, regularmente inscrito, pode praticar as atividades privativas de advocacia, na forma do Regulamento Geral do Estatuto, em conjunto com o advogado e sob a responsabilidade deste.

FUNDAMENTAÇÃO: Art. 3º, § 2º, do EAOAB.

---

06. (OAB FGV – XII Exame) Ângelo, comandante das Forças Especiais do Estado "B", é curioso em relação às normas jurídicas, cuja aplicação acompanha na seara castrense, já tendo atuado em órgãos julgadores na sua esfera de atuação. Mantendo a sua atividade militar, obtém autorização especial para realizar curso de Direito, no turno da noite, em universidade pública, à qual teve acesso pelo processo seletivo regular de provas. Ângelo consegue obter avaliação favorável em todas as disciplinas até alcançar o período em que o estágio é permitido. Ele pleiteia sua inscrição no quadro de estagiários da OAB e que o mesmo seja realizado na Justiça Militar. Com base no caso narrado, nos termos do Estatuto da Advocacia, assinale a afirmativa correta.

A) O estágio é permitido, desde que ocorra perante a Justiça Militar especializada.

B) O estágio é permitido, mas, por tratar-se de função incompatível, é vedada a inscrição na OAB.

C) O estágio poderá ocorrer, mediante autorização especial da Força Armada respectiva.

D) O estágio possui uma categoria especial que limita a atuação em determinados processos.

GABARITO: B.

COMENTÁRIO: O aluno de curso jurídico que exerça atividade incompatível com a advocacia pode frequentar o estágio ministrado pela respectiva instituição de ensino superior, para fins de aprendizagem, vedada a inscrição na OAB.

FUNDAMENTAÇÃO: Art. 9º, § 3º, EAOAB.

---

07. (OAB FGV – XXIX Exame) Júnior é bacharel em Direito. Formou-se no curso jurídico há seis meses e não prestou, ainda, o Exame de Ordem para sua inscrição como advogado, embora pretenda fazê-lo em breve. Por ora, Júnior é inscrito junto à OAB como estagiário e exerce estágio profissional de advocacia em certo escritório credenciado pela OAB, há um ano. Nesse exercício, poucas semanas

3 ■ ESTÁGIO PROFISSIONAL

atrás, juntamente com o advogado José dos Santos, devidamente inscrito como tal, prestou consultoria jurídica sobre determinado tema, solicitada por um cliente do escritório. Os atos foram assinados por ambos. Todavia, o cliente sentiu-se lesado nessa consultoria, alegando culpa grave na sua elaboração.

Considerando o caso hipotético, bem como a disciplina do Estatuto da Advocacia e da OAB, assinale a opção correta.

A) Júnior não poderia atuar como estagiário e deverá responder em âmbito disciplinar por essa atuação indevida. Já a responsabilidade pelo conteúdo da atuação na atividade de consultoria praticada é de José.

B) Júnior não poderia atuar como estagiário e deverá responder em âmbito disciplinar por essa atuação indevida. Já a responsabilidade pelo conteúdo da atuação na atividade de consultoria praticada é solidária entre Júnior e José.

C) Júnior poderia atuar como estagiário. Já a responsabilidade pelo conteúdo da atuação na atividade de consultoria praticada é solidária entre Júnior e José.

D) Júnior poderia atuar como estagiário. Já a responsabilidade pelo conteúdo da atuação na atividade de consultoria praticada é de José.

GABARITO: D.

COMENTÁRIO: O estagiário de advocacia, regularmente inscrito, pode praticar os atos previstos no art. 1º do Estatuto da Advocacia, na forma do regimento geral, em conjunto com advogado e sob responsabilidade deste.

FUNDAMENTAÇÃO: Art. 3º, § 2º, EAOAB.

---

08. (OAB FGV – 35º Exame) João é estagiário de Direito. É vedado a João praticar isoladamente – isto é, sem atuar em conjunto com o advogado ou o defensor público que o supervisiona – o seguinte ato:

A) assinar petições de juntada de documentos a processos judiciais.

B) obter junto aos escrivães e chefes de secretarias certidões de peças de processos em curso.

C) comparecer à prática de atos extrajudiciais, sem autorização ou substabelecimento do advogado.

D) retirar e devolver autos em cartório, assinando a respectiva carga.

GABARITO: C.

COMENTÁRIO: Para o exercício de atos extrajudiciais, o estagiário pode comparecer isoladamente, quando receber autorização ou substabelecimento do advogado.

FUNDAMENTAÇÃO: Art. 29, § 2º, RGEAOAB.

MANDATO JUDICIAL E RELAÇÕES COM O CLIENTE

> art. 5º, EAOAB
> art. 6º, RGEAOAB
> arts. 9º a 26, CED

O advogado postula, em juízo ou fora dele, fazendo prova do mandato. A **procuração é o instrumento do mandato** que o advogado deve fazer prova para atuar em nome do cliente que, quando para o foro em geral, habilita o profissional a praticar todos os atos judiciais, em qualquer juízo ou instância, salvo os que exijam poderes especiais.

Apesar da exigência de comprovação do mandato, o Estatuto permite que, **em casos de urgência, o profissional possa atuar sem procuração pelo prazo de quinze dias, prorrogável por mais quinze**. Nesse caso, a declaração de urgência feita pelo advogado possui presunção de veracidade. As procurações devem ser outorgadas individualmente aos advogados e indicar a sociedade de que façam parte.

- *Prazo do mandato*

O mandato judicial ou extrajudicial não se extingue pelo decurso de tempo, exceto se o contrário for estipulado no respectivo instrumento.

Com a conclusão da causa ou o arquivamento do processo, presume-se cumprido e extinto o mandato.

- *Processo com advogado constituído*

O advogado não deve aceitar procuração de quem já tenha patrono constituído, sem prévio conhecimento deste. No entanto, diante de motivo plenamente justificável ou para a prática de medidas judiciais urgentes e inadiáveis, é admitido que se aceite.

- **Substabelecimento do mandato**

Substabelecimento do mandato é o ato pelo qual um advogado (substabelecente) transfere a outro advogado (substabelecido) poderes que lhe foram outorgados pelo cliente. Existem duas formas de substabelecimento:

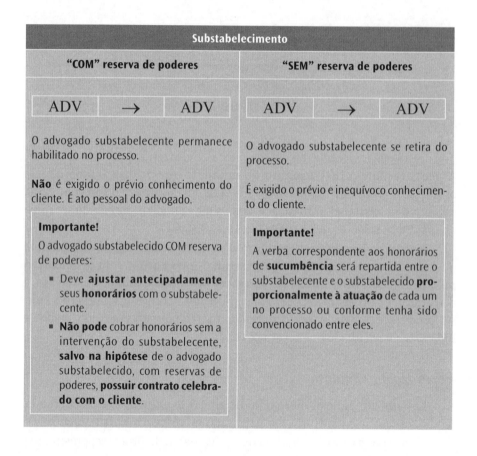

- **Renúncia e revogação do mandato**

A relação profissional pode ou, em certos casos, deve ser interrompida a qualquer tempo por ato do advogado ou do cliente. A interrupção pode ocorrer por meio da **renúncia** ou da **revogação** da procuração.

4 ■ MANDATO JUDICIAL E RELAÇÕES COM O CLIENTE

O **advogado** que pretende se retirar do processo deve buscar a **ciência inequívoca** do cliente com **notificação da renúncia** ao mandato, preferencialmente por carta com aviso de recebimento, para posterior comunicação em Juízo. Note que o Regulamento Geral do Estatuto da Advocacia deixa claro que a notificação da renúncia deve-se dar "preferencialmente mediante carta com aviso de recepção", mas não necessariamente, ou seja, o que se busca é a comprovação de ciência inequívoca, mesmo que se dê de outra forma.

Diante da **renúncia** ao mandato, o advogado permanecerá, durante os **dez dias** seguintes à notificação da renúncia, a representar o mandante, salvo se for substituído antes do término desse prazo.

> **IMPORTANTE LEMBRAR**
>
> 1. **Foro íntimo:** a renúncia ao patrocínio é de foro íntimo, deve ser feita **sem menção do motivo** que a determinou.
>
> 2. **Responsabilidade por danos:** a renúncia ao mandato **não exclui responsabilidade** por danos causados ao cliente ou a terceiros.
>
> 3. **Abandono de causa:** o advogado **não deve deixar ao abandono ou ao desamparo** as causas sob seu patrocínio. Ocorrendo dificuldades insuperáveis ou inércia do cliente quanto à providência que lhe tenha sido solicitada é indicado que promova a renúncia ao mandato. O advogado não será responsabilizado por omissão do cliente quanto a documento ou informação que lhe devesse fornecer para a prática oportuna de ato processual do seu interesse.

Em algumas hipóteses, a renúncia constitui um dever do advogado e não uma opção sua, como diante da falta de confiança demonstrada pelo cliente. Como já estudado, a relação entre advogado e cliente fundamenta-se na **confiança recíproca**, de forma que notando o advogado que essa confiança lhe falta, é recomendável que externe ao cliente sua impressão e, não se eliminando as dúvidas existentes, providencie na sequência, o substabelecimento do mandato ou a ele renuncie.

A **revogação do mandato judicial por vontade do cliente não retira do advogado o direito de receber os honorários** contratados, bem como eventual verba honorária de sucumbência, calculada de forma proporcional ao serviço efetivamente prestado.

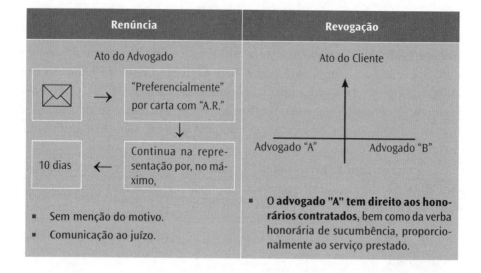

Observe que, no substabelecimento, o advogado substabelecente transfere poderes que lhes foram outorgados pelo cliente a outro advogado. Por sua vez, na renúncia não é necessário que se indique outro profissional, competindo ao cliente buscar um novo patrono. O substabelecimento não pode ser "em branco".

Torna-se claro que no substabelecimento **sem** reserva de poderes, a renúncia e a revogação são formas que afastam o advogado do patrocínio do cliente, **extinguindo-se o mandato**, assim como é presumido com a conclusão da causa ou o arquivamento do processo.

- *Conflito de interesses*

Considerando que eventualmente o advogado pode representar diversas partes em um processo, como, em um processo de inventário ou em uma separação consensual, na hipótese de sobrevir conflito de interesses entre seus constituintes e não conseguindo o advogado harmonizá-los, **deverá optar, com prudência e discrição, por um dos mandatos, renunciando aos demais**, resguardado sempre o sigilo profissional.

O mandato a ser escolhido pelo advogado **não necessariamente** precisa ser o primeiro que lhe foi outorgado.

4 ■ MANDATO JUDICIAL E RELAÇÕES COM O CLIENTE

■ *Riscos da demanda*

O advogado tem o **dever de informar o cliente**, de modo claro e inequívoco, quanto a eventuais riscos da sua pretensão, e das consequências que poderão advir da demanda. Deve ainda informar, a quem lhe solicite parecer ou patrocínio, circunstâncias que possam influir na resolução de submeter-lhe a consulta ou confiar-lhe a causa.

> Ainda no que se refere à **relação do advogado com seu cliente** algumas disposições do Código de Ética e Disciplina devem ser relembradas:
>
> - **Sigilo profissional:** o advogado, ao postular em nome de terceiros contra ex-cliente ou ex-empregador, tem o dever de preservar o sigilo profissional (art. 21).
>
> - **Advogados integrantes da mesma sociedade:** advogados que integram a mesma sociedade profissional ou reunidos em caráter permanente para cooperação recíproca **não podem representar, em juízo ou fora dele**, clientes com interesses opostos (art. 19).
>
> - **Isenção técnica:** o advogado atua como patrono da parte devendo imprimir à causa orientação que lhe pareça mais adequada, não se sujeitando a intenções contrárias do cliente. Porém, deve antes esclarecê-lo quanto à sua opção de estratégia (art. 11).
>
> - **Prestação de contas ao cliente:** o advogado, diante da conclusão ou desistência da causa, deve devolver ao cliente bens, valores e documentos que lhe foram confiados, bem como a prestar-lhe contas, **sem prejuízo de esclarecimentos complementares** quando pertinentes e necessários (art. 12).
>
> - **Patrocínio de causas:** o advogado deve abster-se de patrocinar causa contrária à validade ou legitimidade de ato jurídico em cuja formação haja colaborado ou intervindo de qualquer maneira; da mesma forma, deve declinar seu impedimento ou o da sociedade que integre quando houver conflito de interesses motivado por intervenção anterior no trato de assunto que se prenda ao patrocínio solicitado (art. 22).
>
> - **Defesa criminal:** constitui direito e dever do advogado assumir a defesa criminal, sem considerar sua própria opinião sobre a culpa do acusado. Não há causa criminal indigna de defesa (art. 23).

■ *Imposições do cliente*

Não constitui obrigação do advogado se condicionar à imposição do cliente que deseja ver com ele atuando outros advogados, nem fica na dependência de aceitar a indicação de outro profissional para com ele trabalhar no processo.

QUESTÕES

01. (OAB FGV – XXVI Exame) O advogado José Maria celebrou contrato de mandato, há muitos anos, com o cliente Antônio para defendê-lo extrajudicialmente em certa questão. O instrumento não previu, de forma expressa, o prazo de duração do mandato. Considerando a hipótese descrita, assinale a afirmativa correta.

A) Ausente previsão de prazo no instrumento, o contrato de mandato extrajudicial é válido e será extinto pelo decurso do prazo de 15 anos, salvo renovação expressa.

B) Ausente previsão de prazo no instrumento, o mandato extrajudicial é válido e não será extinto pelo decurso de qualquer prazo.

C) Ausente previsão de prazo no instrumento, o mandato extrajudicial é anulável e não será extinto pelo decurso de qualquer prazo, mas a anulabilidade pode ser pronunciada por decisão judicial, mediante alegação dos interessados.

D) Ausente previsão de prazo no instrumento, o mandato extrajudicial é válido e será extinto pelo decurso do prazo de 20 anos, salvo renovação expressa.

GABARITO: B.

COMENTÁRIO: O mandato judicial ou extrajudicial não se extingue pelo decurso de tempo, salvo se o contrário for consignado no respectivo instrumento.

FUNDAMENTAÇÃO: Art. 18, CED.

---

02. (OAB FGV – XXV Exame) O advogado Ícaro dos Santos, regularmente constituído para a defesa judicial de certo cliente, necessitou, para o correto exercício do mandato, que o cliente lhe apresentasse alguns documentos. Após Ícaro solicitar-lhe os documentos diversas vezes, realizando inúmeras tentativas de contato, o cliente manteve-se inerte por prazo superior a três meses.

Considerando o caso narrado, assinale a afirmativa correta.

A) Diante da inércia do cliente, o Código de Ética e Disciplina da OAB dispõe que se presume extinto automaticamente o mandato.

B) Diante da inércia do cliente, o Código de Ética e Disciplina da OAB dispõe que é recomendada a renúncia ao mandato. Ainda de acordo com o diploma, a renúncia ao patrocínio deve ser feita com menção do motivo que a determinou.

C) Diante da inércia do cliente, o Código de Ética e Disciplina da OAB dispõe que é recomendado ao advogado peticionar nos autos, solicitando a intimação pessoal do cliente para apresentação dos documentos. Apenas após o ato, se mantida a inércia, presume-se extinto o mandato.

D) Diante da inércia do cliente, o Código de Ética e Disciplina da OAB dispõe que é recomendada a renúncia ao mandato. Ainda de acordo com o diploma, a renúncia ao patrocínio deve ser feita sem menção do motivo que a determinou.

4 ■ MANDATO JUDICIAL E RELAÇÕES COM O CLIENTE

GABARITO: D.

COMENTÁRIO: Recomenda-se ao advogado, em face de dificuldades insuperáveis ou inércia do cliente quanto a providências solicitadas, que renuncie ao mandato. A renúncia deve ser feita sem menção do motivo que a determinou.

FUNDAMENTAÇÃO: Arts. 15 e 16, CED.

---

03. (OAB FGV – XXIII Exame) O advogado Diogo foi procurado, em seu escritório profissional, por Paulo, que desejava contratá-lo para atuar nos autos de processo judicial já em trâmite, patrocinado pelo advogado Jorge, mediante procuração, em face de um plano de saúde, pelo seguinte motivo: subitamente, Paulo descobriu que precisa realizar uma cirurgia imediatamente, sob risco de morte. Como não estava satisfeito com a atuação do advogado Jorge, decide, diante da necessidade de realizar a cirurgia, procurar Diogo, para requerer a tutela de urgência nos referidos autos, em plantão judicial.

Considerando a situação narrada e o disposto no Código de Ética e Disciplina da OAB, assinale a afirmativa correta.

A) Diogo apenas deverá atuar na causa, aceitando procuração, se houver concordância do advogado Jorge, uma vez que, de acordo com o Código de Ética e Disciplina da OAB, o advogado não deve aceitar procuração de quem já tenha patrono constituído, salvo com a concordância deste.

B) Diogo apenas deverá atuar na causa, aceitando procuração, após ser dado prévio conhecimento ao advogado Jorge, uma vez que, de acordo com o Código de Ética e Disciplina da OAB, o advogado não deve aceitar procuração de quem já tenha patrono constituído anteriormente à comunicação a este.

C) Diogo poderá aceitar procuração e requerer nos autos judiciais, em favor de Paulo, a tutela de urgência necessária apenas se apresentar nos autos justificativa idônea a cessar a responsabilidade profissional de Jorge pelo acompanhamento da causa.

D) Diogo poderá aceitar procuração e requerer nos autos judiciais, em favor de Paulo, a tutela de urgência necessária, independentemente de prévia comunicação a Jorge ou de apresentação ao juízo de justificativa idônea para a cessação da responsabilidade profissional de Jorge.

GABARITO: D.

COMENTÁRIO: É permitido ao advogado aceitar procuração de quem já tenha patrono constituído, sem prévio conhecimento deste ou de apresentação ao juízo de justificativa idônea para a cessação da responsabilidade do advogado, desde que se trate de motivo plenamente justificado ou para a adoção de medidas judiciais urgentes e inadiáveis.

FUNDAMENTAÇÃO: Art. 14, CED.

40 DOMINANDO
ÉTICA

04. (OAB FGV – XXIII Exame) O advogado Ramiro foi procurado por Hugo, inventariante, para atuar no processo de inventário do genitor deste. Em momento posterior, os irmãos de Hugo, José e Luiz, outros herdeiros do *de cujus*, conferiram procuração a Ramiro, a fim de ele também representá-los na demanda. Todavia, no curso do feito, os irmãos, até então concordantes, passam a divergir sobre os termos da partilha. Ramiro, então, marca reuniões, em busca de harmonização dos interesses dos três, porém não obtém sucesso.

Diante do caso narrado, por determinação do Código de Ética e Disciplina da OAB, Ramiro deverá:

A) renunciar aos três mandatos, afastando-se do feito.

B) manter-se no patrocínio dos três irmãos, desde que informe o conflito nos autos e atue de forma imparcial, observando-se a disciplina legal.

C) escolher, de acordo com seus critérios de prudência, apenas um dos mandatos, renunciando aos demais.

D) manter-se no patrocínio daquele que primeiro lhe conferiu o mandato, isto é, o inventariante, renunciando aos demais.

GABARITO: C.

COMENTÁRIO: O advogado, diante de conflito de interesse entre seus clientes e da impossibilidade de conciliá-los, deverá escolher com prudência e discrição apenas um dos mandatos, renunciando aos demais e preservando o sigilo profissional.

FUNDAMENTAÇÃO: Art. 20, CED.

---

05. (OAB FGV – XX Exame) João outorgou procuração ao advogado Antônio, para sua defesa em certo processo. Todavia, decorridos alguns dias, João concluiu que a atuação de apenas um profissional não seria suficiente à sua satisfatória representação e buscou Antônio, a fim de informá-lo de que pretendia também contratar o advogado Luiz, para atuar juntamente com ele no feito. Ocorre que Antônio negou-se a aceitar a indicação, por duvidar das qualidades profissionais do colega. Meses depois, convencido de que realmente precisa de auxílio, resolveu substabelecer o mandato, com reserva de poderes, ao advogado Lucas, que goza de sua absoluta confiança.

Diante da situação narrada, assinale a afirmativa correta.

A) A recusa de Antônio à indicação de outro profissional pelo cliente não constitui infração ética, pois o advogado não é obrigado a aceitar a indicação de outro profissional para com ele trabalhar no processo. Por sua vez, o substabelecimento do mandato a Lucas depende de prévia comunicação a João.

B) A recusa de Antônio à indicação de outro profissional pelo cliente constitui infração ética, uma vez que ele comportou-se com deslealdade em face do colega advogado, pronunciando-

4 ■ MANDATO JUDICIAL E RELAÇÕES COM O CLIENTE

41

-se contra sua contratação. Por sua vez, o substabelecimento do mandato a Lucas depende de prévia comunicação a João.

C) A recusa de Antônio à indicação de outro profissional pelo cliente constitui infração ética, uma vez que ele comportou-se com deslealdade em face do colega advogado, pronunciando--se contra sua contratação. Por sua vez, o substabelecimento do mandato a Lucas independe de prévia comunicação a João, pois constitui ato pessoal do advogado da causa.

D) A recusa de Antônio à indicação de outro profissional pelo cliente não constitui infração ética, pois o advogado não é obrigado a aceitar a indicação de outro profissional para com ele trabalhar no processo. Por sua vez, o substabelecimento do mandato a Lucas independe de comunicação a João, já que constitui ato pessoal do advogado da causa.

GABARITO: D.

COMENTÁRIO: O advogado não é obrigado a aceitar a indicação de outro profissional pelo cliente para que com ele atue. O substabelecimento do mandato, com reserva de poderes, é ato pessoal do advogado, não exigindo o conhecimento do cliente.

FUNDAMENTAÇÃO: Arts. 24 e 26, *caput* e § 1º, CED.

---

06. (OAB FGV – XIX Exame) Daniel contratou a advogada Beatriz para ajuizar ação em face de seu vizinho Théo, buscando o ressarcimento de danos causados em razão de uma obra indevida no condomínio. No curso do processo, Beatriz substabeleceu o mandato a Ana, com reserva de poderes. Sentenciado o feito e julgado procedente o pedido de Daniel, o juiz condenou Théo ao pagamento de honorários sucumbenciais. Com base na hipótese apresentada, assinale a afirmativa correta.

A) Ana poderá promover a execução dos honorários sucumbenciais nos mesmos autos judiciais, se assim lhe convier, independentemente da intervenção de Beatriz.

B) Ana e Beatriz poderão promover a execução dos honorários sucumbenciais, isoladamente ou em conjunto, mas devem fazê-lo em processo autônomo.

C) Ana poderá promover a execução dos honorários sucumbenciais nos mesmos autos, se assim lhe convier, mas dependerá da intervenção de Beatriz.

D) Ana não terá direito ao recebimento de honorários sucumbenciais, cabendo-lhe executar Beatriz pelos valores que lhe sejam devidos, caso não haja o adimplemento voluntário.

GABARITO: C.

COMENTÁRIO: A advogada poderá promover a execução dos honorários sucumbenciais nos mesmos autos ou em autos separados, dependendo da intervenção da advogada que conferiu o substabelecimento.

FUNDAMENTAÇÃO: Arts. 24, § 1º, e 26, EAOAB.

42 DOMINANDO
ÉTICA

07. (OAB FGV – XXVIII Exame) Maria Lúcia é parte em um processo judicial que tramita em determinada Vara da Infância e Juventude, sendo defendida, nos autos, pelo advogado Jeremias, integrante da Sociedade de Advogados Y. No curso da lide, ela recebe a informação de que a criança, cujos interesses são debatidos no feito, encontra-se em proeminente situação de risco, por fato que ocorrera há poucas horas. Ocorre que o advogado Jeremias não se encontra na cidade naquela data. Por isso, Maria Lúcia procura o advogado Paulo, o qual, após analisar a situação, conclui ser necessário postular, imediatamente, medida de busca e apreensão do infante. Considerando o caso hipotético, assinale a afirmativa correta.

A) Paulo poderá aceitar procuração de Maria Lúcia e postular a busca e apreensão, independentemente de prévio conhecimento de Jeremias ou da Sociedade de Advogados Y.

B) Paulo poderá aceitar procuração de Maria Lúcia e postular a busca e apreensão, apenas após o prévio conhecimento de Jeremias, não sendo suficiente informar à Sociedade de Advogados Y, sob pena de cometimento de infração ética.

C) Paulo poderá aceitar procuração de Maria Lúcia e postular a busca e apreensão, apenas após o prévio conhecimento de Jeremias ou da Sociedade de Advogados Y, sob pena de cometimento de infração ética.

D) Paulo não poderá aceitar procuração de Maria Lúcia e postular a busca e apreensão, mesmo que seja promovido o prévio conhecimento de Jeremias e da Sociedade de Advogados Y, sem antes ocorrer a renúncia ou revogação do mandato, sob pena de cometimento de infração ética.

GABARITO: A.

COMENTÁRIO: O advogado não deve aceitar procuração de quem já tenha patrono constituído, sem prévio conhecimento deste, **salvo por motivo plenamente justificável ou para adoção de medidas judiciais urgentes e inadiáveis.**

FUNDAMENTAÇÃO: Art. 14, CED.

---

08. (OAB FGV – XVIII Exame) Paulo é contratado por Pedro para promover ação com pedido condenatório em face de Alexandre, por danos causados ao animal de sua propriedade. Em decorrência do processo, houve condenação do réu ao pagamento de indenização ao autor, fixados honorários de sucumbência correspondentes a dez por cento do apurado em cumprimento de sentença. O réu ofertou apelação contra a sentença proferida na fase cognitiva. Ainda pendente o julgamento do recurso, Pedro decide revogar o mandato judicial conferido a Paulo, desobrigando-se de pagar os honorários contratualmente ajustados.

Nos termos do Código de Ética da OAB, a revogação do mandato judicial, por vontade de Pedro,

4 ■ MANDATO JUDICIAL E RELAÇÕES COM O CLIENTE

A) não o desobriga do pagamento das verbas honorárias contratadas.

B) desobriga-o do pagamento das verbas honorárias contratadas.

C) desobriga-o do pagamento das verbas honorárias contratadas e da verba sucumbencial.

D) não o desobriga do pagamento das verbas honorárias sucumbenciais, mas o desobriga das verbas contratadas.

GABARITO: A.

COMENTÁRIO: A revogação do mandato judicial é um direito do cliente que não o desobriga do pagamento das verbas honorárias contratadas, assim como não retira do advogado o direito de receber a verba honorária de sucumbência, calculada de forma proporcional ao serviço prestado.

FUNDAMENTAÇÃO: Art. 17, CED.

---

09. (OAB FGV – XXX Exame) O advogado Geraldo foi regularmente constituído por certo cliente para defendê-lo em um processo judicial no qual esse cliente é réu. Geraldo ofereceu contestação, e o processo segue atualmente seu trâmite regular, não tendo sido, por ora, designada audiência de instrução e julgamento.

Todavia, por razões insuperáveis que o impedem de continuar exercendo o mandato, Geraldo resolve renunciar. Em 12-02-2019, Geraldo fez a notificação válida da renúncia. Três dias depois da notificação, o mandante constituiu novo advogado, substituindo-o. Todo o ocorrido foi informado nos autos.

Considerando o caso narrado, de acordo com o Estatuto da Advocacia e da OAB, assinale a afirmativa correta.

A) Geraldo continuará a representar o mandante durante os dez dias seguintes à notificação da renúncia.

B) O dever de Geraldo de representar o mandante cessa diante da substituição do advogado, independentemente do decurso de prazo.

C) Geraldo continuará a representar o mandante até que seja proferida e publicada sentença nos autos, ainda que recorrível.

D) Geraldo continuará a representar o mandante até o término da audiência de instrução e julgamento.

GABARITO: B.

COMENTÁRIO: O advogado que renunciar ao mandato continuará, durante os dez dias seguintes à notificação da renúncia, a representar o mandante, salvo se for substituído antes do término desse prazo.

FUNDAMENTAÇÃO: Art. 5º, § 3º, EAOAB.

44 DOMINANDO
ÉTICA

10. (OAB FGV – XXXI Exame) Um escritório de renome internacional considera expandir suas operações, iniciando atividades no Brasil. Preocupados em adaptar seus procedimentos internos para que reflitam os códigos brasileiros de ética profissional, seus dirigentes estrangeiros desejam entender melhor as normas a respeito da relação entre clientes e advogados no país.

Sobre esse tema, é correto afirmar que os advogados brasileiros:

A) podem, para a adoção de medidas judiciais urgentes e inadiáveis, aceitar procuração de quem já tenha patrono constituído, sem prévio conhecimento deste.

B) deverão considerar sua própria opinião a respeito da culpa do acusado ao assumir defesa criminal.

C) podem funcionar, no mesmo processo, simultaneamente, como patrono e preposto de seu cliente, desde que tenham conhecimento direto dos fatos.

D) podem representar, em juízo, clientes com interesses opostos se não integrarem a mesma sociedade profissional, mas estiverem reunidos em caráter permanente para cooperação recíproca.

GABARITO: A.

COMENTÁRIO: O advogado não deve aceitar procuração de quem já tenha patrono constituído, sem prévio conhecimento deste, salvo por motivo plenamente justificado ou para a adoção de medidas judiciais urgentes e inadiáveis.

FUNDAMENTAÇÃO: Art. 14, CED.

---

11. (OAB FGV – XXXIII Exame) Anderson, advogado, decidiu renunciar ao mandato outorgado por Adriana. Nessa hipótese, segundo o Estatuto da Advocacia e da OAB, é correto afirmar que Anderson continuará a representar Adriana por:

A) 10 dias, contados da notificação da renúncia, ainda que Adriana constitua novo advogado antes desse prazo.

B) 15 dias, contados da notificação da renúncia, ainda que Adriana constitua novo advogado antes desse prazo.

C) 15 dias, contados da notificação da renúncia, exceto se Adriana constituir novo advogado antes desse prazo.

D) 10 dias, contados da notificação da renúncia, exceto se Adriana constituir novo advogado antes desse prazo.

GABARITO: D.

COMENTÁRIO: O advogado que renunciar ao mandato continuará, durante os dez dias seguintes à notificação da renúncia, a representar o mandante, salvo se for substituído antes do término desse prazo.

FUNDAMENTAÇÃO: Art. 5º, § 3º, EAOAB.

4 ■ MANDATO JUDICIAL E RELAÇÕES COM O CLIENTE

12. (OAB FGV – 35º Exame) Maria, advogada, sente falta de confiança na relação profissional que mantém com Pedro, cliente que representa em ação judicial. Maria externa essa impressão a Pedro, mas as dúvidas existentes não são dissipadas. Maria decide, então, renunciar ao mandato.

Considerando essa situação hipotética, é correto afirmar que o ato de renúncia ao patrocínio:

A) excluirá a responsabilidade de Maria por danos eventualmente causados a Pedro após dez dias da notificação, salvo se for substituída antes do término desse prazo.

B) obrigará Maria a depositar em juízo bens, valores e documentos que lhe hajam sido confiados e ainda estejam em seu poder.

C) fará cessar de imediato a responsabilidade profissional de Maria pelo acompanhamento da causa.

D) deverá ser feita sem menção do motivo que a determinou.

GABARITO: D.

COMENTÁRIO: A renúncia ao patrocínio deve ser feita sem menção do motivo que a determinou, fazendo cessar a responsabilidade profissional pelo acompanhamento da causa, uma vez decorrido o prazo de dez dias à sua notificação.

FUNDAMENTAÇÃO: Art. 16, CED.

---

13. (OAB FGV – 37º Exame) Teresa, advogada contratada por Carina para representar seus interesses em ação judicial, decide renunciar ao mandato. Em 16/02/2023, Teresa redige notificação de renúncia e a envia por meio de correspondência com aviso de recebimento a Carina, que a recebe em 28/02/2023. No dia seguinte, Carina ajusta com a advogada Fernanda que ela passará a representar seus interesses na ação judicial a partir de então, mas ainda não assina nova procuração.

Considerando esse cenário, sobre o cumprimento de prazo processual com vencimento no dia 02/03/2023, assinale a afirmativa correta.

A) Teresa deve cumprir o prazo porque continuará obrigada, durante os dez dias seguintes à notificação de renúncia, a representar Carina, mesmo que tenha sido substituída antes do término desse prazo.

B) Teresa estará desobrigada do cumprimento do prazo, porque Carina foi notificada da renúncia ao mandato em data anterior ao seu vencimento.

C) Fernanda não poderá cumprir o prazo, já que somente poderá postular em juízo fazendo prova do mandato.

D) Fernanda poderá cumprir o prazo, já que, afirmando urgência, poderá atuar sem procuração, obrigando-se a apresentá-la no prazo de quinze dias, prorrogável por igual período.

46 DOMINANDO ÉTICA

GABARITO: D.

COMENTÁRIO: A advogada postula, em juízo ou fora dele, fazendo prova do mandato. No entanto, afirmando urgência, poderá atuar sem procuração, obrigando-se a apresentá-la no prazo de quinze dias, prorrogável por igual período.

FUNDAMENTAÇÃO: Art. 5º, § 1º, EAOAB.

---

14. (OAB FGV – 39º Exame) Luana, advogada especialista em Direito Civil, é procurada por Carla, que busca ajuizar demanda para obtenção de indenização por danos morais e materiais em face de seu vizinho. Ao tomar conhecimento dos fatos, Luana percebe que aquele era o último dia possível para o ajuizamento da ação, visto que a prescrição da pretensão de sua cliente se consumaria no dia seguinte.

Luana, então, peticionou, perante o juízo competente, sem, contudo, ter tido tempo hábil para anexar aos autos a procuração de sua cliente, em razão da urgência decorrente da iminente prescrição.

Nesse contexto, considerando as disposições do Estatuto da Ordem dos Advogados do Brasil, assinale a afirmativa correta

A) A advogada Luana não pode postular em juízo ou fora dele sem procuração, ainda que em situação de alegada urgência.

B) A urgência, por si só, não é suficiente para justificar a não apresentação da procuração, devendo ser conjugada com iminente risco à integridade física ou à vida do cliente.

C) Luana não está obrigada a apresentar procuração, visto que o mandato conferido por seus clientes é presumido pelos fatos narrados na inicial e pela documentação que a instrui.

D) No contexto da iminente prescrição da pretensão de sua cliente, Luana, afirmando urgência, pode atuar sem procuração, obrigando-se a apresentá-la no prazo de quinze dias, prorrogável por igual período.

GABARITO: D.

COMENTÁRIO: A advogada, afirmando urgência, pode atuar sem procuração, obrigando-se a apresentá-la no prazo de quinze dias, prorrogável por igual período.

FUNDAMENTAÇÃO: Art. 5º, § 1º, EAOAB.

---

15. (OAB FGV – 40º Exame) Sebastião, advogado, celebrou contrato de mandato com o cliente Amir, para representá-lo extrajudicialmente, tendo realizado diligências em prol da resolução do imbróglio.

Desde a celebração do mandato, passaram-se mais de 20 (vinte) anos, mas as atividades para as quais Amir contratou Sebastião, por sua própria natureza, se protraíram no tempo, sendo ainda necessárias a Amir.

Sobre a hipótese apresentada, assinale a afirmativa correta.

47

4 ■ MANDATO JUDICIAL E RELAÇÕES COM O CLIENTE

A) O mandato extinguiu-se pelo decurso do tempo, salvo se previsto prazo diverso no respectivo instrumento.

B) O mandato extinguiu-se pelo decurso do tempo, sendo vedada a previsão de prazo diverso no respectivo instrumento.

C) O mandato não se extinguiu pelo decurso do tempo, salvo se foi consignado prazo no respectivo instrumento.

D) O mandato não se extinguiu pelo decurso do tempo, sendo vedada a estipulação de prazo no respectivo instrumento.

GABARITO: C.

COMENTÁRIO: O mandato judicial ou extrajudicial não se extingue pelo decurso de tempo, salvo se o contrário for consignado no respectivo instrumento.

FUNDAMENTAÇÃO: Art. 18, CED.

16. (OAB FGV – 41º Exame) Ana Júlia, recentemente aprovada no Exame da Ordem dos Advogados do Brasil, aspira exercer sua nova atividade profissional de maneira comprometida com os deveres éticos e valores inerentes à elevada função pública da profissão.

Nesse sentido, assinale a afirmativa que corretamente descreve a hipótese de cumprimento de dever ético por Ana Júlia.

A) Ana Júlia deverá, sempre que possível, estimular a conciliação e a mediação entre os litigantes, entendendo-se diretamente com a parte adversa, cujo eventual patrono constituído, na hipótese de haver a solução do conflito, deverá ser ulteriormente comunicado.

B) Nos pleitos administrativos ou judiciais em que ingressar, Ana Júlia deverá atuar com destemor e independência, especialmente perante aquelas autoridades com as quais tenha vínculos negociais ou familiares.

C) Ana Júlia deverá pugnar pela solução dos problemas da cidadania e pela efetivação dos direitos individuais, coletivos e difusos, dever que pode ser cumprido, por exemplo, com a adoção de política permanente de contratação de honorários advocatícios em valores abaixo da tabela da OAB.

D) No exercício do seu mandato, Ana Júlia deverá atuar como patrona da parte e, portanto, imprimir à causa orientação que lhe pareça mais adequada, procurando esclarecer a estratégia traçada ao cliente, mas sem se subordinar às suas intenções contrárias.

GABARITO: D.

COMENTÁRIO: O Código de Ética e Disciplina, ao tratar das relações do advogado com o cliente, estabelece que, no exercício do mandato, o advogado atua como patrono da parte, cumprindo-lhe, por isso, imprimir à causa orientação que lhe pareça mais adequada, **sem se subordinar a intenções contrárias do cliente**, procurando antes esclarecê-lo sobre a estratégia elaborada.

FUNDAMENTAÇÃO: Art. 11, CED.

5 DIREITOS DO(A) ADVOGADO(A)

> **arts. 6º a 7º-B, EAOAB**
> **arts. 15 a 19, RGEAOAB**

Os **direitos** do advogado e da advogada, previstos no Estatuto da Advocacia e em seu Regulamento Geral, **não devem ser analisados como privilégios**, mas como condições indispensáveis ao seu exercício profissional na busca e na realização de justiça.

Tais prerrogativas se justificam por ser o advogado figura indispensável à administração da Justiça, defensor do Estado Democrático de Direito, dos direitos humanos e garantias fundamentais, da cidadania, da moralidade, da Justiça e da paz social.

Nesse sentido, o advogado é indispensável à administração da justiça tanto quanto os magistrados e os membros do Ministério Público, de forma que a consideração e o respeito devem ser recíprocos, **não existindo hierarquia nem subordinação entre eles**. As autoridades e os servidores públicos dos Poderes da República, os serventuários da Justiça e os membros do Ministério Público devem dispensar ao advogado, no exercício da profissão, tratamento compatível com a dignidade da advocacia e condições adequadas a seu desempenho, preservando e resguardando, de ofício, a imagem, a reputação e a integridade do advogado nos termos do Estatuto da Advocacia.

> **IMPORTANTE LEMBRAR**

Mesmo plano topográfico e posição equidistante: durante as **audiências** de instrução e julgamento realizadas no Poder Judiciário, nos procedimentos de jurisdição contenciosa ou voluntária, os **advogados** do autor e do requerido devem permanecer no **mesmo plano topográfico e em posição equidistante em relação ao magistrado** que as presidir.

São direitos assegurados pelo Estatuto da Advocacia:

■ *Exercício em todo o território nacional*

Constitui direito do advogado exercer, com liberdade, a profissão em todo o território nacional. Note que é permitido o exercício de qualquer profissão desde que observadas às qualificações profissionais estabelecidas por lei e, no caso da advocacia, os requisitos e qualificações estão previstas na Lei n. 8.906/94 (Estatuto da Advocacia e da OAB).

> **IMPORTANTE LEMBRAR**

Inscrição suplementar: o advogado que, **de forma habitual**, passar a atuar em Estado diverso do qual mantém inscrição principal deve promover, junto ao Conselho Seccional daquele Estado, inscrição suplementar. Note que a **habitualidade se dá com a intervenção judicial que exceder de cinco causas por ano.**

■ *Inviolabilidade*

A inviolabilidade como direito do advogado **não está limitada a seu escritório ou local de trabalho**, estendendo-se também a seus instrumentos de trabalho e sua correspondência escrita, eletrônica, telefônica e telemática, desde que relativas ao exercício da advocacia.

A Lei n. 11.767/2008 introduziu alterações no Estatuto da Advocacia, de modo que a quebra da inviolabilidade pode ocorrer desde que presentes os seguintes requisitos:

- ■ **Indícios** de autoria e materialidade da prática de crime por parte de advogado.
- ■ Expedição de **mandado de busca e apreensão específico e pormenorizado**.
- ■ Mandado de busca e apreensão a ser cumprido na **presença de representante da OAB**.
- ■ É vedada a utilização dos documentos pertencentes a clientes do advogado averiguado.

Diante de **inviabilidade técnica quanto à segregação da documentação, da mídia ou dos objetos não relacionados à investigação**, em razão da sua natureza ou volume, no momento da execução da decisão judicial de apreensão ou de retirada do material, a cadeia de custódia **preservará o sigilo do seu conteúdo**.

$\Rightarrow$

Ocorrendo a inobservância pelo agente público responsável pelo cumprimento do mandado de busca e apreensão, o representante da OAB fará o relatório do fato ocorrido, com a inclusão dos nomes dos servidores, dará conhecimento à autoridade judiciária e o encaminhará à OAB para a elaboração de notícia-crime.

5 ■ DIREITOS DO(A) ADVOGADO(A)

Inviolabilidade	
Hipótese excepcional	A medida judicial cautelar que importe na **violação do escritório ou do local de trabalho** do advogado será determinada em **hipótese excepcional**, desde que exista **fundamento em indício, pelo órgão acusatório**.
Fundamento exclusivo em declarações do colaborador (vedação)	É **vedada** a determinação da medida cautelar que importe na violação do escritório ou do local de trabalho do advogado **se fundada exclusivamente** em elementos produzidos **em declarações do colaborador** sem confirmação por outros meios de prova.
Representante da OAB	O **representante da OAB** tem o direito de ser **respeitado pelos agentes** responsáveis pelo cumprimento do mandado de busca e apreensão, **sob pena de abuso de autoridade**, e o dever de zelar pelo fiel cumprimento do objeto da investigação, **bem como de impedir** que documentos, mídias e objetos não relacionados à investigação, especialmente de outros processos do mesmo cliente ou de outros clientes que não sejam pertinentes à persecução penal, sejam analisados, fotografados, filmados, retirados ou apreendidos do escritório de advocacia.
Profissional investigado	É garantido o direito de acompanhamento por **representante da OAB e pelo profissional investigado** durante a análise dos documentos e dos dispositivos de armazenamento de informação pertencentes a advogado, apreendidos ou interceptados, em todos os atos.
Prazo para comunicação	A autoridade responsável informará, com **antecedência mínima de 24 horas**, **à seccional da OAB** a data, o horário e o local em que serão analisados os documentos e os equipamentos apreendidos, garantido o direito de acompanhamento, em todos os atos, pelo representante da OAB e pelo profissional investigado.
Prazo para comunicação **Casos de urgência**	Em **casos de urgência** devidamente fundamentada pelo juiz, a análise dos documentos e dos equipamentos apreendidos poderá acontecer em **prazo inferior a 24 horas**, garantido o direito de acompanhamento, em todos os atos, pelo representante da OAB e pelo profissional investigado.

> **IMPORTANTE LEMBRAR**

1. **Documentos de clientes:** a utilização de documentos pertencentes a clientes do advogado, somente é autorizada quando estiverem sendo formalmente investigados como **partícipes ou coautores** pela prática do mesmo crime que deu causa a quebra da inviolabilidade.

2. **OAB:** a participação da OAB no cumprimento de decisão que determinar a busca e apreensão e outras providências estão previstas no Provimento do Conselho Federal n. 201/2020.

- *Colaboração premiada*

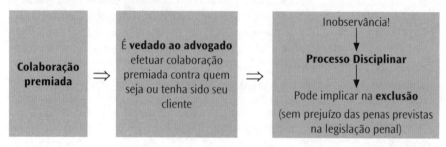

- *Comunicação pessoal e reservada com seus clientes presos*

É assegurado pela Constituição Federal (art. 5º, LXIII) ao preso ser assistido por um advogado. Nesse caso, **mesmo sem procuração**, o advogado tem o direito de se comunicar com seus clientes presos, detidos ou recolhidos em estabelecimentos civis ou militares, ainda que considerados incomunicáveis.

- *Prisão em flagrante*

O advogado, **no exercício da profissão**, poderá ser preso em flagrante diante da prática de **crime inafiançável** e, neste caso, tem direito a presença de representante da OAB para a lavratura do auto respectivo, sob pena de nulidade.

O STF manteve a constitucionalidade do inc. IV do art. 7º do Estatuto, assegurando ao advogado a presença do representante da OAB para a lavratura do auto de prisão, sob pena de nulidade. **Nos demais casos, a Seccional da OAB deve ser expressamente comunicada.**

- *Prisão em sala de Estado Maior*

O Estatuto confere ao advogado, diante da prática de crimes, o direito de **permanecer recolhido em sala de Estado Maior até o trânsito em julgado da sentença que o condenar**.

Entende-se como Sala de Estado Maior aquela em que eventualmente autoridades ou oficiais militares ocupam ou são detidos, não devendo ser confundida com a Prisão Especial. Trata-se de um local não envolto por grades, com instalações que estejam em conformidade com a dignidade e o prestígio da advocacia.

Com o julgamento da ADIn 1.127-8, o STF declarou a **inconstitucionalidade da expressão "assim reconhecidas pela OAB"** presente no inc. V do art. 7º do Estatuto. Dessa forma, o advogado tem o direito de permanecer em sala de Estado Maior, com instalações e comodidades condignas, mas não é necessário o reconhecimento desta pela OAB.

Prisão domiciliar: a ausência de sala de Estado Maior confere ao advogado o direito a prisão domiciliar.

- *Dirigir-se diretamente aos magistrados nas salas e gabinetes de trabalho sem horário previamente marcado ou outra condição, respeitando-se a ordem de chegada*

A lei, ao conferir esse direito ao advogado, consolida o entendimento de que **não deve existir hierarquia** com autoridades. Porém, observa-se o respeito e os demais regramentos éticos.

- *Sustentação oral*

A sustentação oral do advogado nas sessões de julgamento constitui importante mecanismo no cumprimento do direito e na busca da justiça. Nesse ponto, o inc. IX do art. 7º do Estatuto procurou atribuir ao advogado o direito à sustentação oral **após** o voto do relator pelo prazo mínimo de quinze minutos.

Porém, o STF, ao julgar as ADIns 1.105-7 e 1.127-8, declarou a inconstitucionalidade do dispositivo mencionado.

STF: o direito a sustentação oral não foi excluído pelo STF, pois afrontaria os preceitos constitucionais do contraditório e da ampla defesa. **Permanece, porém, antes do voto do relator e não após como pretendido.** Note que essa prerrogativa do advogado deve levar em consideração a previsibilidade recursal.

Pode o advogado realizar a **sustentação oral** no recurso interposto contra a decisão monocrática de relator que julgar o mérito ou não conhecer dos seguintes recursos ou ações:

- Recurso de apelação
- Recurso ordinário
- Recurso especial
- Recurso extraordinário
- Embargos de divergência
- Ação rescisória, mandado de segurança, reclamação, *habeas corpus* e outras ações de competência originária

- **Retirada do recinto onde se encontre aguardando pregão para ato judicial, diante do não comparecimento da autoridade que deva presidi-lo**

  O não comparecimento no horário designado de autoridade competente para presidir o ato judicial, confere ao advogado o direito de se retirar após trinta minutos mediante comunicação protocolizada em juízo.

Atrasos em audiências: o direito a retirada é conferido em decorrência da **ausência da autoridade** competente no prazo determinado em lei, e **não diante de meros atrasos** ocorridos em audiências anteriores.

- **Prestação efetiva do serviço jurídico e honorários advocatícios**

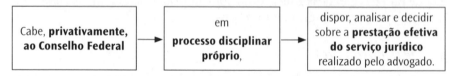

É **nulo**, em qualquer esfera de responsabilização, o ato praticado com violação desta competência privativa do Conselho Federal da OAB.

- **Ingressar livremente, permanecer sentado ou em pé e retirar-se independentemente de licença, dos seguintes locais:**

  a) Salas de sessões dos tribunais, mesmo além dos cancelos que separam a parte reservada aos magistrados.

  b) Salas e dependências de audiências, secretarias, cartórios, ofícios de justiça, serviços notariais e de registro, e, no caso de delegacias e prisões, mesmo fora da hora de expediente e independentemente da presença de seus titulares.

  c) Em qualquer edifício ou recinto em que funcione repartição judicial ou outro serviço público onde o advogado deva praticar ato ou colher prova ou informação útil ao exercício da atividade profissional, dentro

5 ■ DIREITOS DO(A) ADVOGADO(A)

do expediente ou fora dele, e ser atendido, desde que se ache presente qualquer servidor ou empregado.

d) Em qualquer assembleia ou reunião de que participe ou possa participar o seu cliente, ou perante a qual este deva comparecer, desde que munido de poderes especiais.

Além dos direitos detalhados, também estão previstos no art. 7º do Estatuto da Advocacia as seguintes prerrogativas:

- **Usar da palavra, pela ordem**, em qualquer tribunal judicial ou administrativo, órgão de deliberação coletiva da administração pública ou comissão parlamentar de inquérito, **mediante intervenção pontual e sumária**, para esclarecer equívoco ou dúvida surgida em relação a fatos, documentos ou afirmações que influam na decisão.

- **Reclamar, verbalmente ou por escrito**, perante qualquer juízo, tribunal ou autoridade, contra a inobservância de preceito de lei, regulamento ou regimento.

- **Falar, sentado ou em pé**, em juízo, tribunal ou órgão de deliberação coletiva da Administração Pública ou do Poder Legislativo.

- **Examinar**, em qualquer órgão dos Poderes Judiciário e Legislativo, ou da Administração Pública em geral, **autos de processos findos ou em andamento, mesmo sem procuração, quando não estiverem sujeitos a sigilo ou segredo de justiça**, assegurada a obtenção de cópias, com possibilidade de tomar apontamentos.

- **Examinar, em qualquer instituição responsável por conduzir investigação, mesmo sem procuração**, autos de flagrante e de investigações de qualquer natureza, findos ou em andamento, ainda que conclusos à autoridade, podendo copiar peças e tomar apontamentos, **em meio físico ou digital**.

> **IMPORTANTE LEMBRAR**

1. A Lei n. 13.245/2016 introduziu no Estatuto da Advocacia importantes alterações quanto a esta prerrogativa que, anteriormente, se limitava a Repartições Policiais e, com a alteração, estendeu-se a "qualquer instituição responsável por conduzir investigação". Além disso, acrescentou que:

2. Nos **autos sujeitos a sigilo**, deve o advogado apresentar procuração para o exercício deste direito.

3. A **autoridade competente poderá delimitar o acesso do advogado** aos elementos de prova relacionados a diligências em andamento e ainda não documentados nos autos, quando houver risco de comprometimento da eficiência, da eficácia ou da finalidade das diligências.

4. A inobservância desse direito do advogado, o fornecimento incompleto de autos ou o fornecimento de autos em que houve a retirada de peças já incluídas no caderno investigativo, ensejará responsabilização criminal e funcional por **abuso de autoridade do responsável** que impedir o acesso do advogado com o intuito de prejudicar o exercício da defesa, sem prejuízo do direito subjetivo do advogado de requerer acesso aos autos ao juiz competente.

- Ter vista dos processos judiciais ou administrativos de qualquer natureza, em cartório ou na repartição competente, ou retirá-los pelos prazos legais.
- Retirar autos de processos findos, mesmo sem procuração, pelo prazo de dez dias.
- Usar os símbolos privativos da profissão de advogado.
- **Recusar-se a depor como testemunha** em processo no qual funcionou ou deva funcionar, ou sobre fato relacionado com pessoa de quem seja ou foi advogado, mesmo quando autorizado ou solicitado pelo constituinte, bem como sobre fato que constitua sigilo profissional.
- **Assistir a seus clientes investigados durante a apuração de infrações, sob pena de nulidade absoluta** do respectivo interrogatório ou depoimento e, continuadamente, de todos os elementos investigatórios e probatórios dele decorrentes ou derivados, podendo, durante a apuração, apresentar razões e quesitos.

> **IMPORTANTE LEMBRAR**
>
> O direito do advogado de assistir a seus clientes investigados durante a apuração de infrações, **sob pena de nulidade**, foi acertadamente incluído no Estatuto da Advocacia pela Lei n. 13.245/2016.

Convém citar que o Poder Judiciário e o Poder Executivo devem instalar nos juizados, fóruns, tribunais, delegacias de polícia e presídios, **salas especiais permanentes para os advogados**, com uso assegurado à OAB. Neste sentido, o STF já se manifestou quanto permissão de uso dessas salas pela OAB, mas afastou desta o seu controle.

5.1. DIREITOS DA ADVOGADA

O art. 7º-A foi acrescentado no Estatuto da Advocacia pela Lei n. 13.363/2016 para conferir às advogadas gestantes, lactantes, adotantes e

5 ■ DIREITOS DO(A) ADVOGADO(A)

que derem à luz direitos dignos, relevantes e necessários ao cumprimento adequado de suas atividades profissionais. Tais direitos podem ser resumidos da seguinte forma:

Gestante ⇒	**Direito** ■ Entrada em tribunais sem ser submetida a detectores de metais e aparelhos de raios X. ■ Reserva de vaga em garagens dos fóruns dos tribunais. ⇒	**Prazo** Durante o estado gravídico
Lactante **Adotante** **Que der à luz** ⇒	**Direito** ■ Acesso a creche ou a local adequado ao atendimento das necessidades do bebê. ⇒	**Prazo** 120 dias (art. 392, CLT) A advogada lactante mantém o direito enquanto perdurar o período de amamentação (art. 7º-A, § 1º, EAOAB).
Gestante **Lactante** **Adotante** **Que der à luz** ⇒	**Direito** Preferência na ordem das: ■ Sustentações orais. ■ Audiências. Mediante comprovação de sua condição. ⇒	**Prazo** 120 dias (art. 392, CLT) A advogada lactante mantém o direito enquanto perdurar o período de amamentação (art. 7º-A, § 1º, EAOAB).
Adotante **Que der à luz** ⇒	**Direito** Suspensão de prazos processuais quando: For a única patrona da causa; e O cliente seja notificado por escrito. ⇒	**Prazo** 30 dias, a partir da data do parto ou da concessão da adoção (art. 313, § 6º, CPC).

> **IMPORTANTE LEMBRAR**
>
> O advogado que se torna pai tem direito à suspensão de prazos processuais por 8 dias, a partir da data do parto ou da concessão da adoção (art. 313, § 7º, CPC). Note que, para usufruir desse direito, deve ser o único patrono no processo e o cliente deve ser notificado.

5.2. CRIMINALIZAÇÃO DA VIOLAÇÃO DE DIREITOS OU PRERROGATIVAS DE ADVOGADO(A)

art. 7º-B, EAOAB (incluído pela Lei n. 13.869/2019 e alterado pela Lei n. 14.365/2022)		
Constitui **crime violar direito** ou prerrogativa de advogado previstos no Estatuto da Advocacia em seu **art. 7º, *caput*, incisos**:	**II.** Inviolabilidade	Pena de detenção, de 2 (dois) a 4 (quatro) anos, e multa.
	III. Comunicação com o cliente	
	IV. Prisão em flagrante	
	V. Sala de Estado Maior	

> **IMPORTANTE LEMBRAR**

1. **Violação ao sigilo telefônico, telemático e de dados:** é **crime** contra as prerrogativas da advocacia a violação ao sigilo telefônico, telemático, eletrônico e de dados do advogado, **mesmo que seu cliente seja alvo de interceptação de comunicações (Súmula do Conselho Federal n. 12/2020).**

2. A participação da OAB no cumprimento do disposto no art. 7º-B e outras providências estão previstas no Provimento do Conselho Federal n. 201/2020.

5.3. DESAGRAVO PÚBLICO

art. 7º, XVII e § 5º, EAOAB arts. 18 e 19, RGEAOAB

O inscrito na OAB, quando comprovadamente for ofendido em razão do exercício profissional ou de cargo ou função da OAB, tem direito ao desagravo público promovido pelo Conselho competente. A realização do desagravo não afasta eventual responsabilidade criminal do ofensor.

Desagravo Público	
O que é?	É um direito do inscrito na OAB ofendido em razão do exercício profissional ou de cargo ou função da Instituição.

5 ■ DIREITOS DO(A) ADVOGADO(A)

Pode ser promovido	De ofício pelo Conselho competente. A pedido do Conselho competente. A pedido do ofendido. A pedido de qualquer pessoa.
O pedido será submetido à Diretoria, que poderá	**Em caso de urgência: conceder o desagravo** para aprovação do órgão competente do Conselho. **Remeter o pedido para instrução** e decisão. O relator pode solicitar informações do ofensor.
O relator pode propor o arquivamento do pedido diante de	Ofensa pessoal. Ofensa não relacionada com o exercício profissional. Críticas de caráter doutrinário, político ou religioso.
O desagravo	Deve ser **decidido em até 60 dias**. Acolhido o parecer, a **sessão deve ocorrer em até 30 dias**.
Local da sessão	Preferencialmente no **local da ofensa ou onde se encontre o ofensor**.
Concordância do ofendido	**Não depende de concordância do ofendido.** Trata-se de um instrumento de defesa dos direitos e prerrogativas da advocacia.

	Conselho Seccional	Conselho Federal
Competência	Regra Geral	Quando o ofendido for: ■ Conselheiro Federal, ofendido no exercício das atribuições de seu cargo. ■ Presidente de Conselho Seccional, ofendido no exercício das atribuições de seu cargo. ■ Advogado, diante de ofensa relevante com grave violação às prerrogativas e repercussão nacional.
	O Conselho Federal indica seus representantes para a sessão pública de desagravo, na sede do Conselho Seccional, exceto quando se tratar de ofensa a Conselheiro Federal.	

60 DOMINANDO
ÉTICA

QUESTÕES

01. (OAB FGV – XXVII Exame) A advogada Mariana, gestante, ao ingressar em certo Tribunal de Justiça, foi solicitada a passar por aparelho de raios X e por detector de metais.

Considerando o caso narrado, de acordo com o Estatuto da Advocacia e da OAB, assinale a afirmativa correta.

A) Mariana tem o direito de não ser submetida a aparelho de raios X, embora deva passar pelo detector de metais, independentemente de motivação.

B) Mariana tem o direito de não ser submetida a aparelho de raios X. Quanto ao detector de metais, deverá passar pelo aparelho apenas se evidenciada situação especial de segurança, em ato motivado.

C) Mariana deverá, por medida de segurança, passar pelo aparelho de raios X e pelo detector de metais, a menos que haja contraindicação médica expressa.

D) Mariana tem o direito, independentemente do teor da alegação sobre segurança, de não ser submetida ao detector de metais, nem ao aparelho de raios X.

GABARITO: D.

COMENTÁRIO: Constitui direito da advogada gestante a entrada em tribunais sem ser submetida a detectores de metais e aparelhos de raios X.

FUNDAMENTAÇÃO: Art. 7º-A, I, *a*, EAOAB.

---

02. (OAB FGV – XXVII Exame) O advogado Mário dos Santos, presidente do Conselho Seccional Y da OAB, foi gravemente ofendido em razão do seu cargo, gerando violação a prerrogativas profissionais. O fato obteve grande repercussão no país.

Considerando o caso narrado, de acordo com o Regulamento Geral do Estatuto da Advocacia e da OAB, assinale a afirmativa correta.

A) Compete ao Conselho Seccional Y da OAB promover o desagravo público, ocorrendo a sessão na sede do Conselho Seccional Y.

B) Compete ao Conselho Federal da OAB promover o desagravo público, ocorrendo a sessão na sede do Conselho Federal.

C) Compete ao Conselho Seccional Y da OAB promover o desagravo público, ocorrendo a sessão na sede da subseção do território em que ocorreu a violação a prerrogativas profissionais.

D) Compete ao Conselho Federal da OAB promover o desagravo público, ocorrendo a sessão na sede do Conselho Seccional Y.

5 ■ DIREITOS DO(A) ADVOGADO(A)

61

GABARITO: D.

COMENTÁRIO: Compete ao Conselho Federal promover o desagravo público de Conselheiro Federal ou de Presidente de Conselho Seccional, quando ofendidos no exercício das atribuições de seus cargos e ainda quando a ofensa a advogado se revestir de relevância e grave violação às prerrogativas profissionais, com repercussão nacional. O Conselho Federal indica seus representantes para a sessão pública de desagravo, na sede do Conselho Seccional, salvo no caso de ofensa a Conselheiro Federal.

FUNDAMENTAÇÃO: Art. 19, *caput* e parágrafo único, RGEAOAB.

---

03. (OAB FGV – XXVI Exame) O advogado Fred dirigiu-se, em certa ocasião, a uma delegacia de polícia e a um presídio, a fim de entrevistar clientes seus que se encontravam, respectivamente, prestando depoimento e preso. Na mesma data, o advogado Jorge realizou audiências na sede de um juizado especial cível e no interior de certo fórum regional da comarca.

Considerando o disposto no Estatuto da Advocacia e da OAB, assinale a afirmativa correta.

A) É direito de Fred e Jorge a instalação de salas especiais permanentes para os advogados nos seguintes locais visitados: sede do juizado especial cível e fórum regional da comarca. Quanto aos demais, embora seja recomendável a existência de salas especiais, não há dever legal de instalação.

B) É direito de Fred e Jorge a instalação de salas especiais permanentes para os advogados em todos os locais visitados. Quanto aos quatro locais, há dever legal de instalação das salas.

C) É direito de Fred e Jorge a instalação de salas especiais permanentes para os advogados nos seguintes locais visitados: sede do juizado especial cível, fórum regional da comarca e presídio. Quanto à delegacia de polícia, embora seja recomendável a existência de salas especiais, não há dever legal de instalação.

D) É direito de Fred e Jorge a instalação de salas especiais permanentes para os advogados nos seguintes locais visitados: fórum regional da comarca e presídio. Quanto aos demais, embora seja recomendável a existência de salas especiais, não há dever legal de instalação.

GABARITO: B.

COMENTÁRIO: O Poder Judiciário e o Poder Executivo devem instalar, em todos os juizados, fóruns, tribunais, delegacias de polícia e presídios, salas especiais permanentes para os advogados, com uso assegurado à OAB.

FUNDAMENTAÇÃO: Art. 7º, § 4º, EAOAB.

---

04. (OAB FGV – XXV Exame) José Carlos Santos, advogado, dirigiu-se ao Ministério Público a fim de tomar apontamentos sobre investigação criminal em andamento,

62 DOMINANDO
ÉTICA

conduzida pelo Parquet, em face de seu cliente, em que foi decretado sigilo. Dias depois, José Carlos foi à delegacia de polícia no intuito de examinar e retirar cópias de autos de certo inquérito policial, em curso, no qual também foi decretado sigilo, instaurado contra outro cliente seu.

Consoante o disposto no Estatuto da Advocacia e da OAB, assinale a afirmativa correta.

A) Em ambos os casos, José Carlos deverá apresentar procuração tanto para tomar apontamentos sobre a investigação em trâmite perante o Ministério Público quanto para examinar e retirar cópias do inquérito policial.

B) Apenas é necessário que José Carlos apresente procuração para tomar apontamentos sobre a investigação em trâmite perante o Ministério Público, não sendo exigível a apresentação de procuração para examinar e retirar cópias do inquérito policial.

C) Apenas é necessário que José Carlos apresente procuração para examinar e retirar cópias do inquérito policial, não sendo exigível a apresentação de procuração para tomar apontamentos sobre a investigação em trâmite perante o Ministério Público.

D) Não é exigível a apresentação de procuração para examinar e retirar cópias do inquérito policial, nem para tomar apontamentos sobre a investigação em trâmite perante o Ministério Público.

GABARITO: A.

COMENTÁRIO: Em ambos os casos o advogado deverá apresentar procuração, tendo em vista que os autos estão sujeitos a sigilo.

FUNDAMENTAÇÃO: Art. 7º, § 10, EAOAB.

---

05. (OAB FGV – XXIX Exame) O advogado X foi preso em flagrante enquanto furtava garrafas de vinho, de valor bastante expressivo, em determinado supermercado. Conduzido à delegacia, foi lavrado o auto de prisão em flagrante, sem a presença de representante da OAB.

Com base no disposto no Estatuto da Advocacia e da OAB, assinale a afirmativa correta.

A) A lavratura do auto de prisão em flagrante foi eivada de nulidade, em razão da ausência de representante da OAB, devendo a prisão ser relaxada.

B) A lavratura do auto de prisão em flagrante não é viciada, desde que haja comunicação expressa à seccional da OAB respectiva.

C) A lavratura do auto de prisão em flagrante foi eivada de nulidade, em razão da ausência de representante da OAB, devendo ser concedida liberdade provisória não cumulada com aplicação de medidas cautelares diversas da prisão.

D) A lavratura do auto de prisão em flagrante não é viciada e independe de comunicação à seccional da OAB respectiva.

5 ■ DIREITOS DO(A) ADVOGADO(A)

GABARITO: B.

COMENTÁRIO: Constitui direito do advogado ter a presença de representante da OAB, quando preso em flagrante, **por motivo ligado ao exercício da advocacia**, para lavratura do auto respectivo, sob pena de nulidade e, nos demais casos, a comunicação expressa à seccional da OAB.

FUNDAMENTAÇÃO: Art. 7º, IV, EAOAB.

---

06. (OAB FGV – XXIV Exame) Tânia, advogada, dirigiu-se à sala de audiências de determinada Vara Criminal, a fim de acompanhar a realização das audiências designadas para aquele dia em feitos nos quais não oficia. Tânia verificou que os processos não envolviam segredo de justiça e buscou ingressar na sala de audiências no horário designado.

Não obstante, certo funcionário deu-lhe duas orientações. A primeira orientação foi de que ela não poderia permanecer no local se todas as cadeiras estivessem ocupadas, pois não seria autorizada a permanência de advogados de pé, a fim de evitar tumulto na sala. A segunda orientação foi no sentido de que, caso ingressassem na sala, Tânia e os demais presentes não poderiam sair até o fim de cada ato, salvo se houvesse licença do juiz, para evitar que a entrada e saída de pessoas atrapalhasse o regular andamento das audiências.

Considerando o caso narrado, assinale a afirmativa correta.

A) A primeira orientação dada pelo funcionário viola os direitos assegurados ao advogado, pois Tânia possui o direito de permanecer, mesmo que de pé, na sala de audiências. Todavia, a segunda orientação coaduna-se com o poder-dever do magistrado de presidir e evitar tumulto no ato judicial, não violando, por si, direitos normatizados no Estatuto da OAB.

B) A segunda orientação dada pelo funcionário viola os direitos assegurados ao advogado, pois Tânia possui o direito de retirar-se a qualquer momento, independentemente de licença do juiz, da sala de audiências. Todavia, a primeira orientação coaduna-se com o poder-dever do magistrado de presidir e evitar tumulto no ato judicial, não violando, por si, direitos normatizados no Estatuto da OAB.

C) Ambas as orientações violam os direitos assegurados, pelo Estatuto da OAB, ao advogado, pois Tânia possui o direito de permanecer, mesmo que de pé, na sala de audiências, bem como de se retirar a qualquer momento, independentemente de licença do juiz.

D) Nenhuma das orientações viola os direitos assegurados ao advogado, pois se coadunam com o poder-dever do magistrado de presidir e evitar tumulto no ato judicial, não contrariando, por si sós, direitos normatizados no Estatuto da OAB.

64 DOMINANDO ÉTICA

GABARITO: C.

COMENTÁRIO: As duas orientações violam o Estatuto da Advocacia, que confere direito ao advogado de permanecer sentado ou em pé, na sala de audiências, bem como de se retirar a qualquer momento, independentemente de licença.

FUNDAMENTAÇÃO: Art. 7º, VII, EAOAB.

---

07. (OAB FGV – XXII Exame) Viviane, Paula e Milena são advogadas. Viviane acaba de dar à luz, Paula adotou uma criança e Milena está em período de amamentação. Diante da situação narrada, de acordo com o Estatuto da OAB, assinale a afirmativa correta.

A) Viviane e Milena têm direito à reserva de vaga nas garagens dos fóruns dos tribunais.

B) Viviane e Paula têm direito à suspensão de prazos processuais, em qualquer hipótese, desde que haja notificação por escrito ao cliente.

C) Viviane, Paula e Milena têm direito de preferência na ordem das audiências a serem realizadas a cada dia, mediante comprovação de sua condição.

D) Paula e Milena têm direito a entrar nos tribunais sem serem submetidas a detectores de metais e aparelhos de raio X.

GABARITO: C.

COMENTÁRIO: Constitui direito da advogada gestante, lactante, adotante ou que der à luz, preferência na ordem das sustentações orais e das audiências a serem realizadas a cada dia, mediante comprovação de sua condição.

FUNDAMENTAÇÃO: Art. 7º-A, III, EAOAB.

---

08. (OAB FGV – XXI Exame) Adolfo, policial militar, consta como envolvido em fato supostamente violador da integridade física de terceiros, apurado em investigação preliminar perante a Polícia Militar. No curso dessa investigação, Adolfo foi notificado a prestar declarações e, desde logo, contratou a advogada Simone para sua defesa. Ciente do ato, Simone dirige-se à unidade respectiva, pretendendo solicitar vista quanto aos atos já concluídos da investigação e buscando tirar cópias com seu aparelho celular. Além disso, Simone intenta acompanhar Adolfo durante o seu depoimento designado. Considerando o caso narrado, assinale a afirmativa correta.

A) É direito de Simone, e de seu cliente Adolfo, que a advogada examine os autos da investigação, no que se refere aos atos já concluídos e documentados, porém, a possibilidade de emprego do telefone celular para tomada de cópias fica a critério da autoridade responsável pela investigação. Também é direito de ambos que Simone esteja presente no depoimento de Adolfo, sob pena de nulidade absoluta do ato e de todos os elementos investigatórios dele decorrentes.

5 ■ DIREITOS DO(A) ADVOGADO(A)

B) É direito de Simone, e de seu cliente Adolfo, que a advogada examine os autos, no que se refere aos atos já concluídos e documentados, bem como empregue o telefone celular para tomada de cópias digitais, o que não pode ser obstado pela autoridade responsável pela investigação. Também é direito de ambos que Simone esteja presente no depoimento de Adolfo, sob pena de nulidade absoluta do ato e de todos os elementos investigatórios dele decorrentes.

C) É direito de Simone, e de seu cliente Adolfo, que a advogada examine os autos, no que se refere aos atos já concluídos e documentados, bem como empregue o telefone celular para tomada de cópias digitais, o que não pode ser obstado pela autoridade responsável pela investigação. Também é direito de ambos que Simone esteja presente no depoimento de Adolfo, sob pena de nulidade relativa apenas do ato em que embaraçava a sua presença.

D) Considerando cuidar-se de mera investigação preliminar, Simone não possui o direito de examinar os atos já concluídos e documentados ou tomar cópias. Do mesmo modo, por não se tratar de interrogatório formal, mas mera investigação preliminar, sujeita à disciplina da legislação castrense, não configura nulidade se obstada a presença de Simone no depoimento de Adolfo.

GABARITO: B.

COMENTÁRIO: Constitui direito do advogado examinar autos de investigação de qualquer pessoa, tendo acesso aos elementos de prova já documentados nos autos, podendo copiar peças e tomar apontamentos, em meio físico ou digital. Também é direito do advogado assistir o seu cliente investigado durante a apuração de infrações, sob pena de nulidade absoluta do respectivo interrogatório ou depoimento, bem como dos elementos investigatórios e probatórios dele decorrentes.

FUNDAMENTAÇÃO: Art. 7º, XIV e XXI, EAOAB.

---

09. (OAB FGV – XXIX Exame) O advogado João, conselheiro em certo Conselho Seccional da OAB, foi condenado, pelo cometimento de crime de tráfico de influência, a uma pena privativa de liberdade. João respondeu ao processo todo em liberdade, apenas tendo sido decretada a prisão após o trânsito em julgado da sentença condenatória.

Quanto aos direitos de João, considerando o disposto no Estatuto da Advocacia e da OAB, assinale a afirmativa correta.

A) João tem direito à prisão domiciliar em razão de suas atividades profissionais, ou à prisão em sala de Estado Maior, durante todo o cumprimento da pena que se inicia, a critério do juiz competente.

B) João tem direito a ser preso em sala de Estado Maior durante o cumprimento integral da pena que se inicia. Apenas na falta desta, em razão de suas atividades profissionais, terá direito à prisão domiciliar.

66 DOMINANDO ÉTICA

C) João não tem direito a ser preso em sala de Estado Maior em nenhum momento do cumprimento da pena que se inicia, nem terá direito, em decorrência de suas atividades profissionais, à prisão domiciliar.

D) João tem direito a ser preso em sala de Estado Maior apenas durante o transcurso de seu mandato como conselheiro, mas não terá direito, em decorrência de suas atividades profissionais, à prisão domiciliar.

GABARITO: C.

COMENTÁRIO: Constitui direito do advogado não ser recolhido preso, **antes de sentença transitada em julgado**, senão em sala de Estado Maior, com instalações e comodidades condignas e, na sua falta, em prisão domiciliar.

FUNDAMENTAÇÃO: Art. 7°, V, EAOAB.

---

10. (OAB FGV – XXIX Exame) A conduta de um juiz em certa comarca implicou violação a prerrogativas de advogados previstas na Lei n. 8.906/94, demandando representação administrativo-disciplinar em face do magistrado.

Considerando a hipótese narrada, de acordo com o Regulamento Geral do Estatuto da Advocacia e da OAB, assinale a afirmativa correta.

A) É competência dos presidentes do Conselho Federal, do Conselho Seccional ou da Subseção formularem a representação administrativa cabível. Em razão da natureza da autoridade e da providência, o ato não pode ser delegado a outro advogado.

B) É competência apenas dos presidentes do Conselho Federal ou do Conselho Seccional formularem a representação administrativa cabível. Todavia, pode ser designado outro advogado, investido de poderes bastantes, para o ato.

C) É competência apenas do presidente do Conselho Seccional formular a representação administrativa cabível. Em razão da natureza da autoridade e da providência, o ato não pode ser delegado a outro advogado.

D) É competência dos presidentes do Conselho Federal, do Conselho Seccional ou da Subseção formularem a representação administrativa cabível. Todavia, pode ser designado outro advogado, investido de poderes bastantes, para o ato.

GABARITO: D

COMENTÁRIO: Compete ao Presidente do Conselho Federal, do Conselho Seccional ou da Subseção, ao tomar conhecimento de fato que possa causar, ou que já causou, violação de direitos ou prerrogativas da profissão, adotar as providências judiciais e extrajudiciais cabíveis para prevenir ou restaurar o império do Estatuto da Advocacia, em sua plenitude, **inclusive mediante representação administrativa**. O Presidente pode designar advogado, investido de poderes bastantes, para tais finalidades.

FUNDAMENTAÇÃO: Art. 15, *caput* e parágrafo único, RGEAOAB.

5 ■ DIREITOS DO(A) ADVOGADO(A)

11. (OAB FGV – XXX Exame) Em certa situação, uma advogada, inscrita na OAB, foi ofendida em razão do exercício profissional durante a realização de uma audiência judicial. O ocorrido foi amplamente divulgado na mídia, assumindo grande notoriedade e revelando, de modo urgente, a necessidade de desagravo público.

Considerando que o desagravo será promovido pelo Conselho competente, seja pelo órgão com atribuição ou pela Diretoria *ad referendum*, assinale a afirmativa correta.

A) A atuação se dará apenas mediante provocação, a pedido da ofendida ou de qualquer outra pessoa. É condição para concessão do desagravo a solicitação de informações à pessoa ou autoridade apontada como ofensora.

B) A atuação se dará de ofício ou mediante pedido, o qual deverá ser formulado pela ofendida, seu representante legal ou advogado inscrito na OAB. É condição para concessão do desagravo a solicitação de informações à pessoa ou autoridade apontada como ofensora.

C) A atuação se dará de ofício ou mediante provocação, seja da ofendida ou de qualquer outra pessoa. Não é condição para concessão do desagravo a solicitação de informações à pessoa ou autoridade apontada como ofensora.

D) A atuação se dará de ofício ou mediante pedido, o qual deverá ser formulado pela ofendida, seu representante legal ou advogado inscrito na OAB. Não é condição para concessão do desagravo a solicitação de informações à pessoa ou autoridade apontada como ofensora.

GABARITO: C.

COMENTÁRIO: O inscrito na OAB, quando ofendido comprovadamente em razão do exercício profissional ou de cargo ou função da OAB, tem direito ao desagravo público promovido pelo Conselho competente, de ofício, a pedido do ofendido ou de qualquer pessoa.

FUNDAMENTAÇÃO: Art. 18, *caput*, RGEAOAB.

---

12. (OAB FGV – XXXII Exame) O advogado Júnior foi procurado pela família de João, preso em razão da decretação de prisão temporária em certo estabelecimento prisional. Dirigindo-se ao local, Júnior foi informado que João é considerado um preso de alta periculosidade pelo sistema prisional, tendo em vista o cometimento de diversos crimes violentos, inclusive contra um advogado, integração a organização criminosa e descobrimento de um plano de fuga a ser executado pelo mesmo grupo.

Diante de tais circunstâncias, o diretor do estabelecimento conduziu Júnior a uma sala especial, onde poderia conversar com João na presença de um agente prisional destinado a garantir a segurança do próprio Júnior e dos demais. Além disso, foi exigida a apresentação de procuração pelo advogado antes de deixar o estabelecimento prisional.

Considerando o caso narrado, assinale a afirmativa correta.

A) É exigível a apresentação de procuração. Quanto às condições exigidas para a realização da entrevista, por serem devidamente justificadas, não indicam violação de direitos.

B) Não é exigível a apresentação de procuração. Já as condições exigidas para a realização da entrevista violam direitos e implicam o cometimento de fato penalmente típico pelo diretor do estabelecimento.

C) É exigível a apresentação de procuração. Já as condições exigidas para a realização da entrevista indicam violação de direitos, devendo ser combatidas por meio das medidas judiciais cabíveis, como a impetração de *habeas corpus*.

D) Não é exigível a apresentação de procuração. Já as condições exigidas para a realização da entrevista indicam violação de direitos, devendo ser combatidas por meio das medidas judiciais cabíveis, como a impetração de *habeas corpus*, não se tratando de fato tipificado penalmente.

GABARITO: B.

COMENTÁRIO: Constitui direito do advogado se comunicar com seus clientes, pessoal e reservadamente, **mesmo sem procuração**, quando estes se acharem presos, detidos ou recolhidos em estabelecimentos civis ou militares, ainda que considerados incomunicáveis. A violação do referido direito configura crime previsto no Estatuto da Advocacia.

FUNDAMENTAÇÃO: Arts. 7º, III, e 7º-B, EAOAB.

---

13. (OAB FGV – XXXII Exame) Maria, advogada, adotou o recém-nascido João. A fim de organizar sua rotina, Maria verifica que tem contestação a apresentar em quinze dias e audiência agendada em quarenta dias, em processos distintos, nos quais figura como única advogada das partes que representa.

Sobre a situação apresentada, assinale a afirmativa correta.

A) Maria, ao comparecer ao fórum para a realização da audiência, terá direito a reserva de vaga na garagem.

B) Maria terá preferência de ordem para a realização da audiência, mediante comprovação de sua condição.

C) Maria terá o prazo para apresentar a contestação interrompido, desde que notifique o cliente por escrito.

D) Maria, ao comparecer ao fórum para a realização da audiência, não deverá ser submetida a detectores de metais e aparelhos de raio X, se estiver acompanhada de João.

GABARITO: B.

COMENTÁRIO: Constitui direito da advogada gestante, lactante, adotante ou que der à luz a preferência na ordem das sustentações orais e das audiências a serem realizadas a cada dia, mediante comprovação de sua condição.

FUNDAMENTAÇÃO: Art. 7º-A, III, EAOAB.

5 ■ DIREITOS DO(A) ADVOGADO(A)

14. (OAB FGV – 38º Exame) A medida cautelar de busca e apreensão a ser cumprida no escritório do advogado José foi regularmente deferida, por Juízo competente. Considerou o magistrado que havia nos autos indícios de autoria e materialidade da prática de crime por José, juntamente com um cliente seu, de nome Oswaldo.

Quanto à situação hipotética narrada, assinale a afirmativa correta.

A) É dever do representante da OAB presente ao ato, durante o cumprimento do mandado de busca e apreensão, impedir que documentos referentes a outros processos em face de Oswaldo, não relacionados ao objeto da investigação que ensejou a cautelar, sejam retirados do escritório, exceto se o volume ou natureza dos objetos impedirem o resguardo do sigilo por meio da cadeia de custódia.

B) A análise dos documentos apreendidos deve ser feita mediante comunicação prévia ao Conselho Federal da OAB, com antecedência mínima e impreterível de 48 horas.

C) Caso seja essencial à sua defesa no processo criminal, é admitido que José efetue colaboração premiada em face de Oswaldo, desde que haja confirmação das imputações por outros meios de prova.

D) É direito de José estar presente na ocasião designada para análise do conteúdo dos documentos apreendidos, quando do cumprimento do mandado de busca e apreensão.

GABARITO: D.

COMENTÁRIO: É garantido o direito de acompanhamento por representante da OAB e pelo profissional investigado durante a análise dos documentos e dos dispositivos de armazenamento de informação pertencentes a advogado, apreendidos ou interceptados, em todos os atos, para assegurar a inviolabilidade do seu local de trabalho.

FUNDAMENTAÇÃO: Art. 7º, § 6º-F, EAOAB.

---

15. (OAB FGV – 38º Exame) Maria, advogada regularmente inscrita na OAB, encontra-se gestante. Em razão de sua condição, Maria tem direitos específicos previstos no Estatuto da Advocacia e da OAB.

Assinale a opção que apresenta, corretamente um desses direitos.

A) Durante a gravidez, ela terá direito a uma vaga garantida nas garagens dos fóruns de todos os tribunais.

B) Durante a gravidez ela terá preferência na realização das audiências a serem realizadas no dia, independentemente de comprovação de sua condição.

C) Após dar à luz, ela terá direito à suspensão dos prazos processuais por 60 dias, contados a partir da data do parto, se for a única patrona da causa.

D) Após dar à luz, ela terá preferência na ordem das sustentações orais, mediante comprovação de sua condição, pelo período de 90 dias, contados a partir da data do parto.

70 DOMINANDO ÉTICA

GABARITO: A.

COMENTÁRIO: A reserva de vaga em garagens dos fóruns dos tribunais constitui direito da advogada gestante previsto no Estatuto da Advocacia.

FUNDAMENTAÇÃO: Art. 7º-A, I, *b*, EAOAB.

---

16. (OAB FGV – 39º Exame) Alice Santos, advogada, está sendo investigada criminalmente por ter, supostamente, cometido fraude contra o sistema previdenciário, em conjunto com Robson Lima, seu cliente, e Leonardo Melo, seu ex-cliente. O órgão competente do Ministério Público consulta a Dra. Alice Santos sobre seu interesse em efetuar colaboração premiada.

Com base na legislação aplicável, assinale a afirmativa que apresenta, corretamente, o que ela concluiu.

A) Poderá efetuar colaboração premiada contra Leonardo Melo, já que ele não ostenta mais a condição de seu cliente.

B) Poderá efetuar colaboração premiada contra Robson Lima, por se tratar de cliente que está sendo formalmente investigado como coautor pela prática do mesmo crime.

C) Caso efetue colaboração premiada contra Robson Lima, estará sujeita a processo disciplinar, que poderá culminar na aplicação da pena de suspensão.

D) Caso efetue colaboração premiada contra Leonardo Melo, estará sujeita às penas do crime de violação do segredo profissional.

GABARITO: D.

COMENTÁRIO: É vedado ao advogado efetuar colaboração premiada contra quem seja ou tenha sido seu cliente, e a inobservância dessa vedação importará em processo disciplinar, que poderá culminar com a aplicação da **sanção de exclusão**, sem prejuízo das penas previstas no Código Penal.

FUNDAMENTAÇÃO: Art. 7º, § 6º-I, EAOAB.

---

17. (OAB FGV – 39º Exame) Durante audiência de instrução e julgamento da qual participou na qualidade de advogado, Robson foi comprovadamente ofendido por palavras desferidas pelo juiz que presidia o ato. Abalado em razão desse fato, Robson decide buscar as informações necessárias para obter desagravo público perante o Conselho Seccional competente da OAB.

A esse respeito, assinale a afirmativa correta.

A) O relator deverá solicitar informações da autoridade ofensora, como condição para a concessão do desagravo.

5 ■ DIREITOS DO(A) ADVOGADO(A)

B) Não há previsão legal ou regulamentar de prazo máximo para concessão do desagravo, em caso de acolhimento do parecer do relator, aplicando-se o princípio da Duração Razoável do Processo.

C) O desagravo será concedido em sessão realizada para essa finalidade, amplamente divulgada, sendo vedada, em qualquer caso, a concessão imediata.

D) A sessão de desagravo deverá ser realizada, preferencialmente, no local onde a ofensa foi sofrida ou onde se encontre a autoridade ofensora.

GABARITO: D.

COMENTÁRIO: Os desagravos deverão ser decididos no prazo máximo de sessenta dias e, em caso de acolhimento do parecer, é designada a sessão de desagravo, amplamente divulgada, devendo ocorrer, no prazo máximo de trinta dias, preferencialmente, no local onde a ofensa foi sofrida ou onde se encontre a autoridade ofensora.

FUNDAMENTAÇÃO: Art. 18, § 6º, RGEAOAB.

---

18. (OAB FGV – 40º Exame) Monique, advogada regularmente inscrita nos quadros da OAB, é investigada em inquérito policial por supostos crimes praticados por motivo ligado ao exercício da advocacia, tendo sido presa em flagrante, por crime da mesma espécie, em seu escritório, enquanto atendia a uma de suas clientes.

Considerando as disposições do Estatuto da Advocacia, é correto afirmar que

A) Monique tem direito à presença de representante da OAB para lavratura do auto de prisão em flagrante, visto que se trata de suposto crime por motivo ligado ao exercício da advocacia, sob pena de nulidade.

B) não há qualquer direito ou prerrogativa conferida pela legislação no caso em tela, devendo Monique receber tratamento idêntico ao dado a outros indivíduos não advogados, em razão do princípio da igualdade.

C) a presença de representante da OAB no momento da lavratura do auto de prisão em flagrante será devida ainda que não se trate de motivo ligado ao exercício da advocacia, visto que se cuida de direito conferido ao advogado em todo e qualquer crime por ele cometido.

D) o representante da OAB para acompanhar a lavratura do auto de prisão em flagrante, pode ser substituído por representante da Defensoria Pública, visto que ambos podem figurar como defensores.

GABARITO: A.

COMENTÁRIO: Constitui direito da advogada ter a presença de representante da OAB, quando presa em flagrante, por motivo ligado ao exercício da advocacia, para lavratura do auto respectivo, sob pena de nulidade e, nos demais casos, a comunicação expressa à seccional da OAB.

FUNDAMENTAÇÃO: Art. 7º, IV, EAOAB.

72 DOMINANDO
ÉTICA

19. (OAB FGV – 40º Exame) Mariângela, advogada trabalhista, foi intimada pelo juízo da Vara do Trabalho de sua cidade para comparecer à audiência una, designada para 16h15 de determinado dia.

Por estar amamentando sua filha Manuela, recém-nascida, Mariângela protocolou petição nos autos do respectivo processo, requerendo preferência na ordem das audiências, mediante comprovação da sua condição. O juiz, contudo, indeferiu o pedido, com o argumento de que a causa é copatrocinada por uma segunda advogada, conforme procuração constante dos autos, a qual poderia participar do ato.

A respeito da hipótese narrada, assinale a afirmativa correta.

A) Diante da constatação de que há duas advogadas constituídas pela parte, e à míngua de previsão legal, a condição de lactante de Mariângela não é suficiente para o deferimento do pedido de preferência.

B) Conquanto inexista previsão legal para o pedido formulado por Mariângela, o juiz deveria ter deferido o pleito com base na práxis judiciária e no princípio da razoabilidade.

C) Apenas se Mariângela comprovasse ser a única patrona da causa, haveria previsão legal para que o pedido de preferência fosse atendido.

D) Mariângela tem o direito de preferência assegurado em lei, independentemente de haver outra advogada constituída nos autos.

GABARITO: D.

COMENTÁRIO: Constitui direito da advogada gestante, lactante, adotante ou que der à luz, ter preferência na ordem das sustentações orais e das audiências a serem realizadas a cada dia, mediante comprovação de sua condição.

FUNDAMENTAÇÃO: Art. 7º-A, III, EAOAB.

---

20. (OAB FGV – 41º Exame) O juízo criminal da Comarca de ABC expediu mandado de prisão preventiva em desfavor de Saulo, o qual, no momento do cumprimento da medida, telefonou para sua amiga, a advogada criminalista Janete, rogando-lhe verbalmente que verificasse as razões daquela prisão, bem como levantasse outras informações sobre a investigação contra si instaurada.

Ao se dirigir à autoridade policial responsável, Janete foi informada de que não poderia ter acesso aos autos do flagrante e nem aos do respectivo caderno apuratório, uma vez que não apresentou prova do mandato e os autos estão integralmente submetidos a sigilo.

Com base nessas informações, e considerados os direitos da advocacia, assinale a afirmativa correta.

A) A negativa de acesso aos autos, na hipótese, possui respaldo legal, uma vez que, estando os autos submetidos a sigilo, o acesso de Janete dependeria da apresentação de procuração.

5 ■ DIREITOS DO(A) ADVOGADO(A)

73

B) O Estatuto da Advocacia e da OAB assegura o direito de Janete de examinar os autos do flagrante e do respectivo caderno apuratório, mesmo sem procuração, ainda que submetidos a sigilo.

C) Na hipótese de haver diligências em andamento, a negativa de acesso aos autos da investigação possui suporte legal, extensiva aos elementos de prova já documentados, oriundos de diligências finalizadas.

D) É vedado o fornecimento incompleto de autos ou o fornecimento de autos em que houve a retirada de peças relacionadas a diligências sigilosas em andamento, sob pena de responsabilização criminal e funcional.

GABARITO: A.

COMENTÁRIO: Constitui direito do advogado, **examinar, em qualquer instituição responsável por conduzir investigação, mesmo sem procuração**, autos de flagrante e de investigações de qualquer natureza, findos ou em andamento, ainda que conclusos à autoridade, podendo copiar peças e tomar apontamentos, em meio físico ou digital. No entanto, nos autos sujeitos a sigilo, deve o advogado apresentar procuração.

FUNDAMENTAÇÃO: Art. 7º, XIV, § 10, EAOAB.

---

6 INSCRIÇÃO NA OAB

> **arts. 8º a 14, EAOAB**
> **arts. 20 a 26, RGEAOAB**

O exercício da atividade de advocacia no território brasileiro e a denominação de advogado são privativos dos inscritos na Ordem dos Advogados do Brasil, sendo obrigatória a indicação do nome e do número de inscrição em todos os documentos assinados pelo advogado, no exercício de sua atividade. Neste ponto, o Estatuto da Advocacia apresenta capítulo específico, que pode ser estudado da seguinte forma:

- ***Requisitos para inscrição***

Requisitos para a inscrição como Advogado	Requisitos para a inscrição como Estagiário
- Capacidade civil;	- Capacidade civil;
- Diploma ou certidão de graduação em direito;	- Título de eleitor e quitação do serviço militar, se brasileiro;
- Título de eleitor e quitação do serviço militar, se brasileiro;	- Não exercer atividade incompatível com a advocacia;
- Aprovação em Exame de Ordem;	- Idoneidade moral;
- Não exercer atividade incompatível com a advocacia;	- Prestar compromisso perante o Conselho.
- Idoneidade moral;	
- Prestar compromisso perante o Conselho.	

Alguns dos requisitos merecem especial atenção:

a) **Diploma ou certidão de graduação em direito**

O interessado em promover inscrição no quadro de advogados da OAB, na falta de diploma regularmente registrado, pode apresentar certidão de graduação em direito, juntamente de cópia autenticada do respectivo histórico escolar.

O estrangeiro ou brasileiro, quando não graduado em direito no Brasil, deve fazer prova do título de graduação obtido em instituição estrangeira, devidamente revalidado.

b) **Não exercício de atividade incompatível com a advocacia**

A incompatibilidade determina a proibição total do exercício de qualquer atividade de advocacia. As atividades incompatíveis estão enumeradas no art. 28 do Estatuto da Advocacia e são assim consideradas por, de certa forma, possibilitar "privilégios" aos ocupantes de tais cargos, como, a facilidade de obter informações e a captação de clientela.

O Exame de Ordem pode ser prestado por bacharéis em direito que exerçam cargos ou funções incompatíveis com a advocacia, porém é vedada a sua inscrição na OAB.

c) **Idoneidade moral**

A idoneidade moral constitui requisito para inscrição na OAB e para a sua permanência em seus quadros uma vez que, diante de sua perda, o advogado será punido com sanção de exclusão.

A **inidoneidade moral pode ser suscitada por qualquer pessoa**, devendo ser declarada por decisão de no mínimo dois terços dos membros do Conselho competente, em procedimento no qual se observa o contraditório e a ampla defesa.

A condenação por crime infamante é presunção legal de inidoneidade, salvo reabilitação judicial. Podemos entender como crime infamante aquele que atente contra a dignidade da advocacia, capaz de prejudicar a imagem da classe.

d) **Prestar compromisso**

Os termos do compromisso estão previstos no Regulamento Geral do EAOAB. Trata-se de **requisito indelegável, por sua natureza solene e personalíssima**, devendo ser cumprido exclusivamente pelo requerente à inscrição.

- *Local da Inscrição*

Compete ao Conselho Seccional decidir os pedidos de inscrição nos quadros de advogados e estagiários da OAB.

A **inscrição principal do advogado** deve ser promovida no Conselho Seccional em cujo território pretende estabelecer seu **domicílio profissional, prevalecendo, na falta ou diante de dúvida, o domicílio pessoal**. É considerado como domicílio profissional a sede principal da atividade de advocacia.

Observe que a **inscrição do estagiário** deve ser realizada no Conselho Seccional em cujo território esteja **localizado o seu curso jurídico**.

- *Inscrição Suplementar*

A inscrição suplementar deve ser promovida pelo advogado perante o Conselho Seccional, diverso do qual mantém a sua inscrição principal, em cujo território passar a exercer a profissão de **forma habitual**. A habitualidade se dá com a intervenção judicial em **mais de cinco causas** por ano.

Nesse sentido, o advogado é dispensado de comunicar o exercício eventual da profissão em território diverso do que mantém inscrição principal, até o total de cinco causas por ano, acima do qual se obriga à inscrição suplementar.

78 DOMINANDO ÉTICA

Não se pode confundir a inscrição suplementar com a transferência da inscrição, que deve ser solicitada pelo advogado diante da mudança definitiva de domicílio profissional para outra unidade federativa.

■ Cancelamento e Licenciamento da Inscrição

Ocorre o cancelamento ou o licenciamento da inscrição conforme as hipóteses previstas nos arts. 11 e 12 do Estatuto da Advocacia.

Cancelamento da Inscrição	Licenciamento da Inscrição
É definitivo em relação ao número de inscrição, não sendo este reaproveitado ou restaurado na hipótese de novo pedido.	**O número de inscrição** do advogado é **preservado.**
Cancela-se a inscrição do profissional que:	**Licencia-se o profissional que:**
■ Assim o requerer.	■ Requerer, por **motivo justificado**.
■ Passar a exercer, em **caráter definitivo**, atividade incompatível com a advocacia.	■ Passar a exercer, em **caráter temporário**, atividade incompatível com o exercício da advocacia.
■ Falecer.	■ Sofrer doença mental considerada curável.
■ Sofrer penalidade de exclusão.	
■ Perder qualquer um dos requisitos necessários para inscrição.	

■ Requisitos para o retorno após o cancelamento da inscrição

Ocorrido o cancelamento, é permitido que se faça novo pedido de inscrição, que não restaura a numeração anterior.

O interessado deve cumprir os seguintes requisitos

- ■ Capacidade civil.
- ■ Não exercer atividade incompatível com a advocacia.
- ■ Idoneidade moral.
- ■ Prestar compromisso perante o Conselho.

> **IMPORTANTE LEMBRAR**

1. O cancelamento, quando consequência de exclusão, impõe que o novo pedido de inscrição seja acompanhado de **provas de reabilitação**.

2. Se o cancelamento da inscrição se der como consequência de exclusão pela prática de crime, o pedido de reabilitação depende também da correspondente **reabilitação criminal**.

6 ■ INSCRIÇÃO NA OAB

79

QUESTÕES

01. (OAB FGV – XXVII Exame) Lúcio pretende se inscrever como advogado junto à OAB. Contudo, ocorre que ele passou por determinada situação conflituosa que foi intensamente divulgada na mídia, tendo sido publicado, em certos jornais, que Lúcio não teria idoneidade moral para o exercício das atividades de advogado.

Considerando que Lúcio preenche, indubitavelmente, os demais requisitos para a inscrição, de acordo com o Estatuto da Advocacia e da OAB, assinale a afirmativa correta.

A) A inidoneidade moral apenas poderá ser suscitada junto à OAB por advogado inscrito e deve ser declarada por meio de decisão da diretoria do conselho competente, por maioria absoluta, em procedimento que observe os termos do processo disciplinar.

B) A inidoneidade moral poderá ser suscitada junto à OAB por qualquer pessoa e deve ser declarada por meio de decisão de, no mínimo, dois terços dos votos de todos os membros do conselho competente, em procedimento que observe os termos do processo disciplinar.

C) A inidoneidade moral apenas poderá ser suscitada junto à OAB por advogado inscrito e deve ser declarada por meio de decisão, por maioria absoluta, de todos os membros do conselho competente, em procedimento que observe os termos do processo disciplinar.

D) A inidoneidade moral poderá ser suscitada junto à OAB por qualquer pessoa e deve ser declarada por meio de decisão, por maioria simples, do Tribunal de Ética e Disciplina do conselho competente, em procedimento que observe os termos do processo disciplinar.

GABARITO: B.

COMENTÁRIO: A inidoneidade moral, suscitada por qualquer pessoa, deve ser declarada mediante decisão que obtenha no mínimo dois terços dos votos de todos os membros do Conselho competente, em procedimento que observe os termos do processo disciplinar.

FUNDAMENTAÇÃO: Art. 8º, § 3º, EAOAB.

---

02. (OAB FGV – XXIV Exame) O advogado Gennaro exerce suas atividades em sociedade de prestação de serviços de advocacia, sediada na capital paulista. Todas as demandas patrocinadas por Gennaro tramitam perante juízos com competência em São Paulo. Todavia, recentemente, a esposa de Gennaro obteve trabalho no Rio de Janeiro. Após buscarem a melhor solução, o casal resolveu que fixaria sua residência, com ânimo definitivo, na capital fluminense, cabendo a Gennaro continuar exercendo as mesmas funções no escritório de São Paulo. Nos dias em que não têm atividades profissionais, o advogado, valendo-se da ponte área, retorna ao domicílio do casal no Rio de Janeiro.

Considerando o caso narrado, assinale a afirmativa correta.

80 DOMINANDO
ÉTICA

A) O Estatuto da Advocacia e da OAB impõe que Gennaro requeira a transferência de sua inscrição principal como advogado para o Conselho Seccional do Rio de Janeiro.

B) O Estatuto da Advocacia e da OAB impõe que Gennaro requeira a inscrição suplementar como advogado junto ao Conselho Seccional do Rio de Janeiro.

C) O Estatuto da Advocacia e da OAB impõe que Gennaro requeira a inscrição suplementar como advogado junto ao Conselho Federal da OAB.

D) O Estatuto da Advocacia e da OAB não impõe que Gennaro requeira a transferência de sua inscrição principal ou requeira inscrição suplementar.

GABARITO: D.

COMENTÁRIO: O Estatuto da Advocacia e da OAB não impõe que o advogado requeira a transferência de sua inscrição principal ou promova inscrição suplementar, tendo em vista que todas as demandas que patrocina tramitam perante juízos com competência em São Paulo, sendo este o **seu domicílio profissional**.

FUNDAMENTAÇÃO: Art. 10, *caput*, EAOAB.

---

03. (OAB FGV – XIX Exame) Victor nasceu no Estado do Rio de Janeiro e formou-se em Direito no Estado de São Paulo. Posteriormente, passou a residir e pretende atuar profissionalmente como advogado, em Fortaleza, Ceará. Porém, em razão de seus contatos no Rio de Janeiro, foi convidado a intervir também em feitos judiciais em favor de clientes nesse Estado, cabendo-lhe patrocinar seis causas no ano de 2015. Diante do exposto, assinale a opção correta.

A) A inscrição principal de Victor deve ser realizada no Conselho Seccional de São Paulo, já que esta é feita no Conselho Seccional em cujo território se localize seu curso jurídico. Além da principal, Victor terá a faculdade de promover sua inscrição suplementar nos Conselhos Seccionais do Ceará e do Rio de Janeiro, onde pretende exercer a profissão.

B) A inscrição principal de Victor deve ser realizada no Conselho Seccional do Rio de Janeiro, pois o Estatuto da OAB determina que esta seja promovida no Conselho Seccional em cujo território o advogado exercer intervenção judicial que exceda três causas por ano. Além da principal, Victor poderá promover sua inscrição suplementar nos Conselhos Seccionais do Ceará e de São Paulo.

C) A inscrição principal de Victor deve ser realizada no Conselho Seccional do Ceará. Isso porque esta deve ser feita no Conselho Seccional em cujo território pretende estabelecer o seu domicílio profissional. A promoção de inscrição suplementar no Conselho Seccional do Rio de Janeiro será facultativa, pois as intervenções judiciais pontuais, como as causas em que Victor atuará, não configuram habitualidade no exercício da profissão.

D) A inscrição principal de Victor deve ser realizada no Conselho Seccional do Ceará. Afinal, esta deve ser feita no Conselho Seccional em cujo território ele pretende estabelecer o seu domicílio profissional. Além da principal, Victor deverá promover a inscrição suplementar no

6 ■ INSCRIÇÃO NA OAB

81

Conselho Seccional do Rio de Janeiro, já que esta é exigida diante de intervenção judicial que exceda cinco causas por ano.

GABARITO: D.

COMENTÁRIO: A inscrição principal do advogado deve ser realizada no Conselho Seccional em cujo território ele pretende estabelecer o seu domicílio profissional. Deverá também promover a inscrição suplementar no Conselho Seccional do Rio de Janeiro diante da intervenção judicial em mais de cinco causas por ano.

FUNDAMENTAÇÃO: Art. 10, *caput* e § 2º, EAOAB.

---

04. (OAB FGV – XVIII Exame) Fernanda, estudante do 8º período de Direito, requereu inscrição junto à Seccional da OAB do Estado onde reside. A inscrição foi indeferida, em razão de Fernanda ser serventuária do Tribunal de Justiça do Estado. Fernanda recorreu da decisão, alegando que preenche todos os requisitos exigidos em lei para a inscrição de estagiário e que o exercício de cargo incompatível com a advocacia não impede a inscrição do estudante de Direito como estagiário.

Merece ser revista a decisão que indeferiu a inscrição de estagiário de Fernanda?

A) Sim, pois Fernanda exerce cargo incompatível com a advocacia e não com a realização de estágio.

B) Não, pois as incompatibilidades previstas em lei para o exercício da advocacia também devem ser observadas quando do requerimento de inscrição de estagiário.

C) Sim, pois o cargo de serventuário do Tribunal de Justiça não é incompatível com a advocacia, menos ainda com a realização de estágio.

D) Não, pois apenas estudantes do último período do curso de Direito podem requerer inscrição como estagiários.

GABARITO: B.

COMENTÁRIO: A decisão não merece ser revista, uma vez que o não exercício de atividade incompatível com a advocacia constitui requisito legal para a inscrição na OAB, como advogado ou estagiário.

FUNDAMENTAÇÃO: Art. 9º, § 3º, EAOAB.

---

05. (OAB FGV – XII Exame) Ângelo, comandante das Forças Especiais do Estado "B", é curioso em relação às normas jurídicas, cuja aplicação acompanha na seara castrense, já tendo atuado em órgãos julgadores na sua esfera de atuação. Mantendo a sua atividade militar, obtém autorização especial para realizar curso de Direito, no turno da noite, em universidade pública, à qual teve acesso pelo processo seletivo regular de provas.

Ângelo consegue obter avaliação favorável em todas as disciplinas até alcançar o período em que o estágio é permitido. Ele pleiteia sua inscrição no quadro de estagiários da OAB e que o mesmo seja realizado na Justiça Militar.

Com base no caso narrado, nos termos do Estatuto da Advocacia, assinale a afirmativa correta.

A) O estágio é permitido, desde que ocorra perante a Justiça Militar especializada.

B) O estágio é permitido, mas, por tratar-se de função incompatível, é vedada a inscrição na OAB.

C) O estágio poderá ocorrer, mediante autorização especial da Força Armada respectiva.

D) O estágio possui uma categoria especial que limita a atuação em determinados processos.

GABARITO: B.

COMENTÁRIO: O aluno de curso jurídico que exerça atividade incompatível com a advocacia pode frequentar o estágio ministrado pela respectiva instituição de ensino superior, para fins de aprendizagem, vedada a inscrição na OAB.

FUNDAMENTAÇÃO: Art. 9º, § 3º, EAOAB.

06. (OAB FGV – IX Exame) Marcio, advogado com inscrição regular, passou a exercer atividade incompatível com a advocacia e, por força disso, teve sua inscrição cancelada. Após sua aposentadoria no cargo que gerava a incompatibilidade, requereu o seu retorno aos quadros da OAB.

Assinale a alternativa que indica o requisito exigido pelo Estatuto para a inscrição nesse caso.

A) Diploma de graduação em Direito.

B) Certificado de reservista.

C) Compromisso perante o Conselho.

D) Título de eleitor.

GABARITO: C.

COMENTÁRIO: Na hipótese de novo pedido de inscrição, que não restaura o número de inscrição anterior, deve o interessado demonstrar capacidade civil, não exercer atividade incompatível com a advocacia, idoneidade moral e prestar compromisso perante o Conselho.

FUNDAMENTAÇÃO: Art. 11, § 2º, EAOAB.

07. (OAB FGV – XXX Exame) Jailton, advogado, após dez anos de exercício da advocacia, passou a apresentar comportamentos incomuns. Após avaliação médica, ele foi diagnosticado com uma doença mental curável, mediante medicação e tratamento bastante demorado.

6 ■ INSCRIÇÃO NA OAB

Segundo as disposições do Estatuto da Advocacia e da OAB, o caso do advogado Jailton incide em causa de:

A) suspensão do exercício profissional.

B) impedimento para o exercício profissional.

C) cancelamento da inscrição profissional.

D) licença do exercício profissional.

GABARITO: D.

COMENTÁRIO: Licencia-se o profissional que passar a sofrer de doença mental considerada curável, mantendo o número da sua inscrição na OAB quando retornar às suas atividades profissionais.

FUNDAMENTAÇÃO: Art. 12, III, EAOAB.

---

08. (OAB FGV – XXXIII Exame) Lia, aluna do 8º período de uma Faculdade de Direito, obteve de certo escritório de advocacia a proposta de um estágio profissional. Assim, pretende providenciar sua inscrição como estagiária junto à OAB.

Lia deverá requerer sua inscrição como estagiária junto ao Conselho Seccional em cujo território se situa:

A) a sede do escritório onde atuará.

B) a sede principal da sua atividade de estagiária de advocacia.

C) o seu domicílio de pessoa física.

D) a Faculdade de Direito em que estuda.

GABARITO: D.

COMENTÁRIO: A inscrição do estagiário é feita no Conselho Seccional em cujo território se localize seu curso jurídico.

FUNDAMENTAÇÃO: Art. 9º, § 2º, EAOAB.

---

09. (OAB FGV – XXXIII Exame) Carlos é aluno do primeiro período do curso de Direito. Vinícius é bacharel em Direito, que ainda não realizou o Exame da Ordem. Fernanda é advogada inscrita na OAB. Todos eles são aprovados em concurso público realizado por Tribunal de Justiça para o preenchimento de vagas de Técnico Judiciário.

Após a investidura de Carlos, Vinícius e Fernanda em tal cargo efetivo e, enquanto permanecerem em atividade, é correto afirmar que:

A) Carlos não poderá frequentar o estágio ministrado pela instituição de ensino superior em que está matriculado.

84 DOMINANDO
ÉTICA

B) Vinícius preencherá os requisitos necessários para ser inscrito como advogado na OAB, caso venha a ser aprovado no Exame da Ordem.

C) Fernanda deverá ter sua inscrição na OAB cancelada de ofício ou em virtude de comunicação que pode ser feita por qualquer pessoa.

D) Fernanda deverá ter sua inscrição na OAB suspensa, restaurando-se o número em caso de novo pedido.

GABARITO: C.

COMENTÁRIO: O cancelamento da inscrição, diante de exclusão, falecimento ou do exercício em caráter definitivo de atividade incompatível com a advocacia, deve ser promovido de ofício pelo Conselho competente ou em virtude de comunicação por qualquer pessoa.

FUNDAMENTAÇÃO: Art. 11, § 1º, EAOAB.

---

10. (OAB FGV – 35º Exame) Antônio, brasileiro, formou-se em Direito em uma renomada Universidade de certo país da América do Sul. Lá, conheceu e casou--se com uma nacional daquele país, Ana, que também se formou em Direito na mencionada universidade.

Já graduados, Ana e Antônio decidiram mudar-se para o Brasil e exercer a advocacia em Minas Gerais, uma vez que se especializaram em determinado ramo do Direito em que há bastante similitude com o Direito do país de origem de Ana.

Considerando o caso narrado, assinale a afirmativa correta.

A) É vedado a Ana o exercício da advocacia no Brasil, salvo, a título precatório, como consultora em Direito Internacional, se não cursar novamente a graduação no nosso país. Antônio, em via diversa, poderá inscrever-se como advogado desde que prove seu título de graduação, obtido na universidade estrangeira, que este seja revalidado e que seja aprovado no Exame de Ordem, cumpridos os demais requisitos legais.

B) Tanto Ana quanto Antônio poderão inscrever-se como advogados, desde que provem seus títulos de graduação, obtidos na universidade estrangeira, que estes sejam revalidados e que eles sejam aprovados no Exame de Ordem, cumpridos os demais requisitos legais.

C) É vedado a Ana o exercício da advocacia no Brasil, salvo, a título precatório, como consultora em Direito Internacional, se não cursar novamente a graduação no nosso país. Antônio poderá inscrever-se como advogado desde que prove seu título de graduação, obtido na universidade estrangeira, independentemente de revalidação, e que seja aprovado no Exame de Ordem, cumpridos os demais requisitos legais.

D) É vedado a Ana e a Antônio o exercício da advocacia no Brasil, salvo, a título precatório, como consultores no Direito estrangeiro, se não cursarem novamente a graduação no nosso país.

6 ■ INSCRIÇÃO NA OAB

GABARITO: B.

COMENTÁRIO: O estrangeiro ou brasileiro, quando não graduado em direito no Brasil, deve fazer prova do título de graduação, obtido em instituição estrangeira, devidamente revalidado, e atender aos demais requisitos previstos no Estatuto da Advocacia.

FUNDAMENTAÇÃO: Art. 8º, § 2º, EAOAB.

11. (OAB FGV – 38º Exame) Lucas, estagiário de Direito, descobre que Patrícia, advogada que o supervisiona, teve sua inscrição na OAB cancelada. Na intenção de auxiliar Patrícia a restabelecer o exercício da advocacia, Lucas passa a estudar a legislação que disciplina o tema.

Sobre o cancelamento da inscrição, Lucas concluiu, corretamente, que:

A) deve ter motivo justificado, caso seja solicitada pelo profissional.

B) a aplicação de penalidade de exclusão impossibilita um novo pedido de inscrição.

C) deve ser promovido, de ofício, pelo conselho competente, caso decorra do exercício de atividade incompatível com a advocacia.

D) será restaurado o número cancelado, caso seja feito um novo pedido de inscrição.

GABARITO: C.

COMENTÁRIO: Diante de penalidade de exclusão, falecimento ou do exercício, em caráter definitivo, de atividade incompatível com a advocacia, o cancelamento da inscrição deve ser promovido, de ofício, pelo Conselho competente ou em virtude de comunicação por qualquer pessoa.

FUNDAMENTAÇÃO: Art. 11, § 1º, EAOAB.

12. (OAB FGV – 38º Exame) O advogado Alex encontra-se licenciado junto à OAB. Assinale a opção que, corretamente, apresenta uma causa para o licenciamento de Alex.

A) O requerimento de licenciamento, independentemente de motivação, formulado por Alex.

B) O fato de Alex passar a sofrer de doença física incurável.

C) O exercício por Alex, de forma definitiva, de atividade incompatível com a advocacia.

D) O fato de Alex passar a sofrer de doença mental curável.

GABARITO: D.

COMENTÁRIO: Licencia-se o profissional que assim o requerer, por motivo justificado, que passar a exercer, em caráter temporário, atividade incompatível com o exercício da advocacia, ou passe a sofrer de doença mental considerada curável.

FUNDAMENTAÇÃO: Art. 12, EAOAB.

86 | DOMINANDO ÉTICA

13. (OAB FGV – 39º Exame) Pedro, cidadão brasileiro, graduou-se em Direito em renomada instituição norte-americana. Caso deseje exercer no Brasil a profissão de advogado, Pedro deverá solicitar inscrição na Ordem dos Advogados do Brasil.

Sobre a hipótese, assinale a opção que indica o requisito que, em tal ocasião, Pedro estará dispensado de apresentar.

A) Revalidação do título de graduação em Direito.

B) Aprovação em Exame de Ordem.

C) Ter sido admitido em estágio profissional de advocacia.

D) Prestação de compromisso perante o conselho.

GABARITO: C.

COMENTÁRIO: Ter sido admitido em estágio profissional de **advocacia não constitui requisito** para a inscrição como advogado. **São requisitos:**

- Capacidade civil;
- Diploma ou certidão de graduação em direito, obtido em instituição de ensino oficialmente autorizada e credenciada;
- Título de eleitor e quitação do serviço militar, sendo brasileiro;
- Aprovação em Exame de Ordem;
- Não exercer atividade incompatível com a advocacia;
- Idoneidade moral;
- Prestar compromisso perante o Conselho.

FUNDAMENTAÇÃO: Art. 8º, EAOAB.

---

14. (OAB FGV – 41º Exame) Pedro Estrela, brasileiro, natural de Recife/PE, foi preso em flagrante por participar de esquema criminoso envolvendo pirâmides financeiras e por se apresentar como advogado, mesmo sem qualquer formação jurídica. Tendo obtido liberdade provisória, fugiu para o Equador, onde obteve graduação no curso de Direito, em faculdade local.

Muitos anos depois, após ter extinta a punibilidade pelas infrações penais praticadas, decide voltar ao Brasil com a pretensão de exercer a advocacia. Quando da mudança para o Brasil, trouxe sua esposa equatoriana, Soraya, que já exercia a profissão de advogada no Equador.

Considerando o enunciado acima, e a respeito da inscrição na Ordem dos Advogados do Brasil, assinale a afirmativa correta.

A) Pedro Estrela, desde que atendidos os demais requisitos para a inscrição como advogado, poderá exercer a advocacia no Brasil, independentemente de revalidação do seu diploma, diante do fato de ser brasileiro nato.

6 ■ INSCRIÇÃO NA OAB

B) Soraya não poderá exercer a profissão de advogada no Brasil, ainda que cumpra os demais requisitos para inscrição na Ordem, porque títulos de graduação obtidos em instituições estrangeiras não são aceitos para comprovação da aptidão por estrangeiros.

C) O título de graduação obtido por Pedro em instituição estrangeira poderá ser aceito no Brasil, desde que devidamente revalidado, o que não lhe garantirá a inscrição na OAB, diante da necessidade de aprovação no Exame de Ordem, além do preenchimento dos demais requisitos legais, em especial a comprovação de idoneidade moral para a função.

D) Pedro e Soraya poderão exercer livremente a função de advogado no Brasil, desde que sejam aprovados no Exame de Ordem, porque a aprovação nesse certame convalida os diplomas obtidos no exterior.

GABARITO: C.

COMENTÁRIO: O estrangeiro ou brasileiro, quando não graduado em direito no Brasil, deve fazer prova do título de graduação, obtido em instituição estrangeira, devidamente revalidado, além de atender aos demais requisitos para a inscrição.

FUNDAMENTAÇÃO: Art. 8°, § 2°, EAOAB.

SOCIEDADE DE ADVOGADOS E SOCIEDADE UNIPESSOAL DE ADVOCACIA

> arts. 15 a 17-B, EAOAB
> arts. 37 a 43, RGEAOAB
> art. 19, CED

As Sociedades de Advogados devem observar as normas previstas no Estatuto da Advocacia, no seu Regulamento Geral, nos Provimentos do Conselho Federal e, no que couber, o Código de Ética e Disciplina.

É permitida a reunião de advogados em sociedade simples de prestação de serviços de advocacia, podendo ser **pluripessoal ou unipessoal**, sendo vedado o registro e o funcionamento da sociedade que adote característica mercantil, forma de cooperativa ou de sociedade empresária.

A finalidade da sociedade é exclusivamente a prestação de serviços de advocacia, sem a promessa de resultados, desenvolvendo atividade-meio e não atividade-fim. As procurações devem ser outorgadas individualmente aos advogados, indicando a sociedade de que façam parte.

- *Composição*

É permitido o registro e podem funcionar sociedades de advogados que incluam como sócio ou titular de sociedade unipessoal de advocacia pessoa inscrita como advogado(a) e que não seja totalmente proibida de advogar. É admitida a sociedade entre cônjuges, desde que inscritos no Conselho Seccional da OAB competente para promover o registro.

1. **Impedimento ou incompatibilidade temporária:** o impedimento ou a incompatibilidade em caráter temporário do advogado **não o exclui da sociedade** de advogados à qual pertença e **deve ser averbado no registro** da sociedade, observado o disposto nos arts. 27, 28, 29 e 30 do Estatuto da Advocacia. No entanto, é **proibida**, em qualquer hipótese, a **exploração de seu nome e de sua imagem em favor da sociedade**.

90 DOMINANDO ÉTICA

2. **Advogado, servidor da Administração Pública:** nas sociedades de advogados, a escolha do sócio-administrador poderá recair sobre advogado que atue como servidor da Administração direta, indireta e fundacional, desde que não esteja sujeito ao regime de dedicação exclusiva (*não lhe é aplicável o disposto no inciso X do* **caput** *do art. 117 da Lei n. 8.112/90, no que se refere à sociedade de advogados*).

3. **Tributos:** a sociedade de advogados e a sociedade unipessoal de advocacia deverão recolher seus **tributos sobre a parcela da receita que efetivamente lhes couber**, com a exclusão da receita que for transferida a outros advogados ou a sociedades que atuem em forma de parceria para o atendimento do cliente.

■ *Razão Social/Denominação*

As regras quanto a razão social ou a denominação de uma sociedade de advocacia pluripessoal ou unipessoal são distintas, podendo ser estudada da seguinte forma:

Sociedade de advogados	Sociedade unipessoal de advocacia
A razão social da sociedade de advogados deve ser formada pelo **nome completo ou abreviado, ou o nome social** de, **no mínimo, um advogado responsável pela sociedade**, acompanhado de expressão que deixe claro que se trata de uma sociedade de advocacia, como, "Sociedade de Advogados", "Sociedade de Advogadas e Advogados", "Advogados", "Advocacia" ou "Advogados Associados".	A denominação da sociedade unipessoal de advocacia deve ser formada pelo nome do seu titular, completo ou parcial, acompanhado da expressão "**Sociedade Individual de Advocacia**".

A sociedade unipessoal de advocacia pode resultar da concentração por um advogado das quotas de uma sociedade de advogados.

> **IMPORTANTE LEMBRAR**

1. **Sócio falecido:** é permitida a permanência do nome ou do nome social de sócio falecido na razão social da sociedade, desde que esteja prevista essa possibilidade no ato constitutivo ou na alteração contratual vigente.

2. **Denominação de fantasia:** não são admitidas a registro sociedades de advogados que adotem denominação de fantasia.

- *Registro*

O **Conselho Seccional da OAB**, correspondente ao local da sede da sociedade de advocacia, é o órgão competente para aprovar e registrar os seus atos constitutivos, conferindo a esta personalidade jurídica.

Cartórios de Registro Civil de Pessoas Jurídicas e as Juntas Comerciais não são competentes para o registro de sociedade de advogados, nem de qualquer sociedade que inclua a atividade de advocacia.

- *Filial*

É permitida a criação de filiais da sociedade de advogados, no entanto, deve-se observar que:

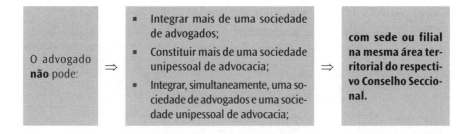

O ato de constituição de filial deve ser averbado no registro da sociedade e arquivado no Conselho Seccional onde se instalar, devendo os sócios, inclusive o titular da sociedade unipessoal de advocacia, promover **inscrição suplementar**.

- *Responsabilidade*

Os advogados sócios e os associados respondem **subsidiária e ilimitadamente** pelos danos causados diretamente ao cliente, nas hipóteses de dolo ou culpa e por ação ou omissão, no exercício dos atos privativos da advocacia, **não afastando a responsabilidade disciplinar** em que possam incorrer.

- *Espaço de uso individual ou compartilhado*

A sociedade de advogados e a sociedade unipessoal de advocacia **podem ter como sede, filial ou local de trabalho** espaço de uso individual ou compartilhado com outros escritórios de advocacia ou empresas, **desde que respeitadas as hipóteses de sigilo** previstas no Estatuto da Advocacia e no Código de Ética e Disciplina.

92 DOMINANDO ÉTICA

7.1. ADVOGADO ASSOCIADO

Possibilidade	A sociedade de advogados pode associar-se com advogados, **sem vínculo de emprego**, para participação nos resultados.
Não relação de emprego	**Não será admitida** a averbação do contrato de associação que contenha, em conjunto, os elementos caracterizadores de relação de emprego previstos na Consolidação das Leis do Trabalho (CLT).
Associações diversas	O advogado **poderá associar-se a uma ou mais sociedades de advogados ou sociedades unipessoais de advocacia**, sem que estejam presentes os requisitos legais de vínculo empregatício, para prestação de serviços e participação nos resultados, na forma do Regulamento Geral e de Provimentos do Conselho Federal da OAB.
Formalização da associação	A associação dar-se-á por meio de **pactuação de contrato próprio**, que poderá ser **de caráter geral ou restringir-se a determinada causa ou trabalho** e que deverá ser **registrado** no Conselho Seccional da OAB em cuja base territorial tiver sede a sociedade de advogados que dele tomar parte.
Contrato de associação	No **contrato de associação**, o advogado sócio ou associado e a sociedade pactuarão as **condições** para o desempenho **da atividade** advocatícia e estipularão livremente os **critérios para a partilha dos resultados** dela decorrentes. **Deve o contrato conter, no mínimo:** ▪ Qualificação das partes, com referência expressa à inscrição no Conselho Seccional da OAB competente; ▪ Especificação e delimitação do serviço a ser prestado; ▪ Forma de repartição dos riscos e das receitas entre as partes, vedada a atribuição da totalidade dos riscos ou das receitas exclusivamente a uma delas; ▪ Responsabilidade pelo fornecimento de condições materiais e pelo custeio das despesas necessárias à execução dos serviços; ▪ Prazo de duração do contrato.

▪ *Conselho Federal da OAB / Competência*

Cabem ao **Conselho Federal** da OAB a **fiscalização, o acompanhamento e a definição de parâmetros e de diretrizes** da relação jurídica mantida entre advogados e sociedades de advogados ou entre escritório de advogados sócios e advogado associado, inclusive no que se refere ao cumprimento dos requisitos norteadores da associação sem vínculo empregatício autorizada expressamente no Estatuto da Advocacia. Note que a fiscalização poderá ser realizada pelo **Conselho Seccional**, em sua circunscrição territorial, quando houver designação expressa do Conselho Federal.

7 ■ SOCIEDADE DE ADVOGADOS E SOCIEDADE UNIPESSOAL DE ADVOCACIA

1. **Representação de clientes com interesses opostos:** os advogados integrantes da mesma sociedade profissional, ou reunidos em caráter permanente para cooperação recíproca, **não** podem representar, **em juízo ou fora dele**, clientes com interesses opostos.
2. **Atos indispensáveis às finalidades da sociedade:** podem ser praticados pela sociedade de advogados, com uso da razão social, os atos indispensáveis às suas finalidades, que não sejam privativos de advogado.

QUESTÕES

01. (OAB FGV – XXVII Exame) Ricardo Silva, Carlos Santos e Raul Azevedo são advogados e constituem a sociedade Silva, Santos e Azevedo Sociedade de Advogados, para exercício conjunto da profissão. A sociedade consolida-se como referência de atuação em determinado ramo do Direito. Anos depois, Carlos Santos falece e seus ex-sócios pretendem manter seu sobrenome na sociedade.

Sobre a manutenção do sobrenome de Carlos Santos na sociedade, de acordo com o Estatuto e com o Regulamento Geral da OAB, assinale a afirmativa correta.

A) É permitida, desde que expressamente autorizada por seus herdeiros.

B) É vedada, pois da razão social não pode constar o nome de advogado falecido.

C) É permitida, desde que prevista tal possibilidade no ato constitutivo da sociedade ou na alteração contratual em vigor.

D) É permitida, independentemente da previsão no ato constitutivo ou na alteração contratual em vigor, ou de autorização dos herdeiros, desde que autorizada pelo Conselho da respectiva Seccional.

GABARITO: C.

COMENTÁRIO: O nome completo ou abreviado, ou o nome social de, no mínimo, um advogado responsável pela sociedade consta obrigatoriamente da razão social, podendo permanecer o nome ou o nome social de sócio falecido se, no ato constitutivo ou na alteração contratual em vigor, essa possibilidade tiver sido prevista.

FUNDAMENTAÇÃO: Art. 38, RGEAOAB.

02. (OAB FGV – XXVI Exame) O advogado Pasquale integra a sociedade de advogados X, juntamente com três sócios. Todavia, as suas funções na aludida sociedade apenas ocupam parte de sua carga horária semanal disponível. Por isso, a fim de ocupar o tempo livre, o advogado estuda duas propostas: de um lado, pensa em criar,

94 DOMINANDO ÉTICA

paralelamente, uma sociedade unipessoal de advocacia; de outro, estuda aceitar a oferta, proposta pela sociedade de advogados Y, de integrar seus quadros.

Considerando que todas as pessoas jurídicas mencionadas teriam sede na mesma área territorial de um Conselho Seccional da OAB, assinale a afirmativa correta.

A) É permitido que Pasquale integre simultaneamente a sociedade de advogados X e a sociedade de advogados Y. Todavia, não é autorizado que integre simultaneamente a sociedade de advogados X e a sociedade unipessoal de advocacia.

B) É permitido que Pasquale integre simultaneamente a sociedade de advogados X e a sociedade unipessoal de advocacia. Todavia, não é autorizado que integre simultaneamente a sociedade de advogados X e a sociedade de advogados Y.

C) Não é permitido que Pasquale integre simultaneamente a sociedade de advogados X e a sociedade de advogados Y. Tampouco é autorizado que integre simultaneamente a sociedade de advogados X e a sociedade unipessoal de advocacia.

D) É permitido que Pasquale integre simultaneamente a sociedade de advogados X e a sociedade de advogados Y. Também é autorizado que integre simultaneamente a sociedade de advogados X e a sociedade unipessoal de advocacia.

GABARITO: C.

COMENTÁRIO: Nenhum advogado pode integrar mais de uma sociedade de advogados, constituir mais de uma sociedade unipessoal de advocacia, ou integrar, simultaneamente, uma sociedade de advogados e uma sociedade unipessoal de advocacia, com sede ou filial na mesma área territorial do respectivo Conselho Seccional.

FUNDAMENTAÇÃO: Art. 15, § 4º, EAOAB.

---

03. (OAB FGV – XXIII Exame) Miguel, advogado, sempre exerceu a atividade sozinho. Não obstante, passou a pesquisar sobre a possibilidade de constituir, individualmente, pessoa jurídica para a prestação de seus serviços de advocacia.

Sobre o tema, assinale a afirmativa correta.

A) Miguel poderá constituir a pessoa jurídica pretendida, mediante registro dos seus atos constitutivos no Conselho Seccional da OAB em cuja base territorial tiver sede, com denominação formada pelo nome do titular, seguida da expressão "Sociedade Individual de Advocacia".

B) Miguel não poderá constituir a pessoa jurídica pretendida, uma vez que o ordenamento jurídico brasileiro não admite a figura da sociedade unipessoal, ressalvados apenas os casos de unipessoalidade temporária e da chamada subsidiária integral.

C) Miguel poderá constituir a pessoa jurídica pretendida mediante registro dos seus atos constitutivos no Conselho Seccional da OAB, com denominação formada pelo nome do titular, seguida da expressão "EIRELI".

7 ■ SOCIEDADE DE ADVOGADOS E SOCIEDADE UNIPESSOAL DE ADVOCACIA

D) Miguel poderá constituir a pessoa jurídica pretendida mediante registro dos seus atos constitutivos no Registro Civil de Pessoas Jurídicas, com denominação formada pelo nome do titular, seguida da expressão "EIRELI".

GABARITO: A.

COMENTÁRIO: O advogado poderá constituir sociedade unipessoal de advocacia, mediante registro dos seus atos constitutivos no Conselho Seccional da OAB em cuja base territorial tiver sede. O Estatuto da Advocacia determina que a denominação da sociedade unipessoal seja formada pelo nome do seu titular, completo ou parcial, com a expressão "Sociedade Individual de Advocacia".

FUNDAMENTAÇÃO: Art. 16, § 4º, EAOAB.

04. (OAB FGV – XXII Exame) Os advogados Raimundo da Silva, Severino da Silva e Juscelino da Silva constituíram sociedade simples de prestação de serviços de advocacia, denominada Silva Advogados, com o registro aprovado dos seus atos constitutivos no Conselho Seccional da OAB pertinente ao local da sede. Severino figura como sócio-gerente. Além dos três advogados, não há outros sócios ou associados. Considerando a situação narrada e a disciplina do Regulamento Geral do Estatuto da Advocacia e da OAB, assinale a afirmativa correta.

A) Os atos indispensáveis à satisfação das finalidades da pessoa jurídica apenas podem ser praticados por Raimundo, Severino ou Juscelino, sendo vedada a prática de atos por Silva Advogados, uma vez que as atividades necessárias ao desempenho da advocacia devem ser exercidas individualmente, ainda que revertam à sociedade os proveitos.

B) Os atos indispensáveis à satisfação das finalidades da pessoa jurídica podem ser praticados por Silva Advogados; porém, os atos privativos de advogado devem ser praticados por Raimundo, Severino ou Juscelino.

C) Os atos indispensáveis à satisfação das finalidades da pessoa jurídica e os atos privativos de advogado podem ser praticados por Silva Advogados.

D) Os atos destinados à satisfação das finalidades da pessoa jurídica apenas devem ser praticados por Severino, sendo vedada a prática de atos por Silva Advogados, uma vez que as atividades necessárias ao desempenho da advocacia devem ser exercidas individualmente, ainda que revertam à sociedade os proveitos. Os atos também não podem ser praticados pelos demais sócios, já que Severino figura como sócio-gerente.

GABARITO: B.

COMENTÁRIO: A sociedade de advogados pode praticar os atos indispensáveis às suas finalidades, desde que tais atos não sejam privativos de advogado.

FUNDAMENTAÇÃO: Art. 42, RGEAOAB.

96 DOMINANDO ÉTICA

05. (OAB FGV – XV Exame) Os advogados X de Souza, Y dos Santos e Z de Andrade requereram o registro de sociedade de advogados denominada Souza, Santos e Andrade Sociedade de Advogados. Tempos depois, X de Souza vem a falecer, mas os demais sócios decidem manter na sociedade o nome do advogado falecido.

Sobre a hipótese, assinale a afirmativa correta.

A) É possível manter o nome do sócio falecido, desde que prevista tal possibilidade no ato constitutivo da sociedade.

B) É possível manter o nome do sócio falecido, independentemente de previsão no ato constitutivo da sociedade.

C) É absolutamente vedada a manutenção do nome do sócio falecido na razão social da sociedade.

D) É possível manter, pelo prazo máximo de seis meses, o nome do sócio falecido.

GABARITO: A.

COMENTÁRIO: A razão social da sociedade de advogados deve ter, obrigatoriamente, o nome de, pelo menos, um advogado responsável pela sociedade, podendo permanecer o de sócio falecido quando prevista tal possibilidade em seu ato constitutivo.

FUNDAMENTAÇÃO: Art. 16, § 1º, EAOAB.

---

06. (OAB FGV – XXIX Exame) A Sociedade de Advogados X pretende associar-se aos advogados João e Maria, que não a integrariam como sócios, mas teriam participação nos honorários a serem recebidos.

Sobre a pretensão da Sociedade de Advogados X, de acordo com o disposto no Regulamento Geral do Estatuto da Advocacia e da OAB, assinale a afirmativa correta.

A) É autorizada, contudo, deve haver formalização em contrato averbado no registro da Sociedade de Advogados. A associação pretendida deverá implicar necessariamente vínculo empregatício.

B) É autorizada, contudo, deve haver formalização em contrato averbado no registro da Sociedade de Advogados. A associação pretendida não implicará vínculo empregatício.

C) É autorizada, independentemente de averbação no registro da Sociedade. A associação pretendida não implicará vínculo empregatício.

D) Não é autorizada, pois os advogados João e Maria passariam a integrar a Sociedade X como sócios, mediante alteração no registro da sociedade.

7 ■ SOCIEDADE DE ADVOGADOS E SOCIEDADE UNIPESSOAL DE ADVOCACIA

GABARITO: B.

COMENTÁRIO: A sociedade de advogados pode associar-se com advogados, sem vínculo de emprego, para participação nos resultados. Nesse caso, o contrato deve ser averbado no registro da sociedade.

FUNDAMENTAÇÃO: Art. 39, *caput* e parágrafo único, RGEAOAB.

---

07. (OAB FGV – XXXI Exame) Os sócios Antônio, Daniel e Marcos constituíram a sociedade Antônio, Daniel & Marcos Advogados Associados, com sede em São Paulo e filial em Brasília.

Após desentendimentos entre eles, Antônio constitui sociedade unipessoal de advocacia, com sede no Rio de Janeiro. Marcos, por sua vez, retira-se da sociedade Antônio, Daniel & Marcos Advogados Associados.

Sobre a situação apresentada, assinale a afirmativa correta.

A) Daniel não está obrigado a manter inscrição suplementar em Brasília, já que a sociedade Antônio, Daniel & Marcos Advogados Associados tem sede em São Paulo.

B) Antônio deverá retirar-se da Antônio, Daniel & Marcos Advogados Associados, já que não pode integrar, simultaneamente, uma sociedade de advogados e uma sociedade unipessoal de advocacia.

C) Mesmo após Marcos se retirar da sociedade Antônio, Daniel & Marcos Advogados Associados permanece o impedimento para que ele e Antônio representem em juízo clientes com interesses opostos.

D) Caso Antônio também se retire da Antônio, Daniel & Marcos Advogados Associados, a sociedade deverá passar a ser denominada Daniel Sociedade Individual de Advocacia.

GABARITO: D.

COMENTÁRIO: Com apenas um advogado como titular da sociedade, esta será uma sociedade unipessoal de advocacia. Neste caso, a denominação deverá ser formada pelo nome do seu titular, completo ou parcial, com a expressão "Sociedade Individual de Advocacia".

FUNDAMENTAÇÃO: Art. 16, § 4º, EAOAB.

---

08. (OAB FGV – XXXI Exame) A sociedade Antônio, Breno, Caio & Diego Advogados Associados é integrada, exclusivamente, pelos sócios Antônio, Breno, Caio e Diego, todos advogados regularmente inscritos na OAB.

Em determinado momento, Antônio vem a falecer. Breno passa a exercer mandato de vereador, sem figurar entre os integrantes da Mesa Diretora da Câmara Municipal ou seus substitutos legais. Caio passa a exercer, em caráter temporário, função de

98 DOMINANDO ÉTICA

direção em empresa concessionária de serviço público.

Considerando esses acontecimentos, assinale a afirmativa correta.

A) O nome de Antônio poderá permanecer na razão social da sociedade após o seu falecimento, ainda que tal possibilidade não esteja prevista em seu ato constitutivo.

B) Breno deverá licenciar-se durante o período em que exercer o mandato de vereador, devendo essa informação ser averbada no registro da sociedade.

C) Caio deverá deixar a sociedade, por ter passado a exercer atividade incompatível com a advocacia.

D) Com o falecimento de Antônio, se Breno e Caio deixarem a sociedade e nenhum outro sócio ingressar nela, Diego poderá continuar suas atividades, caso em que passará a ser titular de sociedade unipessoal de advocacia.

GABARITO: D.

COMENTÁRIO: Com apenas um advogado como titular, a sociedade poderá existir na forma de sociedade unipessoal de advocacia.

FUNDAMENTAÇÃO: Art. 15, *caput*, EAOAB.

---

09. (OAB FGV – XXXII Exame) A sociedade de advogados "A e B Advogados" está sediada no Rio de Janeiro. Entretanto, em razão das circunstâncias de mercado dos seus clientes, verificou que seria necessário ao bom desempenho das suas atividades profissionais constituir uma filial em São Paulo.

No que se refere ao ato de constituição da filial e a atuação dos sócios, assinale a afirmativa correta.

A) O ato de constituição da filial deve ser averbado no registro da sociedade e arquivado no Conselho Seccional de São Paulo, ficando todos seus sócios obrigados à inscrição suplementar junto ao Conselho Seccional de São Paulo.

B) O ato de constituição da filial deve ser averbado no registro da sociedade e arquivado no Conselho Seccional de São Paulo, ficando obrigados à inscrição suplementar junto ao Conselho Seccional de São Paulo apenas aqueles sócios que habitualmente exercerem a profissão naquela localidade, considerando-se habitualidade a intervenção judicial que exceder cinco causas por ano.

C) O ato de constituição da filial deve ser averbado no registro da sociedade e arquivado no Conselho Seccional do Rio de Janeiro, ficando obrigados à inscrição suplementar junto ao Conselho Seccional de São Paulo apenas aqueles sócios que habitualmente exercerem a profissão naquela localidade, considerando-se habitualidade a intervenção judicial que exceder cinco causas por ano.

D) O ato de constituição da filial deve ser averbado no registro da sociedade e arquivado no Conselho Seccional do Rio de Janeiro, ficando todos seus sócios obrigados à inscrição suplementar junto ao Conselho Seccional de São Paulo.

7 ■ SOCIEDADE DE ADVOGADOS E SOCIEDADE UNIPESSOAL DE ADVOCACIA

GABARITO: A.

COMENTÁRIO: O ato de constituição de filial deve ser averbado no registro da sociedade e arquivado no Conselho Seccional onde se instalar, ficando os sócios, inclusive o titular da sociedade unipessoal de advocacia, obrigados à inscrição suplementar.

FUNDAMENTAÇÃO: Art. 15, § 5º, EAOAB.

---

10. (OAB FGV – XXXIV Exame) A sociedade empresária Y presta, com estrutura organizacional, atividades de consultoria jurídica e de orientação de marketing para pequenos empreendedores.

Considerando as atividades exercidas pela sociedade hipotética, assinale a afirmativa correta.

A) A sociedade Y deve ter seus atos constitutivos registrados apenas na Junta Comercial.

B) A sociedade Y deve ter seus atos constitutivos registrados apenas no Conselho Seccional da OAB em cuja base territorial tem sede.

C) É vedado o registro dos atos constitutivos da sociedade Y nos Conselhos Seccionais da OAB e também é vedado seu registro na Junta Comercial.

D) Os atos constitutivos da sociedade Y devem ser registrados na Junta Comercial e no Conselho Seccional da OAB em cuja base territorial tem sede.

GABARITO: C.

COMENTÁRIO: Não são admitidas a registro nem podem funcionar todas as espécies de sociedades de advogados que apresentem forma ou características de sociedade empresária, que adotem denominação de fantasia, **que realizem atividades estranhas à advocacia**, que incluam como sócio ou titular de sociedade unipessoal de advocacia pessoa não inscrita como advogado ou totalmente proibida de advogar.

FUNDAMENTAÇÃO: Art. 16, *caput*, EAOAB.

---

11. (OAB FGV – XXXIV Exame) Anderson, titular de sociedade individual de advocacia, é contratado pela sociedade empresária Polvilho Confeitaria Ltda. para atuar em sua defesa em ação judicial ajuizada por Pedro, consumidor insatisfeito.

No curso da demanda, a impugnação ao cumprimento de sentença não foi conhecida por ter sido injustificadamente protocolizada por Anderson após o prazo previsto em lei, o que faz com que Pedro receba valor maior do que teria direito e, consequentemente, a sociedade empresária Polvilho Confeitaria Ltda. sofra danos materiais.

Diante dessa situação, Anderson, sem prejuízo da responsabilidade disciplinar em que possa incorrer, poderá responder com seu patrimônio pessoal pelos danos materiais causados à sociedade empresária Polvilho Confeitaria Ltda.

100 DOMINANDO
ÉTICA

A) Solidariamente, com a sociedade individual de advocacia e de forma ilimitada.

B) Subsidiariamente, em relação à sociedade individual de advocacia e de forma ilimitada.

C) Solidariamente, com a sociedade individual de advocacia e de forma limitada.

D) Subsidiariamente, em relação à sociedade individual de advocacia e de forma limitada.

GABARITO: B.

COMENTÁRIO: Além da sociedade, o sócio e o titular da sociedade individual de advocacia respondem **subsidiária e ilimitadamente** pelos danos causados aos clientes por ação ou omissão no exercício da advocacia, sem prejuízo da responsabilidade disciplinar em que possam incorrer.

FUNDAMENTAÇÃO: Art. 17, EAOAB.

12. (OAB FGV – 35º Exame) Antônio, economista sem formação jurídica, e Pedro, advogado, ambos estudiosos da Análise Econômica do Direito, desejam constituir sociedade de advogados que também fornecerá aos seus clientes serviços de consultoria na área econômica.

Ao analisar a possibilidade de registro desse empreendimento, que consideram inovador, Antônio e Pedro concluíram, corretamente, que:

A) poderá ser efetivado, já que é permitido o registro, nos cartórios de registro civil de pessoas jurídicas e nas juntas comerciais, de sociedade que inclua, entre outras finalidades, a atividade de advocacia.

B) não poderá ser efetivado, já que somente são admitidas a registro as sociedades de advogados que explorem ciências sociais complementares à advocacia.

C) poderá ser efetivado, desde que a razão social tenha o nome de, pelo menos, um advogado responsável pela sociedade.

D) não poderá ser efetivado, já que não são admitidas a registro as sociedades de advogados que incluam como sócio pessoa não inscrita como advogado ou totalmente proibida de advogar.

GABARITO: D.

COMENTÁRIO: Não são admitidas a registro nem podem funcionar sociedades de advogados que realizem atividades estranhas à advocacia, que incluam como sócio ou titular de sociedade unipessoal de advocacia pessoa não inscrita como advogado(a) ou totalmente proibida de advogar.

FUNDAMENTAÇÃO: Art. 16, *caput*, EAOAB.

13. (OAB FGV – 36º Exame) Recém-formadas e inscritas na OAB, as amigas Fernanda e Júlia desejam ingressar no mercado de trabalho. Para tanto, avaliam se devem

7 ■ SOCIEDADE DE ADVOGADOS E SOCIEDADE UNIPESSOAL DE ADVOCACIA

constituir sociedade unipessoal de advocacia ou atuar em sociedade simples de prestação de serviços de advocacia.

Constituída a sociedade, Fernanda e Júlia deverão observar que:

A) a sociedade unipessoal de advocacia adquire personalidade jurídica com o registro aprovado dos seus atos constitutivos no cartório de registro civil de pessoas jurídicas, sujeito à homologação da OAB.

B) as procurações devem ser outorgadas à sociedade de advocacia e indicar individualmente os advogados que dela façam parte.

C) poderão integrar simultaneamente uma sociedade de advogados e uma sociedade unipessoal de advocacia com sede na mesma área territorial do respectivo Conselho Seccional.

D) os advogados integrantes da sociedade não poderão representar em juízo clientes de interesses opostos.

GABARITO: D.

COMENTÁRIO: Os advogados integrantes da mesma sociedade profissional, ou reunidos em caráter permanente para cooperação recíproca, não podem representar, **em juízo ou fora dele**, clientes com interesses opostos.

FUNDAMENTAÇÃO: Art. 19, CED.

---

14. (OAB FGV – 37º Exame) Lucas e Leandro são os únicos sócios da sociedade de advogados Lucas & Leandro Advogados. Ocorre que Leandro, que já exerce mandato de vereador, passará a integrar a mesa diretora da Câmara Municipal no próximo biênio.

Durante tal período, a sociedade de advogados:

A) deverá transformar-se em sociedade unipessoal de advocacia, com a concentração em Lucas das cotas que pertencem a Leandro.

B) deverá averbar, no registro da sociedade, o licenciamento de Leandro para exercer atividade incompatível com a advocacia em caráter temporário, não alterando sua constituição.

C) não poderá funcionar, porque Leandro, um de seus integrantes, estará totalmente proibido de advogar.

D) não poderá ter sede ou filial na mesma área territorial do Conselho Seccional em que Leandro exerce o mandato na mesa diretora da Câmara Municipal.

GABARITO: B.

COMENTÁRIO: O impedimento ou a incompatibilidade em caráter temporário do advogado não o exclui da sociedade de advogados à qual pertença, mas deve ser averbado no registro da sociedade. É proibida a exploração de seu nome e de sua imagem em favor da sociedade.

FUNDAMENTAÇÃO: Art. 16, § 2º, EAOAB.

102 DOMINANDO ÉTICA

15. (OAB FGV – 37º Exame) O advogado Jefferson pretende associar-se a uma sociedade de advogados, para a prestação de serviços advocatícios e participação nos resultados.

Sobre tal possibilidade, assinale a afirmativa correta.

A) É admitido que Jefferson se associe, em tais moldes, a apenas uma sociedade de advogados.

B) A associação de Jefferson a uma sociedade unipessoal de advocacia, com participação nos resultados, não é permitida, pois configuraria a presença de requisitos legais de vínculos empregatícios.

C) É admitido que Jefferson se associe, simultaneamente, a uma sociedade de advogados e a uma sociedade unipessoal de advocacia.

D) A associação de Jefferson a uma sociedade de advogados deve ser em caráter geral, não sendo admitida a restrição à determinada causa.

GABARITO: C.

COMENTÁRIO: É permitido ao advogado associar-se a uma ou mais sociedades de advogados ou sociedades unipessoais de advocacia, sem que estejam presentes os requisitos legais de vínculo empregatício, para prestação de serviços e participação nos resultados.

FUNDAMENTAÇÃO: Art. 17-A, EAOAB.

---

16. (OAB FGV – 39º Exame) Mariana deseja ingressar no quadro da Sociedade de Advogados XYZ, na qualidade de associada, sem vínculo de emprego. Ao pesquisar a legislação que rege a parceria em questão, Mariana descobriu que constitui cláusula essencial do contrato de associação

A) a qualificação das partes, com referência expressa à inscrição no Conselho Seccional da OAB competente.

B) a identificação da parte que terá a responsabilidade exclusiva pelos riscos e pelas receitas decorrentes da prestação do serviço.

C) a forma de repartição da responsabilidade pelo fornecimento de condições materiais necessárias à execução dos serviços entre as partes, vedada a atribuição da totalidade das despesas exclusivamente a uma delas.

D) a estabilidade da parceria, materializada na ausência de prazo determinado para a duração do contrato.

GABARITO: A.

COMENTÁRIO: No contrato de associação, o advogado sócio ou associado e a sociedade pactuarão as condições para o desenvolvimento da atividade advocatícia e estipularão livremente os critérios para a partilha dos resultados dela decorrentes, devendo o contrato prever, **no mínimo**:

7 ■ SOCIEDADE DE ADVOGADOS E SOCIEDADE UNIPESSOAL DE ADVOCACIA

103

- Qualificação das partes, com referência expressa à inscrição no Conselho Seccional da OAB competente;
- Especificação e delimitação do serviço a ser prestado;
- Forma de repartição dos riscos e das receitas entre as partes, **vedada a atribuição da totalidade dos riscos ou das receitas exclusivamente a uma delas**;
- Responsabilidade pelo fornecimento de condições materiais e pelo custeio das despesas necessárias à execução dos serviços;
- Prazo de duração do contrato.

FUNDAMENTAÇÃO: Art. 17-B, parágrafo único, I, EAOAB.

---

17. (OAB FGV – 39º Exame) O advogado Pedro, regularmente inscrito na OAB, deseja ser sócio de determinada sociedade de advogados. É seu intuito, ainda, ser escolhido sócio administrador da mencionada sociedade de advogados. Não obstante, Pedro atua, e continuará atuando, como servidor da administração pública indireta.

À luz do Estatuto da Advocacia e da OAB, assinale a afirmativa correta.

A) Pedro poderá ser sócio da sociedade de advogados e ocupar a posição de sócio administrador, exceto se for sujeito a regime de dedicação exclusiva.

B) Há vedação legal a que Pedro seja sócio da sociedade de advogados.

C) Pedro poderá ser sócio da sociedade de advogados. Todavia, não é autorizado que ocupe a posição de sócio administrador, independentemente do regime a que sujeito.

D) Pedro poderá ser sócio da sociedade de advogados. De igual maneira, mesmo que o regime a que submetido seja de dedicação exclusiva, Pedro poderá ser sócio administrador da sociedade de advogados.

GABARITO: A

COMENTÁRIO: Nas sociedades de advogados, a escolha do sócio-administrador poderá recair sobre advogado que atue como servidor da administração direta, indireta e fundacional, **desde que não esteja sujeito ao regime de dedicação exclusiva**.

FUNDAMENTAÇÃO: Art. 15, § 8º, EAOAB

---

18. (OAB FGV – 40º Exame) Determinada sociedade de advogados deseja se associar a advogados que não a integram para prestação de serviços e participação nos resultados.

Segundo a legislação aplicável à formalização desse vínculo jurídico, assinale a opção que indica, corretamente, a conclusão dos administradores da sociedade de advogados.

104 DOMINANDO ÉTICA

A) O contrato de associação não pode ser pactuado em caráter geral, devendo restringir-se a causas ou trabalhos específicos, sob pena de se configurarem os requisitos legais de vínculo empregatício.

B) O contrato de associação deverá ser registrado no Conselho Seccional da OAB em cuja base territorial tiver sede a sociedade de advogados.

C) O contrato de associação poderá atribuir a totalidade dos riscos à sociedade de advogados, mas não exclusivamente a um advogado sócio ou associado.

D) O advogado não pode, simultaneamente, celebrar contrato de associação com mais de uma sociedade de advogados com sede ou filial na mesma área territorial do respectivo Conselho Seccional.

GABARITO: B.

COMENTÁRIO: A associação pretendida dar-se-á por meio de pactuação de contrato próprio, que poderá ser de caráter geral ou restringir-se a determinada causa ou trabalho. O contrato de associação deverá ser registrado no Conselho Seccional da OAB em cuja base territorial tiver sede a sociedade de advogados que dele tomar parte.

FUNDAMENTAÇÃO: Art. 17-B, *caput*, EAOAB.

8 ADVOGADO EMPREGADO

arts. 18 a 21, EAOAB
arts. 11 a 14, RGEAOAB

- **Isenção técnica e independência**

A qualidade de empregado não retira do advogado sua isenção técnica e independência no exercício profissional. O advogado, utilizando-se de sua experiência e conhecimentos legais, técnicos e éticos, é quem possui melhor condição para decidir a respeito da sua atuação.

O advogado empregado não é obrigado a prestar serviços profissionais de interesse pessoal do empregador, fora da relação de emprego.

- **Honorários**

Nas causas em que for parte o empregador, ou pessoa por este representada, os honorários de sucumbência são devidos aos advogados empregados. Porém, neste ponto, o STF ao julgar a ADIn 1.194 conferiu interpretação "no sentido da **preservação da liberdade contratual** quanto à destinação dos honorários de sucumbência fixados judicialmente".

Dessa forma, os honorários de sucumbência do advogado empregado são partilhados entre ele e a empregadora conforme estabelecido em acordo.

106 | DOMINANDO
ÉTICA

> **IMPORTANTE LEMBRAR**
>
> Os **honorários de sucumbência**, por decorrerem precipuamente do exercício da advocacia e só acidentalmente da relação de emprego, **não integram o salário ou a remuneração**, não podendo, assim, ser considerados para efeitos trabalhistas ou previdenciários.

■ Jornada de Trabalho

O **período de trabalho do advogado** compreende todo o tempo que o profissional estiver à disposição do empregador, aguardando ou executando ordens, seja no escritório ou em atividades externas. As despesas do advogado, feitas com transporte, hospedagem e alimentação, devem ser reembolsadas.

> **IMPORTANTE LEMBRAR**

1. **Jornada de trabalho:** a jornada de trabalho do advogado empregado, quando prestar serviço para empresas, não poderá exceder a duração diária de 8 horas contínuas ou de 40 horas semanais.
2. **Dedicação exclusiva:** considera-se de dedicação exclusiva o regime de trabalho que for expressamente previsto em contrato individual de trabalho. Assim, a dedicação exclusiva **exige previsão contratual**, devendo ser remuneradas como extraordinárias as horas trabalhadas que excederem a jornada de **8 horas diárias**.
3. **Horas extras:** as horas trabalhadas excedentes à jornada normal são remuneradas por um adicional de, pelo menos, **100% sobre o valor da hora normal**, mesmo diante de contrato escrito.
4. **Adicional noturno:** as horas trabalhadas no período das 20 horas de um dia até as 5 horas do dia seguinte são remuneradas como noturnas, acrescidas do adicional de **25%**.

■ Regimes de trabalho do advogado empregado

As atividades do advogado empregado poderão ser realizadas, a critério do empregador, nos seguintes **regimes**:

Exclusivamente presencial	Não presencial, teletrabalho ou trabalho a distância	Misto
Modalidade na qual o advogado empregado, desde o início da contratação, realizará o trabalho nas **dependências ou locais indicados pelo empregador**.	Modalidade na qual, desde o início da contratação, o trabalho será **preponderantemente realizado fora das dependências do empregador**, observado	Modalidade na qual as atividades do advogado **poderão ser presenciais, no estabelecimento do contratante ou onde este indicar, ou não presenciais**, conforme as

que o comparecimento nas dependências de forma não permanente, variável ou para participação em reuniões ou em eventos presenciais não descaracterizará o regime não presencial.	condições definidas pelo empregador em seu regulamento empresarial, independentemente de preponderância ou não.

Na vigência da relação de emprego, as **partes poderão pactuar**, por acordo individual simples, **a alteração** de um regime para outro.

QUESTÕES

01. (OAB FGV – XXV Exame) Enzo, regularmente inscrito junto à OAB, foi contratado como empregado de determinada sociedade limitada, a fim de exercer atividades privativas de advogado. Foi celebrado, por escrito, contrato individual de trabalho, o qual estabelece que Enzo se sujeitará a regime de dedicação exclusiva. A jornada de trabalho acordada de Enzo é de oito horas diárias. Frequentemente, porém, é combinado que Enzo não compareça à sede da empresa pela manhã, durante a qual deve ficar, por três horas, "de plantão", ou seja, à disposição do empregador, aguardando ordens. Nesses dias, posteriormente, no período da tarde, dirige-se à sede, a fim de exercer atividades no local, pelo período contínuo de seis horas.

Considerando o caso narrado e a disciplina do Estatuto da Advocacia e da OAB, bem como do seu Regulamento Geral, assinale a afirmativa correta.

A) É vedada a pactuação de dedicação exclusiva. Deverão ser remuneradas como extraordinárias as horas diárias excedentes a quatro horas contínuas, incluindo-se as horas cumpridas por Enzo na sede da empresa, bem como as horas que ele permanece em sede externa, executando tarefas ou meramente aguardando ordens do empregador.

B) É autorizada a pactuação do regime de dedicação exclusiva. Deverão ser remuneradas como extraordinárias as horas que excederem a jornada de oito horas diárias, o que inclui as horas cumpridas por Enzo na sede da empresa ou efetivamente executando atividades externas ordenadas pelo empregador. As horas em que Enzo apenas aguarda as ordens fora da sede são consideradas somente para efeito de compensação de horas.

C) É autorizada a pactuação do regime de dedicação exclusiva. Deverão ser remuneradas como extraordinárias as horas que excederem a jornada de oito horas diárias, o que inclui tanto as horas cumpridas por Enzo na sede da empresa como as horas em que ele permanece em sede externa, executando tarefas ou meramente aguardando ordens do empregador.

D) É autorizada a pactuação do regime de dedicação exclusiva. Deverão ser remuneradas como extraordinárias as horas que excederem a jornada de nove horas diárias, o que inclui as horas cumpridas por Enzo na sede da empresa ou efetivamente executando atividades externas

108 DOMINANDO
ÉTICA

ordenadas pelo empregador. As horas em que Enzo apenas aguarda as ordens fora da sede são consideradas somente para efeito de compensação de horas.

GABARITO: C.

COMENTÁRIO: É autorizada a dedicação exclusiva do advogado quando for expressamente previsto em contrato individual de trabalho. O período de trabalho do advogado compreende todo o tempo que o profissional estiver à disposição do empregador, dentro ou fora do escritório, devendo ser remuneradas como extraordinárias as horas trabalhadas que excederem a jornada de oito horas diárias.

FUNDAMENTAÇÃO: Art. 12, RGEAOAB.

---

02. (OAB FGV – 36º Exame) Hildegardo dos Santos, advogado, é contratado em regime de dedicação exclusiva como empregado da sociedade XPTO Advogados Associados. Em tal condição, Hildegardo atuou no patrocínio dos interesses de cliente da sociedade de advogados que se sagrou vencedor em demanda judicial.

Hildegardo, diante dessa situação, tem dúvidas a respeito do destino dos honorários de sucumbência que perceberá, a serem pagos pela parte vencida na demanda judicial.

Ao consultar a legislação aplicável, ele ficou sabendo que os honorários:

A) serão devidos à sociedade empregadora.

B) constituem direito pessoal do advogado empregado.

C) serão devidos à sociedade empregadora, podendo ser partilhados com o advogado empregado, caso estabelecido em acordo coletivo ou convenção coletiva.

D) serão partilhados entre o advogado empregado e a sociedade empregadora, na forma estabelecida em acordo.

GABARITO: D.

COMENTÁRIO: Os honorários de sucumbência, percebidos por advogado empregado de sociedade de advogados, são partilhados entre ele e a empregadora, na forma estabelecida em acordo.

FUNDAMENTAÇÃO: Art. 21, parágrafo único, EAOAB.

---

03. (Cespe – 2010.1) Assinale a opção correta acerca da situação do advogado como empregado, de acordo com as disposições do Estatuto da Advocacia e da OAB.

A) Considera-se jornada de trabalho o período em que o advogado esteja à disposição do empregador, aguardando ou executando ordens no âmbito do escritório, não sendo consideradas as horas trabalhadas em atividades externas.

8 ■ ADVOGADO EMPREGADO

B) A relação de emprego, no que se refere ao advogado, não retira a isenção técnica inerente à advocacia, mas reduz a independência profissional, visto que o advogado deve atuar de acordo com as orientações de seus superiores hierárquicos.

C) O advogado empregado não está obrigado à prestação de serviços profissionais de interesse pessoal fora da relação de emprego.

D) Nas causas em que for parte empregador de direito privado, os honorários de sucumbência serão devidos a ele, empregador, e não aos advogados empregados.

GABARITO: C.

COMENTÁRIO: O Estatuto da Advocacia prevê expressamente que o advogado empregado não está obrigado à prestação de serviços profissionais de interesse pessoal dos empregadores, fora da relação de emprego.

FUNDAMENTAÇÃO: Art. 18, § 1º, EAOAB.

---

04. (OAB FGV – 41º Exame) Gilson, advogado recém inscrito nos quadros da Ordem dos Advogados do Brasil, estava em dúvida entre constituir sociedade unipessoal de advocacia, o que, em seu entender, lhe traria maior autonomia e liberdade, ou aceitar a proposta recebida da sociedade empresária XYZ, para atuar como advogado empregado em regime de dedicação exclusiva.

Após estudar a legislação correlata, Gilson aceitou a proposta de emprego da sociedade empresária XYZ. Acerca desse vínculo contratual, de acordo com o texto legal do Estatuto da Advocacia, assinale a afirmativa correta.

A) Nas causas em que Gilson atuar como advogado empregado da empresa XYZ, ou de pessoa por esta representada, os honorários de sucumbência lhe pertencerão.

B) Gilson estará eticamente obrigado a prestar serviços profissionais de interesse pessoal dos diretores da sociedade empresária XYZ.

C) A jornada de trabalho de Gilson não poderá exceder a duração diária de 4 (quatro) horas contínuas e a de 20 (vinte) horas semanais.

D) Em virtude da dedicação exclusiva, Gilson não poderá ser remunerado pelas horas trabalhadas excedentes à jornada normal prevista na legislação.

GABARITO: A.

COMENTÁRIO: Nas **causas em que for parte o empregador**, ou pessoa por este representada, os honorários de sucumbência são devidos aos advogados empregados.

FUNDAMENTAÇÃO: Art. 21, EAOAB.

9 HONORÁRIOS ADVOCATÍCIOS

> **arts. 22 a 26, EAOAB**
> **arts. 48 a 54, CED**
> **art. 14, RGEAOAB**

Os honorários advocatícios representam a remuneração do advogado pela prestação de serviços especializados, devendo, para que sejam fixados, levar em consideração

- Moderação
- Tabela de Honorários
- Código de Ética e Disciplina

A **Tabela de Honorários** é instituída pelo Conselho Seccional e válida para todo o território estadual, estabelecendo o **valor mínimo** a ser observado pelo advogado no local onde for realizado o serviço.

O advogado deve abster-se de contratar honorários advocatícios em **valores aviltantes**, irrisórios, abaixo do valor mínimo estabelecido na tabela.

O **Código de Ética e Disciplina** determina que os honorários profissionais devem ser fixados com **moderação**, observando elementos como:

1. o valor da causa;
2. o local da prestação dos serviços;
3. a competência do advogado;
4. a condição econômica do cliente;
5. a relevância e a complexidade das questões;
6. o trabalho e o tempo a ser despendido;
7. a impossibilidade do advogado de atuar em outros casos;
8. o proveito obtido pelo cliente decorrente do serviço prestado;
9. o caráter da intervenção, seja eventual ou frequente;
10. a praxe do foro sobre trabalhos semelhantes.

Espécies de honorários

O Estatuto confere aos inscritos na OAB, diante da prestação de serviços profissionais, o direito aos **honorários convencionados, aos arbitrados e aos de sucumbência.**

A Lei n. 13.725/2018, ao acrescentar os §§ 6° e 7° no art. 22 do Estatuto, estabeleceu que o direito aos honorários também se aplica aos **honorários assistenciais.**

1. Honorários Convencionados

São aqueles contratados entre o advogado e o cliente. Note que, mesmo diante da possibilidade dos honorários serem convencionados verbalmente, convém que a prestação de serviços profissionais por advogado, individualmente ou integrado em sociedades, seja contratada, **preferentemente, por escrito.**

Quanto mais detalhado for o contrato firmado entre o advogado e o seu cliente, menor é a possibilidade de surgirem dúvidas a seu respeito. Dessa forma, o contrato de prestação de serviços de advocacia não exige forma especial, mas deve estabelecer com clareza e precisão:

- o seu objeto;
- os honorários ajustados e a forma de pagamento;
- a extensão do patrocínio e os atos abrangidos;
- dispor sobre a hipótese de a causa encerrar-se mediante transação ou acordo.

Encerramento da relação contratual / Distrato e rescisão

Salvo renúncia expressa do advogado aos honorários pactuados na hipótese de encerramento da relação contratual com o cliente, **o advogado mantém o direito aos honorários proporcionais** ao trabalho realizado nos processos judiciais e administrativos em que tenha atuado, nos exatos termos do contrato celebrado, inclusive em relação aos eventos de sucesso que porventura venham a ocorrer após o encerramento da relação contratual.

O **distrato e a rescisão do contrato** de prestação de serviços advocatícios, mesmo que formalmente celebrados, **não configuram renúncia expressa aos honorários** pactuados. Note que, na ausência do contrato, os honorários advocatícios serão arbitrados.

1. **Compensação de créditos:** a compensação de créditos, pelo advogado, de importâncias devidas ao cliente, é admissível quando o contrato de prestação de serviços a autorizar ou quando houver autorização especial do cliente para esse fim.
2. **Custas e serviços auxiliares:** a forma de contratação de profissionais para serviços auxiliares, bem como o pagamento de custas e emolumentos, podem ser previstos no contrato de prestação de serviços. Quando não previsto, presumem-se que deva ser atendido pelo cliente.

Não há uma obrigatoriedade quanto à forma e o momento do pagamento. Porém, na sua ausência, o Estatuto determina que os honorários sejam divididos em três parcelas iguais, sendo devido **um terço no início do serviço, outro terço até a decisão de primeira instância e o restante no final da demanda**.

Caso o advogado junte aos autos o seu contrato de honorários antes de expedir-se o mandado de levantamento ou precatório, o juiz deve determinar que lhe sejam pagos diretamente, por dedução da quantia a ser recebida pelo constituinte.

2. Honorários Arbitrados

São arbitrados judicialmente diante da **ausência de contrato escrito ou acordo** entre as partes ou nos casos em que o advogado é indicado para patrocinar causa de juridicamente necessitado, no caso de impossibilidade da Defensoria Pública no local da prestação de serviço.

Diante da **impossibilidade da Defensoria Pública no local** da prestação de serviço, o advogado indicado para patrocinar a causa tem direito aos honorários fixados pelo juiz, segundo tabela organizada pelo Conselho Seccional da OAB, e pagos pelo Estado.

Na falta de estipulação ou de acordo, os honorários são fixados por arbitramento judicial, em remuneração de acordo com o trabalho e o valor econômico da questão, observando o disposto no Código de Processo Civil *(art. 22, § 2º, EAOAB, com redação alterada pela Lei n. 14.365/2022).*

3. Honorários de Sucumbência

São os fixados pelo juiz, ao término da demanda, para o advogado "vencedor" e pagos pela parte vencida.

Deve-se lembrar que, com o julgamento da ADIn 1.194-4, o STF declarou a inconstitucionalidade do § 3º do art. 24 do Estatuto da Advocacia, que considera nula qualquer disposição, cláusula, regulamento ou convenção individual ou coletiva, que retire do advogado o direito ao recebimento dos honorários de sucumbência. Assim os honorários de sucumbência pertencem aos advogados, que podem dispor de forma diversa.

Seguindo esse raciocínio a sucumbência dos advogados empregados constituem fundo comum, cuja destinação é decidida pelos profissionais integrantes do serviço jurídico da empresa ou por seus representantes.

- ### *Retirada do sócio do direito à sucumbência*

Nos casos judiciais e administrativos, as disposições, as cláusulas, os regulamentos ou as convenções individuais ou coletivas que retirem do sócio o direito ao recebimento dos honorários de sucumbência serão **válidos somente após o protocolo de petição que revogue os poderes que lhe foram outorgados ou que noticie a renúncia a eles**, e os **honorários serão devidos proporcionalmente** ao trabalho realizado nos processos.

> **IMPORTANTE LEMBRAR**

1. Os honorários incluídos na condenação, por arbitramento ou sucumbência, pertencem ao advogado, que tem direito autônomo para executar a sentença nesta parte, podendo requerer que o precatório, quando necessário, seja expedido em seu favor.

2. Na hipótese de falecimento ou incapacidade civil do advogado, os honorários de sucumbência, proporcionais ao trabalho realizado, são recebidos por seus sucessores ou representantes legais.

3. Os honorários de sucumbência não integram o salário ou a remuneração, não sendo assim considerados para efeitos trabalhistas ou previdenciários.

4. Fica permitida a **dedução de honorários advocatícios** contratuais dos valores acrescidos, a título de juros de mora, ao montante repassado aos Estados e aos Municípios na forma de precatórios, como complementação de fundos constitucionais. Essa dedução não será permitida aos advogados nas causas que decorram da execução de título judicial constituído em ação civil pública ajuizada pelo Ministério Público Federal.

Note que a **revogação do mandato** não retira do advogado o direito a sucumbência, devendo ser calculada proporcionalmente ao trabalho realizado. Da mesma forma que o acordo feito pelo cliente do advogado e a parte contrária, salvo concordância do profissional, não lhe prejudica os honorários, seja os convencionados ou os concedidos por sentença.

4. Honorários Assistenciais

São os honorários fixados em ações coletivas propostas por entidades de classe em substituição processual, sem prejuízo aos honorários convencionais.

9 ■ HONORÁRIOS ADVOCATÍCIOS

Ainda nesse sentido, os honorários convencionados com entidades de classe para atuação em substituição processual **poderão prever a faculdade de indicar os beneficiários** que, ao optarem por adquirir os direitos, assumirão as obrigações decorrentes do contrato originário a partir do momento em que este foi celebrado, sem a necessidade de mais formalidades.

■ *Cobrança dos honorários e prescrição*

O contrato de honorários constitui título executivo extrajudicial. Por outro lado, a decisão judicial que os fixar ou os arbitrar configura título executivo judicial.

Sua execução pode ser promovida nos próprios autos da ação em que tenha atuado o advogado ou por meio de processo distinto.

Na hipótese da necessidade de arbitramento e cobrança judicial dos honorários constitui dever ético do advogado **renunciar previamente ao mandato** do cliente em débito.

A ação de cobrança de honorários prescreve em cinco anos a contar	■ Do vencimento do contrato. ■ Do trânsito em julgado da decisão que os fixar. ■ Do término do serviço extrajudicial. ■ Da desistência ou transação. ■ Da renúncia ou revogação do mandato.

Também prescreve em cinco anos a ação de prestação de contas pelas quantias recebidas pelo advogado de seu cliente, ou de terceiros por conta dele.

O advogado substabelecido, com reserva de poderes, não pode cobrar honorários sem a intervenção daquele que lhe conferiu o substabelecimento, salvo na hipótese de o advogado substabelecido **possuir contrato celebrado com o cliente**.

■ *Honorários* ad exitum *ou contrato com cláusula* quota litis

Os honorários *ad exitum* ou o contrato com cláusula *quota litis* representam uma forma de contratação de honorários, que vincula o seu recebimento ao término da ação, **se esta lograr êxito**, em uma porcentagem do proveito obtido pelo cliente.

Observe que o percentual fixado **não deve ser superior a 30% do proveito obtido pelo cliente**, pois violaria a moderação exigida para a contratação dos honorários, e o recebimento somente mediante ao seu sucesso confere ao contrato característica de contrato de risco.

Nesse caso, os honorários devem ser representados por pecúnia, **não** podendo ser superiores ao proveito auferido pelo cliente quando acrescidos dos honorários de sucumbência.

Prestações vencidas e vincendas: se o objeto do serviço jurídico recair sobre prestações vencidas e vincendas, os honorários advocatícios poderão incidir sobre o valor de umas e outras, atendidos os requisitos da moderação e da razoabilidade.

- *Honorários em bens*

Somente é admitido em **situação excepcional**, desde que o cliente, de modo comprovado, não tenha condições pecuniárias de satisfazer o débito de honorários e ajuste com o advogado essa forma de pagamento em instrumento contratual.

- *Recebimento por meio de duplicata, cheque e fatura*

Não é permitido, ao advogado autônomo ou a sociedade de advogados, o recebimento de honorários por meio de duplicatas ou qualquer outro título de crédito de natureza mercantil.

É permitido o recebimento por meio de cheque ou nota promissória emitido pelo cliente em favor do advogado, que poderá ser levado a protesto depois de frustrada a tentativa de recebimento amigável.

É permitida a emissão de fatura quando o cliente assim pretender, devendo estar previsto no contrato de prestação de serviços. No entanto, não poderá ser levada a protesto.

Recebimento de honorários	Permitido	Protesto
Duplicatas Títulos de crédito de natureza mercantil	Não	Não
Cheque Nota promissória	Sim	Sim
Fatura	Sim (*) * observada a pretensão do cliente e o contrato de serviços	Não

9 ■ HONORÁRIOS ADVOCATÍCIOS

■ Recebimento por cartão de crédito

É permitido o recebimento de honorários por meio de cartão de crédito mediante credenciamento junto a empresa operadora do ramo.

> **IMPORTANTE LEMBRAR**
>
> 1. A OAB ou os seus Tribunais de Ética e Disciplina poderão ser solicitados para indicar **mediador que contribua na partilha dos honorários** de sucumbência entre advogados.
> 2. Nos **processos disciplinares** que envolverem divergência sobre o recebimento de honorários de sucumbência, entre advogados, deverá ser tentada a conciliação destes, preliminarmente, pelo relator.

■ Bloqueio de patrimônio do cliente

Diante de bloqueio universal do patrimônio do cliente por decisão judicial, será garantido ao advogado a liberação de até **20% dos bens bloqueados** para fins de recebimento de honorários e reembolso de gastos com a defesa.		**Ressalvadas** as causas relacionadas aos crimes previstos na **Lei de Drogas** (Lei n. 11.343/2006), e observado o disposto no parágrafo único do art. 243 da Constituição Federal.

- O pedido de desbloqueio de bens será feito em **autos apartados**, que permanecerão em sigilo, mediante a apresentação do respectivo contrato.
- O desbloqueio de bens observará, preferencialmente, a ordem estabelecida na legislação processual civil.
- Tratando-se de dinheiro em espécie, de depósito ou de aplicação em instituição financeira, os valores serão transferidos diretamente para a conta do advogado ou do escritório de advocacia responsável pela defesa. Nos demais casos, o advogado poderá optar pela adjudicação do próprio bem ou por sua venda em hasta pública para satisfação dos honorários devidos, nos termos da legislação processual civil. Eventual valor excedente deverá ser depositado em conta vinculada ao processo judicial.

■ Competência do Conselho Federal da OAB

Cabe ao **Conselho Federal** da OAB dispor, analisar e decidir sobre os **honorários advocatícios** dos serviços jurídicos realizados pelo advogado, resguardado o sigilo (art. 7º, § 15, EAOAB, acrescentado pela Lei n. 14.365/2022).

118 DOMINANDO
ÉTICA

9.1. ADVOCACIA *PRO BONO*

O Código de Ética e Disciplina de 2015 trouxe avanço relevante à advocacia brasileira ao estabelecer diretrizes para a advocacia *pro bono*. Nesse estudo, convém destacar o que é a advocacia *pro bono*, para quem ela pode ser praticada e quais suas vedações.

Advocacia *pro bono*	▪ Representa a prestação **gratuita, eventual** e **voluntária** de serviços jurídicos.
Pode ser prestada	▪ Para instituições sociais sem fins econômicos e aos seus assistidos, quando não dispuserem de recursos para a contratação de profissional. ▪ Para pessoas naturais que não dispuserem de recursos para, sem prejuízo do próprio sustento, contratar advogado.
Não é permitido	▪ Para fins político-partidários ou eleitorais. ▪ Como instrumento de publicidade para captação de clientela.

Ao exercer a advocacia *pro bono*, e ao atuar como defensor nomeado, conveniado ou dativo, o advogado tem o dever de empregar o zelo e a dedicação habituais, de forma que a parte por ele assistida se sinta amparada e confie no seu patrocínio.

QUESTÕES

01. (OAB FGV – XXVII Exame) O advogado Nelson celebrou, com determinado cliente, contrato de prestação de serviços profissionais de advocacia. No contrato, Nelson inseriu cláusula que dispunha sobre a forma de contratação de profissionais para serviços auxiliares relacionados a transporte e a cópias de processos. Todavia, o pacto não tratava expressamente sobre o pagamento de custas e emolumentos.

Considerando o caso narrado, assinale a afirmativa correta.

A) O contrato celebrado viola o disposto no Código de Ética e Disciplina da OAB, pois é vedada a referência a outras atividades diversas da atuação do advogado, como os serviços auxiliares mencionados. Por sua vez, quanto às custas e aos emolumentos, na ausência de disposição em contrário, presume-se que sejam atendidos pelo cliente.

B) O contrato celebrado viola o disposto no Código de Ética e Disciplina da OAB, pois é vedada a referência a outras atividades diversas da atuação do advogado, como os serviços auxiliares mencionados. Por sua vez, quanto às custas e aos emolumentos, na ausência de disposição em contrário, presume-se que sejam antecipados pelo advogado.

9 ■ HONORÁRIOS ADVOCATÍCIOS

119

C) O Código de Ética e Disciplina da OAB autoriza que o contrato de prestação de serviços de advocacia disponha sobre a forma de contratação de profissionais para serviços auxiliares. Por sua vez, quanto às custas e aos emolumentos, na ausência de disposição em contrário, presume-se que sejam atendidos pelo cliente.

D) O Código de Ética e Disciplina da OAB autoriza que o contrato de prestação de serviços de advocacia disponha sobre a forma de contratação de profissionais para serviços auxiliares. Por sua vez, quanto às custas e aos emolumentos, na ausência de disposição em contrário, presume-se que sejam antecipados pelo advogado.

GABARITO: C.

COMENTÁRIO: O contrato de prestação de serviços poderá dispor quanto à forma de contratação de profissionais para serviços auxiliares, bem como sobre o pagamento de custas e emolumentos, os quais, na **ausência de disposição em contrário, presumem-se devam ser atendidos pelo cliente**. Se o contrato estabelecer que o advogado antecipe tais despesas, ser-lhe-á lícito reter o respectivo valor atualizado, no ato de prestação de contas, mediante comprovação documental.

FUNDAMENTAÇÃO: Art. 48, § 3º, CED.

02. (OAB FGV – XXVII Exame) O advogado Sebastião é empregado de certa sociedade limitada, competindo-lhe, entre outras atividades da advocacia, atuar nos processos judiciais em que a pessoa jurídica é parte. Em certa demanda, na qual foram julgados procedentes os pedidos formulados pela sociedade, foram fixados honorários de sucumbência em seu favor.

Considerando o caso narrado e o disposto no Regulamento Geral do Estatuto da Advocacia e da OAB, assinale a afirmativa correta.

A) Os referidos honorários integram a remuneração de Sebastião e serão considerados para efeitos trabalhistas, embora não sejam considerados para efeitos previdenciários.

B) Os referidos honorários integram a remuneração de Sebastião e serão considerados para efeitos trabalhistas e para efeitos previdenciários.

C) Os referidos honorários não integram a remuneração de Sebastião e não serão considerados para efeitos trabalhistas, embora sejam considerados para efeitos previdenciários.

D) Os referidos honorários não integram a remuneração de Sebastião e não serão considerados para efeitos trabalhistas, nem para efeitos previdenciários.

GABARITO: D.

COMENTÁRIO: Os honorários de sucumbência, por decorrerem precipuamente do exercício da advocacia e só acidentalmente da relação de emprego, não integram o salário ou a remuneração, não podendo, assim, ser considerados para efeitos trabalhistas ou previdenciários.

FUNDAMENTAÇÃO: Art. 14, RGEAOAB.

120 DOMINANDO ÉTICA

03. (OAB FGV – XXVII Exame) Gilda, empregada terceirizada contratada pela sociedade empresária XX Ltda. para prestar serviços ao município ABCD, procura o auxílio de Judite, advogada, para o ajuizamento de reclamação trabalhista em face do empregador e do tomador de serviços.

Considerando a existência de decisão transitada em julgado que condenou os réus, solidariamente, ao pagamento de verbas de natureza trabalhista, assinale a afirmativa correta.

A) Em execução contra o município ABCD, Judite terá direito autônomo a executar a sentença quanto aos honorários incluídos na condenação por arbitramento ou por sucumbência, podendo requerer que o precatório seja expedido em seu favor.

B) Em caso de falência da sociedade empresária XX Ltda., os honorários arbitrados em favor de Judite serão considerados crédito privilegiado, sendo obrigatória sua habilitação perante o juízo falimentar.

C) Em execução contra o município ABCD, o juiz deve determinar que os honorários contratuais sejam pagos diretamente a Judite, desde que o contrato de honorários seja anexado aos autos após a expedição do precatório, exceto se Gilda provar que já os pagou.

D) Judite poderá cobrar judicialmente os honorários contratuais devidos por Gilda, devendo renunciar ao mandato se, em sede de sentença, a demanda for julgada procedente.

GABARITO: A.

COMENTÁRIO: Os honorários incluídos na condenação, por arbitramento ou sucumbência, pertencem ao advogado, tendo este direito autônomo para executar a sentença nesta parte, podendo requerer que o precatório, quando necessário, seja expedido em seu favor.

Note que a alternativa "C" está incorreta, pois o contrato de honorários deveria ter sido anexado **antes** da expedição do precatório.

FUNDAMENTAÇÃO: Art. 23, EAOAB.

---

04. (OAB FGV – XXVI Exame) O advogado Fabrício foi contratado por José para seu patrocínio em processo judicial, por meio de instrumento firmado no dia 14-11-2012. No exercício do mandato, Fabrício distribuiu, em 23-11-2012, petição inicial em que José figurava como autor. No dia 6-11-2013, nos autos do processo, Fabrício foi intimado de sentença, a qual fixou honorários advocatícios sucumbenciais, no valor de dez mil reais, em seu favor. A referida sentença transitou em julgado em 21-11-2013.

Considerando que não houve causa de suspensão ou interrupção do prazo prescricional, de acordo com a disciplina do Estatuto da Advocacia e da OAB, assinale a afirmativa correta.

A) A pretensão de cobrança dos honorários sucumbenciais, fixados em favor de Fabrício, prescreve no prazo de cinco anos, a contar de 14-11-2012.

9 ■ HONORÁRIOS ADVOCATÍCIOS

B) A pretensão de cobrança dos honorários sucumbenciais, fixados em favor de Fabrício, prescreve no prazo de cinco anos, a contar de 6-11-2013.

C) A pretensão de cobrança dos honorários sucumbenciais, fixados em favor de Fabrício, prescreve no prazo de cinco anos, a contar de 21-11-2013.

D) A pretensão de cobrança dos honorários sucumbenciais, fixados em favor de Fabrício, é imprescritível, tendo em vista seu caráter alimentar.

GABARITO: C.

COMENTÁRIO: Prescreve em cinco anos a ação de cobrança de honorários de advogado. O início da contagem do prazo se dá do vencimento do contrato, se houver, do trânsito em julgado da decisão que os fixar, da ultimação do serviço extrajudicial, da desistência ou transação, ou ainda da renúncia ou revogação do mandato.

FUNDAMENTAÇÃO: Art. 25, II, EAOAB.

05. (OAB FGV – XXIV Exame) O advogado Inácio foi indicado para defender em juízo pessoa economicamente hipossuficiente, pois no local onde atua não houve disponibilidade de defensor público para tal patrocínio. Sobre o direito de Inácio à percepção de honorários, assinale a afirmativa correta.

A) Os honorários serão fixados pelo juiz, apenas em caso de êxito, de natureza sucumbencial, a serem executados em face da parte adversa.

B) Os honorários serão fixados pelo juiz, independentemente de êxito, segundo tabela organizada pelo Conselho Seccional da OAB e pagos pelo Estado.

C) Os honorários serão fixados pelo juiz, apenas em caso de êxito, independentemente de observância aos patamares previstos na tabela organizada pelo Conselho Seccional da OAB, a serem pagos pelo Estado.

D) Os honorários serão fixados pelo juiz, independentemente de êxito, segundo tabela organizada pelo Conselho Seccional da OAB, e pagos pelo patrocinado caso possua patrimônio, a ser executado no prazo de cinco anos, a contar da data da nomeação.

GABARITO: B.

COMENTÁRIO: Diante de impossibilidade da Defensoria Pública, o advogado indicado para atuação no caso tem direito aos honorários fixados pelo juiz, que serão pagos pelo Estado independentemente de êxito, devendo-se observar a tabela organizada pelo Conselho Seccional da OAB.

FUNDAMENTAÇÃO: Art. 22, § 1º, EAOAB.

06. (OAB FGV – XXIV Exame) Certa sociedade de advogados, de acordo com a vontade do cliente, emitiu fatura, com fundamento no contrato de prestação de serviços

122 DOMINANDO ÉTICA

advocatícios. **Em seguida, promoveu o saque de duplicatas quanto ao crédito pelos honorários advocatícios.**

Considerando o caso narrado, assinale a afirmativa correta.

A) É vedada a emissão da fatura, com fundamento no contrato de prestação de serviços, bem como não é autorizado o saque de duplicatas quanto ao crédito pelos honorários advocatícios.

B) É autorizada a emissão de fatura, com fundamento no contrato de prestação de serviços, se assim pretender o cliente, sendo também permitido que posteriormente seja levada a protesto. Todavia, é vedado o saque de duplicatas quanto ao crédito pelos honorários advocatícios.

C) É autorizada a emissão de fatura, com fundamento no contrato de prestação de serviços, se assim pretender o cliente, sendo vedado que seja levada a protesto. Ademais, não é permitido o saque de duplicatas quanto ao crédito pelos honorários advocatícios.

D) É vedada a emissão de fatura, com fundamento no contrato de prestação de serviços, mas é permitido que, posteriormente, seja levada a protesto. Ademais, é permitido o saque de duplicatas quanto ao crédito pelos honorários advocatícios.

GABARITO: C.

COMENTÁRIO: O Código de Ética e Disciplina da OAB estabelece que o crédito por honorários advocatícios não autoriza o saque de duplicatas. No entanto, permite a emissão de fatura quando o cliente assim pretender, observado o contrato de prestação de serviços, a qual não poderá ser levada a protesto.

FUNDAMENTAÇÃO: Art. 52, CED.

---

07. (OAB FGV – XXIII Exame) O advogado Stéfano, buscando facilitar a satisfação de honorários advocatícios contratuais a que fará jus, estuda tomar duas providências: de um lado, tenciona incluir expressamente no contrato de prestação de seus serviços, com concordância do cliente, autorização para que se dê compensação de créditos pelo advogado, de importâncias devidas ao cliente; de outro, pretende passar a empregar, para o recebimento de honorários, sistema de cartão de crédito, mediante credenciamento junto a uma operadora.

Tendo em vista as medidas pretendidas pelo advogado e as disposições do Código de Ética e Disciplina da OAB, assinale a afirmativa correta.

A) Não é permitida a compensação de créditos, pelo advogado, de importâncias devidas ao cliente, sendo vedada a inclusão de cláusula nesse sentido no contrato de prestação de serviços. De igual maneira, não é admitido o emprego de sistema de cartões de crédito para recebimento de honorários, mediante credenciamento junto a operadoras de tal ramo.

B) Não é permitida a compensação de créditos, pelo advogado, de importâncias devidas ao cliente, sendo vedada a inclusão de cláusula nesse sentido no contrato de prestação de serviços. Porém, é admitido o emprego de sistema de cartões de crédito para recebimento de honorários, mediante credenciamento junto a operadoras de tal ramo.

9 ■ HONORÁRIOS ADVOCATÍCIOS

C) É admitida a compensação de créditos, pelo advogado, de importâncias devidas ao cliente, se houver autorização para tanto no contrato de prestação de serviços. Também é permitido o emprego de sistema de cartões de crédito para recebimento de honorários, mediante credenciamento junto a operadoras de tal ramo.

D) É admitida a compensação de créditos, pelo advogado, de importâncias devidas ao cliente, se houver autorização para tanto no contrato de prestação de serviços. Porém, não é permitido o emprego de sistema de cartões de crédito para recebimento de honorários, mediante credenciamento junto a operadoras de tal ramo.

GABARITO: C.

COMENTÁRIO: É permitido ao advogado efetuar a compensação de créditos de importâncias devidas ao cliente **desde que tenha autorização para esse fim** no contrato de prestação de serviços. É lícito ao advogado empregar, para recebimento de honorários, sistema de cartões de crédito, mediante credenciamento junto a operadoras do ramo.

FUNDAMENTAÇÃO: Arts. 48, § 2º, e 52, CED.

08. (OAB FGV – XXII Exame) A advogada Maria foi procurada por certo cliente para o patrocínio de uma demanda judicial. Ela, então, apresentou ao cliente contrato de prestação de seus serviços profissionais. A cláusula dez do documento estabelecia que Maria obrigava-se apenas a atuar na causa no primeiro grau de jurisdição. Além disso, a cláusula treze dispunha sobre a obrigatoriedade de pagamento de honorários, em caso de ser obtido acordo antes do oferecimento da petição inicial. Irresignado, o cliente encaminhou cópia do contrato à OAB, solicitando providências disciplinares. Sobre os termos do contrato, assinale a afirmativa correta.

A) A cláusula dez do contrato viola o disposto no Código de Ética e Disciplina da OAB, uma vez que é vedada a limitação do patrocínio a apenas um grau de jurisdição. Quanto à cláusula treze, não se vislumbram irregularidades.

B) Não se vislumbram irregularidades quanto às cláusulas dez e treze do contrato, ambas consonantes com o disposto no Estatuto da OAB e no Código de Ética e Disciplina da OAB.

C) A cláusula treze do contrato viola o disposto no Código de Ética e Disciplina da OAB, uma vez que o advogado não faz jus ao recebimento de honorários contratuais em caso de acordo feito entre o cliente e a parte contrária, anteriormente ao oferecimento da demanda. Quanto à cláusula dez, não se vislumbram irregularidades.

D) A cláusula dez do contrato viola o disposto no Código de Ética e Disciplina da OAB, uma vez que é vedada a limitação do patrocínio a apenas um grau de jurisdição. A cláusula treze do contrato também viola o disposto no Código de Ética e Disciplina da OAB, uma vez que o advogado não faz jus ao recebimento de honorários contratuais em caso de acordo feito entre o cliente e a parte contrária, anteriormente ao oferecimento da demanda.

124 DOMINANDO
ÉTICA

GABARITO: B.

COMENTÁRIO: O contrato de prestação de serviços de advocacia não exige forma especial. Deve **estabelecer, com clareza e precisão**, o seu objeto, os honorários ajustados, a forma de pagamento, a extensão do patrocínio, esclarecendo se este abrangerá todos os atos do processo ou limitar-se-á a determinado grau de jurisdição, além de dispor sobre a hipótese de a causa encerrar-se mediante transação ou acordo.

FUNDAMENTAÇÃO: Art. 48, § 1º, CED.

---

09. (OAB FGV – XXVIII Exame) Jorge é advogado, atuando no escritório modelo de uma universidade. Em certa ocasião, Jorge é consultado por um cliente, pois este gostaria de esclarecer dúvidas sobre honorários advocatícios. O cliente indaga a Jorge sobre o que seriam os honorários assistenciais.

Considerando o disposto no Estatuto da Advocacia e da OAB, assinale a opção que apresenta a resposta de Jorge.

A) Os honorários assistenciais são aqueles pagos diretamente ao advogado que promove a juntada aos autos do seu contrato de honorários antes de expedir-se o mandado de levantamento ou precatório.

B) Os honorários assistenciais são aqueles devidos ao advogado em periodicidade determinada, pela prestação de serviços advocatícios de forma continuada, nas situações que o cliente venha a ter necessidade, como contrapartida à chamada "advocacia de partido".

C) Os honorários assistenciais são aqueles fixados pelo juiz ao advogado indicado para patrocinar causa de juridicamente necessitado, no caso de impossibilidade da Defensoria Pública no local da prestação do serviço.

D) Os honorários assistenciais são aqueles fixados em ações coletivas propostas por entidades de classe em substituição processual.

GABARITO: D.

COMENTÁRIO: Os honorários assistenciais, compreendem os fixados em ações coletivas propostas por entidades de classe em substituição processual, sem prejuízo aos honorários convencionais.

FUNDAMENTAÇÃO: Art. 22, § 6º, EAOAB.

---

10. (OAB FGV – XXXI Exame) O advogado Fernando foi contratado por Flávio para defendê-lo, extrajudicialmente, tendo em vista a pendência de inquérito civil em face do cliente. O contrato celebrado por ambos foi assinado em 10-3-2015, não prevista data de vencimento.

Em 10-3-2017, foi concluída a atuação de Fernando, tendo sido homologado o

9 ■ HONORÁRIOS ADVOCATÍCIOS

arquivamento do inquérito civil junto ao Conselho Superior do Ministério Público. Em 10-3-2018, Fernando notificou extrajudicialmente Flávio, pois este ainda não havia adimplido os valores relativos aos honorários contratuais acordados.

A ação de cobrança de honorários a ser proposta por Fernando prescreve em:

A) três anos, contados de 10-3-2015.

B) cinco anos, contados de 10-3-2017.

C) três anos, contados de 10-3-2018.

D) cinco anos, contados de 10-3-2015.

GABARITO: B.

COMENTÁRIO: Prescreve em cinco anos a ação de cobrança de honorários de advogado, contado o prazo do término da relação profissional. Na questão, o término da relação profissional se operou em 10/03/2017, com a conclusão da atuação do advogado.

FUNDAMENTAÇÃO: Art. 25, III, EAOAB.

---

11. (OAB FGV – XXXII Exame) O advogado Filipe, em razão de sua notoriedade na atuação em defesa das minorias, foi procurado por representantes de certa pessoa jurídica X, que solicitaram sua atuação *pro bono* em favor da referida pessoa jurídica, em determinados processos judiciais.

De acordo com o Código de Ética e Disciplina da OAB, assinale a opção que apresenta a resposta que deve ser dada por Filipe a tal consulta.

A) É vedada a atuação *pro bono* em favor de pessoas jurídicas, embora seja possível a defesa das pessoas físicas que sejam destinatárias das suas atividades, desde que estas não disponham de recursos para contratação de profissional.

B) É autorizada a atuação *pro bono* em favor de pessoas jurídicas, desde que consideradas instituições sociais e que não se destinem a fins econômicos, e aos seus assistidos, sempre que os beneficiários não dispuserem de recursos para a contratação de profissional.

C) É autorizada a atuação *pro bono* em favor de pessoas jurídicas, mesmo que destinadas a fins econômicos, desde que a atividade advocatícia atenda a motivos considerados socialmente relevantes, independentemente da existência de recursos para contratação de profissional.

D) É autorizada a atuação *pro bono* em favor de pessoas jurídicas, mesmo que destinadas a fins econômicos, desde que a atividade advocatícia se dirija a motivos considerados socialmente relevantes e as pessoas físicas beneficiárias das suas atividades não disponham de recursos para contratação de profissional.

GABARITO: B.

COMENTÁRIO: Considera-se advocacia *pro bono* a prestação gratuita, eventual e voluntária de serviços jurídicos em favor de instituições sociais sem fins econômicos e aos seus assistidos, sempre que os beneficiários não dispuserem de recursos para a contratação de profissional. A advocacia *pro bono* também pode ser exercida em favor de pessoas naturais que, igualmente, não dispuserem de recursos para, sem prejuízo do próprio sustento, contratar advogado.

FUNDAMENTAÇÃO: Art. 30, §§ 1º e 2º, CED.

---

12. (OAB FGV – XXXII Exame) Caio procurou o advogado Rodrigo para que este ajuizasse, em favor do primeiro, determinada demanda judicial. Rodrigo, interessado no patrocínio da causa, celebrou com Caio contrato de prestação de serviços advocatícios com adoção de cláusula *quota litis*.

Considerando o contrato celebrado, assinale a afirmativa correta.

A) A adoção da cláusula *quota litis* é vedada pelo Código de Ética e Disciplina da OAB, de modo que o caso deverá ser regido pela disciplina afeta aos contratos silentes sobre os valores devidos a título de honorários contratuais.

B) A adoção da mencionada cláusula é admitida, mas é vedado que os honorários contratados, acrescidos dos honorários da sucumbência, sejam superiores às vantagens advindas por Caio; além disso, não é admitido que os honorários advocatícios incidam sobre o valor de prestações vincendas.

C) A inclusão da cláusula em questão é autorizada, caso em que os honorários contratuais devem ser limitados às vantagens advindas por Caio, excluídos de tal limitação os honorários da sucumbência; além disso, não é admitido que os honorários advocatícios incidam sobre o valor de prestações vincendas.

D) A cláusula *quota litis*, incluída no contrato, é permitida, mas é vedado que os honorários contratados, acrescidos dos honorários da sucumbência, sejam superiores às vantagens advindas por Caio; além disso, admite-se que os honorários advocatícios incidam sobre o valor de prestações vincendas, se estabelecidos com moderação e razoabilidade.

GABARITO: D.

COMENTÁRIO: Na hipótese da adoção de cláusula *quota litis*, os honorários devem ser necessariamente representados por pecúnia e, quando acrescidos dos honorários da sucumbência, não podem ser superiores às vantagens advindas a favor do cliente. Quando o objeto do serviço jurídico versar sobre prestações vencidas e vincendas, os honorários advocatícios poderão incidir sobre o valor de umas e outras, atendidos os requisitos da moderação e da razoabilidade.

FUNDAMENTAÇÃO: Art. 50, *caput* e § 2º, CED.

9 ■ HONORÁRIOS ADVOCATÍCIOS

13. (OAB FGV – XXXIII Exame) A entidade de classe X, atuando em substituição processual, obteve, no âmbito de certo processo coletivo, decisão favorável aos membros da categoria. A advogada Cleide patrocinou a demanda, tendo convencionado com a entidade, previamente, certo valor em honorários. Ao final do feito, foram fixados honorários sucumbenciais pelo juiz.

Sobre o caso apresentado, assinale a afirmativa correta.

A) Cleide deverá optar entre os honorários convencionais e os sucumbenciais.

B) Cleide terá direito aos honorários sucumbenciais, sem prejuízo dos honorários convencionais.

C) Cleide só terá direito aos honorários convencionais e não aos sucumbenciais, que competirão à entidade de classe.

D) Cleide terá apenas direito aos honorários convencionais e não aos sucumbenciais, que reverterão ao Fundo de Amparo ao Trabalhador.

GABARITO: B.

COMENTÁRIO: A prestação de serviço profissional assegura aos inscritos na OAB o direito aos honorários, inclusive aos de sucumbência. Essa regra também se aplica aos honorários assistenciais, compreendidos como os fixados em ações coletivas propostas por entidades de classe em substituição processual, sem prejuízo aos honorários convencionais.

FUNDAMENTAÇÃO: Art. 22, *caput* e § 6º, EAOAB.

---

14. (OAB FGV – XXXIV Exame) O advogado César foi procurado pelo cliente Vinícius, que pretendia sua atuação defendendo-o em processo judicial. Ambos, então, ajustaram certo valor em honorários, por meio de contrato escrito. Na fase de execução do processo, César recebeu pagamentos de importâncias devidas a Vinícius e pretende realizar a compensação com os créditos de que é titular.

Com base no caso narrado, assinale a afirmativa correta.

A) É admissível a compensação de créditos apenas na hipótese de o contrato de prestação de serviços a autorizar; se for silente o contrato, é vedada, mesmo diante de autorização posterior pelo cliente.

B) É admissível a compensação de créditos somente se o contrato de prestação de serviços a autorizar; caso silente o contrato, é possível a compensação, se houver autorização especial firmada pelo cliente para esse fim.

C) A compensação pretendida apenas será cabível se houver autorização especial firmada pelo cliente para esse fim; no contrato de prestação de serviços não é admitida a inclusão prévia de cláusula autorizativa de compensação de créditos.

D) A compensação de créditos é vedada, não sendo admitida a inclusão prévia de cláusula autorizativa no contrato de prestação de serviços; tampouco, autoriza-se tal compensação, ainda que diante de autorização especial firmada pelo cliente para esse fim.

128 DOMINANDO
ÉTICA

GABARITO: B.

COMENTÁRIO: A compensação de créditos, pelo advogado, de importâncias devidas ao cliente somente será admissível quando o contrato de prestação de serviços a autorizar ou quando houver autorização especial do cliente para esse fim, por este firmada.

FUNDAMENTAÇÃO: Art. 48, § 2º, CED.

---

15. (OAB FGV – 35º Exame) Em certa comarca, em razão da insuficiência do número de defensores públicos em atuação, o juiz Caio nomeou o advogado Pedro para defender um réu juridicamente necessitado.

Quanto aos honorários a serem recebidos por Pedro, assinale a afirmativa correta.

A) Pedro apenas terá direito ao recebimento de honorários na hipótese de a parte contrária ser sucumbente, a serem pagos pelo autor.

B) Pedro tem direito a honorários fixados pelo juiz, independentemente de sucumbência, a serem pagos pelo Estado, segundo a tabela organizada pelo Conselho Seccional da OAB.

C) Pedro tem direito a honorários fixados pelo juiz, independentemente de sucumbência, a serem pagos pela Defensoria Pública, segundo a tabela organizada pelo Defensor Público Geral do Estado.

D) Pedro apenas terá direito ao recebimento de honorários na hipótese de a parte contrária ser sucumbente, a serem pagos pela Defensoria Pública.

GABARITO: B.

COMENTÁRIO: O advogado, quando indicado para patrocinar causa de juridicamente necessitado, no caso de impossibilidade da Defensoria Pública no local da prestação de serviço, tem direito aos honorários fixados pelo juiz, segundo tabela organizada pelo Conselho Seccional da OAB, e pagos pelo Estado.

FUNDAMENTAÇÃO: Art. 22, § 1º, EAOAB.

---

16. (OAB FGV – 36º Exame) Celso, advogado, foi contratado por Maria, servidora pública, para ajuizar ação com pedido de pagamento de determinada gratificação. O contrato celebrado entre eles prevê que Celso somente receberá honorários caso a demanda seja exitosa, em percentual do proveito econômico obtido por Maria.

Em tal caso, é correto afirmar que:

A) os honorários contratuais não poderão incidir sobre o valor das parcelas vincendas da gratificação.

B) os honorários foram pactuados de forma correta, já que, nessa hipótese, deveriam ser necessariamente representados por pecúnia.

9 ■ HONORÁRIOS ADVOCATÍCIOS

129

C) os honorários não podem ser superiores às vantagens advindas a favor de Maria, exceto se acrescidos aos honorários de sucumbência.

D) os honorários contratuais não poderão incidir sobre o valor das parcelas vencidas da gratificação.

GABARITO: B.

COMENTÁRIO: Na hipótese da adoção de cláusula *quota litis*, os honorários devem ser necessariamente representados por pecúnia e, quando acrescidos dos honorários da sucumbência, não podem ser superiores às vantagens advindas a favor do cliente.

FUNDAMENTAÇÃO: Art. 50, *caput*, CED.

---

17. (OAB FGV – 37º Exame) A advogada Celina celebrou com a cliente Camila um contrato de prestação de serviços advocatícios. Na cláusula X, foi disposto que a extensão do patrocínio é limitada ao primeiro grau de jurisdição. Na cláusula W, foi disposto valor diverso de honorários contratuais para a hipótese de a causa encerrar-se por acordo.

Considerando o informado sobre o contrato realizado, de acordo com o Código de Ética e Disciplina da OAB, assinale a afirmativa correta.

A) A cláusula X é vedada, pois não se admite tal limitação de atuação em grau de jurisdição. A cláusula W também é vedada, pois não se admite a previsão de valores diversos de honorários em caso de acordo.

B) O conteúdo da cláusula W, com disposição de valor diverso de honorários contratuais para a hipótese de a causa encerrar-se por acordo pode ser incluído no contrato sem que isso implique ilegalidade. A limitação de atuação em grau de jurisdição prevista na mencionada cláusula X encontra vedação legal.

C) A cláusula X é permitida. Por sua vez, a cláusula W é vedada, pois não se admite a previsão de valores diversos de honorários em caso de acordo.

D) As duas cláusulas narradas não violam a disciplina do citado Código de Ética e Disciplina da OAB.

GABARITO: D.

COMENTÁRIO: A prestação de serviços profissionais por advogado, individualmente ou integrado em sociedades, será contratada, preferentemente, por escrito. O contrato de prestação de serviços de advocacia, apesar de não exigir forma especial, deve estabelecer, com clareza e precisão, o seu objeto, os honorários ajustados, a forma de pagamento, a extensão do patrocínio, esclarecendo se este abrangerá todos os atos do processo ou limitar-se-á a determinado grau de jurisdição, além de dispor sobre a hipótese de a causa encerrar-se mediante transação ou acordo.

FUNDAMENTAÇÃO: Art. 48, § 1º, CED.

130 | DOMINANDO
ÉTICA

18. (OAB FGV – 38° Exame) O advogado Luís Santos, regularmente inscrito na OAB, está em início de carreira. Luís presta serviços jurídicos a determinada instituição social sem fins econômicos, consistentes em patrocinar seus interesses em demanda judicial em curso.

Sobre a atuação de Luís, assinale a afirmativa correta.

A) Não poderá ser considerada advocacia *pro bono* a atuação gratuita de Luís como advogado das pessoas naturais, hipossuficientes econômicas, beneficiárias da instituição social.

B) É ilícito que Luís preste gratuitamente tais serviços jurídicos, se o objetivo é valer-se de sua atuação como instrumento de publicidade da sua atividade profissional.

C) A atuação gratuita de Luís, ainda que não seja eventual, na defesa em Juízo da mencionada instituição social, pode ser considerada advocacia *pro bono*.

D) É admitida a prestação por Luís, sob a forma de advocacia *pro bono* voluntária, de serviços jurídicos para uma instituição social cobrando preços simbólicos, haja vista a ausência de fins econômicos.

GABARITO: B.

COMENTÁRIO: A advocacia *pro bono* não pode ser utilizada para fins político-partidários ou eleitorais, nem beneficiar instituições que visem a tais objetivos, ou como instrumento de publicidade para captação de clientela.

FUNDAMENTAÇÃO: Art. 30, § 3°, CED.

---

19. (OAB FGV – 38° Exame) Teresa Silva, advogada atuante na área criminal, tem como clientes Luiz, acusado de tráfico ilícito de drogas, e Roberto, acusado de crimes contra o sistema financeiro nacional.

Após serem proferidas decisões judiciais que determinam o bloqueio universal dos patrimônios de Luiz e Roberto, Teresa se indaga a respeito dos meios disponíveis para obter os valores necessários ao reembolso de gastos com a defesa e ao recebimento de honorários desses clientes.

Sobre esse assunto, é correto concluir que:

A) garantir-se-á a Teresa a liberação de 20% dos bens bloqueados de Luiz para o fim de reembolso de gastos com a defesa, vedado o recebimento de honorários.

B) garantir-se-á a Teresa a liberação de 20% dos bens bloqueados de Roberto para o fim de reembolso de gastos com a defesa e o recebimento de honorários.

C) Teresa poderá optar pela venda de bens de Luiz em hasta pública para o reembolso de gastos com a defesa.

D) Teresa não poderá realizar a adjudicação de bens de Roberto para a satisfação dos honorários devidos.

9 ■ HONORÁRIOS ADVOCATÍCIOS

GABARITO: B.

COMENTÁRIO: Diante de bloqueio universal do patrimônio do cliente por decisão judicial, garantir-se-á ao advogado a liberação de até 20% (vinte por cento) dos bens bloqueados para fins de recebimento de honorários e reembolso de gastos com a defesa, ressalvadas as causas relacionadas aos crimes previstos na Lei de Drogas.

FUNDAMENTAÇÃO: Art. 24-A, EAOAB.

10 INCOMPATIBILIDADES E IMPEDIMENTOS

> **arts. 27 a 30, EAOAB**

O Estatuto enumera os cargos ou funções que implicam a **limitação ao exercício das atividades de advocacia**.

As limitações aplicadas a esses cargos ou funções podem ser justificadas por características ou privilégios inerentes a eles, como redução de independência, influência indevida ou grande possibilidade de captação de clientela.

■ *Incompatibilidade*

A incompatibilidade determina a **proibição total** ao exercício da advocacia. Note-se que a proibição abrange, inclusive, a atuação em causa própria.

O art. 28 do EAOAB determina que a advocacia é incompatível, mesmo em causa própria, com as seguintes atividades:

I – chefe do Poder Executivo e membros da Mesa do Poder Legislativo e seus substitutos legais;

II – membros de órgãos do Poder Judiciário, do Ministério Público, dos tribunais e conselhos de contas, dos juizados especiais, da justiça de paz, juízes classistas, bem como de todos os que exerçam função de julgamento em órgãos de deliberação coletiva da administração pública direta e indireta;

III – ocupantes de cargos ou funções de direção em Órgãos da Administração Pública direta ou indireta, em suas fundações e em suas empresas controladas ou concessionárias de serviço público;

IV – ocupantes de cargos ou funções vinculados direta ou indiretamente a qualquer órgão do Poder Judiciário e os que exercem serviços notariais e de registro;

V – ocupantes de cargos ou funções vinculados direta ou indiretamente a atividade policial de qualquer natureza;

VI – militares de qualquer natureza, na ativa;

VII – ocupantes de cargos ou funções que tenham competência de lançamento, arrecadação ou fiscalização de tributos e contribuições parafiscais;

VIII – ocupantes de funções de direção e gerência em instituições financeiras, inclusive privadas.

IMPORTANTE LEMBRAR

1. Uma vez que a OAB não é vinculada ou subordinada a nenhum órgão da Administração Pública, conforme interpretação do § 1º do art. 44 do Estatuto, a **incompatibilidade** não abrange seus Conselhos e órgãos julgadores.
2. O **afastamento temporário** da atividade incompatível não afasta a incompatibilidade.
3. Entre os ocupantes de cargos ou funções de direção em Órgãos da Administração Pública, em suas fundações e em suas empresas controladas ou concessionárias de serviço público, **não são incompatíveis aqueles que não detenham poder de decisão** relevante sobre interesses de terceiro, a juízo do Conselho competente da OAB, bem como a administração acadêmica diretamente relacionada ao magistério jurídico.

Enquanto o exercício de atividade incompatível em caráter definitivo implica o cancelamento da inscrição do advogado, o seu exercício em caráter temporário caracteriza hipótese de licenciamento.

■ *Impedimento*

O impedimento determina a **proibição parcial** do exercício da advocacia.

Os casos de impedimento estão previstos no art. 30 do Estatuto:

I – os servidores da administração direta, indireta e fundacional, **contra a Fazenda Pública que os remunere ou à qual seja vinculada a entidade empregadora***;*

II – os membros do Poder Legislativo, em seus diferentes níveis, **contra ou a favor** *das pessoas jurídicas de direito público, empresas públicas, sociedades de economia mista, fundações públicas, entidades paraestatais ou empresas concessionárias ou permissionárias de serviço público.*

10 ■ INCOMPATIBILIDADES E IMPEDIMENTOS

> **IMPORTANTE LEMBRAR**
>
> 1. Os membros do Poder Legislativo são impedidos de exercer a advocacia. Porém, os membros da **Mesa** do Poder Legislativo e seus substitutos legais exercem atividades incompatíveis.
> 2. O advogado docente em cursos jurídicos constitui exceção a regra do impedimento.

■ *Exclusividade*

Refere-se a casos de **exercício exclusivo ou limitado da advocacia vinculado a determinada função**.

São exclusivamente legitimados para o exercício da advocacia, vinculado as suas atribuições	■ Procuradores-Gerais. ■ Advogados-Gerais. ■ Defensores-Gerais. ■ Dirigentes de órgãos jurídicos da Administração Pública direta, indireta e fundacional.

QUADRO-RESUMO

Incompatibilidade (art. 28, EAOAB)	Proibição Total		
Impedimento (art. 30, EAOAB)	Proibição Parcial	I. Servidores Públicos	Contra: ■ Fazenda Pública que o remunere. ■ Quem esteja vinculado à entidade empregadora.
		II. Membros do Poder Legislativo	Contra ou a favor: ■ Pessoas jurídicas de Direito Público; ■ Empresas públicas; ■ Sociedades de economia mista; ■ Fundações públicas; ■ Entidades paraestatais; ■ Empresas concessionárias ou permissionárias de serviço público.

136 DOMINANDO ÉTICA

QUESTÕES

01. (OAB FGV – XXII Exame) Carolina, Júlia, Bianca e Maria são advogadas. Carolina é servidora estadual não enquadrada em hipótese de incompatibilidade; Júlia está cumprindo suspensão por infração disciplinar; Bianca está licenciada por requerimento próprio justificado; e Maria é servidora federal não enquadrada em hipótese de incompatibilidade. As quatro peticionam, como advogadas, isoladamente e em atos distintos, em ação judicial proposta em face da União. Diante da situação narrada, de acordo com o Estatuto da OAB, são válidos os atos praticados:

A) por Carolina, apenas.

B) por Carolina e Bianca, apenas.

C) por Carolina, Bianca e Maria, apenas.

D) por Carolina, Julia, Bianca e Maria.

GABARITO: A.

COMENTÁRIO: Carolina, por ser servidora estadual não enquadrada em hipótese de incompatibilidade, apenas é impedida de atuar contra a Fazenda do Estado. Dessa forma, não há impedimento para que a advogada peticione em ação proposta em face da União.

FUNDAMENTAÇÃO: Art. 30, I, EAOAB.

---

02. (OAB FGV – XIX Exame) Formaram-se em uma Faculdade de Direito, na mesma turma, Luana, Leonardo e Bruno. Luana, 35 anos, já exercia função de gerência em um banco quando se graduou. Leonardo, 30 anos, é prefeito do município de Pontal. Bruno, 28 anos, é policial militar no mesmo município. Os três pretendem praticar atividades privativas de advocacia.

Considerando as incompatibilidades e impedimentos ao exercício da advocacia, assinale a opção correta.

A) Luana não está proibida de exercer a advocacia, pois é empregada de instituição privada, inexistindo impedimentos ou incompatibilidades.

B) Bruno, como os servidores públicos, apenas é impedido de exercer a advocacia contra a Fazenda Pública que o remunera.

C) Os três graduados, Luana, Leonardo e Bruno, exercem funções incompatíveis com a advocacia, sendo determinada a proibição total de exercício das atividades privativas de advogado.

D) Leonardo é impedido de exercer a advocacia apenas contra ou em favor de pessoas jurídicas de direito público, empresas públicas, sociedades de economia mista, fundações públicas, entidades paraestatais ou empresas concessionárias ou permissionárias de serviço público.

10 ■ INCOMPATIBILIDADES E IMPEDIMENTOS

GABARITO: C.

COMENTÁRIO: Os três graduados exercem funções incompatíveis com a advocacia, sendo determinada a proibição total de exercício em todo o território nacional de qualquer atividade privativa de advogado.

FUNDAMENTAÇÃO: Art. 28, I, VI e VIII, EAOAB.

---

03. (OAB FGV – XVII Exame) Deise é uma próspera advogada e passou a buscar novos desafios, sendo eleita Deputada Estadual. Por força de suas raras habilidades políticas, foi eleita integrante da Mesa Diretora da Assembleia Legislativa do Estado Z. Ao ocupar esse honroso cargo procurou conciliar sua atividade parlamentar com o exercício da advocacia, sendo seu escritório agora administrado pela filha.

Nos termos do Estatuto da Advocacia, assinale a afirmativa correta.

A) A atividade parlamentar de Deise é incompatível com o exercício da advocacia.

B) A participação de Deise na Mesa Diretora a torna incompatível com o exercício da advocacia.

C) A função de Deise como integrante da Mesa Diretora do Parlamento Estadual é conciliável com o exercício da advocacia.

D) A atividade parlamentar de Deise na Mesa Diretora pode ser conciliada com o exercício da advocacia em prol dos necessitados.

GABARITO: B.

COMENTÁRIO: Os membros da Mesa do Poder Legislativo exercem atividade incompatível, não podendo exercer a advocacia, mesmo em causa própria.

FUNDAMENTAÇÃO: Art. 28, I, EAOAB.

---

04. (OAB FGV – XV Exame) Abelardo é magistrado vinculado ao Tribunal de Justiça do Estado K e requer licença para tratamento de questões particulares, pelo prazo de três anos, o que foi deferido. Como, antes de assumir o referido cargo, era advogado regularmente inscrito nos quadros da OAB, requer o seu reingresso, comprovando o afastamento das funções judicantes.

Nos termos do Estatuto da Advocacia, assinale a afirmativa correta.

A) A incompatibilidade com a advocacia persiste mesmo após aposentadoria do cargo efetivo.

B) O afastamento temporário do cargo que gera a incompatibilidade permite inscrição provisória.

C) A incompatibilidade permanece mesmo que ocorra o afastamento temporário do cargo.

D) O afastamento do cargo incompatível permite a inscrição após um período de três anos.

138 DOMINANDO ÉTICA

GABARITO: C.

COMENTÁRIO: Os membros de órgãos do Poder Judiciário exercem atividade incompatível com a advocacia, sendo que a incompatibilidade permanece mesmo que o ocupante do cargo ou função deixe de exercê-lo temporariamente.

FUNDAMENTAÇÃO: Art. 28, § 1º, EAOAB.

---

05. (OAB FGV – XIV Exame) Cláudia, advogada, inicialmente transitou pelo direito privado, com assunção de causas individuais e coletivas. Ao ser contratada por uma associação civil, deparou com questões mais pertinentes ao direito público e, por força disso, realizou novos estudos e contatou colegas mais experientes na matéria. Ao aprofundar suas relações jurídicas, também iniciou participação política na defesa de temas essenciais à cidadania. Por força disso, Cláudia foi eleita prefeita do município X em eleição bastante disputada, tendo vencido seu oponente, o também advogado Pradel, por apenas cem votos. Eleita e empossada, motivada pelo sentido conciliatório, convidou seu antigo oponente para ocupar cargo em comissão na Secretaria Municipal de Fazenda.

A partir da hipótese apresentada, observadas as regras do Estatuto da OAB, assinale a opção correta.

A) A prefeita exerce função incompatível com a advocacia.

B) O secretário municipal pode atuar em ações contra o município.

C) A prefeita deve pedir autorização para exercer a advocacia.

D) O secretário municipal pode atuar em pleitos contra o Estado federado.

GABARITO: A.

COMENTÁRIO: A advocacia é incompatível, mesmo em causa própria, com a atividade de chefe do Poder Executivo.

FUNDAMENTAÇÃO: Art. 28, I, EAOAB.

---

06. (OAB FGV – XIII Exame) Juarez da Silva, advogado, professor adjunto de Direito Administrativo em determinada Universidade Federal, foi procurado, na qualidade de advogado, por um grupo de funcionários públicos federais que desejavam ajuizar determinada ação contra a União.

Pode Juarez aceitar a causa, advogando contra a União?

A) Não. Juarez não pode aceitar a causa, pois está impedido de exercer a advocacia contra a Fazenda Pública que o remunera.

10 ■ INCOMPATIBILIDADES E IMPEDIMENTOS

139

B) Sim. Juarez poderá aceitar a causa, pois o impedimento de exercício da advocacia contra a Fazenda Pública que remunera os advogados que são servidores públicos não inclui a hipótese de docentes de cursos jurídicos.

C) Sim. Juarez poderá aceitar a causa, pois não há nenhum tipo de impedimento para o exercício da advocacia por servidores públicos.

D) Não. Juarez não poderá aceitar a causa, pois exerce o cargo de professor universitário, que é incompatível com o exercício da advocacia.

GABARITO: B.

COMENTÁRIO: O Estatuto da Advocacia excepciona os docentes dos cursos jurídicos da regra geral de impedimento de atuação contra a Fazenda Pública que os remunere ou à qual seja vinculada a entidade empregadora.

FUNDAMENTAÇÃO: Art. 30, parágrafo único, EAOAB.

---

07. (OAB FGV – XXX Exame) João Pedro, advogado conhecido no Município Alfa, foi eleito para mandato na Câmara Municipal, na legislatura de 2012 a 2015. Após a posse e o exercício do cargo de vereador em 2012 e 2013, João Pedro licenciou-se do mandato em 2014 e 2015 a convite do Prefeito, para exercer o cargo de Procurador- -Geral do Município Alfa.

Diante desses fatos, João Pedro,

A) em 2012 e 2013, poderia exercer a advocacia a favor de entidades paraestatais.

B) em 2012 e 2013, não poderia exercer a advocacia contra empresa concessionária de serviço público estadual.

C) em 2014 e 2015, poderia exercer a advocacia privada, desde que não atuasse contra o Município Alfa ou entidade que lhe seja vinculada.

D) em 2014 e 2015, não poderia exercer a advocacia a favor de autarquia vinculada ao Município Alfa.

GABARITO: B.

COMENTÁRIO: Como membro do Poder Legislativo, exercendo cargo de vereador nos anos de 2012 e 2013, o advogado ficou **impedido de exercer a advocacia contra ou a favor** das pessoas jurídicas de direito público, empresas públicas, sociedades de economia mista, fundações públicas, entidades paraestatais ou empresas concessionárias ou permissionárias de serviço público.

FUNDAMENTAÇÃO: Art. 30, II, EAOAB.

---

08. (OAB FGV – 40º Exame) Valmir, bacharel em Direito, aprovado no Exame da Ordem dos Advogados do Brasil, ocupa o cargo público de agente de Polícia Civil do Estado Alfa.

140 DOMINANDO
ÉTICA

Movido por sentimento altruísta, Valmir requer sua inscrição na OAB, pois pretende, nos momentos de folga da atividade policial, exercer a advocacia de forma gratuita, eventual e voluntária, em favor de instituições sociais sem fins econômicos que não disponham de recursos para a contratação de profissional.

À luz dessas informações, e considerada a legislação vigente, assinale a afirmativa correta.

A) Valmir poderá exercer regularmente a advocacia, inclusive *pro bono*.

B) Valmir não poderá exercer a advocacia remunerada, pois ocupa cargo incompatível, mas poderá exercer a advocacia *pro bono*.

C) Valmir não poderá exercer a advocacia, mesmo *pro bono*, uma vez que o cargo público que ocupa atrai o regime da incompatibilidade.

D) A condição de servidor público atrai o regime do impedimento, razão pela qual Valmir não poderá exercer a advocacia contra a Fazenda Pública que o remunera. Observado esse impedimento, não haverá óbice para o exercício da advocacia *pro bono*.

GABARITO: C.

COMENTÁRIO: A incompatibilidade determina a proibição total do exercício da advocacia, mesmo em causa própria ou de forma *pro bono*. O Estatuto da Advocacia estabelece que os ocupantes de cargos ou funções vinculados direta ou indiretamente a atividade policial de qualquer natureza exercem atividade incompatível.

FUNDAMENTAÇÃO: Art. 28, V, EAOAB.

---

11 PUBLICIDADE PROFISSIONAL

arts. 39 a 47-A, CED
Prov. n. 205/2021, CFOAB

É permitida a publicidade do advogado ou da sociedade de advocacia desde que
- adote caráter meramente informativo;
- observe a discrição e a sobriedade;
- não configure captação de clientela ou mercantilização da profissão.

A discrição, a sobriedade e a finalidade informativa devem ser consideradas, não só em relação ao conteúdo, mas também nas formas, dimensões, no local da publicidade e nos meios que utiliza.

Note que publicidade informativa é aquela que contém elementos suficientes para identificar objetivamente o advogado ou a sociedade de advogados, o local do escritório, os serviços prestados e as demais informações obrigatórias.

■ *Violação de normas de publicidade*

Eventuais infrações ético-disciplinares que envolvam publicidade de advocacia realizada de forma inadequada serão punidas com **sanção de censura**, conforme estabelece o art. 36, II, do EAOAB.

■ *Publicidade na internet*

É **permitido** ao advogado a realização de publicidade na internet ou em outros meios eletrônicos, desde que respeite o caráter meramente informativo e observe os regramentos éticos de discrição e sobriedade.

Assim, a **telefonia e a internet podem ser utilizadas** como veículo de publicidade, inclusive para o envio de mensagens a destinatários certos, desde que não impliquem o oferecimento de serviços ou representem forma de captação de clientela.

> **IMPORTANTE LEMBRAR**

A publicidade deve	■ Conter o nome do advogado, nome social ou da sociedade. ■ Conter o número da inscrição na OAB do advogado/sociedade. ■ Ter finalidade exclusivamente informativa. ■ Adotar idioma português e, quando em idioma estrangeiro, deve estar acompanhado da tradução.
A publicidade pode	■ Indicar endereço, e-mail, *site*, página eletrônica. ■ Conter logotipo, *QR code* e fotografia do escritório. ■ Mencionar horário e idiomas de atendimento. ■ Constar títulos acadêmicos e distinções honoríficas relacionadas à vida profissional. ■ Indicar especialidades a que se dedica. ■ Mencionar instituições jurídicas de que faça parte. ■ Utilizar placas, painéis e inscrições na fachada do escritório de advocacia, para fins de identificação, desde que observe a discrição e a sobriedade.
A publicidade não pode	■ Distribuir panfletos, mala direta ou formas assemelhadas com finalidade de captar clientes. ■ Ser divulgada em conjunto com outras atividades ou indicar vínculos; ■ Ser veiculada por meio de rádio, cinema e televisão. ■ Mencionar emprego, cargo ou função ocupado, atual ou pretérito, em qualquer órgão ou instituição, **salvo o de professor universitário.** ■ Fornecer dados de contato em colunas ou artigos literários, culturais, acadêmicos ou jurídicos, publicados na imprensa ou em veiculação de matérias pela internet, sendo permitida a referência a e-mail. ■ Incluir fotografias pessoais ou de terceiros nos cartões de visitas do advogado. ■ Utilizar *outdoors,* painéis luminosos ou formas assemelhadas. ■ Adotar inscrições em muros, paredes, veículos, elevadores ou em qualquer espaço público.

Mala direta

É **vedada** a utilização de mala direta, a distribuição de panfletos ou formas assemelhadas de publicidade **com a finalidade de captação de clientela**. Nesse sentido, viola a moderação o envio de correspondência, de modo indiscriminado com oferecimento de serviços, a uma coletividade ou a pessoas que não sejam clientes ou que não tenham solicitado.

Correspondências, comunicados e publicações que versem sobre constituição, colaboração, composição e qualificação de componentes de escritório e especificação de especialidades profissionais, bem como boletins informativos e comentários sobre legislação, somente **podem ser fornecidos a clientes, pessoas de relacionamento pessoal ou àqueles que tenham solicitado ou autorizado previamente**.

Advogado na mídia

É vedado ao advogado responder com habitualidade a consulta sobre matéria jurídica nos meios de comunicação social. A **participação eventual**, em programa de televisão ou de rádio, de entrevista na imprensa, de reportagem televisionada ou veiculada por qualquer outro meio, para manifestação profissional, deve visar a **objetivos exclusivamente ilustrativos, educacionais e instrutivos**, evitando-se o debate de caráter sensacionalista.

Neste ponto não é admitido que
- Vise promoção pessoal ou profissional.
- Realize pronunciamentos sobre métodos de trabalho usados por seus colegas de profissão.
- Realize debate de causa sob o patrocínio de outro advogado.
- Aborde tema que comprometa a dignidade da profissão e da instituição que o congrega.
- Divulgue ou permita que sejam divulgadas listas de clientes e demandas.
- Insinue-se para reportagens e declarações públicas.

> **IMPORTANTE LEMBRAR**

Colunas em meios de comunicação: as colunas que o advogado mantiver nos meios de comunicação social ou os textos que por meio deles divulgar **não devem induzir o leitor a litigar nem promover a captação de clientela**.

144 DOMINANDO ÉTICA

■ *Patrocínio de eventos*

São admissíveis como formas de publicidade o patrocínio de eventos ou publicações de caráter científico ou cultural, assim como a divulgação de boletins, por meio físico ou eletrônico, sobre matéria cultural de interesse dos advogados. Neste caso, a circulação deve ser limitada a **clientes e a interessados do meio jurídico.**

PROVIMENTO N. 205/2021

Anuários	Somente é possível a participação em publicações que indiquem, de forma clara e precisa, qual a metodologia e os critérios de pesquisa ou de análise que justifiquem a inclusão de determinado escritório de advocacia ou advogado(a) na publicação, ou ainda que indiquem que se trata de mera compilação de escritórios ou advogados(as). É vedado o pagamento, patrocínio ou efetivação de qualquer outra despesa para viabilizar anúncios ou aparição em publicações como contrapartida de premiação ou ranqueamento.
Aplicativos para responder consultas jurídicas	Não é admitida a utilização de aplicativos de forma indiscriminada para responder automaticamente consultas jurídicas a não clientes por suprimir a imagem, o poder decisório e as responsabilidades do profissional, representando mercantilização dos serviços jurídicos.
Aquisição de palavra-chave a exemplo do *Google Ads*	Permitida a utilização de ferramentas de aquisição de palavra-chave quando responsivo a uma busca iniciada pelo potencial cliente e desde que as palavras selecionadas estejam em consonância com ditames éticos. Proibido o uso de anúncios ostensivos em plataformas de vídeo.
Cartão de visitas	Deve conter nome ou nome social do(a) advogado(a) e o número da inscrição na OAB e o nome da sociedade, se integrante de sociedade. Pode conter número de telefone, endereço físico/eletrônico, *QR Code* que permita acesso aos dados/*site*. Pode ser físico e eletrônico.
Chatbot	Permitida a utilização para o fim de facilitar a comunicação ou melhorar a prestação de serviços jurídicos, **não podendo afastar a pessoalidade da prestação do serviço jurídico**, nem suprimir a imagem, o poder decisório e as responsabilidades do profissional. É possível, por exemplo, a utilização no *site* para responder as primeiras dúvidas de um potencial cliente ou para encaminhar as primeiras informações sobre a atuação do escritório. Ou, ainda, como uma solução para coletar dados, informações ou documentos.

Correspondências e comunicados (mala direta)	O envio de cartas e comunicações a uma coletividade ("mala direta") é expressamente vedado. Somente é possível o envio de cartas e comunicações se destinadas a clientes e pessoas de relacionamento pessoal ou que os solicitem ou os autorizem previamente, desde que não tenham caráter mercantilista, que não representem captação de clientes e que não impliquem oferecimento de serviços.
Criação de conteúdo, palestras, artigos	Deve ser orientada pelo caráter técnico informativo, sem divulgação de resultados concretos obtidos, clientes, valores ou gratuidade.
Ferramentas tecnológicas	Podem ser utilizadas com a finalidade de auxiliar os(as) advogados(as) a serem mais eficientes em suas atividades profissionais, sem suprimir a imagem, o poder decisório e as responsabilidades do profissional.
Grupos de WhatsApp	Permitida a divulgação por meio de grupos de WhatsApp, desde que se trate de grupo de pessoas determinadas, das relações do(a) advogado(a) ou do escritório de advocacia e seu conteúdo respeite as normas do Código de Ética e Disciplina e do provimento.
Lives nas redes sociais e YouTube	É permitida a realização de _lives_ nas redes sociais e vídeos no YouTube, desde que seu conteúdo respeite as normas do Código de Ética e Disciplina e do provimento.
Patrocínio e impulsionamento nas redes sociais	Permitido, desde que não se trate de publicidade contendo oferta de serviços jurídicos.
Petições, papéis, pastas e materiais de escritório	Pode conter nome e nome social do(a) advogado(a) e da sociedade, endereço físico/eletrônico, número de telefone e logotipo.
Placa de identificação do escritório	Pode ser afixada no escritório ou na residência do(a) advogado(a), não sendo permitido que seja luminosa tal qual a que se costuma ver em farmácias e lojas de conveniência. Suas dimensões não são preestabelecidas, bastando que haja proporcionalidade em relação às dimensões da fachada do escritório ou residência, sempre respeitando os critérios de discrição e moderação.
Redes sociais	É permitida a presença nas redes sociais, desde que seu conteúdo respeite as normas do Código de Ética e Disciplina e do provimento.

- ### _Termo de Ajustamento de Conduta_

A Resolução n. 4/2020 acrescentou os arts. 47-A e 58-A ao Código de Ética e Disciplina, estabelecendo a possibilidade da celebração de **Termo de Ajustamento de Conduta – TAC** em casos relativos à **publicidade profissional** e às **infrações disciplinares puníveis com censura**.

Quanto às hipóteses relativas à publicidade profissional:

| É admitida a celebração de Termo de Ajustamento de Conduta no âmbito dos Conselhos Seccionais e do Conselho Federal. | Finalidade | Fazer cessar a publicidade irregular praticada por advogados e estagiários. |

Convém observar que o TAC está regulamentado no provimento do Conselho Federal da OAB n. 200/2020. Nesse sentido, sugiro a leitura do capítulo relativo ao Processo Disciplinar nesta obra.

QUESTÕES

01. (OAB FGV – XXV Exame) O advogado Valter instalou, na fachada do seu escritório, um discreto painel luminoso com os dizeres "Advocacia Trabalhista". A sociedade de advogados X contratou a instalação de um sóbrio painel luminoso em um dos pontos de ônibus da cidade, onde constava apenas o nome da sociedade, dos advogados associados e o endereço da sua sede. Já a advogada Helena fixou, em todos os elevadores do prédio comercial onde se situa seu escritório, cartazes pequenos contendo inscrições sobre seu nome, o ramo do Direito em que atua e o andar no qual funciona o escritório.

Considerando as situações descritas e o disposto no Código de Ética e Disciplina da OAB, assinale a afirmativa correta.

A) Apenas Valter e a sociedade de advogados X violaram a disciplina quanto à ética na publicidade profissional.

B) Apenas Helena violou a disciplina quanto à ética na publicidade profissional.

C) Valter, Helena e a sociedade de advogados X violaram a disciplina quanto à ética na publicidade profissional.

D) Apenas a sociedade de advogados X e Helena violaram a disciplina quanto à ética na publicidade profissional.

GABARITO: D.

COMENTÁRIO: São vedados como forma de publicidade profissional da advocacia a utilização de painéis luminosos, em qualquer espaço público, mesmo que por meio de cartazes pequenos, em elevadores. Para fins de identificação do escritório de advocacia é permitida a utilização de placas e painéis luminosos em sua fachada, desde que prime pela discrição.

FUNDAMENTAÇÃO: Art. 40, I, II e parágrafo único, CED.

11 ■ PUBLICIDADE PROFISSIONAL

02. (OAB FGV – XXIV Exame) Em determinada edição de um jornal de grande circulação, foram publicadas duas matérias subscritas, cada qual, pelos advogados Lúcio e Frederico. Lúcio assina, com habitualidade, uma coluna no referido jornal, em que responde, semanalmente, a consultas sobre matéria jurídica. Frederico apenas subscreveu matéria jornalística naquela edição, debatendo certa causa, de natureza criminal, bastante repercutida na mídia, tendo analisado a estratégia empregada pela defesa do réu no processo.

Considerando o caso narrado e o disposto no Código de Ética e Disciplina da OAB, assinale a afirmativa correta.

A) Lúcio e Frederico cometeram infração ética.

B) Apenas Lúcio cometeu infração ética.

C) Apenas Frederico cometeu infração ética.

D) Nenhum dos advogados cometeu infração ética.

GABARITO: A.

COMENTÁRIO: Os dois advogados cometeram infrações éticas. Lúcio não deve responder com habitualidade a consultas sobre matéria jurídica em sua coluna, e Frederico, em sua manifestação, deveria visar a objetivos exclusivamente ilustrativos, sem analisar estratégia empregada ou métodos de trabalho de colegas de profissão.

FUNDAMENTAÇÃO: Art. 42, I e II, CED.

---

03. (OAB FGV – XXII Exame) Marcelo, renomado advogado, foi convidado para participar de matéria veiculada pela internet, por meio de portal de notícias, com a finalidade de informar os leitores sobre direitos do consumidor. Ao final da matéria, mediante sua autorização, foi divulgado o *e-mail* de Marcelo, bem como o número de telefone do seu escritório.

Sobre essa situação, de acordo com o Código de Ética e Disciplina da OAB, assinale a afirmativa correta.

A) Marcelo não pode participar de matéria veiculada pela internet, pois esse fato, por si só, configura captação de clientela.

B) Marcelo pode participar de matéria veiculada pela internet, mas são vedadas a referência ao *e-mail* e ao número de telefone do seu escritório ao final da matéria.

C) Marcelo pode participar de matéria veiculada pela internet e são permitidas a referência ao *e-mail* e ao número de telefone do seu escritório ao final da matéria.

D) Marcelo pode participar de matéria veiculada pela internet, mas é vedada a referência ao número de telefone do seu escritório ao final da matéria, sendo permitida a referência ao seu *e-mail*.

148 DOMINANDO ÉTICA

GABARITO: D.

COMENTÁRIO: O advogado, quando eventualmente participar de veiculação de matéria pela internet, pode fazer referência a seu *e-mail*, mas lhe é vedado o fornecimento de dados de contato como endereço e telefone.

FUNDAMENTAÇÃO: Art. 40, V, CED.

---

04. (OAB FGV – XXI Exame) Janaína é procuradora do município de Oceanópolis e atua, fora da carga horária demandada pela função, como advogada na sociedade de advogados Alfa, especializada em Direito Tributário. A profissional já foi professora na universidade estadual Beta, situada na localidade, tendo deixado o magistério há um ano, quando tomou posse como procuradora municipal. Atualmente, Janaína deseja imprimir cartões de visitas para divulgação profissional de seu endereço e telefones. Assim, dirigiu-se a uma gráfica e elaborou o seguinte modelo: no centro do cartão, consta o nome e o número de inscrição de Janaína na OAB. Logo abaixo, o endereço e os telefones do escritório. No canto superior direito, há uma pequena fotografia da advogada, com vestimenta adequada. Na parte inferior do cartão, estão as seguintes inscrições "procuradora do município de Oceanópolis", "advogada – Sociedade de Advogados Alfa" e "ex-professora da Universidade Beta". A impressão será feita em papel branco com proporções usuais e grafia discreta na cor preta.

Considerando a situação descrita, assinale a afirmativa correta.

A) Os cartões de visitas pretendidos por Janaína não são adequados às regras referentes à publicidade profissional. São vedados: o emprego de fotografia pessoal e a referência ao cargo de procurador municipal. Os demais elementos poderão ser mantidos.

B) Os cartões de visitas pretendidos por Janaína, pautados pela discrição e sobriedade, são adequados às regras referentes à publicidade profissional.

C) Os cartões de visitas pretendidos por Janaína não são adequados às regras referentes à publicidade profissional. São vedados: o emprego de fotografia e a referência ao cargo de magistério que Janaína não mais exerce. Os demais elementos poderão ser mantidos.

D) Os cartões de visitas pretendidos por Janaína não são adequados às regras referentes à publicidade profissional. São vedados: a referência ao cargo de magistério que Janaína não mais exerce e a referência ao cargo de procurador municipal. Os demais elementos poderão ser mantidos.

GABARITO: A.

COMENTÁRIO: Os cartões de visitas pretendidos não são adequados às regras de publicidade profissional do advogado, tendo em vista a proibição pelo Código de Ética e Disciplina da inclusão de fotografia pessoal e da menção a qualquer emprego, cargo ou função ocupado, salvo o de professor universitário.

FUNDAMENTAÇÃO: Art. 44, § 2º, CED.

11 ■ PUBLICIDADE PROFISSIONAL

149

05. (OAB FGV – XXI Exame) Florentino, advogado regularmente inscrito na OAB, além da advocacia, passou a exercer também a profissão de corretor de imóveis, obtendo sua inscrição no conselho pertinente. Em seguida, Florentino passou a divulgar suas atividades, por meio de uma placa na porta de um de seus escritórios, com os dizeres: Florentino, advogado e corretor de imóveis.

Sobre o tema, assinale a afirmativa correta.

A) É vedado a Florentino exercer paralelamente a advocacia e a corretagem de imóveis.

B) É permitido a Florentino exercer paralelamente a advocacia e a corretagem de imóveis, desde que não sejam prestados os serviços de advocacia aos mesmos clientes da outra atividade. Além disso, é permitida a utilização da placa empregada, desde que seja discreta, sóbria e meramente informativa.

C) É permitido a Florentino exercer paralelamente a advocacia e a corretagem de imóveis. Todavia, é vedado o emprego da aludida placa, ainda que discreta, sóbria e meramente informativa.

D) É permitido a Florentino exercer paralelamente a advocacia e a corretagem de imóveis, inclusive em favor dos mesmos clientes. Também é permitido empregar a aludida placa, desde que seja discreta, sóbria e meramente informativa.

GABARITO: C.

COMENTÁRIO: Não há incompatibilidade do exercício da advocacia com a atividade de corretor de imóveis, sendo, no entanto, vedada a utilização de placa em comum para as duas atividades, ainda que discreta, sóbria e meramente informativa.

FUNDAMENTAÇÃO: Art. 40, IV, CED.

---

06. (OAB FGV – XVII Exame) O advogado Nelson, após estabelecer seu escritório em local estratégico nas proximidades dos prédios que abrigam os órgãos judiciários representantes de todas as esferas da Justiça, resolve publicar anúncio em que, além dos seus títulos acadêmicos, expõe a sua vasta experiência profissional, indicando os vários cargos governamentais ocupados, inclusive o de Ministro de prestigiada área social.

Nos termos do Código de Ética da Advocacia, assinale a afirmativa correta.

A) O anúncio está adequado aos termos do Código, pois indica os títulos acadêmicos e a experiência profissional.

B) O anúncio está adequado aos termos do Código, por não conter adjetivações ou referências elogiosas ao profissional.

C) O anúncio colide com as normas do Código, pois a referência a títulos acadêmicos é vedada por indicar a possibilidade de captação de clientela.

D) O anúncio colide com as normas do Código, que proíbem a referência a cargos públicos capazes de gerar captação de clientela.

150 DOMINANDO ÉTICA

GABARITO: D.

COMENTÁRIO: Quanto à publicidade do advogado, o Código de Ética e Disciplina da OAB proíbe que seja feita referência a qualquer emprego, cargo ou função ocupado, atual ou pretérito, em qualquer órgão ou instituição, salvo o de professor universitário.

FUNDAMENTAÇÃO: Art. 44, § 2º, CED.

---

07. (OAB FGV – XIV Exame) O advogado Armando alterou o endereço de seu escritório e, para comunicar tal alteração, enviou correspondência a grande número de pessoas, notadamente, seus clientes e outros advogados.

Observadas as regras do Estatuto da OAB e do Código de Ética e Disciplina da OAB, Armando realizou publicidade irregular?

A) Sim. Considera-se imoderado qualquer anúncio profissional mediante remessa de correspondência a uma coletividade.

B) Sim. Ao advogado é vedado o envio de correspondência a clientes, salvo para tratar de temas que sejam de interesse desses últimos.

C) Não. Armando poderia ter enviado a correspondência em questão, pois estava apenas comunicando a alteração de seu endereço.

D) Não. A publicidade por meio de correspondência é permitida em qualquer caso e para comunicar qualquer tipo de informação.

GABARITO: C.

COMENTÁRIO: É vedada a utilização de mala direta, a distribuição de panfletos ou formas assemelhadas de publicidade se o intuito for de captação de clientela. Não é vedado o envio de comunicação para clientes e outros advogados a fim de comunicar alteração de endereço.

FUNDAMENTAÇÃO: Art. 40, VI, CED.

---

08. (OAB FGV – XXVIII Exame) A advogada Leia Santos confeccionou cartões de visita para sua apresentação e de seu escritório. Nos cartões, constava seu nome, número de inscrição na OAB, bem como o *site* do escritório na internet e um *QR code* para que o cliente possa obter informações sobre o escritório. Já o advogado Lucas Souza elaborou cartões de visita que, além do seu nome e número de inscrição na OAB, apresentam um logotipo discreto e a fotografia do escritório.

Considerando as situações descritas e o disposto no Código de Ética e Disciplina da OAB, assinale a afirmativa correta.

11 ■ PUBLICIDADE PROFISSIONAL

151

A) Leia e Lucas cometeram infrações éticas, pois inseriram elementos vedados pelo Código de Ética e Disciplina da OAB nos cartões de apresentação.

B) Nenhum dos advogados cometeu infração ética, pois os elementos inseridos por ambos nos cartões de apresentação são autorizados.

C) Apenas Leia cometeu infração ética, pois inseriu elementos vedados pelo Código de Ética e Disciplina da OAB nos cartões de apresentação. Os elementos empregados por Lucas são autorizados.

D) Apenas Lucas cometeu infração ética, pois inseriu elementos vedados pelo Código de Ética e Disciplina da OAB nos cartões de apresentação. Os elementos empregados por Leia são autorizados.

GABARITO: B.

COMENTÁRIO: O advogado, na publicidade profissional que promover ou nos cartões e material de escritório de que se utilizar, fará constar seu nome, nome social ou o da sociedade de advogados, o número ou os números de inscrição na OAB. Poderão ser referidos os títulos acadêmicos do advogado e as distinções honoríficas relacionadas à vida profissional, bem como as instituições jurídicas de que faça parte, e as especialidades a que se dedicar, o endereço, *e-mail*, *site*, página eletrônica, QR code, logotipo e a fotografia do escritório, o horário de atendimento e os idiomas em que o cliente poderá ser atendido.

FUNDAMENTAÇÃO: Art. 44, *caput* e § 1º, CED.

---

09. (OAB FGV – XXXIII Exame) O renomado advogado José deseja editar, para fins de publicidade, cartões de apresentação de suas atividades profissionais como advogado.

José, especialista em arbitragem e conciliação, já exerceu a função de conciliador junto a órgãos do Poder Judiciário. Além disso, José, atualmente, é conselheiro em certo Conselho Seccional da OAB e é professor aposentado do curso de Direito de certa universidade federal.

Considerando as informações dadas, assinale a afirmativa correta.

A) É vedada menção, nos cartões de apresentação de José, à sua condição de conselheiro do Conselho Seccional, bem como à pregressa atuação de José como conciliador e à de professor universitário.

B) É vedada menção, nos cartões de apresentação de José, à sua condição de conselheiro do Conselho Seccional. Todavia, autoriza-se a referência nos cartões à pregressa atuação de José como conciliador e à atividade de professor universitário.

C) É vedada menção, nos cartões de apresentação de José, à sua pregressa atuação como conciliador. Todavia, autoriza-se a referência nos cartões à condição de conselheiro do Conselho Seccional, bem como, à atividade de professor universitário.

152 DOMINANDO ÉTICA

D) É vedada menção, nos cartões de apresentação de José, à sua condição de conselheiro do Conselho Seccional, bem como à pregressa atuação de José como conciliador. Todavia, autoriza-se a referência nos cartões à atividade de professor universitário.

GABARITO: D.

COMENTÁRIO: É vedada a menção nos cartões de visitas do advogado de qualquer emprego, cargo ou função ocupado, atual ou pretérito, em qualquer órgão ou instituição, salvo o de professor universitário.

FUNDAMENTAÇÃO: Art. 44, § 2º, CED.

10. (OAB FGV – XXXIII Exame) Luiz Felipe, advogado, mantém uma coluna semanal em portal na internet destinado ao público jurídico. Para que a conduta de Luiz Felipe esteja de acordo com as normas relativas à publicidade da profissão de advogado, ele poderá:

A) debater causa sob o patrocínio de outro advogado.

B) externar posicionamento que induza o leitor a litigar.

C) responder à consulta sobre matéria jurídica de forma esporádica.

D) fazer referência ao seu telefone e e-mail de contato ao final da coluna.

GABARITO: C.

COMENTÁRIO: É **vedado ao advogado responder com habitualidade** a consulta sobre matéria jurídica, nos meios de comunicação social.

FUNDAMENTAÇÃO: Art. 42, I, CED.

11. (OAB FGV – 35º Exame) O estagiário de Direito Jefferson Santos, com o objetivo de divulgar a qualidade de seus serviços, realizou publicidade considerada irregular por meio da internet, por resultar em captação de clientela, nos termos do Código de Ética e Disciplina da OAB.

Quanto aos instrumentos admitidos no caso em análise, assinale a afirmativa correta.

A) É admitida a celebração de termo de ajustamento de conduta, tanto no âmbito dos Conselhos Seccionais quanto do Conselho Federal, para fazer cessar a publicidade irregular praticada.

B) Não é permitida a celebração de termo de ajustamento de conduta, tendo em vista tratar-se de estagiário.

C) É admitida a celebração de termo de ajustamento de conduta para fazer cessar a publicidade irregular praticada, que deverá seguir regulamentação constante em provimentos de cada Conselho Seccional, quanto aos seus requisitos e condições.

11 ■ PUBLICIDADE PROFISSIONAL

153

D) Não é permitida a celebração de termo de ajustamento de conduta, tendo em vista a natureza da infração resultante da publicidade irregular narrada.

GABARITO: A.

COMENTÁRIO: Para fazer cessar a publicidade irregular, praticada por advogados e estagiários, é admitida a celebração de termo de ajustamento de conduta no âmbito dos Conselhos Seccionais e do Conselho Federal.

FUNDAMENTAÇÃO: Art. 47-A, CED.

---

12. (OAB FGV – 36º Exame) A advogada Carolina e a estagiária de Direito Beatriz, que com ela atua, com o intuito de promover sua atuação profissional, valeram-se, ambas, de meios de publicidade vedados no Código de Ética e Disciplina da OAB.

Após a verificação da irregularidade, indagaram sobre a possibilidade de celebração de termo de ajustamento de conduta tendo, como objeto, a adequação da publicidade.

Considerando o caso narrado, assinale a afirmativa correta.

A) É admitida a celebração do termo de ajustamento de conduta apenas no âmbito do Conselho Federal da OAB, para fazer cessar a publicidade praticada pela advogada Carolina e pela estagiária Beatriz.

B) É admitida a celebração do termo de ajustamento de conduta, no âmbito do Conselho Federal da OAB ou dos Conselhos Seccionais, para fazer cessar a publicidade praticada pela advogada Carolina, mas é vedado que o termo de ajustamento de conduta abranja a estagiária Beatriz.

C) É vedada pelo Código de Ética e Disciplina da OAB a possibilidade de celebração de termo de ajustamento de conduta no caso narrado, uma vez que se trata de infração ética.

D) É admitida a celebração do termo de ajustamento de conduta no âmbito do Conselho Federal da OAB ou dos Conselhos Seccionais, para fazer cessar a publicidade praticada pela advogada Carolina e também pela estagiária Beatriz.

GABARITO: D.

COMENTÁRIO: Será admitida a celebração de termo de ajustamento de conduta no âmbito dos Conselhos Seccionais e do Conselho Federal para fazer cessar a publicidade irregular praticada por advogados e estagiários.

FUNDAMENTAÇÃO: Art. 47-A, CED.

---

13. (OAB FGV – 38º Exame) Uma sociedade de advogados decidiu patrocinar a realização de um evento, sob o formato de um congresso, em certo hotel de lazer do tipo "resort", que conta com área de conferências, com o explícito fim de publicidade de suas atividades profissionais.

Considerando a forma de publicidade escolhida, assinale a afirmativa correta.

154 DOMINANDO
ÉTICA

A) Não é autorizada, independentemente de quem seja o público convidado para o evento, tendo em vista o local escolhido. Todavia, se o congresso fosse realizado em local diverso do hotel selecionado, seria admitido o seu patrocínio como meio de publicidade.

B) É admitida, desde que os participantes sejam apenas integrantes da sociedade de advogados, funcionários ou clientes.

C) É autorizada, sendo admitida a participação de clientes da sociedade de advogados e de interessados do meio jurídico.

D) não é autorizada, independentemente de quem seja o público convidado para o evento, ou do local onde realizado.

GABARITO: C.

COMENTÁRIO: São admissíveis como formas de publicidade o **patrocínio de eventos** ou publicações de caráter científico ou cultural, assim como a divulgação de boletins, por meio físico ou eletrônico, sobre matéria cultural de interesse dos advogados, **desde que sua circulação fique adstrita a clientes e a interessados do meio jurídico**.
FUNDAMENTAÇÃO: Art. 45, CED.

---

14. (OAB FGV – 40º Exame) Pedro, contador com vasta experiência e sólida carreira, decide fazer uma segunda graduação, tornando-se bacharel em Direito. Depois da aprovação no Exame de Ordem Unificado e da inscrição nos quadros da Ordem dos Advogados do Brasil, Pedro pretende continuar prestando serviços contábeis, sem prejuízo do exercício concomitante da nova atividade.

Acerca da intenção de Pedro, bem como dos limites ético-normativos para a publicidade profissional da sua nova atividade, assinale a afirmativa correta.

A) Pedro não poderá exercer de modo concomitante as atividades de contador e advogado, pois, de acordo com o Estatuto da Advocacia e da OAB, a prestação de serviços contábeis é incompatível com o exercício simultâneo da advocacia.

B) Não há óbice ético para o duplo exercício das atividades de contador e advogado, podendo Pedro se valer da divulgação conjunta dos serviços oferecidos, desde que não seja por meio de inscrições em muros, paredes, veículos, elevadores ou em qualquer espaço público.

C) Embora não haja incompatibilidade para o exercício concomitante das duas atividades, não será permitido a Pedro divulgar sua nova profissão de modo conjunto com a de contador.

D) Pedro poderá fazer uso de mala direta, distribuição de panfletos ou formas assemelhadas de publicidade, visando a captação de clientela para a sua nova atividade, mas não poderá mencionar, nessa publicidade, os serviços de contabilidade.

11 ■ PUBLICIDADE PROFISSIONAL

GABARITO: C.

COMENTÁRIO: O exercício da advocacia não é incompatível com o exercício da contabilidade. No entanto, na publicidade profissional do advogado, é vedada a divulgação de serviços de advocacia com a de outras atividades ou a indicação de vínculos entre uns e outras.

FUNDAMENTAÇÃO: Art. 40, IV, CED.

---

15. (OAB FGV – 41º Exame) Atena, médica oftalmologista, e Dionísio, advogado atuante em Direito de Família, são casados há 5 anos e residem em casa alugada na cidade de Uberaba/MG.

Sendo ambos iniciantes em suas respectivas profissões e visando evitar gastos, decidem instalar seus escritórios profissionais na própria casa em que residem. Assim, montaram um consultório médico e um escritório de advocacia na parte frontal da residência e anunciaram conjuntamente, em *outdoor* próximo, os serviços médicos e advocatícios, em publicidade que ressaltou o fato de serem casados.

Acerca dos limites das atividades de advocacia e da publicidade do advogado, conforme o Código de Ética e Disciplina e o Estatuto da Ordem dos Advogados do Brasil, assinale a afirmativa correta.

A) Atena e Dionísio poderão constituir seus escritórios profissionais no mesmo imóvel, bem como divulgar seus respectivos trabalhos conjuntamente, desde que o *outdoor* em que incluírem a publicidade seja de pequeno porte.

B) A divulgação dos serviços de advocacia em conjunto com serviços médicos não é vedada, desde que tenha caráter meramente informativo e zele pela discrição e sobriedade.

C) Dionísio não poderá anunciar seus serviços advocatícios em conjunto com outras atividades, ainda que com sua esposa que exerce a medicina, pois o Estatuto da Ordem e o Código de Ética e Disciplina proíbem tal conduta de forma peremptória.

D) A divulgação conjunta dos serviços médicos e advocatícios será permitida, excepcionalmente, neste caso, porque Atena e Dionísio são casados e moram na mesma residência, de modo que não lhes seria possível exigir conduta diversa.

GABARITO: C.

COMENTÁRIO: É expressamente vedada a divulgação de serviços de advocacia juntamente com a de outras atividades.

FUNDAMENTAÇÃO: Art. 40, IV, CED.

12 INFRAÇÕES E SANÇÕES DISCIPLINARES

> arts. 34 a 43, EAOAB

O art. 34 do Estatuto enumera as infrações disciplinares que, se praticadas por advogados ou estagiários inscritos na OAB, implicam a aplicação pela instituição de sanções. Porém, a aplicação de sanções disciplinares não está restrita às infrações previstas no Estatuto.

As sanções disciplinares consistem em
- Censura.
- Suspensão.
- Exclusão.
- Multa.

■ Sanção de Censura

Características
- Aplicada diante das infrações consideradas "menos graves".
- Representa um registro no prontuário do advogado.
- Sanção escrita.
- **Não** publicada ou divulgada.
- Registrada nos assentamentos do inscrito.

158 DOMINANDO ÉTICA

IMPORTANTE LEMBRAR

1. **Violação de normas:** a violação de normas do Código de Ética e Disciplina ou do Estatuto da Advocacia enseja a aplicação da censura, caso não seja determinado sanção mais grave.

2. **Termo de Ajustamento de Conduta – TAC:** nos casos de infração ético-disciplinar punível com **censura**, será admissível a celebração de termo de ajustamento de conduta **se o fato apurado não tiver gerado repercussão negativa** à advocacia.

São casos de aplicação da sanção de censura:

- Exercer a profissão, quando impedido de fazê-lo, ou facilitar, por qualquer meio, o seu exercício aos não inscritos, proibidos ou impedidos;
- Manter sociedade profissional fora das normas e preceitos estabelecidos no Estatuto da Advocacia;
- Valer-se de agenciador de causas, mediante participação nos honorários a receber;
- Angariar ou captar causas, com ou sem a intervenção de terceiros;
- Assinar qualquer escrito destinado a processo judicial ou para fim extrajudicial que não tenha feito, ou em que não tenha colaborado;
- Advogar contra literal disposição de lei, presumindo-se a boa-fé quando fundamentado na inconstitucionalidade, na injustiça da lei ou em pronunciamento judicial anterior;
- Violar, sem justa causa, sigilo profissional;
- Estabelecer entendimento com a parte adversa sem autorização do cliente ou ciência do advogado contrário;
- Prejudicar, por culpa grave, interesse confiado ao seu patrocínio;
- Acarretar, conscientemente, por ato próprio, a anulação ou a nulidade do processo em que funcione;
- Abandonar a causa sem justo motivo ou antes de decorridos dez dias da comunicação da renúncia;
- Recusar-se a prestar, sem justo motivo, assistência jurídica, quando nomeado em virtude de impossibilidade da Defensoria Pública;
- Fazer publicar na imprensa, desnecessária e habitualmente, alegações forenses ou relativas a causas pendentes;
- Deturpar o teor de dispositivo de lei, de citação doutrinária ou de julgado, bem como de depoimentos, documentos e alegações da parte contrária, para confundir o adversário ou iludir o juiz da causa;
- Fazer, em nome do constituinte, sem autorização escrita deste, imputação a terceiro de fato definido como crime;
- Deixar de cumprir, no prazo estabelecido, determinação emanada do órgão ou de autoridade da Ordem, em matéria da competência desta, depois de regularmente notificado;
- Praticar, o estagiário, ato excedente de sua habilitação.

12 ■ INFRAÇÕES E SANÇÕES DISCIPLINARES

ADVERTÊNCIA

A existência de **circunstância atenuante** possibilita que a **censura seja convertida em advertência**.
São exemplos de circunstâncias atenuante:

⇒

- A falta cometida na defesa de prerrogativa profissional.
- Primariedade.
- Exercício assíduo ou proficiente de mandato ou cargo na OAB.
- Relevantes serviços prestados à advocacia ou à causa pública.

A principal diferença entre a advertência e a censura está no fato de que a **advertência não é registrada nos assentamentos do inscrito.**

■ Sanção de Suspensão

Características
- Impede o exercício de qualquer atividade de advocacia, em todo o território nacional.
- Prazo de **trinta dias a doze meses**, podendo perdurar em determinados casos.
- Publicada.
- Registrada nos assentamentos do inscrito.

IMPORTANTE LEMBRAR

A **reincidência em infração disciplinar** enseja a aplicação da suspensão.

São **casos de aplicação da sanção de suspensão**:

- Prestar concurso a clientes ou a terceiros para realização de ato contrário à lei ou destinado a fraudá-la;
- Solicitar ou receber de constituinte qualquer importância para aplicação ilícita ou desonesta;
- Receber valores, da parte contrária ou de terceiro, relacionados com o objeto do mandato, sem expressa autorização do constituinte;
- Locupletar-se, por qualquer forma, à custa do cliente ou da parte adversa, por si ou interposta pessoa;
- Recusar-se, injustificadamente, a prestar contas ao cliente de quantias recebidas dele ou de terceiros por conta dele;

- Reter, abusivamente, ou extraviar autos recebidos com vista ou em confiança;
- Incidir em erros reiterados que evidenciem inépcia profissional;
- Manter conduta incompatível com a advocacia.
- Praticar assédio moral, assédio sexual ou discriminação.

> **IMPORTANTE LEMBRAR**
>
> **Assédio moral, assédio sexual ou discriminação:** a Lei n. 14.612/2023 acrescentou ao Estatuto da Advocacia, como **infração disciplinar passível de suspensão**, a prática de assédio moral, assédio sexual ou discriminação.

Assédio moral ⇒	**Conduta** praticada no exercício profissional ou em razão dele, por meio da **repetição deliberada** de gestos, palavras faladas ou escritas ou comportamentos **que exponham** o estagiário, o advogado ou qualquer outro profissional que esteja prestando seus serviços **a situações humilhantes e constrangedoras**, capazes de lhes causar ofensa à personalidade, à dignidade e à integridade psíquica ou física, **com o objetivo** de excluí-los das suas funções ou de desestabilizá-los emocionalmente, deteriorando o ambiente profissional.	
Assédio sexual ⇒	**Conduta de conotação sexual** praticada no exercício profissional ou em razão dele, manifestada **fisicamente ou por palavras**, gestos ou outros meios, proposta ou imposta à pessoa contra sua vontade, causando-lhe **constrangimento e violando a sua liberdade sexual**.	**Sanção de suspensão** 30 dias a 12 meses
Discriminação ⇒	**Conduta** comissiva ou omissiva que **dispense tratamento constrangedor ou humilhante** a pessoa ou grupo de pessoas, **em razão de** sua deficiência, pertença à determinada raça, cor ou sexo, procedência nacional ou regional, origem étnica, condição de gestante, lactante ou nutriz, faixa etária, religião ou outro fator.	

> **IMPORTANTE LEMBRAR**
>
> **STF – Inconstitucionalidade da suspensão pelo não pagamento de anuidade.** O Supremo Tribunal Federal se manifestou pela **inconstitucionalidade dos arts. 34, inc. XXIII, e 37, § 2º, do Estatuto da Advocacia**. Foi fixada a seguinte tese: "É inconstitucional a suspensão realizada por conselho de fiscalização profissional do exercício laboral de seus inscritos por inadimplência de anuidades, pois a medida consiste em sanção política em matéria tributária". Plenário, Sessão Virtual de 17-4-2020 a 24-4-2020 *(Recurso Extraordinário – RE 647.885)* / *Vide* ADI 7020.

- *Hipóteses de prorrogação da suspensão*

O **prazo da suspensão pode ser prorrogado**, além dos doze meses, quando:	
For aplicada por conta da recusa injustificada de prestar contas ao cliente de quantias recebidas dele ou de terceiros por conta dele.	Se der em decorrência da incidência em **erros reiterados**.
⇓	⇓
A **suspensão permanece até** a efetiva **prestação de contas e o pagamento**, devidamente atualizado.	O término da suspensão se dará com a **aprovação** em **novas provas de habilitação**.

> **IMPORTANTE LEMBRAR**
>
> 1. Os **erros reiterados** estão relacionados à **inépcia profissional**, ou seja, o **desconhecimento da técnica jurídica ou da linguagem**.
> 2. A **conduta incompatível**, que determina a aplicação da sanção de suspensão, deve ser entendida como aquela capaz de **prejudicar a dignidade da advocacia**. A embriaguez ou toxicomania habitual e a prática de jogos de azar, não autorizada por lei, de forma reiterada são exemplos de condutas incompatíveis com a advocacia.

Sanção de Exclusão

Características
- Impede o exercício de qualquer atividade de advocacia.
- Hipótese de **cancelamento da inscrição**.
- Depende de manifestação favorável de dois terços dos membros do Conselho Seccional.
- Publicada.
- Registrada nos assentamentos do inscrito.

São **casos de aplicação da sanção de exclusão**:

- Aplicação, por três vezes, de suspensão;
- Fazer falsa prova de qualquer dos requisitos para inscrição na OAB;
- Tornar-se moralmente inidôneo para o exercício da advocacia;
- Praticar crime infamante.

IMPORTANTE LEMBRAR

A Lei n. 14.365/2022, ao incluir o § 6º-I, no art. 7º do Estatuto da Advocacia, estabeleceu expressamente **a proibição ao advogado de efetuar colaboração premiada** contra quem seja ou tenha sido seu cliente, podendo ensejar sua **exclusão**:

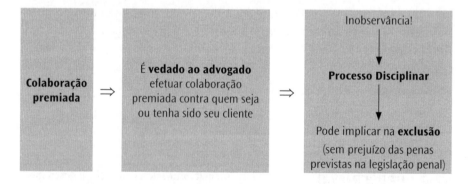

A **idoneidade moral**, requisito para inscrição no quadro de advogados da OAB, deve ser preservada pelo advogado por toda a sua carreira. Dessa forma, o profissional do direito que se torna moralmente inidôneo, além do cancelamento da sua inscrição, deve ser excluído dos quadros da OAB.

Crime infamante deve ser classificado como aquele que, se praticado por advogado, provoque a má fama e atente contra a dignidade da advocacia.

- **Sanção de Multa**

Características
- Sanção acessória.
- Aplicável diante de circunstância agravante.
- Valor aplicado variável de uma a dez anuidades.

A multa é aplicável de forma **cumulativa a sanção de censura ou de suspensão**. Não há previsão para a sua aplicação com a sanção de exclusão.

Para a aplicação de qualquer sanção pela OAB, é exigido o devido processo disciplinar, no qual é **assegurado ao representado o amplo direito de defesa**.

12.1. REABILITAÇÃO

A reabilitação **restaura a primariedade** do advogado ao retirar dos seus assentamentos o registro da sanção disciplinar aplicada. É permitida para qualquer sanção aplicada pela OAB, inclusive a de exclusão.

O requerimento da reabilitação pode ser feito **após um ano do cumprimento da sanção**, tendo como requisito a comprovação de bom comportamento.

Quando a sanção disciplinar resultar da **prática de crime**, o pedido de reabilitação depende também da correspondente **reabilitação criminal**.

12.2. PRESCRIÇÃO

A prescrição em relação à punibilidade pode ocorrer de duas formas, em dois prazos: **cinco anos ou três anos**.

A pretensão punitiva prescreve em cinco anos, contados da data da constatação oficial dos fatos.

A prescrição intercorrente ocorrerá quando o processo ficar paralisado, pendente de despacho ou julgamento, por mais de três anos. Nesse caso, o processo deverá ser arquivado de ofício ou a requerimento da parte interessada, sem prejuízo de serem apuradas as responsabilidades pela paralisação.

A **prescrição será interrompida** com a:
- Instauração de processo disciplinar;
- notificação válida do representado;
- decisão condenatória recorrível de qualquer órgão julgador da OAB.

QUESTÕES

01. (OAB FGV – XXVI Exame) Júlio Silva sofreu sanção de censura por infração disciplinar não resultante da prática de crime; Tatiana sofreu sanção de suspensão por infração disciplinar não resultante da prática de crime; e Rodrigo sofreu sanção de suspensão por infração disciplinar resultante da prática de crime ao qual foi condenado. Transcorrido um ano após a aplicação e o cumprimento das sanções, os três pretendem obter a reabilitação, mediante provas efetivas de seu bom comportamento.
De acordo com o EOAB, assinale a afirmativa correta.

A) Júlio e Tatiana fazem jus à reabilitação, que pode ser concedida após um ano mediante provas efetivas de bom comportamento, nos casos de qualquer sanção disciplinar. O pedido de Rodrigo, porém, depende também da reabilitação criminal.

B) Apenas Júlio faz jus à reabilitação, que pode ser concedida após um ano mediante provas efetivas de bom comportamento, somente nos casos de sanção disciplinar de censura.

C) Todos fazem jus à reabilitação, que pode ser concedida após um ano mediante provas efetivas de bom comportamento, nos casos de qualquer sanção disciplinar, independentemente se resultantes da prática de crime, tendo em vista que são esferas distintas de responsabilidade.

D) Ninguém faz jus à reabilitação, que só pode ser concedida após dois anos mediante provas efetivas de bom comportamento, nos casos de sanção disciplinar de censura, e após três anos nos casos de sanção disciplinar de suspensão.

12 ■ INFRAÇÕES E SANÇÕES DISCIPLINARES

165

GABARITO: A.

COMENTÁRIO: É permitido ao advogado que tenha sofrido qualquer sanção disciplinar requerer, um ano após seu cumprimento, a reabilitação, em face de provas efetivas de bom comportamento. Quando a sanção disciplinar resultar da prática de crime, o pedido de reabilitação dependerá também da correspondente reabilitação criminal.

FUNDAMENTAÇÃO: Art. 41, *caput* e parágrafo único, EAOAB.

02. (OAB FGV – XXV Exame) Carlos praticou infração disciplinar, oficialmente constatada em 9 de fevereiro de 2010. Em 11 de abril de 2013, foi instaurado processo disciplinar para apuração da infração, e Carlos foi notificado em 15 de novembro do mesmo ano. Em 20 de fevereiro de 2015, o processo ficou pendente de julgamento, que só veio a ocorrer em 1º de março de 2018.

De acordo com o Estatuto da OAB, a pretensão à punibilidade da infração disciplinar praticada por Carlos:

A) está prescrita, tendo em vista o decurso de mais de três anos entre a constatação oficial da falta e a instauração do processo disciplinar.

B) está prescrita, tendo em vista o decurso de mais de seis meses entre a instauração do processo disciplinar e a notificação de Carlos.

C) está prescrita, tendo em vista o decurso de mais de três anos de paralisação para aguardar julgamento.

D) não está prescrita, tendo em vista que não decorreram cinco anos entre cada uma das etapas de constatação, instauração, notificação e julgamento.

GABARITO: C.

COMENTÁRIO: Aplica-se a prescrição a todo processo disciplinar paralisado por mais de três anos, pendente de despacho ou julgamento. No caso apresentado, em 20 de fevereiro de 2015, o processo ficou pendente de julgamento, que só aconteceu no dia 1º de março de 2018.

FUNDAMENTAÇÃO: Art. 43, § 1º, EAOAB.

03. (OAB FGV – XX Exame) A advogada Dolores cometeu infração disciplinar sujeita à sanção de suspensão em 12-7-2004. Em 13-7-2008 o fato foi oficialmente constatado, tendo sido encaminhada notícia a certo Conselho Seccional da OAB. Em 14-7-2010 foi instaurado processo disciplinar. Em 15-7-2012 foi aplicada definitivamente a sanção disciplinar de suspensão.

Sobre o tema, assinale a afirmativa correta.

A) A pretensão à punibilidade das infrações disciplinares prescreve em oito anos. No caso narrado, não se operou o fenômeno prescritivo.

166 DOMINANDO
ÉTICA

B) A pretensão à punibilidade das infrações disciplinares prescreve em cinco anos. No caso narrado, operou-se o fenômeno prescritivo, pois decorridos mais de cinco anos entre a data do fato e a instauração do processo disciplinar.

C) A pretensão à punibilidade das infrações disciplinares prescreve em oito anos. No caso narrado, operou-se o fenômeno prescritivo, pois decorridos mais de oito anos entre a data do fato e a aplicação definitiva da sanção disciplinar.

D) A pretensão à punibilidade das infrações disciplinares prescreve em cinco anos. No caso narrado, não se operou o fenômeno prescritivo.

GABARITO: D.

COMENTÁRIO: A pretensão à punibilidade das infrações disciplinares prescreve em **cinco anos contados da data da constatação oficial do fato**, de forma que, no caso narrado, não se operou o fenômeno prescritivo.

FUNDAMENTAÇÃO: Art. 43, *caput*, EAOAB.

---

04. (OAB FGV – XX Exame) Guilherme é advogado de José em ação promovida por este em face de Bruno, cujo advogado é Gabriel. Na audiência de conciliação, ao deparar-se com Bruno, Guilherme o reconhece como antigo amigo da época de colégio, com o qual havia perdido contato. Dias após a realização da audiência, na qual foi frustrada a tentativa de conciliação, Guilherme se reaproxima de Bruno, e com vistas a solucionar o litígio, estabelece entendimento sobre a causa diretamente com ele, sem autorização de José e sem ciência de Gabriel.

Na situação narrada,

A) Guilherme cometeu infração disciplinar ao estabelecer entendimento com Bruno, tanto pelo fato de não haver ciência de Gabriel, como por não haver autorização de José.

B) Guilherme cometeu infração disciplinar ao estabelecer entendimento com Bruno, pelo fato de não haver ciência de Gabriel, mas não por não haver autorização de José.

C) Guilherme cometeu infração disciplinar ao estabelecer entendimento com Bruno, pelo fato de não haver autorização de José, mas não por não haver ciência de Gabriel.

D) Guilherme não cometeu infração disciplinar ao estabelecer entendimento com Bruno, sem ciência de Gabriel ou autorização de José.

GABARITO: A.

COMENTÁRIO: Comete infração disciplinar, prevista no Estatuto da Advocacia, o advogado que estabelece entendimento com a parte adversa sem autorização do cliente ou ciência do advogado contrário.

FUNDAMENTAÇÃO: Art. 34, VIII, EAOAB.

12 ■ INFRAÇÕES E SANÇÕES DISCIPLINARES

167

05. (OAB FGV – XIX Exame) Os advogados Ivan e Dimitri foram nomeados, por determinado magistrado, para prestarem assistência jurídica a certo jurisdicionado, em razão da impossibilidade da Defensoria Pública. As questões jurídicas debatidas no processo relacionavam-se à interpretação dada a um dispositivo legal. Ivan recusou-se ao patrocínio da causa, alegando que a norma discutida também lhe é aplicável, não sendo, por isso, possível que ele sustente em juízo a interpretação legal benéfica à parte assistida e prejudicial aos seus próprios interesses. Dimitri também se recusou ao patrocínio, pois já defendeu interpretação diversa da mesma norma em outro processo.

Sobre a hipótese apresentada, é correto afirmar que:

A) Ivan e Dimitri cometeram infração disciplinar, pois é vedado ao advogado recusar-se a prestar assistência jurídica, sem justo motivo, quando nomeado em virtude de impossibilidade da Defensoria Pública.

B) apenas Dimitri cometeu infração disciplinar, pois não se configura legítima a recusa por ele apresentada ao patrocínio da causa, sendo vedado ao advogado, sem justo motivo, recusar-se a prestar assistência jurídica, quando nomeado em virtude de impossibilidade da Defensoria Pública.

C) apenas Ivan cometeu infração disciplinar, pois não se configura legítima a recusa por ele apresentada ao patrocínio da causa, sendo vedado ao advogado, sem justo motivo, recusar-se a prestar assistência jurídica, quando nomeado.

D) nenhum dos advogados cometeu infração disciplinar, pois se afiguram legítimas as recusas apresentadas ao patrocínio da causa.

GABARITO: D.

COMENTÁRIO: Os dois advogados apresentaram justo motivo para a recusa à prestação de assistência jurídica diante da impossibilidade da Defensoria Pública, não incorrendo, assim, em nenhuma infração disciplinar.

FUNDAMENTAÇÃO: Art. 34, XII, EAOAB.

---

06. (OAB FGV – XVIII Exame) A advogada Ana retirou de cartório os autos de determinado processo de conhecimento em que representava a parte ré, para apresentar contestação. Protocolou a petição tempestivamente, mas deixou de devolver os autos em seguida por esquecimento, só o fazendo após ficar pouco mais de um mês com os autos em seu poder. Ao perceber que Ana não devolvera os autos imediatamente após cumprir o prazo, o magistrado exarou despacho pelo qual a advogada foi proibida de retirar novamente os autos do cartório em carga, até o final do processo.

Nos termos do Estatuto da Advocacia, deve-se assentar quanto à sanção disciplinar que:

168 DOMINANDO
ÉTICA

A) não se aplica porque Ana não chegou a ser intimada a devolver os autos.

B) não se aplica porque Ana ficou menos de três meses com os autos em seu poder.

C) aplica-se porque Ana reteve abusivamente os autos em seu poder.

D) aplica-se porque Ana não poderia ter retirado os autos de cartório para cumprir o prazo assinalado para contestação.

GABARITO: A.

COMENTÁRIO: Não deve ser aplicada sanção disciplinar à advogada, pois, para a caracterização da infração de retenção abusiva de autos descrita na questão, o Tribunal de Ética e Disciplina da OAB segue o entendimento da necessária intimação para a devolução dos autos.

FUNDAMENTAÇÃO: Art. 34, XXII, EAOAB, c/c Súmula 15/2023, OEP (Órgão Especial do Conselho Pleno do Conselho Federal da OAB).

07. (OAB FGV – XVII Exame) O advogado F recebe do seu cliente WW determinada soma em dinheiro para aplicação em instrumentos necessários à exploração de jogo não autorizado por lei.

Nos termos do Estatuto da Advocacia, a infração disciplinar:

A) decorre somente se o advogado exige o valor para aplicação ilícita.

B) surge diante do recebimento para aplicação ilícita.

C) incorre, pois se trata de mero ilícito moral.

D) é descaracterizada por ausência de previsão legal.

GABARITO: B.

COMENTÁRIO: A solicitação ou o recebimento de importância pelo advogado para aplicação ilícita caracteriza infração disciplinar prevista no Estatuto da Advocacia.

FUNDAMENTAÇÃO: Art. 34, XVIII, EAOAB.

08. (OAB FGV – XXIX Exame) Milton, advogado, exerceu fielmente os deveres decorrentes de mandato outorgado para defesa do cliente Tomás, em juízo. Todavia, Tomás deixou, injustificadamente, de efetuar o pagamento dos valores acordados a título de honorários. Em 8-4-2019, após negar-se ao pagamento devido, Tomás solicitou a Milton que agendasse uma reunião para que este esclarecesse, de forma pormenorizada, questões que entendia pertinentes e necessárias sobre o processo. Contudo, Milton informou que não prestaria nenhum tipo de informação judicial sem pagamento, a fim de evitar o aviltamento da atuação profissional. Em 10-5-2019, Tomás solicitou que Milton lhe devolvesse alguns bens móveis que haviam sido confiados ao advogado durante o processo, relativos ao objeto da demanda.

12 ■ INFRAÇÕES E SANÇÕES DISCIPLINARES

Milton também se recusou, pois pretendia alienar os bens para compensar os honorários devidos.

Considerando o caso narrado, assinale a afirmativa correta.

A) Apenas a conduta de Milton praticada em 8-4-2019 configura infração ética.

B) Ambas as condutas de Milton, praticadas em 8-4-2019 e em 10-5-2019, configuram infrações éticas.

C) Nenhuma das condutas de Milton, praticadas em 8-4-2019 e em 10-5-2019, configura infração ética.

D) Apenas a conduta de Milton praticada em 10-5-2019 configura infração ética.

GABARITO: B.

COMENTÁRIO: A recusa injustificada à prestação de contas, bem como a não devolução de bens ao cliente, que hajam sido confiados ao advogado e ainda estejam em seu poder, configuram infrações éticas.

FUNDAMENTAÇÃO: Art. 34, XXI, EAOAB c/c art. 12, CED.

09. (OAB FGV – XXXIV Exame) O advogado Pedro praticou infração disciplinar punível com censura, a qual gerou repercussão bastante negativa à advocacia, uma vez que ganhou grande destaque na mídia nacional. Por sua vez, o advogado Hélio praticou infração disciplinar punível com suspensão, a qual não gerou maiores repercussões públicas, uma vez que não houve divulgação do caso para além dos atores processuais envolvidos.

Considerando a situação hipotética narrada, assinale a afirmativa correta.

A) É admissível a celebração de termo de ajustamento de conduta tanto por Pedro como por Hélio.

B) Não é admissível a celebração de termo de ajustamento de conduta por Pedro nem por Hélio.

C) É admissível a celebração de termo de ajustamento de conduta por Pedro, mas não é admissível a celebração de termo de ajustamento de conduta por Hélio.

D) É admissível a celebração de termo de ajustamento de conduta por Hélio, mas não é admissível a celebração de termo de ajustamento de conduta por Pedro.

GABARITO: B.

COMENTÁRIO: No caso de infração ético-disciplinar **punível com censura**, será admissível a celebração de termo de ajustamento de conduta, **se o fato apurado não tiver gerado repercussão negativa à advocacia**. Não é admitido celebrar termo de ajustamento de conduta diante da prática de infração punível com suspensão.

FUNDAMENTAÇÃO: Art. 58-A, CED.

170 DOMINANDO ÉTICA

10. (OAB FGV – 37° Exame) Laura, advogada inscrita na OAB, atua na defesa de Amanda em processo criminal. Pessoalmente convicta da inocência de Amanda, Laura elaborou recurso em que transcreveu seletivamente partes de julgados de tribunais superiores, deturpando o seu teor com o objetivo de iludir o juiz da causa. Verificada tal infração disciplinar, instaura-se o processo administrativo para apurá-la. Laura não é reincidente nem recebeu punição disciplinar anterior. Também não está presente qualquer circunstância agravante.

Dadas essas circunstâncias, Laura estará sujeita:

A) à interdição do exercício profissional, em todo o território nacional, pelo prazo de trinta dias a doze meses.

B) à censura, que poderá ser convertida em advertência, em ofício reservado, sem registro em seus assentamentos.

C) à multa, variável entre o mínimo correspondente ao valor de uma anuidade e o máximo de seu sêxtuplo.

D) ao impedimento de exercer o mandato profissional.

GABARITO: B.

COMENTÁRIO: Deturpar o teor de dispositivo de lei, de citação doutrinária ou de julgado, bem como de depoimentos, documentos e alegações da parte contrária, para confundir o adversário ou iludir o juiz da causa, constitui infração disciplinar passível de sanção de censura. A censura pode ser convertida em advertência, em ofício reservado, sem registro nos assentamentos do inscrito, quando presente circunstância atenuante.

FUNDAMENTAÇÃO: Art. 36, I e parágrafo único c/c art. 34, XIV, EAOAB.

---

11. (OAB FGV – 41° Exame) O Conselho Seccional da OAB do Estado Alfa, por meio do seu Tribunal de Ética e Disciplina, instaurou processo disciplinar, ao fim do qual foi aplicada a pena de suspensão do advogado Daniel pelo prazo de seis meses pela conduta prevista no Art. 34, inciso XXX, do Estatuto da Advocacia ("praticar assédio moral, sexual ou discriminação"). Os mesmos fatos ensejaram a propositura de ação penal por parte do Ministério Público, sobrevindo, na instância criminal, a condenação de Daniel à pena de um ano de detenção, em regime aberto, substituída por uma pena restritiva de direitos.

A decisão proferida na instância disciplinar transitou em julgado e já foi cumprida por Daniel há mais de um ano, ao passo que, na instância criminal, a execução da pena restritiva de direito encontra-se em curso.

Com base nessa situação hipotética, considerando o instituto da reabilitação disciplinar, assinale a afirmativa correta.

12 ■ INFRAÇÕES E SANÇÕES DISCIPLINARES

171

A) Daniel pode requerer a reabilitação perante o órgão competente da OAB, porque decorrido mais de um ano do cumprimento da sanção disciplinar, a qual será irrecusável por se tratar de direito subjetivo do advogado.

B) Embora decorrido mais de um ano do cumprimento da sanção disciplinar, Daniel ainda não faz jus à reabilitação disciplinar, mesmo que haja provas efetivas de bom comportamento, visto que o pedido de reabilitação depende também da correspondente reabilitação criminal.

C) Havendo provas efetivas de bom comportamento, Daniel fará jus à reabilitação da sanção disciplinar que lhe foi imposta, porquanto decorrido mais de um ano do seu cumprimento, independentemente da reabilitação criminal, visto que há independência entre as instâncias.

D) Caso decida requerer a reabilitação, Daniel deverá protocolar seu pedido diretamente no Conselho Federal da OAB, instância competente para revisar as decisões do Conselho Seccional e apreciar pedidos de reabilitação disciplinar.

GABARITO: B.

COMENTÁRIO: É permitido ao advogado que tenha sofrido qualquer sanção disciplinar requerer, um ano após seu cumprimento, a reabilitação, em face de provas efetivas de bom comportamento. Porém, **quando a sanção disciplinar resultar da prática de crime**, o pedido de reabilitação **dependerá também da correspondente reabilitação criminal**.

FUNDAMENTAÇÃO: Art. 41, parágrafo único, EAOAB.

---

13 ORDEM DOS ADVOGADOS DO BRASIL

> arts. 44 a 62, EAOAB
> arts. 44 a 127, RGEAOAB

A Ordem dos Advogados do Brasil é dotada de personalidade jurídica e, conforme se interpreta do Estatuto, não é vinculada nem subordinada a nenhum órgão da Administração Pública.

■ Informações gerais

1. A OAB é serviço público federal independente.
2. É dotada de personalidade jurídica e forma federativa.
3. Tem natureza jurídica de **instituição pública** *sui generis* (DISTRITO FEDERAL, STF ADIn 3.026, Rel. Ministro Eros Grau, 2006).
4. Tem competência para fixar e cobrar de seus inscritos as contribuições, preços de serviços e multas, constituindo título executivo extrajudicial a certidão de dívida passada pela diretoria do Conselho competente.
5. O pagamento da contribuição anual à OAB isenta os inscritos nos seus quadros do pagamento obrigatório da contribuição sindical.

> IMPORTANTE
> LEMBRAR

1. **Imunidade tributária:** é assegurada a OAB imunidade tributária total em relação a seus bens, rendas e serviços.
2. **Cargos na OAB:** o cargo de conselheiro ou de membro de diretoria de órgão da OAB é de exercício gratuito e obrigatório, considerado serviço público relevante, inclusive para fins de disponibilidade e aposentadoria.

■ Finalidades da OAB

O Conselho Federal, os Conselhos Seccionais e as Subseções, respeitadas as suas competências específicas, cumprem as finalidades da OAB que visam

- Defender a Constituição, a ordem jurídica do Estado Democrático de Direito, os direitos humanos, a justiça social, e pugnar pela boa aplicação das leis, pela rápida administração da justiça e pelo aperfeiçoamento da cultura e das instituições jurídicas.
- Promover, com exclusividade, a representação, a defesa, a seleção e a disciplina dos advogados em todo o Brasil.

Ao analisar as suas finalidades, fica claro que a independência em relação ao Poder Público constitui característica inerente à OAB.

■ Órgãos da OAB

Conselho Federal

Conselhos Seccionais

Subseções

Caixa de Assistência dos Advogados

Todos os órgãos da OAB, com exceção das Subseções, são dotados de personalidade jurídica própria e possuem uma **Diretoria** formada por cinco membros: um Presidente, um Vice-Presidente, um Secretário-Geral, um Secretário-Geral Adjunto e um Tesoureiro.

Convém destacar que a Lei n. 13.688/2018 alterou o Estatuto quanto à publicação de atos, notificações e decisões dos órgãos da OAB, estabelecendo que estes, exceto quando reservados ou de administração interna, serão publicados no *Diário Eletrônico da OAB*, a ser disponibilizado na internet, podendo ser afixados no fórum local, na íntegra ou em resumo.

13.1. CONSELHO FEDERAL

- Dotado de personalidade jurídica própria.
- Tem sede na capital da República.
- Representa o órgão máximo da OAB.
- Trata-se do último grau recursal da OAB.

13 ■ ORDEM DOS ADVOGADOS DO BRASIL

175

■ Composição do Conselho Federal

O Conselho Federal **compõe-se de um Presidente, dos Conselheiros Federais integrantes das delegações de cada unidade federativa e de seus ex-presidentes**.

Cada **delegação**, formada por três Conselheiros Federais eleitos, corresponde a uma unidade federativa com **direito a um voto**, que não pode ser exercido nas matérias de interesse da unidade.

Os **ex-presidentes** do Conselho são considerados membros honorários vitalícios com **direito a voz** nas sessões.

Os **presidentes dos Conselhos Seccionais**, nas sessões do Conselho Federal, têm lugar reservado junto à delegação respectiva e **direito somente a voz**. O **Instituto dos Advogados Brasileiros** e a **Federação Nacional dos Institutos dos Advogados do Brasil** são **membros honorários**, somente com **direito à voz** nas sessões do Conselho Federal.

> **IMPORTANTE LEMBRAR**
>
> 1. É assegurado o direito de voz e de voto nas sessões do Conselho, aos ex-presidentes que tenham assumido o cargo até a data da publicação do Estatuto (4 de julho de 1994).
> 2. Na eleição para a escolha da Diretoria do Conselho Federal, cada membro da delegação terá direito a um voto, vedado aos membros honorários vitalícios.

O **Presidente tem o voto de qualidade** nas deliberações do Conselho e pode embargar as decisões não unânimes, que deverão ser reapreciadas.

A **Diretoria do Conselho Federal** é composta pelo Presidente, Vice-Presidente, Secretário-Geral, Secretário-Geral Adjunto e Tesoureiro.

Delegações	Ex-presidentes
3 conselheiros federais	Membros honorários vitalícios
"Voto"	"Voz"

Anteriores de 1994 têm direito de voz e voto

■ Competências privativas do Conselho Federal

1. Dar cumprimento às finalidades da OAB.
2. Representar, em juízo ou fora dele, os interesses coletivos ou individuais dos advogados.

176 DOMINANDO
ÉTICA

3. Velar pela dignidade, independência, prerrogativas e valorização da advocacia.

4. Representar, com exclusividade, os advogados brasileiros nos órgãos e eventos internacionais da advocacia.

5. Editar e alterar o Regulamento Geral, o Código de Ética e Disciplina, e os Provimentos que julgar necessários.

6. Adotar medidas para assegurar o regular funcionamento dos Conselhos Seccionais.

7. Intervir nos Conselhos Seccionais, onde e quando constatar grave violação do EAOAB ou do Regulamento Geral.

8. Cassar ou modificar, de ofício ou mediante representação, qualquer ato, de órgão ou autoridade da OAB, contrário ao EAOAB, ao Regulamento Geral, ao Código de Ética e Disciplina, e aos Provimentos, ouvida a autoridade ou o órgão em causa.

9. Julgar, em grau de recurso, as questões decididas pelos Conselhos Seccionais, nos casos previstos no EAOAB e no Regulamento Geral.

10. Dispor sobre a identificação dos inscritos na OAB e sobre os respectivos símbolos privativos.

11. Apreciar o relatório anual e deliberar sobre o balanço e as contas de sua diretoria.

12. Homologar ou mandar suprir relatório anual, o balanço e as contas dos Conselhos Seccionais.

13. Elaborar as listas constitucionalmente previstas, para o preenchimento dos cargos nos tribunais judiciários de âmbito nacional ou interestadual, com advogados que estejam em pleno exercício da profissão, vedada a inclusão de nome de membro do próprio Conselho ou de outro órgão da OAB.

14. Ajuizar ação direta de inconstitucionalidade de normas legais e atos normativos, ação civil pública, mandado de segurança coletivo, mandado de injunção e demais ações cuja legitimação lhe seja outorgada por lei.

15. Colaborar com o aperfeiçoamento dos cursos jurídicos, e opinar, previamente, nos pedidos apresentados aos órgãos competentes para criação, reconhecimento ou credenciamento desses cursos.

16. Autorizar, pela maioria absoluta das delegações, a oneração ou alienação de seus bens imóveis.

17. Participar de concursos públicos, nos casos previstos na Constituição e na lei, em todas as suas fases, quando tiverem abrangência nacional ou interestadual.

18. Resolver os casos omissos no EAOAB.

19. Fiscalizar, acompanhar e definir parâmetros e diretrizes da relação jurídica mantida entre **advogados e sociedades de advogados ou**

entre escritório de advogados sócios e advogado associado, inclusive no que se refere ao cumprimento dos requisitos norteadores da associação sem vínculo empregatício.

20. Promover, por intermédio da **Câmara de Mediação e Arbitragem, a solução sobre questões atinentes à relação entre advogados sócios ou associados** e homologar, caso necessário, **quitações de honorários entre advogados e sociedades de advogados**, observado o disposto no inciso XXXV do *caput* do art. 5º da Constituição Federal.

Intervenção nos Conselhos Seccionais: para que ocorra a intervenção em Conselho Seccional é necessária a prévia aprovação por dois terços das delegações, garantido o amplo direito de defesa do Conselho Seccional respectivo, nomeando-se diretoria provisória para o prazo que se fixar.

- *Órgãos de atuação do Conselho Federal*

O Conselho Federal atua por meio do **Conselho Pleno, Órgão Especial do Conselho Pleno, Câmaras, Diretoria e Presidente**.

Conselho Federal

Conselho Pleno	Órgão Especial do Conselho Pleno	Câmaras
Presidente, Secretário-Geral, Conselheiros Federais (Delegações), ex-presidentes	Vice-Presidente, Secretário-Geral Adjunto, **UM** Conselheiro Federal de cada delegação, ex-presidentes.	1ª Câmara 2ª Câmara 3ª Câmara

13.2. CONSELHOS SECCIONAIS

A jurisdição dos Conselhos Seccionais abrange os respectivos **territórios dos Estados-membros e do Distrito Federal**. Além das atribuições previstas no Estatuto e no Regulamento Geral, exercem, no âmbito de sua competência, atribuições do Conselho Federal, que não sejam privativas deste.

Composição do Conselho Seccional

Os Conselhos Seccionais são compostos por conselheiros eleitos em número proporcional ao de advogados inscritos em seus territórios. Essa proporção observa a seguinte regra:

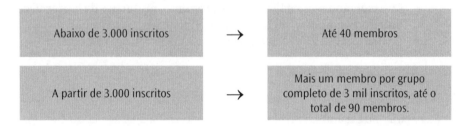

Os conselheiros seccionais têm direito a voto nas deliberações do Conselho Seccional. Os seus **ex-presidentes são membros honorários vitalícios com direito a voz** em suas sessões, mas o direito de voto está assegurado aos que tenham assumido o cargo até a data da publicação do Estatuto (4 de julho de 1994).

O Presidente do Instituto dos Advogados local é membro honorário, somente com **direito a voz** nas sessões do Conselho.

O Presidente do Conselho Federal, os Conselheiros Federais integrantes da respectiva delegação, o Presidente da Caixa de Assistência dos Advogados e os Presidentes das Subseções, se presentes às sessões do Conselho Seccional, têm **direito a voz**.

Competências privativas do Conselho Seccional

1. Editar seu Regimento Interno e Resoluções.
2. Criar as Subseções e a Caixa de Assistência dos Advogados.
3. Julgar, em grau de recurso, as questões decididas por seu Presidente, por sua diretoria, pelo Tribunal de Ética e Disciplina, pelas diretorias das Subseções e da Caixa de Assistência dos Advogados.
4. Fiscalizar a aplicação da receita, apreciar o relatório anual e deliberar sobre o balanço e as contas de sua diretoria, das diretorias das Subseções e da Caixa de Assistência dos Advogados.
5. Fixar a tabela de honorários, válida para todo o território estadual.
6. Realizar o Exame de Ordem.
7. Decidir os pedidos de inscrição nos quadros de advogados e estagiários.
8. Manter cadastro de seus inscritos.

9. Fixar, alterar e receber contribuições obrigatórias, preços de serviços e multas.
10. Participar da elaboração dos concursos públicos, em todas as suas fases, nos casos previstos na Constituição e nas leis, no âmbito do seu território.
11. Determinar, com exclusividade, critérios para o traje dos advogados, no exercício profissional.
12. Aprovar e modificar seu orçamento anual.
13. Definir a composição e o funcionamento do **Tribunal de Ética e Disciplina**, e escolher seus membros.
14. Eleger as listas, constitucionalmente previstas, para preenchimento dos cargos nos tribunais judiciários, no âmbito de sua competência e na forma do Provimento do Conselho Federal, vedada a inclusão de membros do próprio Conselho e de qualquer órgão da OAB.
15. Intervir nas Subseções e na Caixa de Assistência dos Advogados.
16. Desempenhar outras atribuições previstas no Regulamento Geral.
17. Fiscalizar, **por designação expressa do Conselho Federal da OAB**, a relação jurídica mantida entre **advogados e sociedades de advogados e o advogado associado** em atividade na circunscrição territorial de cada seccional, inclusive no que se refere ao cumprimento dos requisitos norteadores da associação sem vínculo empregatício.
18. Promover, por intermédio da Câmara de Mediação e Arbitragem, **por designação do Conselho Federal da OAB, a solução sobre questões atinentes à relação entre advogados sócios ou associados e os escritórios de advocacia** sediados na base da seccional e homologar, caso necessário, **quitações de honorários** entre advogados e sociedades de advogados, observado o disposto no inciso XXXV do *caput* do art. 5º da Constituição Federal.

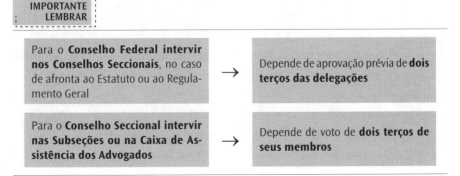

Conselho Seccional é competente para ajuizar, após deliberação:
■ Ação direta de inconstitucionalidade de leis ou atos normativos estaduais e municipais, em face da **Constituição Estadual ou da Lei Orgânica do Distrito Federal**.
■ Ação civil pública, para defesa de interesses difusos de caráter geral e coletivos e individuais homogêneos.
■ Mandado de segurança coletivo, em defesa de seus inscritos, independentemente de autorização pessoal dos interessados.
■ Mandado de injunção, em face da Constituição Estadual ou da Lei Orgânica do Distrito Federal.

■ *Tribunais de Ética e Disciplina*

Conforme já estudado, compete privativamente ao Conselho Seccional definir a composição e o funcionamento do Tribunal de Ética e Disciplina, assim como escolher seus membros. As **competências** desse Tribunal, previstas no Código de Ética e Disciplina, podem ser resumidas da seguinte forma:

Tribunais de Ética e Disciplina (TED) **Competências:**
■ Julgar, em primeiro grau, os processos ético-disciplinares.
■ Responder a consultas formuladas, em tese, sobre matéria ético-disciplinar.
■ Cumprir competências conferidas pelo Regimento Interno da Seccional ou pelo Código de Ética para a instauração, instrução e julgamento de processos ético-disciplinares.
■ Suspender, **preventivamente**, o acusado, em caso de conduta passível de acarretar repercussão prejudicial à advocacia.
■ Organizar, promover e ministrar cursos, palestras e eventos da mesma natureza sobre ética profissional do advogado ou estabelecer parcerias com as Escolas de Advocacia, para esse objetivo.
■ Atuar como órgão mediador ou conciliador nas questões que envolvam: a) dúvidas e pendências entre advogados;   b) partilha de honorários contratados em conjunto ou decorrentes de substabelecimento, bem como os que resultem de sucumbência, nas mesmas hipóteses;   c) controvérsias surgidas quando da dissolução de sociedade de advogados.

Compete aos **Tribunais de Ética e Disciplina** juntamente com o Conselho Federal e o Comitê de Acompanhamento e Capacitação sobre Julgamento com Perspectiva de Gênero e Raça, **organizar, promover e desenvolver cursos, palestras, seminários e discussões a respeito de Julgamento com Perspectiva de Gênero e Raça**, visando à formação da consciência dos julgadores, Conselheiros(as), servidores(as) e membros para afastar estereótipos, preconceitos e problemas estruturais que possam causar indevido desequilíbrio na relação entre os sujeitos.

13.3. SUBSEÇÕES

- São **criadas pelo Conselho Seccional**.
- Podem ter como área territorial a área correspondente a um ou mais municípios, ou, até mesmo, partes de um município, inclusive da capital do Estado.

O Conselho Seccional fixará	a sua área territorial;
	os limites de sua competência e autonomia; e
	as dotações específicas destinadas à sua manutenção.

A **Subseção pode ser integrada por um Conselho** quando contar com um mínimo de **cem advogados profissionalmente domiciliados na sua área territorial**. Nesse caso, o Conselho da Subseção exerce, quando cabível, as funções do Conselho Seccional no âmbito de sua jurisdição.

- *Requisito para a criação de uma Subseção*

Para que uma Subseção seja criada, necessita-se do número mínimo de **15 advogados profissionalmente domiciliados em sua área territorial**.

- *Competências das Subseções*

    1. Dar cumprimento efetivo às finalidades da OAB.
    2. Velar pela dignidade, independência e valorização da advocacia.

DOMINANDO ÉTICA

3. Fazer valer as prerrogativas do advogado.

4. Representar a OAB perante os poderes constituídos.

5. Desempenhar as atribuições previstas no Regulamento Geral ou por delegação de competência do Conselho Seccional.

Competências do Conselho da Subseção (quando houver)

- Exercer as funções e atribuições do Conselho Seccional, na forma do Regimento interno deste.

- Editar seu Regimento interno, que deve ser referenciado pelo Conselho Seccional.

- Editar resoluções, no âmbito de sua competência.

- Instaurar e instruir processos disciplinares.

- Receber pedido de inscrição nos quadros de advogado e estagiário, instruindo e emitindo parecer prévio, para decisão do Conselho Seccional.

13.4. CAIXAS DE ASSISTÊNCIA DOS ADVOGADOS

São criadas pelos Conselhos Seccionais com a finalidade de prestar assistência aos seus inscritos, adquirindo personalidade jurídica com a aprovação e registro de seu Estatuto pelo respectivo Conselho Seccional da OAB.

O requisito para a sua criação é a existência de **mais de 1.500 inscritos no Conselho** respectivo.

A sua manutenção, também, compete ao Conselho Seccional que transfere a **metade da receita das anuidades recebidas, descontadas às deduções obrigatórias** previstas no Regulamento Geral.

IMPORTANTE LEMBRAR

1. A **Coordenação Nacional das Caixas**, composta de seus presidentes, constitui Órgão de Assessoramento do Conselho Federal da OAB para a política nacional de assistência e seguridade dos advogados.

2. O Conselho Seccional, mediante voto de 2/3 de seus membros, pode **intervir na Caixa de Assistência dos Advogados**, no caso de descumprimento de suas finalidades, designando diretoria provisória, enquanto durar a intervenção.

13 ■ ORDEM DOS ADVOGADOS DO BRASIL

183

O patrimônio da Caixa de Assistência dos Advogados será incorporado ao do Conselho Seccional, que a criou e a manteve, diante da sua desativação ou extinção.

QUESTÕES

01. (OAB FGV – XXVI Exame) O Conselho Seccional X pretende criar a subseção Z, que abrange três municípios. Estima-se que, na área territorial pretendida para a subseção Z, haveria cerca de cinquenta advogados profissionalmente domiciliados. O mesmo Conselho Seccional também pretende criar as subseções W e Y, de modo que W abrangeria a região norte e Y abrangeria a região sul de um mesmo município. Considerando o caso narrado, de acordo com o Estatuto da Advocacia e da OAB, assinale a afirmativa correta.

A) Não é autorizada, pelo Estatuto da Advocacia e da OAB, a criação da subseção Z com a área territorial pretendida. Quanto às subseções W e Y, poderão ser criadas se contarem, cada qual, com um número mínimo de cem advogados nela profissionalmente domiciliados.

B) Não é autorizada, pelo Estatuto da Advocacia e da OAB, a criação da subseção Z, em razão da área territorial pretendida. Quanto às subseções W e Y, poderão ser criadas se contarem, cada qual, com um número mínimo de quinze advogados nela profissionalmente domiciliados.

C) A criação da subseção Z, com a área territorial pretendida, é autorizada pelo Estatuto da Advocacia e da OAB. Da mesma forma, as subseções W e Y poderão ser criadas se contarem, cada qual, com um número mínimo de quinze advogados nelas profissionalmente domiciliados.

D) A criação da subseção Z, com a área territorial pretendida, é autorizada pelo Estatuto da Advocacia e da OAB. Já a criação das subseções W e Y, em razão da área territorial pretendida, não é autorizada pelo Estatuto da Advocacia e da OAB, independentemente do número de advogados nela profissionalmente domiciliados.

GABARITO: C.

COMENTÁRIO: A Subseção pode ser criada pelo Conselho Seccional, que fixa sua área territorial e seus limites de competência e autonomia. A área territorial da Subseção pode abranger um ou mais municípios, ou parte de município, inclusive da capital do Estado, contando com um mínimo de quinze advogados, nela profissionalmente domiciliados.

FUNDAMENTAÇÃO: Art. 60, *caput* e § 1º, EAOAB.

02. (OAB FGV – XXV Exame) Em determinada sessão do Conselho Seccional da OAB do Estado da Bahia, compareceram Arthur, Presidente do Conselho Federal da OAB; Daniel, Conselheiro Federal da OAB, integrante da delegação da Bahia, e Carlos, ex--Presidente do Conselho Seccional da OAB do Estado da Bahia.

De acordo com o Estatuto da OAB, para as deliberações nessa sessão,

A) Arthur tem direito a voz e voto. Daniel e Carlos têm direito somente a voz.

B) Daniel tem direito a voz e voto. Arthur e Carlos têm direito somente a voz.

C) Daniel e Carlos têm direito a voz e voto. Arthur tem direito somente a voz.

D) Arthur, Daniel e Carlos têm direito somente a voz.

GABARITO: D.

COMENTÁRIO: Nas sessões do Conselho Seccional, os seus ex-presidentes, o Presidente do Conselho Federal, bem como os Conselheiros Federais integrantes da respectiva delegação têm somente direito a voz.

FUNDAMENTAÇÃO: Art. 56, §§ 1º e 3º, EAOAB.

---

03. (OAB FGV – XXII Exame) Em determinada subseção da OAB, constatou-se grave violação à disciplina prevista na Lei n. 8.906/94, no que diz respeito ao exercício de suas atribuições de representar a OAB perante os poderes constituídos e de fazer valer as prerrogativas do advogado.

Considerando a situação hipotética narrada, assinale a afirmativa correta.

A) Compete ao Conselho Federal da OAB intervir na aludida subseção mediante voto de dois terços de seus membros.

B) Compete ao Conselho Federal da OAB intervir na aludida subseção mediante decisão por maioria do Órgão Especial do Conselho Pleno.

C) Compete ao Conselho Seccional respectivo da OAB intervir na aludida subseção mediante decisão unânime de sua diretoria.

D) Compete ao Conselho Seccional respectivo da OAB intervir na aludida subseção mediante voto de dois terços de seus membros.

GABARITO: D.

COMENTÁRIO: Compete privativamente ao Conselho Seccional da OAB intervir nas Subseções, mediante voto de dois terços de seus membros, quando constatar grave violação ao Estatuto da Advocacia ou ao Regimento Interno do Conselho.

FUNDAMENTAÇÃO: Art. 60, § 6º, EAOAB.

---

04. (OAB FGV – XXII Exame) O Conselho Seccional X da OAB criou dez subseções e uma Caixa de Assistência dos Advogados. Dentre as subseções, inclui-se a Subseção Y, cuja área territorial abrange um município.

Considerando a hipótese narrada, analise as afirmativas a seguir e assinale a única correta.

13 ■ ORDEM DOS ADVOGADOS DO BRASIL

185

A) O Conselho Seccional X é dotado de personalidade jurídica própria; já a Caixa de Assistência dos Advogados e a Subseção Y não possuem personalidade jurídica própria, caracterizando--se como partes autônomas do Conselho Seccional X.

B) O Conselho Seccional X e a Caixa de Assistência dos Advogados são dotados de personalidade jurídica própria; já a Subseção Y não possui personalidade jurídica própria, caracterizando-se como parte autônoma do Conselho Seccional X.

C) O Conselho Seccional X, a Caixa de Assistência dos Advogados e a Subseção Y não possuem personalidade jurídica própria. Trata-se de órgãos da Ordem dos Advogados do Brasil (OAB), a qual é dotada de personalidade jurídica.

D) O Conselho Seccional X, a Caixa de Assistência dos Advogados e a Subseção Y possuem, cada qual, personalidade jurídica própria.

GABARITO: B.

COMENTÁRIO: As Subseções são partes autônomas do Conselho Seccional e não possuem personalidade jurídica própria. Os demais órgãos da OAB são dotados de personalidade jurídica própria.

FUNDAMENTAÇÃO: Art. 45, § 3º, EAOAB.

---

05. (OAB FGV – XXI Exame) O advogado Roni foi presidente do Conselho Federal da OAB em mandato exercido por certo triênio, na década entre 2000 e 2010. Sobre a participação de Roni, na condição de ex-presidente do Conselho Federal, nas sessões do referido Conselho, assinale a afirmativa correta.

A) Não integra a atual composição do Conselho Federal da OAB. Logo, apenas pode participar das sessões na condição de ouvinte, não lhe sendo facultado direito a voto ou direito a voz.

B) Integra a atual composição do Conselho Federal da OAB, na qualidade de membro honorário vitalício, sendo-lhe conferido direito a voto e direito a voz nas sessões.

C) Não integra a atual composição do Conselho Federal da OAB. Logo, apenas pode participar das sessões na condição de convidado honorário, não lhe sendo facultado direito a voto, mas, sim, direito a voz.

D) Integra a atual composição do Conselho Federal da OAB, na qualidade de membro honorário vitalício, sendo-lhe conferido apenas direito a voz nas sessões e não direito a voto.

GABARITO: D.

COMENTÁRIO: Os ex-presidentes, fazem parte da composição do Conselho Federal, na qualidade de membros honorários vitalícios, tendo direito apenas a voz nas sessões, com exceção daqueles que tenham assumido originalmente o cargo de Presidente até a data da publicação do Estatuto da Advocacia atual (04/07/1994), que têm assegurado o direito de voz e voto.

FUNDAMENTAÇÃO: Art. 51, II, § 2º c/c art. 81, EAOAB.

186 DOMINANDO
ÉTICA

06. (OAB FGV – XIII Exame) A respeito da competência do Conselho Federal da OAB, assinale a opção incorreta.

A) Compete ao Conselho Federal da OAB representar, em juízo ou fora dele, os interesses coletivos ou individuais dos advogados.

B) Compete ao Conselho Federal da OAB editar seu regimento interno e o regimento interno das Seccionais da OAB.

C) Compete ao Conselho Federal da OAB julgar, em grau de recurso, as questões decididas pelos Conselhos Seccionais, nos casos previstos no EAOAB e no regulamento geral.

D) Compete ao Conselho Federal da OAB velar pela dignidade, independência, prerrogativas e valorização da advocacia.

GABARITO: B.

COMENTÁRIO: É competência privativa do **Conselho Seccional** da OAB editar seu Regimento Interno e suas Resoluções.

FUNDAMENTAÇÃO: Art. 58, I, EAOAB.

07. (OAB FGV – XII Exame) Sobre as competências dos Conselhos Seccionais da OAB, assinale a afirmativa correta.

A) Ajuizar, após deliberação, ação direta de inconstitucionalidade de leis estaduais em face da Constituição Estadual e ação direta de inconstitucionalidade de leis federais em face da Constituição Federal.

B) Ajuizar, após deliberação, mandado de segurança coletivo em defesa de seus inscritos, independentemente de autorização pessoal dos interessados.

C) Ajuizar, independentemente de deliberação, ações de indenização contra todos aqueles que ofenderem seus inscritos, em razão do exercício da profissão.

D) Ajuizar, após deliberação, mandado de injunção, em face da Constituição Estadual ou em face da Constituição Federal.

GABARITO: B.

COMENTÁRIO: Entre as competências do Conselho Seccional está a de ajuizar, após deliberação, mandado de segurança coletivo, em defesa de seus inscritos, independente de autorização pessoal dos interessados.

FUNDAMENTAÇÃO: Art. 105, V, *c*, RGEAOAB.

08. (OAB FGV – VIII Exame) As alternativas a seguir apresentam algumas das competências do Conselho Federal da Ordem dos Advogados do Brasil, à exceção de uma. Assinale-a.

A) Representar, em juízo ou fora dele, os interesses coletivos dos advogados.

13 ■ ORDEM DOS ADVOGADOS DO BRASIL

187

B) Velar pela dignidade, independência, prerrogativas e valorização da advocacia.

C) Representar, sem exclusividade, os advogados brasileiros nos órgãos e eventos internacionais da advocacia.

D) Editar e alterar o Regulamento Geral, o Código de Ética e Disciplina, e os Provimentos que julgar necessários.

GABARITO: C.

COMENTÁRIO: Compete ao Conselho Federal representar, **com exclusividade**, os advogados brasileiros nos órgãos e eventos internacionais da advocacia.

FUNDAMENTAÇÃO: Art. 54, IV, EAOAB.

---

09. (OAB FGV – XXVIII Exame) Em certo estado da Federação X, há notícias fundadas acerca de irregularidades na Caixa de Assistência dos Advogados, em razão de malversação de receitas, gerando hipótese de intervenção.

Considerando a situação hipotética, assinale a afirmativa correta.

A) Quanto à receita destinada à Caixa de Assistência dos Advogados, cabe-lhe metade da receita das anuidades recebidas pelo Conselho Seccional. Diante da notícia de malversação dos valores, a intervenção na Caixa de Assistência dos advogados é atribuição do Conselho Seccional do estado X.

B) Quanto à receita destinada à Caixa de Assistência dos Advogados, não lhe podem ser destinados valores decorrentes das anuidades recebidas pelo Conselho Seccional, mas apenas contribuições específicas. Diante da notícia de malversação dos valores, a intervenção na Caixa de Assistência dos advogados é atribuição do Conselho Federal da OAB.

C) Quanto à receita destinada à Caixa de Assistência dos Advogados, cabe-lhe metade da receita das anuidades recebidas pelo Conselho Seccional. Diante da notícia de malversação dos valores, a intervenção na Caixa de Assistência dos advogados é atribuição do Conselho Federal da OAB.

D) Quanto à receita destinada à Caixa de Assistência dos Advogados, não lhe podem ser destinados valores decorrentes das anuidades recebidas pelo Conselho Seccional, mas apenas contribuições específicas. Diante da notícia de malversação dos valores, a intervenção na Caixa de Assistência dos advogados é atribuição do Conselho Seccional do estado X.

GABARITO: A.

COMENTÁRIO: Cabe à Caixa a metade da receita das anuidades recebidas pelo Conselho Seccional, considerado o valor resultante após as deduções regulamentares obrigatórias. O Conselho Seccional, mediante voto de dois terços de seus membros, pode intervir na Caixa de Assistência dos Advogados, no caso de descumprimento de suas finalidades, designando diretoria provisória, enquanto durar a intervenção.

FUNDAMENTAÇÃO: Art. 62, §§ 5º e 7º, EAOAB.

188 DOMINANDO
ÉTICA

10. (OAB FGV – XXIX Exame) Os sócios de certa sociedade de advogados divergiram intensamente quanto à solução de questões relativas à conduta disciplinar, relação com clientes e honorários. Em razão disso, passaram a pesquisar quais as atribuições do Tribunal de Ética e Disciplina, do Conselho Seccional da OAB respectivo, que poderiam ajudar a solver suas dificuldades.

Considerando o caso narrado, bem como os limites de competência do Tribunal de Ética e Disciplina do Conselho Seccional, previstos no Código de Ética e Disciplina da OAB, assinale a afirmativa correta.

A) Não compete ao Tribunal de Ética e Disciplina responder a consultas realizadas em tese por provocação dos advogados, atuando apenas diante de situações concretas.

B) Compete ao Tribunal de Ética e Disciplina atuar como um conciliador em pendências concretas relativas à partilha de honorários entre advogados contratados conjuntamente.

C) Não compete ao Tribunal de Ética e Disciplina ministrar cursos destinados a solver dúvidas usuais dos advogados no que se refere à conduta ética que deles é esperada.

D) Compete ao Tribunal de Ética e Disciplina coordenar as ações do Conselho Seccional respectivo e dos demais Conselhos Seccionais, com o objetivo de reduzir a ocorrência das infrações disciplinares mais frequentes.

GABARITO: B.

COMENTÁRIO: O Tribunal de Ética e Disciplina detém competência para atuar, como órgão mediador ou conciliador, nas questões que envolvam a partilha de honorários contratados em conjunto ou decorrentes de substabelecimento, bem como os que resultem de sucumbência.

FUNDAMENTAÇÃO: Art. 71, VI, *b*, CED.

---

11. (OAB FGV – 35º Exame) O advogado Cauã Silva foi presidente de certo Conselho Seccional da OAB, tendo seu mandato se encerrado há mais de uma década. Desde então, embora tenha permanecido como aguerrido defensor das prerrogativas e dos direitos dos advogados, Cauã não mais concorreu a nenhum cargo na OAB.

Considerando a situação hipotética narrada, assinale a afirmativa correta.

A) Cauã, quando cessado seu mandato, deixou de integrar o Conselho Seccional da OAB.

B) Cauã permanece como membro honorário do Conselho Seccional da OAB, mas não tem direito de voto ou de voz nas sessões.

C) Cauã é ainda membro honorário do Conselho Seccional da OAB e o será de forma vitalícia, tendo, contudo, apenas direito de voz nas sessões.

D) Cauã permanece como membro honorário do Conselho Seccional da OAB, a quem são conferidos os direitos a voz e voto nas sessões do Conselho.

GABARITO: C.

COMENTÁRIO: Os ex-presidentes de Conselhos Seccionais são considerados membros honorários vitalícios, somente com direito a voz em suas sessões. No entanto, convém lembrar que os ex-presidentes que assumiram o cargo até a data da publicação do Estatuto da Advocacia vigente têm assegurado direito de voz e voto nas sessões.

FUNDAMENTAÇÃO: Art. 56, § 1º, EAOAB.

14 ELEIÇÕES E MANDATO

arts. 63 a 67, EAOAB

■ *Datas e prazo do mandato*

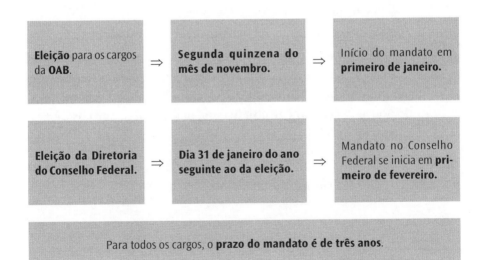

■ *Voto*

O **voto é obrigatório** para todos(as) advogados(as) regularmente inscritos(as) na OAB.

Os Conselheiros Federais votam individualmente na eleição para a escolha da Diretoria do Conselho Federal.

- **Remuneração**

  Nenhum ocupante de cargo ou mandato na OAB é remunerado.

- **Requisitos para elegibilidade**

  Não é permitido o registro de candidatura isolada, devendo o interessado **integrar uma chapa**. Para integrar uma chapa, alguns **requisitos** devem ser observados:

  - Ser advogado, com inscrição principal ou suplementar, no respectivo Conselho Seccional;

  - Estar quite com as anuidades;

  - Não exercer atividade incompatível com a advocacia;

  - Não ocupar cargo exonerável *ad nutum;*

  - Não ter sido condenado em definitivo por infração disciplinar, salvo se reabilitado pela OAB;

  - Exercer efetivamente a advocacia, **há mais de três anos nas eleições para os cargos de Conselheiro Seccional e das Subseções**, quando houver, e **há mais de cinco anos, nas eleições para os demais cargos**.

- **Composição da chapa do Conselho Seccional**

A chapa para o Conselho Seccional deve ser composta dos candidatos à	■ Conselheiros Seccionais.
	■ Diretoria do Conselho Seccional.
	■ Conselheiros Federais.
	■ Diretoria da Caixa de Assistência dos Advogados para eleição conjunta.

A chapa da **Subseção** será composta pelos candidatos à diretoria e de seu conselho, se houver.

■ Extinção do mandato

Extingue-se o mandato automaticamente, antes do seu término, quando

- Ocorrer qualquer hipótese de cancelamento de inscrição.
- Ocorrer qualquer hipótese de licenciamento do profissional.
- O titular sofrer condenação disciplinar.
- O titular faltar, sem motivo justificado, a três reuniões ordinárias consecutivas de cada órgão deliberativo do Conselho ou da diretoria da Subseção ou da Caixa de Assistência dos Advogados, não podendo ser reconduzido no mesmo período de mandato.

Extinto qualquer mandato nessas hipóteses, **cabe ao Conselho Seccional escolher o substituto, caso não haja suplente**.

■ Eleição no Conselho Federal

- Será admitido registro, junto ao Conselho Federal, de **candidatura à presidência, desde seis meses até um mês antes da eleição**;
- O requerimento de registro deverá vir acompanhado do **apoio de, no mínimo, seis Conselhos Seccionais**;
- Até um mês antes das eleições, deverá ser requerido o registro da chapa completa, sob pena de cancelamento da candidatura respectiva;
- No dia **31 de janeiro do ano seguinte ao da eleição**, o Conselho Federal elegerá, em reunião presidida pelo conselheiro mais antigo, por voto secreto e para **mandato de três anos**, sua **diretoria**, que tomará **posse no dia seguinte**;
- Será considerada eleita a chapa que obtiver maioria simples dos votos dos Conselheiros Federais, presente a metade mais um de seus membros.

IMPORTANTE LEMBRAR

Com exceção do candidato a Presidente, os demais integrantes da chapa deverão ser conselheiros federais eleitos.

QUESTÕES

01. (OAB FGV – XX Exame) Fabiano é conselheiro eleito de certo Conselho Seccional da OAB. No curso do mandato, Fabiano pratica infração disciplinar e sofre condenação, em definitivo, à pena de censura.

Considerando a situação descrita e o disposto no Estatuto da OAB, o mandato de Fabiano no Conselho Seccional:

A) será extinto apenas se a sanção disciplinar aplicada for de exclusão.

B) será extinto apenas se a sanção por infração disciplinar aplicada for de exclusão ou de suspensão.

C) será extinto independentemente da natureza da sanção disciplinar aplicada.

D) será extinto apenas se a sanção aplicada for de suspensão ou se for reincidente em infração disciplinar.

GABARITO: C.

COMENTÁRIO: O Estatuto da Advocacia determina que o mandato extingue-se automaticamente, antes do seu término, quando o titular sofrer **qualquer condenação disciplinar**, independentemente da natureza da sanção aplicada.

FUNDAMENTAÇÃO: Art. 66, II, EAOAB.

---

02. (OAB FGV – XX Exame) Charles é presidente de certo Conselho Seccional da OAB. Não obstante, no curso do mandato, Charles vê-se envolvido em dificuldades no seu casamento com Emma, e decide renunciar ao mandato para dedicar-se as suas questões pessoais.

Sobre o caso, assinale a afirmativa correta.

A) O sucessor de Charles deverá ser eleito pelo Conselho Federal da OAB, dentre os membros do Conselho Seccional respectivo.

B) O sucessor de Charles deverá ser eleito pelo Conselho Seccional respectivo, dentre seus membros.

C) O sucessor de Charles deverá ser eleito pela Subseção respectiva, dentre seus membros.

D) O sucessor de Charles deverá ser eleito por votação direta dos advogados regularmente inscritos perante o Conselho Seccional respectivo.

GABARITO: B.

COMENTÁRIO: Diante da perda do mandato, da morte ou da renúncia do Presidente do Conselho Federal ou do Conselho Seccional, o substituto é eleito pelo Conselho a que se vincule, dentre seus membros.

FUNDAMENTAÇÃO: Art. 50, RGEAOAB.

14 ■ ELEIÇÕES E MANDATO

03. (OAB FGV – XIX Exame) Os jovens Rodrigo, 30 anos, e Bibiana, 35 anos, devidamente inscritos em certa seccional da OAB, desejam candidatar-se, pela primeira vez, a cargos de diretoria do Conselho Seccional respectivo. Rodrigo está regularmente inscrito na referida seccional da OAB há seis anos, sendo dois anos como estagiário. Bibiana, por sua vez, exerceu regularmente a profissão por três anos, após a conclusão do curso de Direito. Contudo, afastou-se por dois anos e retornou à advocacia há um ano. Ambos não exercem funções incompatíveis com a advocacia, ou cargos exoneráveis *ad nutum*. Tampouco integram listas para provimento de cargos em tribunais ou ostentam condenação por infração disciplinar. Bibiana e Rodrigo estão em dia com suas anuidades.

Considerando a situação narrada, assinale a afirmativa correta.

A) Apenas Bibiana preenche as condições de elegibilidade para os cargos.

B) Apenas Rodrigo preenche as condições de elegibilidade para os cargos.

C) Bibiana e Rodrigo preenchem as condições de elegibilidade para os cargos.

D) Nenhum dos dois advogados preenche as condições de elegibilidade para os cargos.

GABARITO: D.

COMENTÁRIO: Nenhum dos dois advogados cumprem com condição de elegibilidade para os cargos pretendidos, tendo em vista o não exercício efetivo da advocacia há mais de cinco anos.

FUNDAMENTAÇÃO: Art. 63, § 2º, EAOAB.

---

04. (OAB FGV – XIX Exame) Carlos integrou a chapa de candidatos ao Conselho Seccional que obteve a maioria dos votos válidos e tomou posse em primeiro de janeiro do ano seguinte ao de sua eleição. Um ano após o início do mandato, Carlos passou a ocupar um cargo de direção no Conselho de Administração de uma empresa, controlada pela Administração Pública, sediada em outro estado da Federação.

Nesse caso, de acordo com o Estatuto da OAB, assinale a afirmativa correta.

A) Não se extingue o mandato de Carlos, pois a ocupação de cargo de direção em empresa controlada pela Administração Pública, em estado da Federação distinto do abrangido pelo Conselho Seccional, não configura incompatibilidade a ensejar o cancelamento de sua inscrição.

B) Extingue-se automaticamente o mandato de Carlos, pois a ocupação de cargo de direção em empresa controlada pela Administração Pública, em qualquer circunstância, configura incompatibilidade a ensejar o cancelamento de sua inscrição.

C) Extingue-se o mandato de Carlos mediante deliberação de dois terços dos membros do Conselho Seccional, pois a ocupação de cargo de direção em empresa controlada pela Administração Pública pode configurar incompatibilidade a ensejar o cancelamento de sua inscrição.

196 DOMINANDO ÉTICA

D) Não se extingue o mandato de Carlos, pois a ocupação de cargo de direção em empresa controlada pela Administração Pública, em qualquer circunstância, não configura incompatibilidade a ensejar o cancelamento de sua inscrição.

GABARITO: B.

COMENTÁRIO: Configurada a incompatibilidade e o consequente cancelamento de sua inscrição ou o seu licenciamento, caso a incompatibilidade seja temporária, por conta do cargo ocupado de direção em empresa controlada pela Administração Pública, o mandato de Carlos será extinto automaticamente.

FUNDAMENTAÇÃO: Art. 66, I, EAOAB.

---

05. (OAB FGV – XV Exame) Messias é advogado com mais de 30 anos de atuação profissional e deseja colaborar para o aperfeiçoamento da advocacia. O Presidente da Seccional onde possui inscrição principal sugere que ele participe da política associativa e lance sua candidatura a Conselheiro Federal.

Observadas as regras do Estatuto da OAB, assinale a afirmativa correta.

A) A eleição de Conselheiro Federal da OAB é indireta e secreta.

B) O Conselheiro Federal da OAB integra uma das chapas concorrentes para as eleições seccionais.

C) A indicação para o Conselho Federal é realizada pelo Colégio de Presidentes da OAB.

D) O Conselheiro Federal é indicado livremente pelas Seccionais da OAB.

GABARITO: B.

COMENTÁRIO: A chapa para o Conselho Seccional deve ser composta dos candidatos ao Conselho e à sua Diretoria, dos candidatos ao cargo de Conselheiro Federal, para compor a respectiva delegação, dos candidatos à Diretoria da Caixa de Assistência dos Advogados, bem como dos candidatos à diretoria da Subseção e de seu Conselho, quando houver.

FUNDAMENTAÇÃO: Art. 64, §§ 1º e 2º, EAOAB.

---

06. (OAB FGV – XXX Exame) Beatriz, advogada regularmente inscrita na OAB, deseja organizar uma chapa para concorrer à diretoria de Subseção. Ao estudar os pressupostos para a formação da chapa, a realização das eleições e o futuro exercício do cargo, Beatriz concluiu corretamente que:

A) a chapa deverá ser integrada por advogados em situação regular junto à OAB, que exerçam cargos em comissão, desde que atuem, efetivamente, na profissão há mais de cinco anos.

B) a eleição será realizada na segunda quinzena do mês de novembro, do último ano do mandato, sendo o comparecimento obrigatório para todos os advogados inscritos na OAB.

C) o mandato é de três anos, iniciando-se em primeiro de fevereiro do ano seguinte ao da eleição.

D) o mandato extingue-se automaticamente, antes do seu término, sempre que o titular faltar, sem motivo justificado, a mais de três reuniões ordinárias.

GABARITO: B.

COMENTÁRIO: A eleição dos membros de todos os órgãos da OAB será realizada na segunda quinzena do mês de novembro do último ano do mandato, devendo todos os advogados inscritos comparecer.

FUNDAMENTAÇÃO: Art. 63, *caput* e § 1º, EAOAB.

---

07. (OAB FGV – XXXI Exame) Os advogados Diego, Willian e Pablo, todos em situação regular perante a OAB, desejam candidatar-se ao cargo de conselheiro de um Conselho Seccional da OAB.

Diego é advogado há dois anos e um dia, sendo sócio de uma sociedade simples de prestação de serviços de advocacia e nunca foi condenado por infração disciplinar.

Willian, por sua vez, exerce a advocacia há exatos quatro anos e constituiu sociedade unipessoal de advocacia, por meio da qual advoga atualmente.

Willian já foi condenado pela prática de infração disciplinar, tendo obtido reabilitação um ano e três meses após o cumprimento da sanção imposta.

Já Pablo é advogado há cinco anos e um dia e nunca respondeu por prática de qualquer infração disciplinar. Atualmente, Pablo exerce certo cargo em comissão, exonerável *ad nutum*, cumprindo atividades exclusivas da advocacia.

Considerando as informações acima e o disposto na Lei n. 8.906/94, assinale a afirmativa correta.

A) Apenas Diego e Willian cumprem os requisitos para serem eleitos para o cargo pretendido.

B) Apenas Willian cumpre os requisitos para ser eleito para o cargo pretendido.

C) Apenas Diego e Pablo cumprem os requisitos para serem eleitos para o cargo pretendido.

D) Apenas Pablo cumpre os requisitos para ser eleito para o cargo pretendido.

GABARITO: B.

COMENTÁRIO: Os candidatos ao cargo pretendido (Conselheiro Seccional) não podem ocupar cargo exonerável *ad nutum*, não podem ter sido condenados em processo disciplinar, salvo reabilitação, e devem exercer efetivamente a profissão há mais de 03 anos. Note que para os demais cargos, por exemplo, para Conselheiro Federal, é necessário o exercício efetivo da profissão há mais de 05 anos.

FUNDAMENTAÇÃO: Art. 63, § 2º, EAOAB.

198 DOMINANDO ÉTICA

08. (OAB FGV – 35º Exame) Vitor deseja se candidatar ao Cargo de Conselheiro Seccional da OAB. Ao estudar a legislação aplicável, Vitor concluiu que poderia concorrer ao cargo em questão, ainda que:

A) estivesse em atraso com o pagamento da anuidade.

B) exercesse efetivamente a profissão há menos de três anos.

C) ocupasse cargo de provimento efetivo em órgão da Administração Pública indireta.

D) tivesse sido condenado por infração disciplinar resultante da prática de crime há mais de um ano, mesmo sem ter obtido a reabilitação criminal.

GABARITO: C.

COMENTÁRIO: Não é vedada a candidatura ao Cargo de Conselheiro Seccional da OAB para aqueles que ocupam cargo de provimento efetivo em órgão da Administração Pública indireta.

FUNDAMENTAÇÃO: Art. 63, § 2º, EAOAB.

---

15 PROCESSO DISCIPLINAR

> arts. 68 a 77, EAOAB
> arts. 55 a 69, CED

Conforme já estudado, compete à Ordem dos Advogados do Brasil promover, com exclusividade, a representação, a defesa, a seleção e a **disciplina dos advogados** em toda a República Federativa do Brasil. Dessa forma, eventual infração, supostamente praticada por um de seus inscritos, justifica a abertura de devido processo disciplinar perante a instituição para a apuração adequada da conduta do profissional.

Mesmo se tratando de processo de natureza administrativa, portanto, "simplificado" em relação ao processo judicial, o contraditório e a ampla defesa devem ser observados, de modo que nenhum de seus inscritos poderá ser punido sem que ocorra sua defesa no processo.

IMPORTANTE LEMBRAR

A **jurisdição disciplinar não exclui a comum**, de maneira que, quando o fato constituir crime ou contravenção, deve ser comunicado às autoridades competentes.

■ *Diplomas aplicados*

Os processos na OAB devem observar as regras previstas no Estatuto da Advocacia, em seu Regulamento Geral e no Código de Ética e Disciplina. No entanto, não havendo disposição em contrário, aplicam-se subsidiariamente ao processo disciplinar as regras da legislação processual penal comum e, aos demais processos, as regras gerais do procedimento administrativo comum e da legislação processual civil, nessa ordem.

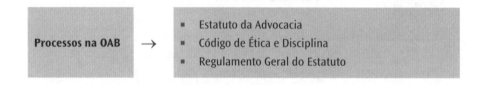

De forma subsidiária:

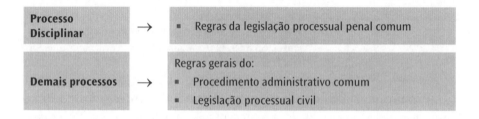

- *Instauração*

O processo disciplinar instaura-se:
- De ofício pela OAB (Presidente do Conselho Seccional, Presidente da Subseção ou Presidente do TED), em função do conhecimento do fato quando obtido de fonte idônea ou em virtude de comunicação da autoridade competente.
- Por representação de pessoa interessada.

Anonimato: não é considerado como fonte idônea a que consistir em denúncia anônima.

- *Formulação da representação*

A representação será formulada ao **Presidente do Conselho Seccional** ou ao **Presidente da Subseção**. Pode ser feita por escrito ou verbalmente, sendo reduzida a termo.

Note que o Regimento Interno das Seccionais pode atribuir ao Tribunal de Ética e Disciplina a competência para a instauração do processo discipli-

15 ■ PROCESSO DISCIPLINAR

nar. Nesse caso, a representação poderá ser dirigida ao **Presidente do TED** ou será a este encaminhada pelo Presidente do Conselho Seccional ou da Subseção, que a houver recebido.

■ *Itens que a representação deve apresentar*

A representação deverá conter
- a identificação do representante, com a sua qualificação civil e endereço;
- a narração dos fatos;
- os documentos que a instruam e a indicação de outras provas a serem produzidas;
- o rol de testemunhas, **até o máximo de cinco**, se houver;
- a assinatura do representante ou a certificação de quem a tomou por termo.

■ *Prazo*

O princípio da ampla defesa assegura ao representado, nos momentos oportunos, o oferecimento de **defesa prévia**, **razões finais e recursos** nos processos disciplinares.

Quanto ao prazo para manifestação dos advogados, estagiários e terceiros, nos processos em geral da OAB, o Estatuto estabelece que seja de **quinze dias**, inclusive para a interposição de recursos.

Início da contagem
- Nos casos de **comunicação por ofício reservado ou de notificação pessoal**, considera-se dia do começo do prazo o **primeiro dia útil imediato ao da juntada aos autos do respectivo aviso de recebimento**.
- Nos atos, notificações e decisões divulgados por meio do *Diário Eletrônico da Ordem dos Advogados do Brasil*, o prazo terá início no primeiro dia útil seguinte à publicação, assim considerada o primeiro **dia útil seguinte** ao da disponibilização da informação no *Diário*.

> **IMPORTANTE LEMBRAR**

1. Todos os prazos processuais necessários à manifestação nos processos em geral da OAB são de **quinze dias, computados somente os dias úteis**.
2. Por motivo relevante, a juízo do relator, o **prazo para defesa prévia poderá ser prorrogado**.

■ Sustentação oral

É admitida a sustentação oral na sessão de julgamento, pelo tempo de **15 minutos, após o voto do relator**. Convém destacar que o Código de Ética estabeleceu uma ordem para que seja realizada, sendo primeiro pelo representante e, em seguida, pelo representado.

■ Defensor dativo

Conforme já estudado, deve ser assegurado ao representado o amplo direito de defesa, podendo acompanhar o processo em todos os termos, pessoalmente ou por intermédio de procurador, oferecendo defesa prévia após receber notificação, razões finais após a instrução e defesa oral perante o Tribunal de Ética e Disciplina, por ocasião do julgamento. Deve-se destacar, no entanto, a possibilidade de indicação de defensor dativo no processo disciplinar.

Será designado, pelo Presidente do Conselho ou da Subseção, para defender o representado em duas hipóteses	■ Quando o representado não for encontrado. ■ Quando o representado for encontrado e permanecer revel.

■ Testemunhas

O Código de Ética e Disciplina possibilita que o interessado e o representado indiquem testemunhas, até o **limite máximo de cinco**.

As partes, representante e o representado, devem cuidar do comparecimento de suas testemunhas, salvo se, ao apresentarem o respectivo rol, requererem, por motivo justificado, que sejam notificadas a comparecer à audiência de instrução do processo.

■ Sigilo do processo

A inocência do representado é presumida enquanto não existir condenação. Assim o **processo disciplinar tramita em sigilo**, com acesso permitido somente:

às partes	aos defensores das partes	à autoridade judiciária competente

■ Indeferimento de provas

A produção de determinado meio de prova poderá ser indeferida pelo relator, de forma fundamentada, quando se demonstrar protelatório, ilícito, impertinente ou desnecessário.

■ Revisão do processo disciplinar

O pedido de revisão observa, no que couber, o procedimento do processo disciplinar, tendo autuação própria e sendo os autos apensados aos do processo que se relaciona. Alguns pontos devem ser destacados:

Hipóteses de cabimento	Erro de julgamento. Condenação baseada em falsa prova.
Legitimidade para requerer	Advogado punido com a sanção disciplinar.
Competência para processar e julgar o processo de revisão	Órgão de que emanou a condenação final: ■ Conselho Seccional. ■ Conselho Federal (Segunda Câmara, em sessão plenária).
Efeitos da decisão condenatória	Regra geral: não são suspensos. Podem ser suspensos quando o relator, diante da relevância dos fundamentos e o risco de consequências irreparáveis para o requerente, conceder tutela cautelar para suspender a execução.
Representante (notificação)	A parte representante somente será notificada para integrar o processo de revisão se o relator entender que deste podem resultar danos ao interesse que motivou a representação.

■ Reabilitação

Decorrido um ano do cumprimento da sanção, o advogado poderá requerer sua reabilitação, demonstrando provas efetivas de bom comportamento no exercício da advocacia e na vida social.

O pedido de reabilitação observa o procedimento do processo disciplinar, tendo autuação própria e devendo ser apensado aos autos do processo a que se refira.

A competência para processar e julgar o pedido de reabilitação é do **Conselho Seccional**, que tenha sido aplicada a sanção disciplinar ou do **Conselho Federal**, nos casos em que mantém competência originária.

- **Competência para processar e julgar**

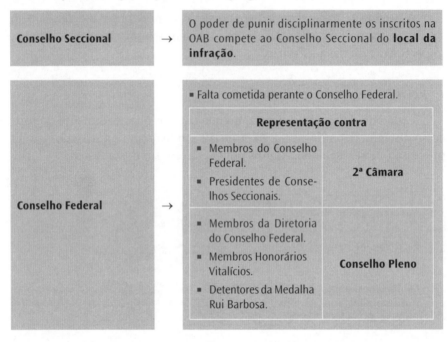

Representações contra dirigente de Subseção são processadas e julgadas pelo Conselho Seccional.

A decisão condenatória irrecorrível deve ser comunicada ao Conselho Seccional onde o representado tenha inscrição principal, a fim de que seja registrada em seus assentamentos.

IMPORTANTE LEMBRAR

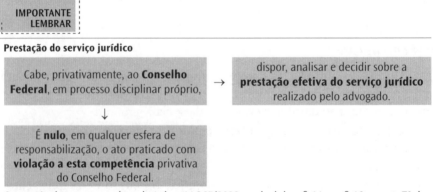

Competência acrescentada pela Lei n. 14.365/2022, ao incluir o § 14 e o § 16 no art. 7º do Estatuto da Advocacia.

■ *Termo de Ajustamento de Conduta*

Com a Resolução n. 4/2020, os arts. 47-A e 58-A foram acrescentados ao Código de Ética e Disciplina, estabelecendo a possibilidade da celebração de Termo de Ajustamento de Conduta – TAC em determinadas situações.

Quanto ao referido termo, algumas informações merecem ser destacadas:

Termo de Ajustamento de Conduta – TAC	
Hipótese de admissão	Casos de **infrações disciplinares puníveis com censura**. Para **cessar publicidade irregular** praticada por advogados e estagiários.
Requisitos para a formalização	O fato apurado **não** pode ter gerado **repercussão negativa** à advocacia. **Ausência de condenação disciplinar** transitada em julgado, salvo reabilitação. **Não imputação** ao agente de prática de **mais de uma infração** disciplinar.
Partes na celebração	**Conselho Federal** ou **Conselhos Seccionais** com **Advogados** ou **Estagiários**
Solicitação	**De ofício ou a requerimento.**
Regulamentação	Provimento do Conselho Federal n. 200/2020.

IMPORTANTE LEMBRAR

1. A celebração do TAC implica a suspensão do processo disciplinar pelo **prazo de três anos**, após o qual será arquivado definitivamente, sem anotações nos assentos profissionais (*Provimento n. 200/2020*).

2. É **vedada a celebração do TAC** por advogado ou estagiário já beneficiado com o instituto nos três anos anteriores à conduta a ser apurada (*Provimento n. 200/2020*).

3. Durante o prazo de suspensão previsto no TAC **não fluem os prazos prescricionais** (*Provimento n. 200/2020*).

▪ Procedimento

Representação

Designação de Relator, para presidir a instrução processual, pelo Presidente do Conselho Seccional ou o da Subseção, quando esta dispuser de Conselho.

Os atos de instrução processual podem ser delegados ao Tribunal de Ética e Disciplina, conforme o regimento interno do Conselho Seccional.

O relator, observando aos critérios de admissibilidade, emitirá parecer **propondo** a **instauração de processo** disciplinar ou o **arquivamento liminar da representação**.

O relator determina a **notificação** dos **interessados** para prestar esclarecimentos ou a do **representado** para apresentar **defesa prévia**, no prazo de 15 dias.

Apresentação de Defesa prévia, com os documentos de instrução e rol de **testemunhas**, até o limite de 5. Se for o caso, será designada audiência para oitiva do representante, do representado e das testemunhas.

Após a Defesa prévia, o relator pode se manifestar pelo indeferimento liminar da representação, que deverá ser decidido pelo Presidente do Conselho Seccional, para determinar seu arquivamento.

Diligências

Concluída a instrução, o relator profere **parecer preliminar fundamentado**, a ser submetido ao Tribunal de Ética e Disciplina, **dando enquadramento legal aos fatos imputados ao representado**.

Abre-se prazo sucessivo de 15 dias, ao interessado e ao representado, para apresentação de **razões finais**.

O **Presidente do Tribunal de Ética e Disciplina** designa **relator para proferir voto**.

↓

15 ■ PROCESSO DISCIPLINAR

Sessão de julgamento: após o voto do relator, é facultada a sustentação oral pelo tempo de 15 minutos.

↓

Acórdão.

15.1. RECURSO

arts. 75 a 77, EAOAB

Prazo	15 dias	
Competência	Conselho Seccional	Das decisões do(a): - Tribunal de Ética e Disciplina. - Presidente do Conselho Seccional. - Diretoria da Subseção. - Diretoria da Caixa de Assistência dos Advogados.
	Conselho Federal	Das decisões proferidas pelo Conselho Seccional: - não unânimes; - unânimes, que contrariem o Estatuto, decisão do Conselho Federal ou de outro Conselho Seccional, o Regulamento Geral, o Código de Ética e Disciplina ou Provimentos.

O **Presidente do Conselho Seccional**, além dos interessados, também é legitimado a interpor o recurso ao Conselho Federal.

Efeitos
- Devolutivo.
- Suspensivo (exceto se tratarem de eleições, de suspensão preventiva e de cancelamento de inscrição obtida com falsa prova).

15.2. SUSPENSÃO PREVENTIVA

O **Tribunal de Ética e Disciplina onde o acusado tenha inscrição principal** pode suspendê-lo preventivamente, em **caso de repercussão prejudicial à dignidade da advocacia**, depois de ouvi-lo em sessão especial para a qual deve ser notificado a comparecer, exceto se não atender a notificação. Nesse caso, o processo disciplinar deve ser concluído no prazo de 90 dias.

	Suspensão preventiva
Hipótese de cabimento	Infração capaz de provocar repercussão prejudicial à dignidade da advocacia.
Competência	Tribunal de Ética e Disciplina do Conselho Seccional onde o acusado tenha inscrição principal.
Recurso	O recurso terá cabimento somente no efeito devolutivo. A suspensão tem cumprimento imediato.

QUESTÕES

01 (OAB FGV – XXV Exame) Lina, cidadã que não exerce a advocacia, deseja endereçar à presidência de certa Subseção da OAB representação pela instauração de processo disciplinar em face de determinado advogado, pelo cometimento de infrações éticas. Assim, ela busca se informar sobre como pode oferecer tal representação e qual a forma adequada para tanto.

De acordo com o disposto no Código de Ética e Disciplina da OAB, Lina poderá oferecer representação pela instauração de processo disciplinar em face do advogado, mas:

A) deve endereçá-la ao presidente do respectivo Conselho Seccional, uma vez que receber e processar representações com tal conteúdo não se inclui entre as atribuições das Subseções. A representação poderá ser realizada por escrito ou verbalmente, com ou sem identificação do representante.

B) deve formulá-la ao presidente do Conselho Seccional ou ao presidente da Subseção. A representação poderá ser realizada por escrito ou verbalmente, mas é necessária a identificação do representante, sob pena de não ser considerada fonte idônea.

C) deve endereçá-la ao presidente do respectivo Conselho Seccional, uma vez que não se inclui entre as atribuições das Subseções receber e processar representações com tal conteúdo. A representação deverá ser realizada por escrito, não sendo consideradas fontes idôneas as representações verbais ou sem identificação do representante.

D) deve formulá-la ao presidente do Conselho Seccional ou ao presidente da Subseção. A representação poderá ser realizada por escrito ou verbalmente, com ou sem identificação do representante. Será considerada fonte idônea ainda que oferecida sem a identificação do representante.

GABARITO: B.

COMENTÁRIO: O Código de Ética e Disciplina da OAB determina que a representação disciplinar seja formulada ao Presidente do Conselho Seccional ou ao Presidente da Subseção, por escrito ou verbalmente. A representação deve conter a identificação do representante, não se admitindo denúncia anônima.

FUNDAMENTAÇÃO: Arts. 56, *caput*, c/c 55, § 2º, CED.

15 ■ PROCESSO DISCIPLINAR

02. (OAB FGV – XXV Exame) O Tribunal de Ética e Disciplina de certo Conselho Seccional da OAB decidiu pela suspensão preventiva do advogado Hélio, acusado em processo disciplinar. Hélio, todavia, interpôs o recurso cabível contra tal decisão.

Considerando as regras sobre os recursos em processos que tramitam perante a OAB, bem como a situação descrita, assinale a afirmativa correta.

A) Em regra, os recursos em processos que tramitam perante a OAB têm efeito suspensivo. Assim, no caso narrado, o recurso interposto por Hélio será dotado do aludido efeito.

B) Em regra, os recursos em processos que tramitam perante a OAB não têm efeito suspensivo. Todavia, nesse caso, excepcionalmente, pode ser atribuído o efeito, se demonstrada a probabilidade de provimento ou se, sendo relevante a fundamentação, o recorrente indicar risco de dano grave ou de difícil reparação.

C) Em regra, os recursos em processos que tramitam perante a OAB têm efeito suspensivo. Todavia, o recurso manejado por Hélio se inclui em hipótese excepcional, na qual é vedado o efeito suspensivo.

D) Em regra, os recursos em processos que tramitam perante a OAB não têm efeito suspensivo, não sendo permitida a concessão de tal efeito por decisão da autoridade julgadora. Assim, no caso narrado, o recurso interposto por Hélio não será dotado de efeito suspensivo.

GABARITO: C.

COMENTÁRIO: Todos os recursos em processos que tramitam perante a OAB têm efeito suspensivo, exceto quando tratarem de eleições, de suspensão preventiva e de cancelamento da inscrição obtida com falsa prova.

FUNDAMENTAÇÃO: Art. 77, *caput*, EAOAB.

---

03. (OAB FGV – XXIII Exame) Nilza, advogada, responde a processo disciplinar perante certo Conselho Seccional da OAB, em razão da suposta prática de infração disciplinar que, se comprovada, poderá sujeitá-la à sanção de exclusão.

Sobre o tema, assinale a afirmativa correta.

A) O processo disciplinar instaurado em face de Nilza tramita em sigilo, até o seu término, só tendo acesso às suas informações as partes, seus defensores e a autoridade competente.

B) O processo disciplinar instaurado em face de Nilza é público, sendo facultado o acesso aos autos a qualquer advogado regularmente inscrito, para exercício do controle externo.

C) O processo disciplinar instaurado em face de Nilza é, em regra, público, sendo facultado o acesso aos autos a qualquer cidadão. Porém, excepcionalmente, pode ser decretado o sigilo, a critério da autoridade processante, quando justificada a necessidade de preservação do direito à intimidade.

D) O processo disciplinar instaurado em face de Nilza tramita, em regra, em sigilo, só tendo acesso às suas informações as partes, seus defensores e a autoridade competente. Torna-se, porém, público se o Tribunal de Ética e Disciplina do Conselho decidir suspender Nilza preventivamente.

210 DOMINANDO ÉTICA

GABARITO: A.

COMENTÁRIO: O Estatuto da Advocacia expressamente determina que o processo disciplinar na OAB tramita em sigilo, até o seu término, só tendo acesso às suas informações as partes, seus defensores e a autoridade judiciária competente.

FUNDAMENTAÇÃO: Art. 72, § 2º, EAOAB.

---

04. (OAB FGV – XXII Exame) Cláudio, advogado inscrito na Seccional da OAB do Estado do Rio de Janeiro, praticou infração disciplinar em território abrangido pela Seccional da OAB do Estado da São Paulo. Após representação do interessado, o Conselho de Ética e Disciplina da Seccional da OAB do Estado do Rio de Janeiro instaurou processo disciplinar para apuração da infração.

Sobre o caso, de acordo com o Estatuto da OAB, o Conselho de Ética e Disciplina da Seccional da OAB do Estado do Rio de Janeiro:

A) não tem competência para punir disciplinarmente Cláudio, pois a competência é exclusivamente do Conselho Seccional em cuja base territorial tenha ocorrido a infração, salvo se a falta for cometida perante o Conselho Federal.

B) tem competência para punir disciplinarmente Cláudio, pois a competência é exclusivamente do Conselho Seccional em que o advogado se encontra inscrito, salvo se a falta for cometida perante o Conselho Federal.

C) tem competência para punir disciplinarmente Cláudio, pois a competência é concorrente entre o Conselho Seccional em que o advogado se encontra inscrito e o Conselho Seccional em cuja base territorial tenha ocorrido a infração, salvo se a falta for cometida perante o Conselho Federal.

D) não tem competência para punir disciplinarmente Cláudio, pois a competência é exclusivamente do Conselho Federal, ainda que a falta não tenha sido cometida perante este, quando o advogado for inscrito em uma Seccional e a infração tiver ocorrido na base territorial de outra.

GABARITO: A.

COMENTÁRIO: O Estatuto da Advocacia, neste caso, atribui competência exclusivamente ao Conselho Seccional do Estado de São Paulo para punir disciplinarmente o advogado, salvo se a falta for cometida perante o Conselho Federal. Note que, mesmo que o profissional seja inscrito em outro Estado, a infração foi praticada em território abrangido pela Seccional de São Paulo.

FUNDAMENTAÇÃO: Art. 70, *caput*, EAOAB.

---

05. (OAB FGV – XXI Exame) Lúcia, advogada, foi processada disciplinarmente e, após a interposição de recurso, o Conselho Seccional do Estado de Pernambuco confirmou, por unanimidade, a sanção de suspensão pelo prazo de trinta dias, nos termos do

15 ■ PROCESSO DISCIPLINAR

Art. 37, § 1º, do Estatuto da OAB. Lúcia verificou, contudo, existir decisão em sentido contrário, em caso idêntico ao seu, no Conselho Seccional do Estado de Minas Gerais. De acordo com o Estatuto da OAB, contra a decisão definitiva unânime proferida pelo Conselho Seccional do Estado de Pernambuco,

A) não cabe recurso ao Conselho Federal, em qualquer hipótese.

B) cabe recurso ao Conselho Federal, por contrariar decisão do Conselho Seccional de Minas Gerais.

C) cabe recurso ao Conselho Federal, se a decisão contrariar também decisão do Conselho Federal, e não apenas decisão do Conselho Seccional de Minas Gerais.

D) cabe recurso ao Conselho Federal, em qualquer hipótese, ainda que não existisse decisão em sentido contrário do Conselho Seccional de Minas Gerais.

GABARITO: B.

COMENTÁRIO: Cabe recurso ao Conselho Federal de todas as decisões definitivas, não unânimes, proferidas pelo Conselho Seccional ou, se unânimes, que contrariem decisão do Conselho Federal ou de outro Conselho Seccional, ou diplomas da OAB. A referida questão mencionou a existência de contradição com decisão em caso idêntico proferida pelo Conselho Seccional do Estado de Minas Gerais.

FUNDAMENTAÇÃO: Art. 75, *caput*, EAOAB.

06. (OAB FGV – XVIII Exame) O Presidente de determinada Seccional da OAB recebeu representação contra advogado que nela era inscrito por meio de missiva anônima, que narrava grave infração disciplinar. Considerando a via eleita para a apresentação da representação, foi determinado o arquivamento do expediente, sem instauração de processo disciplinar. Pouco tempo depois, foi publicada matéria jornalística sobre investigação realizada pela Polícia Federal que tinha como objeto a mesma infração disciplinar que havia sido narrada na missiva anônima e indicando o nome do investigado naquele procedimento inquisitorial. Com base na reportagem, foi determinada, pelo Presidente da Seccional, a instauração de processo disciplinar.

Sobre o procedimento adotado pelo Presidente da Seccional em questão, assinale a afirmativa correta.

A) Deveria ter instaurado processo disciplinar quando recebeu a missiva anônima.

B) Não poderia ter instaurado processo disciplinar em nenhuma das oportunidades.

C) Deveria ter instaurado processo disciplinar em qual quer uma das oportunidades.

D) Poderia ter instaurado processo disciplinar a partir da publicação da matéria jornalística.

GABARITO: D.

COMENTÁRIO: O Presidente do Conselho Seccional, ao tomar conhecimento de suposta infração disciplinar praticada por advogado por meio de publicação em matéria jornalística, corretamente determinou a instauração de processo disciplinar.

FUNDAMENTAÇÃO: Art. 55, § 1º, CED.

212 DOMINANDO ÉTICA

07. (OAB FGV – XV Exame) O advogado João, inscrito na Seccional do estado X, cometeu grave infração ética ao atuar em determinada causa no estado Y. Assinale a opção que indica o Conselho Seccional com poder de punir disciplinarmente o advogado infrator.

A) Apenas o Conselho Seccional do estado X terá poder para punir João disciplinarmente.

B) Apenas o Conselho Seccional do estado Y terá poder para punir João disciplinarmente.

C) Apenas o Conselho Federal terá poder para punir João disciplinarmente.

D) Os Conselhos Seccionais dos estados X e Y terão poderes concorrentes para punir João disciplinarmente.

GABARITO: B.

COMENTÁRIO: O poder de punir disciplinarmente os inscritos na OAB compete exclusivamente ao Conselho Seccional em cuja base territorial tenha ocorrido a infração, salvo se a falta for cometida perante o Conselho Federal ou quando a representação for contra membros do Conselho Federal ou Presidente de Conselho Seccional. Nestas hipóteses a representação será processada e julgada pelo Conselho Federal da OAB.

FUNDAMENTAÇÃO: Art. 70, *caput*, EAOAB c/c art. 58, § 5º, CED.

---

08. (OAB FGV – XIII Exame) Maria da Silva, advogada, apresenta requerimento ao Presidente da Seccional da OAB tendo o seu pleito sido indeferido.

Nos termos do Estatuto da Advocacia, cabe recurso ao:

A) Conselho Seccional da OAB.

B) Conselho Federal da OAB.

C) Presidente do Conselho Federal da OAB.

D) Presidente do Tribunal de Ética da OAB.

GABARITO: A.

COMENTÁRIO: Cabe recurso ao Conselho Seccional de todas as decisões proferidas por seu Presidente, pelo Tribunal de Ética e Disciplina, ou pela diretoria da Subseção ou da Caixa de Assistência dos Advogados.

FUNDAMENTAÇÃO: Art. 76, EAOAB.

---

09. (OAB FGV – XXVIII Exame) Maria teve processo disciplinar recém-instaurado contra si pelo Conselho Seccional da OAB, no qual está inscrita. No dia seguinte à sua notificação por meio de edital, encontra-se no fórum com Tânia, sua ex-colega de faculdade, que veio comentar com Maria sobre o conteúdo do referido processo.

De acordo com o Estatuto da OAB, Tânia poderia conhecer o conteúdo do processo disciplinar instaurado, em face de Maria,

15 ■ PROCESSO DISCIPLINAR

A) por qualquer meio, dada a natureza pública de sua tramitação.

B) se fosse parte, defensora de parte ou autoridade judiciária competente, dada a natureza sigilosa de sua tramitação.

C) caso tivesse tido acesso à notificação inicial, feita por meio de edital, dada a natureza pública de sua tramitação.

D) em nenhuma hipótese, dada a natureza sigilosa de sua tramitação.

GABARITO: B.

COMENTÁRIO: O processo disciplinar tramita em sigilo, até o seu término, só tendo acesso às suas informações as partes, seus defensores e a autoridade judiciária competente.

FUNDAMENTAÇÃO: Art. 72, § 2º, EAOAB.

---

10. (OAB FGV – XXIX Exame) O Conselho Seccional X da OAB proferiu duas decisões, ambas unânimes e definitivas, em dois processos distintos. Acerca da matéria que é objeto do processo 1, há diversos julgados, em sentido diametralmente oposto, proferidos pelo Conselho Seccional Y da OAB. Quanto ao processo 2, há apenas uma decisão contrária, outrora proferida pelo Conselho Federal da OAB. De acordo com a situação narrada, assinale a afirmativa correta.

A) Cabe recurso da decisão proferida no processo 1 ao Conselho Federal da OAB, com fundamento na divergência com as decisões emanadas do Conselho Seccional Y. Também cabe recurso da decisão proferida no processo 2 ao Conselho Federal da OAB, com base na divergência com a decisão anterior do Conselho Federal.

B) Não cabe recurso da decisão proferida no processo 1 ao Conselho Federal da OAB, com fundamento na divergência com as decisões emanadas do Conselho Seccional Y. No entanto, cabe recurso da decisão proferida no processo 2 ao Conselho Federal da OAB, com base na divergência com a decisão anterior do Conselho Federal.

C) Cabe recurso da decisão proferida no processo 1 ao Conselho Federal da OAB, com fundamento na divergência com as decisões emanadas do Conselho Seccional Y. No entanto, não cabe recurso da decisão proferida no processo 2 ao Conselho Federal da OAB, com base na divergência com a decisão anterior do Conselho Federal.

D) Não cabem recursos das decisões proferidas no processo 1 e no processo 2, tendo em vista a definitividade das decisões emanadas do Conselho Seccional.

GABARITO: A.

COMENTÁRIO: Cabe recurso ao Conselho Federal de todas as decisões definitivas proferidas pelo Conselho Seccional, quando não tenham sido unânimes ou, **sendo unânimes**, contrariem o Estatuto da Advocacia, decisão do Conselho Federal ou de outro Conselho Seccional e, ainda, o regulamento geral, o Código de Ética e Disciplina e os Provimentos.

FUNDAMENTAÇÃO: Art. 75, EAOAB.

214 DOMINANDO ÉTICA

11. (OAB FGV – XXXI Exame) Havendo indícios de que Sara obteve inscrição na Ordem dos Advogados do Brasil mediante prova falsa, foi instaurado contra ela processo disciplinar. Sobre o tema, assinale a afirmativa correta.

A) O processo disciplinar contra Sara pode ser instaurado de ofício ou mediante representação, que pode ser anônima.

B) Em caso de revelia de Sara, o processo disciplinar seguirá, independentemente de designação de defensor dativo.

C) O processo disciplinar instaurado contra Sara será, em regra, público.

D) O recurso contra eventual decisão que determine o cancelamento da inscrição de Sara não terá efeito suspensivo.

GABARITO: D.

COMENTÁRIO: Os recursos na OAB têm efeito suspensivo, exceto quando tratarem de eleições, de suspensão preventiva e de cancelamento da inscrição obtida com falsa prova.

FUNDAMENTAÇÃO: Art. 77, EAOAB.

---

12. (OAB FGV – XXXIV Exame) Beatriz, advogada, oferece representação perante a OAB em razão de Isabela, outra advogada que atua na mesma área e na mesma cidade, ter supostamente praticado atos de captação de causas.

Preocupada com as consequências dessa representação, Isabela decidiu estudar as normas que regem possível processo disciplinar a ser instaurado perante a OAB.

Ao fazê-lo, Isabela concluiu que:

A) o processo disciplinar pode ser instaurado de ofício, não dependendo de representação de autoridade ou da pessoa interessada.

B) o processo disciplinar tramita em sigilo até o seu término, permitindo-se o acesso às suas informações somente às partes e a seus defensores por ordem da autoridade judiciária competente.

C) ao representado deve ser assegurado amplo direito de defesa, cabendo ao Tribunal de Ética e Disciplina, por ocasião do julgamento, avaliar a necessidade de defesa oral.

D) se, após a defesa prévia, o relator se manifestar pelo indeferimento liminar da representação, o processo deverá ser levado a julgamento pelo Tribunal de Ética e Disciplina, que poderá determinar seu arquivamento.

GABARITO: A.

COMENTÁRIO: O processo disciplinar instaura-se de ofício ou mediante representação de qualquer autoridade ou pessoa interessada.

FUNDAMENTAÇÃO: Art. 72, *caput*, EAOAB.

15 ■ PROCESSO DISCIPLINAR

13. (OAB FGV – 36º Exame) A diretoria de certa subseção da OAB emitiu decisão no âmbito de suas atribuições. Irresignados, os interessados desejavam manejar recurso em face de tal decisão.

Sobre a hipótese, assinale a afirmativa correta.

A) A competência privativa para julgar, em grau de recurso, questão decidida pela diretoria da subseção é do Conselho Federal da OAB.

B) A competência privativa para julgar, em grau de recurso, questão decidida pela diretoria da subseção é do Presidente do Conselho Seccional respectivo da OAB.

C) A competência privativa para julgar, em grau de recurso, questão decidida pela diretoria da subseção é do Conselho Seccional respectivo da OAB.

D) A decisão proferida pela diretoria da subseção é irrecorrível.

GABARITO: C.

COMENTÁRIO: Cabe recurso ao Conselho Seccional de todas as decisões proferidas por seu Presidente, pelo Tribunal de Ética e Disciplina, ou pela diretoria da Subseção ou da Caixa de Assistência dos Advogados.

FUNDAMENTAÇÃO: Art. 76, EAOAB.

14. (OAB FGV – 38º Exame) Marcelo, advogado, é acusado de usar atestado médico falso para libertar seu cliente da prisão. O fato alcança grande repercussão, a ponto de um jornal local publicar matéria em que afirma que Marcelo deve ser suspenso preventivamente pela OAB, até que se conclua a apuração disciplinar da conduta.

Sobre esse tema, assinale a afirmativa correta.

A) Cabe ao Tribunal de Ética e Disciplina do Conselho Seccional perante o qual a infração tenha ocorrido, suspendê-lo preventivamente.

B) A suspensão preventiva pressupõe a demonstração de que o fato tenha gerado repercussão prejudicial à dignidade da advocacia.

C) Antes de aplicada a suspensão preventiva, o acusado deve ser ouvido em sessão especial, salvo se não for possível notificá-lo para comparecer.

D) Caso aplicada a suspensão preventiva, o processo disciplinar deve ser concluído no prazo máximo de sessenta dias.

GABARITO: B.

COMENTÁRIO: O Tribunal de Ética e Disciplina do Conselho onde o acusado tenha inscrição principal pode suspendê-lo preventivamente, em caso de repercussão prejudicial à dignidade da advocacia, depois de ouvi-lo em sessão especial para a qual deve ser notificado a comparecer, salvo se não atender à notificação. Neste caso, o processo disciplinar deve ser concluído no prazo máximo de noventa dias.

FUNDAMENTAÇÃO: Art. 70, § 3º, EAOAB.

DOMINANDO ÉTICA

15. (OAB FGV – 40° Exame) Antônio Oliveira, advogado, cometeu infração disciplinar no exercício de suas funções, submetendo-se a processo disciplinar perante o Tribunal de Ética e Disciplina do Conselho Seccional competente.

Antônio contratou o advogado Pedro para defendê-lo no âmbito do processo disciplinar. No que diz respeito à instauração, instrução e tramitação do processo disciplinar instaurado em face de Antônio, assinale a afirmativa correta que deverá ser observada por Pedro, no exercício da defesa técnica.

A) O processo disciplinar poderá ser instruído por subseção ou por relatores do próprio Conselho Seccional.

B) Antônio não poderá ser suspenso preventivamente sem oitiva prévia, mesmo que não atenda às notificações de comparecimento.

C) O processo disciplinar não poderá ser instaurado de ofício, sob pena de violação do princípio acusatório.

D) Oferecida a defesa prévia, o relator do processo disciplinar poderá decidir pelo arquivamento liminar da representação.

GABARITO: A.

COMENTÁRIO: Recebida a representação, o Presidente do Conselho Seccional ou o da Subseção, quando esta dispuser de Conselho, designa relator, um de seus integrantes, para presidir a instrução processual.

FUNDAMENTAÇÃO: Art. 58, *caput*, CED.

---

16 DICAS SOBRE O REGULAMENTO GERAL DO ESTATUTO DA ADVOCACIA E DA ORDEM DOS ADVOGADOS DO BRASIL

O Regulamento Geral do Estatuto da Advocacia e da OAB é dividido em **três títulos**:		
Título I arts. 1º a 43, RGEAOAB	Título II arts. 44 a 150, RGEAOAB	Título III arts. 151 a 158, RGEAOAB
"Da Atividade de Advocacia"	"Da Ordem dos Advogados do Brasil"	"Das Disposições Gerais"

As dicas selecionadas indicam pontos que merecem ser relembrados:

- **Patrimônio da OAB**

O patrimônio do Conselho Federal, do Conselho Seccional, da Caixa de Assistência dos Advogados e da Subseção é constituído de *bens móveis e imóveis* e outros bens e valores que tenham adquirido ou venham a adquirir.

- **OAB em eventos internacionais**

A OAB pode participar e colaborar em eventos internacionais, de interesse da advocacia.

Quando autorizados pelo Presidente Nacional, os Conselhos Seccionais podem representar a OAB em geral ou os advogados brasileiros em eventos internacionais ou no exterior.

- **Cargos nos órgãos da OAB**

Os cargos da Diretoria do Conselho Seccional têm as mesmas denominações atribuídas aos da Diretoria do Conselho Federal.

Diante de vaga de cargo de diretoria do Conselho Federal ou do Conselho Seccional decorrente de perda do mandato, morte ou renúncia, o substituto será eleito pelo Conselho a que se vincule, entre os seus membros.

- **Deduções obrigatórias da receita das anuidades**

As receitas brutas mensais das *anuidades* serão deduzidas em 60%, para a seguinte destinação:
- 10% para o Conselho Federal.
- 3% para o Fundo Cultural.
- 2% para o Fundo de Integração e Desenvolvimento Assistencial dos Advogados (FIDA), regulamentado em Provimento do Conselho Federal.
- 45% para as despesas administrativas e manutenção do Conselho Seccional.

Cabe à Caixa de Assistência dos Advogados a metade da receita das anuidades recebidas pelo Conselho Seccional, considerado o valor resultante após as deduções obrigatórias. Poderão ser deduzidas despesas, desde que previamente pactuadas.

- **Estrutura e funcionamento do Conselho Federal da OAB**

O Conselho Federal é o órgão supremo da OAB, com sede na Capital da República, e atua por meio dos seguintes órgãos:

Conselho Pleno	Órgão Especial do Conselho Pleno	Câmaras: Primeira Segunda Terceira	Diretoria	Presidente

16 ■ DICAS SOBRE O REGULAMENTO GERAL DO ESTATUTO DA ADVOCACIA

Os Conselheiros Federais, no exercício do mandato, atuam no interesse da advocacia nacional, e não apenas no de seus representados diretos. O seu cargo é incompatível com o de membro de outros órgãos da OAB, exceto quando se tratar de ex-Presidente do Conselho Federal e do Conselho Seccional. Nesse caso, ficam impedidos de debater e votar as matérias quando houver participado da deliberação local.

O Conselheiro, em sua delegação, é substituto dos demais, nos órgãos do Conselho, diante de faltas ou impedimentos ou no caso de licença. Se estiverem presentes dois substitutos, a preferência é do mais antigo no Conselho e, em caso de coincidência, do que tiver inscrição mais antiga.

> **IMPORTANTE LEMBRAR**

1. O voto em qualquer órgão colegiado do Conselho Federal é tomado por delegação, em ordem alfabética, seguido dos ex-Presidentes, com direito a voto.

2. Os membros da Diretoria votam como integrantes de suas delegações.

3. O Conselheiro Federal opina, mas não participa da votação de matéria de interesse específico da unidade que representa.

4. Na eleição dos membros da Diretoria do Conselho Federal, somente votam os Conselheiros Federais, individualmente.

■ *Órgãos de atuação do Conselho Federal*

Conselho Pleno

Composição	O Conselho Pleno é integrado pelos Conselheiros Federais de cada delegação e pelos ex-Presidentes. É presidido pelo Presidente do Conselho Federal e secretariado pelo Secretário-Geral.
Competências	■ Deliberar, em caráter nacional, sobre propostas e indicações relacionadas às finalidades institucionais da OAB (art. 44, I, do EAOAB) e sobre as demais atribuições previstas no art. 54 do EAOAB, respeitadas as competências privativas dos demais órgãos deliberativos do Conselho Federal. ■ Eleger o sucessor dos membros da Diretoria do Conselho Federal em caso de vacância. ■ Regular, mediante resolução, matérias de sua competência que não exijam edição de Provimento. ■ Instituir, mediante Provimento, comissões permanentes para assessorar o Conselho Federal e a Diretoria. ■ Pode decidir sobre todas as matérias privativas de seu órgão Especial quando o Presidente atribuir-lhes caráter de urgência e grande relevância.

Observação	Para editar e alterar o Regulamento Geral, o Código de Ética e Disciplina e os Provimentos e para intervir nos Conselhos Seccionais, é indispensável o **quórum** *de dois terços das delegações.*

Órgão Especial do Conselho Pleno

Composição	O Órgão Especial é composto de um Conselheiro Federal integrante de cada delegação, sem prejuízo de sua participação no Conselho Pleno, e pelos ex-Presidentes. É presidido pelo Vice-Presidente e secretariado pelo Secretário-Geral Adjunto. Note-se que a delegação indica seu representante ao Órgão Especial do Conselho Pleno.
Competências	Deliberar sobre: ■ recurso contra *decisões das Câmaras* quando não tenham sido unânimes ou, sendo unânimes, contrariem a Constituição, as leis, o Estatuto, as decisões do Conselho Federal, o Regulamento Geral, o Código de Ética e Disciplina ou os Provimentos; ■ recurso contra *decisões unânimes das Turmas* quando estas contrariarem a Constituição, as leis, o Estatuto, as decisões do Conselho Federal, o Regulamento Geral, o Código de Ética e Disciplina ou os Provimentos; ■ recurso contra decisões do Presidente ou da Diretoria do Conselho Federal e do Presidente do Órgão Especial; ■ consultas escritas, formuladas em tese, relativas às matérias de competência das Câmaras especializadas ou à interpretação do Estatuto, do Regulamento Geral, do Código de Ética e Disciplina e dos Provimentos, devendo todos os Conselhos Seccionais ser cientificados do conteúdo das respostas; ■ conflitos ou divergências entre órgãos da OAB; ■ determinação ao Conselho Seccional competente para instaurar processo, quando, em autos ou peças submetidos ao conhecimento do Conselho Federal, encontrar fato que constitua infração disciplinar.
Observações	O Presidente do Órgão Especial vota por sua delegação e tem o voto de qualidade no caso de empate. A decisão do Órgão Especial constitui orientação dominante da OAB sobre a matéria quando consolidada em súmula publicada no *Diário Eletrônico da OAB*.

Primeira Câmara

Presidência	A Primeira Câmara é presidida pelo Secretário-Geral.
Competências	<ul><li>Decidir os recursos sobre:<ul><li>– atividade de advocacia;</li><li>– direitos e prerrogativas dos advogados e estagiários;</li><li>– inscrição nos quadros da OAB;</li><li>– incompatibilidades;</li><li>– impedimentos.</li></ul></li><li>Expedir resoluções regulamentando o Exame de Ordem.</li><li>Julgar as representações sobre as matérias de sua competência.</li><li>Propor, instruir e julgar os incidentes de uniformização de decisões de sua competência.</li><li>Determinar ao Conselho Seccional competente a instauração de processo quando, em autos ou peças submetidas ao seu julgamento, tomar conhecimento de fato que constitua infração disciplinar.</li><li>Julgar os recursos interpostos contra decisões de seu Presidente.</li></ul>

Segunda Câmara

Presidência	A Segunda Câmara é presidida pelo Secretário-Geral Adjunto.
Competências	<ul><li>Decidir os recursos sobre ética e deveres do advogado.</li><li>Decidir os recursos sobre infrações e sanções disciplinares.</li><li>Promover em âmbito nacional a ética do advogado, juntamente com os Tribunais de Ética e Disciplina, editando resoluções regulamentares ao Código de Ética e Disciplina.</li><li>Julgar as representações sobre as matérias de sua competência.</li><li>Propor, instruir e julgar os incidentes de uniformização de decisões de sua competência.</li><li>Determinar ao Conselho Seccional competente a instauração de processo quando, em autos ou peças submetidas ao seu julgamento, tomar conhecimento de fato que constitua infração disciplinar.</li><li>Julgar os recursos interpostos contra decisões de seu Presidente.</li><li>Eleger, entre seus integrantes, os membros da Corregedoria do Processo Disciplinar com atribuição, em caráter nacional, de orientar e fiscalizar a tramitação dos processos disciplinares de competência da OAB.</li></ul>

Terceira Câmara

Presidência	A Terceira Câmara é presidida pelo Tesoureiro.
Competências	• Decidir os recursos relativos à estrutura, aos órgãos e ao processo eleitoral da OAB. • Decidir os recursos sobre sociedades de advogados, advogados associados e advogados empregados. • Apreciar os relatórios anuais e deliberar sobre o balanço e as contas da Diretoria do Conselho Federal e dos Conselhos Seccionais. • Suprir as omissões ou regulamentar as normas aplicáveis às Caixas de Assistência dos Advogados, inclusive mediante resoluções. • Modificar ou cancelar, de ofício ou a pedido de qualquer pessoa, dispositivo do Regimento Interno do Conselho Seccional que contrarie o Estatuto ou este Regulamento Geral. • Julgar as representações sobre as matérias de sua competência. • Propor, instruir e julgar os incidentes de uniformização de decisões de sua competência. • Determinar ao Conselho Seccional competente a instauração de processo quando, em autos ou peças submetidas ao seu julgamento, tomar conhecimento de fato que constitua infração disciplinar. • Julgar os recursos interpostos contra decisões de seu Presidente.

Diretoria do Conselho Federal

A diretoria do Conselho Federal é composta de

- um Presidente.
- um Vice-Presidente.
- um Secretário-Geral.
- um Secretário-Geral Adjunto.
- um Tesoureiro.

O Presidente é substituído em suas faltas, licenças e impedimentos pelo Vice-Presidente, pelo Secretário-Geral, pelo Secretário-Geral Adjunto e pelo Tesoureiro, nessa ordem.

O Vice-Presidente, o Secretário-Geral, o Secretário-Geral Adjunto e o Tesoureiro substituem-se sucessivamente, em suas faltas e impedimentos ocasionais, visto que o último será substituído pelo Conselheiro Federal mais antigo e, diante de coincidência de mandatos, pelo de inscrição mais antiga.

16 ■ DICAS SOBRE O REGULAMENTO GERAL DO ESTATUTO DA ADVOCACIA

Competências

Compete à Diretoria, coletivamente:

- dar execução às deliberações dos órgãos deliberativos do Conselho;
- elaborar e submeter à Terceira Câmara, na forma e no prazo estabelecidos no Regulamento Geral, o orçamento anual da receita e da despesa, o relatório anual, o balanço e as contas;
- elaborar estatística anual dos trabalhos e julgados do Conselho;
- distribuir e redistribuir as atribuições e competências entre os seus membros;
- elaborar e aprovar o plano de cargos e salários e a política de administração de pessoal do Conselho, propostos pelo Secretário-Geral;
- promover assistência financeira aos órgãos da OAB, em caso de necessidade comprovada e de acordo com previsão orçamentária;
- definir critérios para despesas com transporte e hospedagem dos Conselheiros, membros das comissões e convidados;
- alienar ou onerar bens móveis;
- resolver os casos omissos no Estatuto e no Regulamento Geral, *ad referendum* do Conselho Pleno.

Compete ao Presidente:

- representar a OAB em geral e os advogados brasileiros, no país e no exterior, em juízo ou fora dele;
- representar o Conselho Federal, em juízo ou fora dele;
- convocar e presidir o Conselho Federal e executar suas decisões;
- adquirir, onerar e alienar bens imóveis, quando autorizado, e administrar o patrimônio do Conselho Federal, juntamente com o Tesoureiro;
- aplicar penas disciplinares no caso de infração cometida no âmbito do Conselho Federal;
- assinar, com o Tesoureiro, cheques e ordens de pagamento;
- executar e fazer executar o Estatuto e a legislação complementar.

Compete ao Vice-Presidente:

- presidir o órgão Especial e executar suas decisões;
- executar as atribuições que lhe forem cometidas pela Diretoria ou delegadas, por portaria, pelo Presidente.

Compete ao Secretário-Geral:

- presidir a Primeira Câmara e executar suas decisões;
- dirigir todos os trabalhos de Secretaria do Conselho Federal;
- secretariar as sessões do Conselho Pleno;
- manter sob sua guarda e inspeção todos os documentos do Conselho Federal;
- controlar a presença e declarar a perda de mandato dos Conselheiros Federais;
- executar a administração do pessoal do Conselho Federal;
- emitir certidões e declarações do Conselho Federal.

> **Compete ao Secretário-Geral Adjunto:**
>
> - presidir a Segunda Câmara e executar suas decisões;
> - organizar e manter o cadastro nacional dos advogados e estagiários, requisitando os dados e as informações necessários aos Conselhos Seccionais e promovendo as medidas essenciais;
> - executar as atribuições que lhe forem cometidas pela Diretoria ou delegadas pelo Secretário-Geral;
> - secretariar o Órgão Especial.

> **Compete ao Tesoureiro:**
>
> - presidir a Terceira Câmara e executar suas decisões;
> - manter sob sua guarda os bens e valores e o almoxarifado do Conselho;
> - administrar a Tesouraria, controlar e pagar todas as despesas autorizadas e assinar cheques e ordens de pagamento com o Presidente;
> - elaborar a proposta de orçamento anual, o relatório, os balanços e as contas mensais e anuais da Diretoria;
> - propor à Diretoria a tabela de custas do Conselho Federal;
> - fiscalizar e cobrar as transferências devidas pelos Conselhos Seccionais ao Conselho Federal, propondo à Diretoria a intervenção nas Tesourarias dos inadimplentes;
> - manter inventário dos bens móveis e imóveis do Conselho Federal, atualizado anualmente;
> - receber e dar quitação dos valores recebidos pelo Conselho Federal.

■ Conselhos Seccionais

O Regulamento Geral enumera, além do previsto nos arts. 57 e 58 do EAOAB, outras competências do Conselho Seccional, que merecem ser destacadas, como:

- Adotar medidas para assegurar o regular funcionamento das Subseções;
- Cassar ou modificar, de ofício ou mediante representação, qualquer ato de sua diretoria e dos demais órgãos executivos e deliberativos, da diretoria ou do conselho da Subseção e da diretoria da Caixa de Assistência dos Advogados, contrários ao Estatuto, ao Regulamento Geral, aos Provimentos, ao Código de Ética e Disciplina, ao seu Regimento Interno e às suas Resoluções;
- Ajuizar, após deliberação:
  - a) ação direta de inconstitucionalidade de leis ou atos normativos estaduais e municipais, em face da Constituição Estadual ou da Lei Orgânica do Distrito Federal;

16 ■ DICAS SOBRE O REGULAMENTO GERAL DO ESTATUTO DA ADVOCACIA

b) ação civil pública, para defesa de interesses difusos de caráter geral e coletivo e individuais homogêneos;

c) mandado de segurança coletivo, em defesa de seus inscritos, independentemente de autorização pessoal dos interessados;

d) mandado de injunção, diante da Constituição Estadual ou da Lei Orgânica do Distrito Federal.

■ Conferências e Colégios de Presidentes

Conferência Nacional da Advocacia Brasileira (CNA)	
CNA	Trata-se de órgão consultivo máximo do Conselho Federal.
Data	Reúne-se a cada três anos, no segundo ano do mandato.
Objetivo	Tem por finalidade o estudo e o debate das questões e dos problemas referentes às finalidades da OAB e ao congraçamento dos advogados.
Conclusões	Suas conclusões têm caráter de recomendação aos Conselhos correspondentes.
Membros das Conferências	■ *Efetivos*: os Conselheiros e Presidentes dos órgãos da OAB presentes, os advogados e estagiários inscritos na Conferência, todos *com direito a voto*. ■ *Convidados*: as pessoas a quem a Comissão Organizadora conceder tal qualidade, *sem direito a voto, salvo se for advogado*. Estudantes de direito, *mesmo inscritos como estagiários na OAB*, são membros ouvintes, escolhendo um porta-voz entre os presentes em cada sessão da Conferência.
Comissão Organizadora	A Conferência é dirigida por uma Comissão Organizadora, *designada pelo Presidente do Conselho*, por ele presidida e integrada pelos membros da Diretoria e outros convidados. A Comissão Organizadora define: ■ a distribuição do temário; ■ os nomes dos expositores; ■ a programação dos trabalhos; ■ os serviços de apoio e infraestrutura; ■ o regimento interno da Conferência. É representada pelo Presidente, com poderes para cumprir a programação estabelecida e decidir as questões ocorrentes e os casos omissos.

Por sua vez, as Conferências dos Advogados dos Estados e do Distrito Federal são órgãos consultivos dos Conselhos Seccionais. Também se reúnem a cada três anos, no segundo ano do mandato.

O *Colégio de Presidentes dos Conselhos Seccionais* é regulamentado no Provimento n. 61/87 do Conselho Federal da OAB. O Colégio de Presidentes das Subseções é regulamentado no Regimento Interno do Conselho Seccional.

- **Medalha Rui Barbosa**

É a comenda máxima conferida pelo Conselho Federal às grandes personalidades da advocacia brasileira. Pode ser concedida uma vez, no prazo do mandato do Conselho. Será entregue ao homenageado em sessão solene.

- **Ação Direta de Inconstitucionalidade**

As indicações de ajuizamento de ação direta de inconstitucionalidade submetem-se ao juízo prévio de admissibilidade da Diretoria para aferição da relevância da defesa dos princípios e das normas constitucionais.

Note que, se a indicação for subscrita por Conselho Seccional da OAB, por entidade de caráter nacional ou por delegação do Conselho Federal, a matéria não se sujeita ao juízo de admissibilidade da Diretoria.

- **Opinião prévia dos cursos jurídicos**

Compete à Comissão Nacional de Educação Jurídica do Conselho Federal *opinar previamente* nos pedidos para criação, reconhecimento e credenciamento dos cursos jurídicos referidos no art. 54, XV, do EAOAB.

O Conselho Seccional, em cuja área de atuação situar-se a instituição de ensino superior interessada, será ouvido preliminarmente.

QUESTÕES

01. (OAB FGV – XXIV Exame) O Conselho Seccional Y da OAB, entendendo pela inconstitucionalidade de certa norma em face da Constituição da República, subscreve indicação de ajuizamento de ação direta de inconstitucionalidade, endereçando-a ao Conselho Federal da OAB.

16 ■ DICAS SOBRE O REGULAMENTO GERAL DO ESTATUTO DA ADVOCACIA

Considerando o caso apresentado, de acordo com o Regulamento Geral do Estatuto da Advocacia e da OAB, assinale a afirmativa correta.

A) A mencionada indicação de ajuizamento de ação direta de inconstitucionalidade submete-se a obrigatório juízo prévio de admissibilidade realizado pela Diretoria do Conselho Federal para aferição da relevância da defesa dos princípios e das normas constitucionais. Caso seja admitida, o relator, designado pelo Presidente, independentemente da decisão da Diretoria, pode levantar preliminar de inadmissibilidade perante o Conselho Pleno, quando não encontrar norma ou princípio constitucionais violados pelo ato normativo. Após, se aprovado o ajuizamento da ação, esta será proposta pelo Presidente do Conselho Federal.

B) A mencionada indicação de ajuizamento de ação direta de inconstitucionalidade submete-se a obrigatório juízo prévio de admissibilidade realizado pela Segunda Câmara do Conselho Federal para aferição da relevância da defesa dos princípios e das normas constitucionais. Caso seja admitida, o relator designado pelo Presidente, independentemente da decisão da Segunda Câmara, pode levantar preliminar de inadmissibilidade perante o Conselho Pleno, quando não encontrar norma ou princípio constitucionais violados pelo ato normativo. Após, se aprovado o ajuizamento da ação, esta será proposta pelo Presidente do Conselho Federal.

C) A mencionada indicação de ajuizamento de ação direta de inconstitucionalidade não se sujeita a juízo prévio obrigatório de admissibilidade, seja pela Diretoria ou qualquer Câmara do Conselho Federal. Porém, o relator, designado pelo Presidente, pode levantar preliminar de inadmissibilidade perante o Conselho Pleno, quando não encontrar norma ou princípio constitucionais violados pelo ato normativo. Após, se aprovado o ajuizamento da ação, esta será proposta pelo Presidente do Conselho Federal.

D) A mencionada indicação de ajuizamento de ação direta de inconstitucionalidade não se sujeita a juízo prévio obrigatório de admissibilidade seja pela Diretoria ou qualquer Câmara do Conselho Federal. Porém, o relator designado pelo Presidente, pode levantar preliminar de inadmissibilidade perante o Conselho Pleno, quando não encontrar norma ou princípio constitucionais violados pelo ato normativo. Após, se aprovado o ajuizamento da ação, esta será proposta pelo relator designado.

GABARITO: C.

COMENTÁRIO: Quando a indicação de ajuizamento de ação direta de inconstitucionalidade for subscrita por Conselho Seccional da OAB, a matéria não se sujeita ao juízo de admissibilidade, seja pela Diretoria ou qualquer Câmara do Conselho Federal. O relator, designado pelo Presidente, pode levantar preliminar de inadmissibilidade perante o Conselho Pleno, quando não encontrar norma ou princípio constitucional violados pelo ato normativo e, se aprovado o ajuizamento da ação, esta será proposta pelo Presidente do Conselho Federal.

FUNDAMENTAÇÃO: Art. 82, § 2º, RGEAOAB.

---

02. (OAB FGV – XX Exame) As advogadas Tereza, Gabriela e Esmeralda desejam integrar a lista a ser encaminhada ao Tribunal de Justiça de determinado estado da federação, para preenchimento de vaga constitucionalmente destinada aos advogados na composição

do Tribunal. Tereza exerce regular e efetivamente a atividade de advocacia há 15 anos. Possui reputação ilibada e saber jurídico tão notório que a permitiu ser eleita conselheira suplente, para a atual gestão, de determinada subseção da OAB. Gabriela, embora nunca tenha integrado órgão da OAB, exerce, regular e efetivamente, a advocacia há 06 anos e é conhecida por sua conduta ética e seu profundo conhecimento do Direito. Por sua vez, Esmeralda pratica regularmente a advocacia há 10 anos. Também é inconteste seu extenso conhecimento jurídico. A reputação ilibada de Esmeralda é comprovada diariamente no corretíssimo exercício de sua função de tesoureira da Caixa de Assistência de Advogados da Seccional da OAB na qual inscrita.

Sobre o caso narrado, assinale a afirmativa correta.

A) Nenhuma das advogadas deverá compor a lista a ser encaminhada ao Tribunal de Justiça.

B) Apenas Tereza e Esmeralda deverão compor a lista a ser encaminhada ao Tribunal de Justiça.

C) Apenas Gabriela deverá compor a lista a ser encaminhada ao Tribunal de Justiça.

D) Apenas Tereza deverá compor a lista a ser encaminhada ao Tribunal de Justiça.

GABARITO: A.

COMENTÁRIO: Nenhuma das advogadas podem compor a lista a ser encaminhada ao Tribunal de Justiça, uma vez que Tereza e Esmeralda estão impedidas por ocuparem cargos na OAB e Gabriela, mesmo não ocupando cargo na OAB, não cumpre o requisito de exercício efetivo da advocacia nos 10 anos anteriores à data de requerimento.

FUNDAMENTAÇÃO: Art. 58, XIV, EAOAB.

---

03. (OAB FGV – XIX Exame) As Subseções X e Y da OAB, ambas criadas pelo Conselho Seccional Z, reivindicam a competência para desempenhar certa atribuição. Não obstante, o Conselho Seccional Z defende que tal atribuição é de sua competência.

Caso instaurado um conflito de competência envolvendo as Subseções X e Y e outro envolvendo a Subseção X e o Conselho Seccional Z, assinale a opção que relaciona, respectivamente, os órgãos competentes para decidir os conflitos.

A) O conflito de competência entre as subseções deve ser decidido pelo Conselho Seccional Z, cabendo recurso ao Conselho Federal da OAB. Do mesmo modo, o conflito entre a Subseção X e o Conselho Seccional Z será decidido pelo Conselho Seccional Z, cabendo recurso ao Conselho Federal da OAB.

B) O conflito de competência entre as subseções deve ser decidido pelo Conselho Seccional Z, cabendo recurso ao Conselho Federal da OAB. Já o conflito entre a Subseção X e o Conselho Seccional Z será decidido, em única instância, pelo Conselho Federal da OAB.

C) Ambos os conflitos de competência serão decididos, em única instância, pelo Conselho Federal da OAB.

16 ■ DICAS SOBRE O REGULAMENTO GERAL DO ESTATUTO DA ADVOCACIA

D) O conflito de competência entre as subseções deve ser decidido, em única instância, pelo Conselho Seccional Z. O conflito entre a Subseção X e o Conselho Seccional Z será decidido, em única instância, pelo Conselho Federal da OAB.

GABARITO: A.

COMENTÁRIO: O Conselho Seccional é o órgão competente para decidir conflitos entre Subseções, assim como entre a Subseção e o Conselho Seccional, cabendo recurso ao Conselho Federal.

FUNDAMENTAÇÃO: Art. 119, RGEAOAB.

---

04. (OAB FGV – X Exame) João, advogado regularmente inscrito nos quadros da Ordem dos Advogados do Brasil, veio a ser indiciado por força de investigação proposta em face de um dos seus inúmeros clientes, não tendo o causídico participado de qualquer ato ilícito, mas apenas como advogado. Veio a saber que seu nome fora incluído por força de exercício considerado exacerbado de sua atividade advocatícia. Contratou advogado para a sua defesa no inquérito criminal e postulou assistência à Ordem dos Advogados do Brasil por entender feridas suas prerrogativas profissionais. Observado tal relato, consoante as normas do Regulamento Geral do Estatuto da Advocacia e da OAB, assinale a afirmativa correta.

A) Ao contratar advogado para a defesa da sua pretensão, não mais cabe à Ordem dos Advogados interferir no processo para salvaguardar eventuais prerrogativas feridas.

B) A atuação da Ordem dos Advogados na defesa das prerrogativas profissionais implicará a assistência de representante da instituição, mesmo com defensor constituído.

C) A assistência da Ordem dos Advogados está restrita a processos judiciais ou administrativos, mas não a inquéritos.

D) A postulação de assistência deve ser examinada pelo Conselho Federal da Ordem dos Advogados que pode autorizar ou não essa atividade.

GABARITO: B.

COMENTÁRIO: Sem prejuízo da atuação de seu defensor, contará o advogado com a assistência de representante da OAB nos inquéritos policiais ou nas ações penais em que figurar como indiciado, acusado ou ofendido, **sempre que o fato a ele imputado decorrer do exercício da profissão ou a este vincular-se.**

FUNDAMENTAÇÃO: Art. 16, RGEAOAB.

---

05. (OAB FGV – IX Exame) Assinale a afirmativa que indica como ocorrerá, em havendo necessidade, a criação de novos Conselhos Seccionais, de acordo com as normas do Regulamento Geral do Estatuto da Advocacia e da OAB.

A) Por meio de Lei aprovada pelo Congresso Nacional.
B) Por meio de Medida Provisória Federal.
C) Por Provimento do Conselho Federal.
D) Por meio de Resolução do Conselho Federal.

GABARITO: D.

COMENTÁRIO: Os novos Conselhos Seccionais serão criados mediante Resolução do Conselho Federal.

FUNDAMENTAÇÃO: Art. 46, RGEAOAB.

06. (OAB FGV – XXVIII Exame) Em certo local, pretende-se a aquisição de um imóvel pelo Conselho Seccional respectivo da OAB, para funcionar como centro de apoio em informática aos advogados inscritos. Também se negocia a constituição de hipoteca sobre outro bem imóvel que já integra o patrimônio deste Conselho Seccional.

De acordo com o caso narrado, com fulcro no disposto no Regulamento Geral do Estatuto da Advocacia e da OAB, assinale a afirmativa correta.

A) A aquisição do imóvel dependerá de autorização da maioria dos membros efetivos do Conselho Seccional; já a constituição da hipoteca é decisão que compete à Diretoria do Conselho Seccional.

B) Tanto a aquisição do imóvel como a constituição da hipoteca dependerão de autorização da maioria dos membros efetivos do Conselho Seccional.

C) Tanto a aquisição do imóvel como a constituição da hipoteca são decisões que competem à Diretoria do Conselho Seccional, dispensada autorização dos membros efetivos do Conselho Seccional.

D) A aquisição do imóvel é decisão que compete à Diretoria do Conselho Seccional; já a constituição da hipoteca dependerá de autorização da maioria dos membros efetivos do Conselho Seccional.

GABARITO: D.

COMENTÁRIO: O patrimônio dos órgãos da OAB é formado por bens móveis e imóveis e outros bens e valores que tenham adquirido ou venham a adquirir. A alienação ou oneração de bens imóveis depende de aprovação do Conselho Federal ou do Conselho Seccional, competindo à **Diretoria do órgão decidir pela aquisição** de qualquer bem e dispor sobre os bens móveis. A **alienação ou oneração de bens imóveis** depende de autorização da maioria das delegações, no Conselho Federal, e da maioria dos membros efetivos, no Conselho Seccional.

FUNDAMENTAÇÃO: Art. 48, RGEAOAB.

07. (OAB FGV – XXII Exame) No ano de 2017, deverá se realizar a Conferência Nacional da Advocacia Brasileira, órgão consultivo máximo do Conselho Federal,

16 ■ DICAS SOBRE O REGULAMENTO GERAL DO ESTATUTO DA ADVOCACIA

que se reúne trienalmente. Cientes do evento, Raul, Francisco e Caetano decidem participar como membros efetivos da Conferência. Raul, advogado, é conselheiro de certo Conselho Seccional da OAB. Francisco é advogado, regularmente inscrito na OAB, e não exerce previamente função junto a qualquer órgão da instituição. Caetano é estagiário, regularmente inscrito como tal junto à OAB, e também não exerce previamente função em nenhum de seus órgãos.

Considerando o disposto no Regulamento Geral do Estatuto da Advocacia e da OAB, assinale a afirmativa correta.

A) Raul participará como membro efetivo da Conferência Nacional da Advocacia Brasileira, caso em que terá direito a voto. Os demais, mesmo inscritos na Conferência, poderão participar apenas como convidados ou ouvintes, sem direito a voto.

B) Francisco, se inscrito, e Raul participarão como membros efetivos da Conferência Nacional da Advocacia Brasileira. Porém, o direito a voto é conferido apenas a Raul. Caetano, ainda que inscrito na conferência, somente poderá participar como ouvinte.

C) Francisco e Caetano, se inscritos na Conferência Nacional da Advocacia Brasileira, dela participarão como membros efetivos, mas o direito a voto é conferido apenas a Francisco. Raul fica impedido de participar como membro efetivo da conferência, tendo em vista que já exerce função em órgão da OAB.

D) Raul participará como membro efetivo da Conferência Nacional da Advocacia Brasileira. Do mesmo modo, Francisco e Caetano, se inscritos na conferência, poderão participar como membros efetivos, permitindo-se, aos três, o direito a voto.

GABARITO: D.

COMENTÁRIO: O Regulamento Geral do Estatuto da Advocacia estabelece como **membros efetivos** das Conferências os Conselheiros e Presidentes dos órgãos da OAB presentes, assim como os advogados e estagiários inscritos na Conferência, todos com direito a voto.

FUNDAMENTAÇÃO: Art. 146, I, RGEAOAB.

---

08. (OAB FGV – XVI Exame) Compete ao Conselho Seccional ajuizar, após deliberação:

A) Ação direta de inconstitucionalidade em face de leis ou atos normativos federais.

B) Queixa-crime contra quem tenha ofendido os advogados inscritos na respectiva Seccional.

C) Mandado de segurança individual em favor dos advogados inscritos na respectiva Seccional, independentemente de vinculação com o exercício da profissão.

D) Mandado de segurança coletivo, em defesa de seus inscritos, independentemente de autorização pessoal dos interessados.

232 DOMINANDO
ÉTICA

GABARITO: D.

COMENTÁRIO: O Regulamento Geral do Estatuto da Advocacia, ao tratar das **competências do Conselho Seccional**, confere a este competência para ajuizar, após deliberação, **mandado de segurança coletivo**, em defesa de seus inscritos, independentemente de autorização pessoal dos interessados.

FUNDAMENTAÇÃO: Art. 105, V, *c*, RGEAOAB.

09. (OAB FGV – 36° Exame) O Conselho Seccional X da OAB encontra-se em dificuldades financeiras. Assim, o Conselho Seccional Y pretende socorrê-lo, a fim de preservar a atuação daquele nas defesas dos direitos e prerrogativas dos advogados, por meio da transferência de certos valores em dinheiro e bens móveis, como computadores e impressoras.

Diante do caso hipotético narrado, assinale a afirmativa correta.

A) É vedada a transferência dos bens móveis e dos recursos em dinheiro do Conselho Seccional Y para o Conselho Seccional X.

B) A transferência dos bens móveis e dos recursos em dinheiro é permitida mediante autorização do Conselho Federal da OAB.

C) A transferência dos bens móveis e dos recursos em dinheiro é permitida mediante aprovação por ambos os Conselhos Seccionais.

D) A transferência dos bens móveis é permitida mediante autorização do Conselho Federal da OAB, e a dos recursos em dinheiro, vedada.

GABARITO: B.

COMENTÁRIO: Qualquer transferência de bens ou recursos de um Conselho Seccional a outro depende de autorização do Conselho Federal.

FUNDAMENTAÇÃO: Art. 56, § 5°, RGEAOAB.

17 DICAS SOBRE O CÓDIGO DE ÉTICA E DISCIPLINA DA OAB

1.	O advogado deve ter consciência de que o Direito é um meio de mitigar as desigualdades para o encontro de soluções justas.
2.	O advogado deve abster-se de ingressar ou atuar em pleitos administrativos ou judiciais perante autoridades com as quais tenha vínculos negociais ou familiares.
3.	O advogado deve abster-se de utilizar de influência indevida, em seu benefício ou do cliente.
4.	O advogado deve abster-se de contratar honorários advocatícios em valores aviltantes.
5.	Constitui dever do advogado desaconselhar lides temerárias, a partir de um juízo preliminar de viabilidade jurídica.
6.	É defeso (proibido) ao advogado expor os fatos em Juízo ou na via administrativa falseando deliberadamente a verdade e utilizando de má-fé.
7.	O advogado deve ter consciência que a lei é um instrumento para garantir a igualdade de todos.
8.	O advogado, ainda que vinculado ao cliente ou constituinte, mediante relação empregatícia ou por contrato de prestação permanente de serviços, ou como integrante de departamento jurídico, ou de órgão de assessoria jurídica, público ou privado, deve zelar pela sua liberdade e independência.
9.	O advogado deve informar o cliente quanto a eventuais riscos de sua pretensão, e das consequências que poderão advir da demanda.
10	As relações entre advogado e cliente baseiam-se na confiança recíproca.
11.	Concluída a causa ou arquivado o processo, presume-se cumprido e extinto o mandato.
12.	O advogado não deve aceitar procuração de quem já tenha patrono constituído, sem prévio conhecimento deste, salvo por motivo plenamente justificável ou para adoção de medidas judiciais urgentes e inadiáveis.

13.	O advogado não deve deixar ao abandono ou ao desamparo as causas sob seu patrocínio. Diante de dificuldades insuperáveis ou inércia do cliente quanto a providências que lhe tenham sido solicitadas, recomenda-se a renúncia do mandato.
14.	Advogados integrantes da mesma sociedade profissional, ou reunidos em caráter permanente para cooperação recíproca, não podem representar, em juízo ou fora dele, clientes com interesses opostos.
15.	A advocacia *pro bono* pode ser exercida em favor de instituições sociais sem fins econômicos, aos seus assistidos que não dispuserem de recursos para a contratação de profissional, e para pessoas naturais que, igualmente, não dispuserem de recursos para, sem prejuízo do próprio sustento, contratar advogado.
16.	O sigilo profissional cederá em face de circunstâncias excepcionais que configurem justa causa.
17.	A publicidade profissional do advogado tem caráter meramente informativo e deve primar pela discrição e sobriedade, não podendo configurar captação de clientela ou mercantilização da profissão.
18.	É vedada a inclusão de fotografias pessoais ou de terceiros nos cartões de visitas do advogado, bem como menção de qualquer emprego, cargo ou função ocupado, atual ou pretérito, em qualquer órgão ou instituição, salvo o de professor universitário.
19.	A telefonia e a internet podem ser utilizadas como veículo de publicidade, inclusive para o envio de mensagens a destinatários certos, desde que não impliquem o oferecimento de serviços ou representem forma de captação de clientela.
20.	A prestação de serviços profissionais por advogado será contratada preferencialmente por escrito.
21.	Nos processos disciplinares que envolverem divergência sobre a percepção de honorários da sucumbência entre advogados, deverá ser tentada a conciliação destes, preliminarmente pelo relator.
22.	É lícito ao advogado ou à sociedade de advogados empregar, para o recebimento de honorários, sistema de cartão de crédito, mediante credenciamento junto a empresa operadora do ramo.
23.	A representação contra membros da diretoria do Conselho Federal, Membros Honorários Vitalícios e detentores da Medalha Rui Barbosa será processada e julgada pelo Conselho Federal, sendo competente o Conselho Pleno.
24.	A conclusão ou desistência da causa obriga o advogado a devolver ao cliente bens, valores e documentos que lhe hajam sido confiados e ainda estejam em seu poder.

17 ■ DICAS SOBRE O CÓDIGO DE ÉTICA E DISCIPLINA DA OAB

25.	O advogado deve abster-se de patrocinar causa contrária à validade ou legitimidade de ato jurídico em cuja formação haja colaborado ou intervindo de qualquer maneira; da mesma forma, deve declinar seu impedimento ou o da sociedade que integre quando houver conflito de interesses motivado por intervenção anterior no trato de assunto que se prenda ao patrocínio solicitado.
26.	Compete aos Tribunais de Ética e Disciplina responder a consultas formuladas, em tese, sobre matéria ético-disciplinar.
27.	Salvo em causa própria, não poderá o advogado, enquanto exercer cargos ou funções em órgãos da OAB ou tiver assento, em qualquer condição, nos seus Conselhos, atuar em processos que tramitem perante a entidade nem oferecer pareceres destinados a instruí-los.
28.	Não há causa criminal indigna de defesa, cumprindo ao advogado agir, como defensor, no sentido de que a todos seja concedido tratamento condizente com a dignidade da pessoa humana, sob a égide das garantias constitucionais.
29.	Compete aos Tribunais de Ética e Disciplina julgar, em primeiro grau, os processos ético-disciplinares.
30.	A Corregedoria-Geral do Processo Disciplinar coordenará ações do Conselho Federal e dos Conselhos Seccionais voltadas para o objetivo de reduzir a ocorrência das infrações disciplinares mais frequentes.

QUESTÕES

01. (OAB FGV – XXIV Exame) Severino, advogado, é notório conhecedor das normas procedimentais e disciplinares do Estatuto da Advocacia e da OAB, bem como de seu regulamento, atuando na defesa de colegas advogados em processos disciplinares. Recentemente, Severino foi eleito conselheiro, passando a exercer essa função em certo Conselho Seccional da OAB.

Considerando o caso descrito, assinale a afirmativa correta.

A) Severino não poderá, enquanto exercer a função de conselheiro, atuar em processos disciplinares que tramitem perante qualquer órgão da OAB, sequer em causa própria.

B) Severino não poderá, enquanto for conselheiro, atuar em processos disciplinares que tramitem perante o Conselho Seccional onde exerce sua função. Porém, perante os demais conselhos, não há vedação à sua atuação, em causa própria ou alheia.

C) Severino não poderá, enquanto for conselheiro, atuar em processos disciplinares que tramitem perante o Conselho Seccional onde exerce sua função e o Conselho Federal da OAB. Porém, perante os demais conselhos, não há vedação à sua atuação, em causa própria ou alheia.

236 DOMINANDO
ÉTICA

D) Severino não poderá, enquanto exercer a função, atuar em processos disciplinares que tramitem perante qualquer órgão da OAB, salvo em causa própria.

GABARITO: D.

COMENTÁRIO: O advogado, enquanto exercer a função de Conselheiro Seccional na OAB, **poderá atuar em causa própria** nos processos disciplinares que tramitem perante a entidade, mas é proibida a atuação em tais processos em benefício de terceiros.

FUNDAMENTAÇÃO: Art. 33, *caput*, CED.

02. (OAB FGV – XXI Exame) A advogada Kátia exerce, de forma eventual e voluntária, a advocacia *pro bono* em favor de certa instituição social, a qual possui personalidade jurídica como associação, bem como de pessoas físicas economicamente hipossuficientes.

Em razão dessa prática, sempre que pode, Kátia faz menção pública à sua atuação *pro bono*, por entender que isto revela correição de caráter e gera boa publicidade de seus serviços como advogada, para obtenção de clientes em sua atuação remunerada.

Considerando as informações acima, assinale a afirmativa correta.

A) Kátia comete infração ética porque a advocacia *pro bono* não pode ser destinada a pessoas jurídicas, sob pena de caracterização de aviltamento de honorários. Kátia também comete infração ética ao divulgar sua atuação *pro bono* como instrumento de publicidade para obtenção de clientela.

B) Kátia comete infração ética, ao divulgar sua atuação *pro bono* como instrumento de publicidade para obtenção de clientela. Quanto à atuação *pro bono* em favor de pessoas jurídicas, inexiste vedação.

C) Kátia comete infração ética porque a advocacia *pro bono* não pode ser destinada a pessoas jurídicas, sob pena de caracterização de aviltamento de honorários. Quanto à divulgação de seus serviços *pro bono* para obtenção de clientela, inexiste vedação.

D) A situação narrada não revela infração ética. Inexistem óbices à divulgação por Kátia de seus serviços *pro bono* para obtenção de clientela, bem como à atuação *pro bono* em favor de pessoas jurídicas.

GABARITO: B.

COMENTÁRIO: A advocacia *pro bono* não pode ser utilizada como instrumento de publicidade do escritório para captação de clientela, porém, pode ser exercida em favor de pessoas jurídicas **em se tratando de instituição social sem fins econômicos.**

FUNDAMENTAÇÃO: Art. 30, CED.

17 ■ DICAS SOBRE O CÓDIGO DE ÉTICA E DISCIPLINA DA OAB

237

03. (OAB FGV – XXI Exame) Janaína é procuradora do município de Oceanópolis e atua, fora da carga horária demandada pela função, como advogada na sociedade de advogados Alfa, especializada em Direito Tributário. A profissional já foi professora na universidade estadual Beta, situada na localidade, tendo deixado o magistério há um ano, quando tomou posse como procuradora municipal.

Atualmente, Janaína deseja imprimir cartões de visitas para divulgação profissional de seu endereço e telefones. Assim, dirigiu-se a uma gráfica e elaborou o seguinte modelo: no centro do cartão, consta o nome e o número de inscrição de Janaína na OAB. Logo abaixo, o endereço e os telefones do escritório. No canto superior direito, há uma pequena fotografia da advogada, com vestimenta adequada. Na parte inferior do cartão, estão as seguintes inscrições "procuradora do município de Oceanópolis", "advogada – Sociedade de Advogados Alfa" e "ex-professora da Universidade Beta". A impressão será feita em papel branco com proporções usuais e grafia discreta na cor preta.

Considerando a situação descrita, assinale a afirmativa correta.

A) Os cartões de visitas pretendidos por Janaína não são adequados às regras referentes à publicidade profissional. São vedados: o emprego de fotografia pessoal e a referência ao cargo de procurador municipal. Os demais elementos poderão ser mantidos.

B) Os cartões de visitas pretendidos por Janaína, pautados pela discrição e sobriedade, são adequados às regras referentes à publicidade profissional.

C) Os cartões de visitas pretendidos por Janaína não são adequados às regras referentes à publicidade profissional. São vedados: o emprego de fotografia e a referência ao cargo de magistério que Janaína não mais exerce. Os demais elementos poderão ser mantidos.

D) Os cartões de visitas pretendidos por Janaína não são adequados às regras referentes à publicidade profissional. São vedados: a referência ao cargo de magistério que Janaína não mais exerce e a referência ao cargo de procurador municipal. Os demais elementos poderão ser mantidos.

GABARITO: A.

COMENTÁRIO: Os cartões de visitas pretendidos não são adequados às regras de publicidade profissional do advogado, tendo em vista a proibição pelo Código de Ética e Disciplina da inclusão de fotografia pessoal e da menção a qualquer emprego, cargo ou função ocupado, **salvo** o de professor universitário.

FUNDAMENTAÇÃO: Art. 44, § 2º, CED.

---

04. (OAB FGV – XXI Exame) Florentino, advogado regularmente inscrito na OAB, além da advocacia, passou a exercer também a profissão de corretor de imóveis, obtendo sua inscrição no conselho pertinente. Em seguida, Florentino passou a divulgar suas atividades, por meio de uma placa na porta de um de seus escritórios, com os dizeres: Florentino, advogado e corretor de imóveis.

Sobre o tema, assinale a afirmativa correta.

A) É vedado a Florentino exercer paralelamente a advocacia e a corretagem de imóveis.

B) É permitido a Florentino exercer paralelamente a advocacia e a corretagem de imóveis, desde que não sejam prestados os serviços de advocacia aos mesmos clientes da outra atividade. Além disso, é permitida a utilização da placa empregada, desde que seja discreta, sóbria e meramente informativa.

C) É permitido a Florentino exercer paralelamente a advocacia e a corretagem de imóveis. Todavia, é vedado o emprego da aludida placa, ainda que discreta, sóbria e meramente informativa.

D) É permitido a Florentino exercer paralelamente a advocacia e a corretagem de imóveis, inclusive em favor dos mesmos clientes. Também é permitido empregar a aludida placa, desde que seja discreta, sóbria e meramente informativa.

GABARITO: C.

COMENTÁRIO: Não há incompatibilidade do exercício da advocacia com a atividade de corretor de imóveis, sendo, no entanto, vedada a utilização de placa em comum para as duas atividades, ainda que discreta, sóbria e meramente informativa.

FUNDAMENTAÇÃO: Art. 40, IV, CED.

---

05. (OAB FGV – XXI Exame) José, bacharel em Direito, constitui Cesar, advogado, como seu procurador para atuar em demanda a ser proposta em face de Natália. Ajuizada a demanda, após o pedido de tutela provisória ter sido indeferido, José orienta César a opor Embargos de Declaração, embora não vislumbre omissão, contradição ou obscuridade na decisão, tampouco erro material a corrigir.

César, porém, acredita que a medida mais adequada é a interposição de Agravo de Instrumento, pois entende que a decisão poderá ser revista pelo tribunal, facultando-se, ainda, ao juízo de primeira instância reformar sua decisão.

Diante da divergência, assinale a opção que indica o posicionamento correto.

A) César deverá, em qualquer hipótese, seguir a orientação de José, que é parte na demanda e possui formação jurídica.

B) César deverá esclarecer José quanto à sua estratégia, mas subordinar-se, ao final, à orientação deste, pois no exercício do mandato atua como patrono da parte.

C) César deverá imprimir a orientação que lhe pareça mais adequada à causa, sem se subordinar à orientação de José, mas procurando esclarecê-lo quanto à sua estratégia.

D) César deverá imprimir a orientação que lhe pareça mais adequada à causa, sem se subordinar à orientação de José, e sem procurar esclarecê-lo quanto à sua estratégia, pois, no seu ministério privado, presta serviço público.

17 ■ DICAS SOBRE O CÓDIGO DE ÉTICA E DISCIPLINA DA OAB

GABARITO: C.

COMENTÁRIO: O advogado (César), no exercício do mandato, atua como patrono da parte, devendo adotar à causa orientação que lhe pareça mais adequada, sem se subordinar às intenções contrárias do cliente (José). No entanto, antes deve procurar esclarecer seu cliente a respeito da estratégia traçada.

FUNDAMENTAÇÃO: Art. 11, CED.

---

06. (OAB FGV – XXI Exame) Luciana e Antônio são advogados que, embora não tenham constituído sociedade, atuam em conjunto em algumas causas, por meio de substabelecimentos conferidos reciprocamente. Em regra, acordam informalmente a divisão do trabalho e dos honorários.

Todavia, após obterem sucesso em caso de valor vultoso, não chegaram a um consenso acerca da partilha dos honorários, pois cada um entendeu que sua participação foi preponderante. Assim, decidiram submeter a questão à Ordem dos Advogados.

Nesse caso,

A) havendo divergência, a partilha dos honorários entre Luciana e Antônio deve ser feita atribuindo-se metade a cada um, pois quando não há prévio acordo é irrelevante a participação de cada um no processo.

B) compete ao Tribunal de Ética e Disciplina atuar como mediador na partilha de honorários, podendo indicar mediador que contribua no sentido de que a distribuição se faça proporcionalmente à atuação de cada um no processo.

C) compete ao juiz da causa em que houve a condenação em honorários especificar o percentual ou o quanto é devido a cada um dos patronos, de modo que a distribuição se faça proporcionalmente à atuação de cada um no processo.

D) compete à Caixa de Assistência aos Advogados atuar como mediadora na partilha de honorários, podendo indicar mediador que contribua no sentido de que a distribuição se faça proporcionalmente à atuação de cada um no processo.

GABARITO: B.

COMENTÁRIO: A Ordem dos Advogados do Brasil ou os seus Tribunais de Ética e Disciplina podem ser solicitados para indicar mediador a fim de contribuir para a distribuição dos honorários proporcionalmente à atuação de cada advogado no processo, ou conforme haja sido ajustado entre eles.

FUNDAMENTAÇÃO: Art. 51, § 2°, CED.

---

07. (OAB FGV – XXIII Exame) O Dr. Silvestre, advogado, é procurado por um cliente para patrociná-lo em duas demandas em curso, nas quais o aludido cliente figura

como autor. Ao verificar o andamento processual dos feitos, Silvestre observa que o primeiro processo tramita perante a juíza Dra. Isabel, sua tia. Já o segundo processo tramita perante o juiz Dr. Zacarias, que, coincidentemente, é o locador do imóvel onde o Dr. Silvestre reside.

Considerando o disposto no Código de Ética e Disciplina da OAB, assinale a afirmativa correta.

A) O Dr. Silvestre cometerá infração ética se atuar em qualquer dos processos, tendo em vista o grau de parentesco com a primeira magistrada e a existência de relação negocial com o segundo juiz.

B) O Dr. Silvestre cometerá infração ética apenas se atuar no processo que tramita perante a juíza Dra. Isabel, tendo em vista o grau de parentesco com a magistrada. Quanto ao segundo processo, não há vedação ética ao patrocínio na demanda.

C) O Dr. Silvestre cometerá infração ética apenas se atuar no processo que tramita perante o juiz Dr. Zacarias, tendo em vista a existência de relação negocial com o magistrado. Quanto ao primeiro processo, não há vedação ética ao patrocínio na demanda.

D) O Dr. Zacarias não cometerá infração ética se atuar em ambos os feitos, pois as hipóteses de suspeição e impedimento dos juízes versam sobre seu relacionamento com as partes, e não com os advogados.

GABARITO: A.

COMENTÁRIO: Um princípio fundamental estabelecido no Código de Ética e Disciplina da OAB é de que o **advogado deve abster-se** de atuar em pleitos perante autoridades com que tenha vínculos negociais ou familiares. Dessa forma, o advogado mencionado na questão cometerá infração ética se atuar em qualquer dos processos citados.

FUNDAMENTAÇÃO: Art. 2º, parágrafo único, VIII, *e*, CED.

---

08. (OAB FGV – XXVI Exame) Juan e Pablo, ambos advogados, atuaram conjuntamente patrocinando uma demanda trabalhista em favor de certo trabalhador empregado. Tiveram bastante sucesso no exercício dessa função, tendo se valido de teses jurídicas notórias. Em razão disso, após o fim desse processo, duas pessoas jurídicas contrataram, respectivamente, Juan e Pablo, como integrantes de seus departamentos jurídicos, em relação empregatícia. A sociedade que empregou Juan determinou que ele atue de forma consultiva, emitindo parecer sobre a mesma questão jurídica tratada naquele primeiro processo, embora adotando orientação diversa, desta feita favorável aos empregadores. A pessoa jurídica que emprega Pablo pretende que ele realize sua defesa, em juízo, em processos nos quais ela é ré, sobre a mesma questão, também sustentando o posicionamento favorável aos empregadores.

Considerando o caso narrado, assinale a afirmativa correta.

17 ■ DICAS SOBRE o CÓDIGO DE ÉTICA E DISCIPLINA DA OAB

A) Juan e Pablo podem, de maneira legítima, recusar a atuação consultiva e o patrocínio das demandas judiciais, respectivamente, sem que isso implique violação aos seus deveres profissionais.

B) Apenas Juan pode, de maneira legítima, recusar a atuação consultiva sem que isso implique violação aos seus deveres profissionais.

C) Apenas Pablo pode, de maneira legítima, recusar o patrocínio das demandas judiciais sem que isso implique violação aos seus deveres profissionais.

D) As recusas quanto à atuação consultiva e ao patrocínio das demandas judiciais, por Juan e Pablo, respectivamente, implicam violações aos seus deveres profissionais.

GABARITO: A.

COMENTÁRIO: É legítima a recusa, pelo advogado, do patrocínio de causa e de manifestação, no âmbito consultivo, de pretensão concernente a direito que também lhe seja aplicável ou **contrarie orientação que tenha manifestado anteriormente**.

FUNDAMENTAÇÃO: Art. 4º, parágrafo único, CED.

18 LEGISLAÇÃO ESPECÍFICA

18.1. ESTATUTO DA ADVOCACIA E A ORDEM DOS ADVOGADOS DO BRASIL (OAB)

LEI N. 8.906, DE 4 DE JULHO DE 1994

> *Dispõe sobre o Estatuto da Advocacia e a Ordem dos Advogados do Brasil (OAB).*

O Presidente da República, faço saber que o Congresso Nacional decreta e eu sanciono a seguinte lei:

TÍTULO I
Da Advocacia

CAPÍTULO I
Da Atividade de Advocacia

Art. 1º São atividades privativas de advocacia:

I – a postulação a ~~qualquer~~ órgão do Poder Judiciário e aos juizados especiais;

■ *Vide* ADIN 1.127-8.

II – as atividades de consultoria, assessoria e direção jurídicas.

§ 1º Não se inclui na atividade privativa de advocacia a impetração de *habeas corpus* em qualquer instância ou tribunal.

§ 2º Os atos e contratos constitutivos de pessoas jurídicas, sob pena de nulidade, só podem ser admitidos a registro, nos órgãos competentes, quando visados por advogados.

§ 3º É vedada a divulgação de advocacia em conjunto com outra atividade.

Art. 2º O advogado é indispensável à administração da justiça.

§ 1º No seu ministério privado, o advogado presta serviço público e exerce função social.

§ 2º No processo judicial, o advogado contribui, na postulação de decisão favorável ao seu constituinte, ao convencimento do julgador, e seus atos constituem múnus público.

§ 2º-A. No processo administrativo, o advogado contribui com a postulação de decisão favorável ao seu constituinte, e os seus atos constituem múnus público.

- Incluído pela Lei n. 14.365, de 2022.

§ 3º No exercício da profissão, o advogado é inviolável por seus atos e manifestações, nos limites desta lei.

Art. 2º-A. O advogado pode contribuir com o processo legislativo e com a elaboração de normas jurídicas, no âmbito dos Poderes da República.

- Incluído pela Lei n. 14.365, de 2022.

Art. 3º O exercício da atividade de advocacia no território brasileiro e a denominação de advogado são privativos dos inscritos na Ordem dos Advogados do Brasil (OAB),

§ 1º Exercem atividade de advocacia, sujeitando-se ao regime desta lei, além do regime próprio a que se subordinem, os integrantes da Advocacia-Geral da União, da Procuradoria da Fazenda Nacional, da Defensoria Pública e das Procuradorias e Consultorias Jurídicas dos Estados, do Distrito Federal, dos Municípios e das respectivas entidades de administração indireta e fundacional.

- *Vide* ADIN 4636 e ADIN 6021.

§ 2º O estagiário de advocacia, regularmente inscrito, pode praticar os atos previstos no art. 1º, na forma do regimento geral, em conjunto com advogado e sob responsabilidade deste.

Art. 3º-A. Os serviços profissionais de advogado são, por sua natureza, técnicos e singulares, quando comprovada sua notória especialização, nos termos da lei.

- Incluído pela Lei n. 14.039, de 2020.

Parágrafo único. Considera-se notória especialização o profissional ou a sociedade de advogados cujo conceito no campo de sua especialidade, decorrente de desempenho anterior, estudos, experiências, publicações, organização, aparelhamento, equipe técnica ou de outros requisitos relacionados com suas atividades, permita inferir que o seu trabalho é essencial e indiscutivelmente o mais adequado à plena satisfação do objeto do contrato.

- Incluído pela Lei n. 14.039, de 2020.

Art. 4º São nulos os atos privativos de advogado praticados por pessoa não inscrita na OAB, sem prejuízo das sanções civis, penais e administrativas.

Parágrafo único. São também nulos os atos praticados por advogado impedido – no âmbito do impedimento – suspenso, licenciado ou que passar a exercer atividade incompatível com a advocacia.

Art. 5º O advogado postula, em juízo ou fora dele, fazendo prova do mandato.

§ 1º O advogado, afirmando urgência, pode atuar sem procuração, obrigando-se a apresentá-la no prazo de quinze dias, prorrogável por igual período.

§ 2º A procuração para o foro em geral habilita o advogado a praticar todos os atos judiciais, em qualquer juízo ou instância, salvo os que exijam poderes especiais.

§ 3º O advogado que renunciar ao mandato continuará, durante os dez dias seguintes à notificação da renúncia, a representar o mandante, salvo se for substituído antes do término desse prazo.

§ 4º As atividades de consultoria e assessoria jurídicas podem ser exercidas de modo verbal ou por escrito, a critério do advogado e do cliente, e independem de outorga de mandato ou de formalização por contrato de honorários.

- Incluído pela Lei n. 14.365, de 2022.

CAPÍTULO II
Dos Direitos do Advogado

Art. 6º Não há hierarquia nem subordinação entre advogados, magistrados e membros do Ministério Público, devendo todos tratar-se com consideração e respeito recíprocos.

§ 1º As autoridades e os servidores públicos dos Poderes da República, os serventuários da Justiça e os membros do Ministério Público devem dispensar ao advogado, no exercício da profissão, tratamento compatível com a dignidade da advocacia e condições adequadas a seu desempenho, preservando e resguardando, de ofício, a imagem, a reputação e a integridade do advogado nos termos desta Lei.

- Redação dada pela Lei n. 14.365, de 2022. Renumerado do parágrafo único pela Lei n. 14.508, de 2022.

§ 2º Durante as audiências de instrução e julgamento realizadas no Poder Judiciário, nos procedimentos de jurisdição contenciosa ou voluntária, os advogados do autor e do requerido devem permanecer no mesmo plano topográfico e em posição equidistante em relação ao magistrado que as presidir.

- Incluído pela Lei n. 14.508, de 2022.

Art. 7º São direitos do advogado:

I – exercer, com liberdade, a profissão em todo o território nacional;

II – a inviolabilidade de seu escritório ou local de trabalho, bem como de seus instrumentos de trabalho, de sua correspondência escrita, eletrônica, telefônica e telemática, desde que relativas ao exercício da advocacia;

- Redação dada pela Lei n. 11.767, de 2008.

III – comunicar-se com seus clientes, pessoal e reservadamente, mesmo sem procuração, quando estes se acharem presos, detidos ou recolhidos em estabelecimentos civis ou militares, ainda que considerados incomunicáveis;

IV – ter a presença de representante da OAB, quando preso em flagrante, por motivo ligado ao exercício da advocacia, para lavratura do auto respectivo, sob pena de nulidade e, nos demais casos, a comunicação expressa à seccional da OAB;

V – não ser recolhido preso, antes de sentença transitada em julgado, senão em sala de Estado Maior, com instalações e comodidades condignas, ~~assim reconhecidas pela OAB~~, e, na sua falta, em prisão domiciliar;

- *Vide* ADIN 1.127-8.

VI – ingressar livremente:

a) nas salas de sessões dos tribunais, mesmo além dos cancelos que separam a parte reservada aos magistrados;

b) nas salas e dependências de audiências, secretarias, cartórios, ofícios de justiça, serviços notariais e de registro, e, no caso de delegacias e prisões, mesmo fora da hora de expediente e independentemente da presença de seus titulares;

c) em qualquer edifício ou recinto em que funcione repartição judicial ou outro serviço público onde o advogado deva praticar ato ou colher prova ou informação útil ao exercício da atividade profissional, dentro do expediente ou fora dele, e ser atendido, desde que se ache presente qualquer servidor ou empregado;

d) em qualquer assembléia ou reunião de que participe ou possa participar o seu cliente, ou perante a qual este deva comparecer, desde que munido de poderes especiais;

VII – permanecer sentado ou em pé e retirar-se de quaisquer locais indicados no inciso anterior, independentemente de licença;

VIII – dirigir-se diretamente aos magistrados nas salas e gabinetes de trabalho, independentemente de horário previamente marcado ou outra condição, observando-se a ordem de chegada;

IX – ~~sustentar oralmente as razões de qualquer recurso ou processo, nas sessões de julgamento, após o voto do relator, em instância judicial ou administrativa, pelo prazo de quinze minutos, salvo se prazo maior for concedido~~;

- *Vide* ADIN 1.127-8 e ADIN 1.105-7.

IX-A – (VETADO);

- Incluído pela Lei n. 14.365, de 2022.

X – usar da palavra, pela ordem, em qualquer tribunal judicial ou administrativo, órgão de deliberação coletiva da administração pública ou comissão parlamentar de inquérito, mediante intervenção pontual e sumária, para esclarecer equívoco ou dúvida surgida em relação a fatos, a documentos ou a afirmações que influam na decisão;

- Redação dada pela Lei n. 14.365, de 2022.

XI – reclamar, verbalmente ou por escrito, perante qualquer juízo, tribunal ou autoridade, contra a inobservância de preceito de lei, regulamento ou regimento;

XII – falar, sentado ou em pé, em juízo, tribunal ou órgão de deliberação coletiva da Administração Pública ou do Poder Legislativo;

XIII – examinar, em qualquer órgão dos Poderes Judiciário e Legislativo, ou da Administração Pública em geral, autos de processos findos ou em andamento, mesmo sem procuração, quando não estiverem sujeitos a sigilo ou segredo de justiça, assegurada a obtenção de cópias, com possibilidade de tomar apontamentos;

■ Redação dada pela Lei n. 13.793, de 2019.

XIV – examinar, em qualquer instituição responsável por conduzir investigação, mesmo sem procuração, autos de flagrante e de investigações de qualquer natureza, findos ou em andamento, ainda que conclusos à autoridade, podendo copiar peças e tomar apontamentos, em meio físico ou digital;

■ Redação dada pela Lei n. 13.245, de 2016.

XV – ter vista dos processos judiciais ou administrativos de qualquer natureza, em cartório ou na repartição competente, ou retirá-los pelos prazos legais;

XVI – retirar autos de processos findos, mesmo sem procuração, pelo prazo de dez dias;

XVII – ser publicamente desagravado, quando ofendido no exercício da profissão ou em razão dela;

XVIII – usar os símbolos privativos da profissão de advogado;

XIX – recusar-se a depor como testemunha em processo no qual funcionou ou deva funcionar, ou sobre fato relacionado com pessoa de quem seja ou foi advogado, mesmo quando autorizado ou solicitado pelo constituinte, bem como sobre fato que constitua sigilo profissional;

XX – retirar-se do recinto onde se encontre aguardando pregão para ato judicial, após trinta minutos do horário designado e ao qual ainda não tenha comparecido a autoridade que deva presidir a ele, mediante comunicação protocolizada em juízo.

XXI – assistir a seus clientes investigados durante a apuração de infrações, sob pena de nulidade absoluta do respectivo interrogatório ou depoimento e, subsequentemente, de todos os elementos investigatórios e probatórios dele decorrentes ou derivados, direta ou indiretamente, podendo, inclusive, no curso da respectiva apuração:

■ Incluído pela Lei n. 13.245, de 2016.

a) apresentar razões e quesitos;

■ Incluída pela Lei n. 13.245, de 2016.

b) (VETADO).

■ Incluída pela Lei n. 13.245, de 2016.

§ 1º (REVOGADO).

■ Redação dada pela Lei n. 14.365, de 2022.

1) (REVOGADO).

■ Redação dada pela Lei n. 14.365, de 2022.

2) (REVOGADO).

■ Redação dada pela Lei n. 14.365, de 2022.

3) (REVOGADO).

248 DOMINANDO
ÉTICA

■ Redação dada pela Lei n. 14.365, de 2022.

§ 2º (REVOGADO).

■ Redação dada pela Lei n. 14.365, de 2022.

§ 2º-A. (VETADO).

■ Incluído pela Lei n. 14.365, de 2022.

§ 2º-B. Poderá o advogado realizar a sustentação oral no recurso interposto contra a decisão monocrática de relator que julgar o mérito ou não conhecer dos seguintes recursos ou ações:

■ Incluído pela Lei n. 14.365, de 2022.

I – recurso de apelação;

■ Incluído pela Lei n. 14.365, de 2022.

II – recurso ordinário;

■ Incluído pela Lei n. 14.365, de 2022.

III – recurso especial;

■ Incluído pela Lei n. 14.365, de 2022.

IV – recurso extraordinário;

■ Incluído pela Lei n. 14.365, de 2022.

V – embargos de divergência;

■ Incluído pela Lei n. 14.365, de 2022.

VI – ação rescisória, mandado de segurança, reclamação, *habeas corpus* e outras ações de competência originária.

■ Incluído pela Lei n. 14.365, de 2022.

§ 3º O advogado somente poderá ser preso em flagrante, por motivo de exercício da profissão, em caso de crime inafiançável, observado o disposto no inciso IV deste artigo.

§ 4º O Poder Judiciário e o Poder Executivo devem instalar, em todos os juizados, fóruns, tribunais, delegacias de polícia e presídios, salas especiais permanentes para os advogados, com uso e~~controle~~ assegurados à OAB.

■ *Vide* ADIN 1.127-8.

§ 5º No caso de ofensa a inscrito na OAB, no exercício da profissão ou de cargo ou função de órgão da OAB, o conselho competente deve promover o desagravo público do ofendido, sem prejuízo da responsabilidade criminal em que incorrer o infrator.

§ 6º Presentes indícios de autoria e materialidade da prática de crime por parte de advogado, a autoridade judiciária competente poderá decretar a quebra da inviolabilidade de que trata o inciso II do *caput* deste artigo, em decisão motivada, expedindo mandado de busca e apreensão, específico e pormenorizado, a ser cumprido na presença de representante da OAB, sendo, em qualquer hipótese, vedada a utilização dos documentos, das mídias e dos objetos pertencentes a clientes do advogado averiguado, bem como dos demais instrumentos de trabalho que contenham informações sobre clientes.

■ Incluído pela Lei n. 11.767, de 2008.

§ 6º-A. A medida judicial cautelar que importe na violação do escritório ou do local de trabalho do advogado será determinada em hipótese excepcional, desde que exista fundamento em indício, pelo órgão acusatório.

- Promulgação de partes vetadas. Incluído pela Lei n. 14.365, de 2022.

§ 6º-B. É vedada a determinação da medida cautelar prevista no § 6º-A deste artigo se fundada exclusivamente em elementos produzidos em declarações do colaborador sem confirmação por outros meios de prova.

- Promulgação de partes vetadas. Incluído pela Lei n. 14.365, de 2022.

§ 6º-C. O representante da OAB referido no § 6º deste artigo tem o direito a ser respeitado pelos agentes responsáveis pelo cumprimento do mandado de busca e apreensão, sob pena de abuso de autoridade, e o dever de zelar pelo fiel cumprimento do objeto da investigação, bem como de impedir que documentos, mídias e objetos não relacionados à investigação, especialmente de outros processos do mesmo cliente ou de outros clientes que não sejam pertinentes à persecução penal, sejam analisados, fotografados, filmados, retirados ou apreendidos do escritório de advocacia.

- Promulgação de partes vetadas. Incluído pela Lei n. 14.365, de 2022.

§ 6º-D. No caso de inviabilidade técnica quanto à segregação da documentação, da mídia ou dos objetos não relacionados à investigação, em razão da sua natureza ou volume, no momento da execução da decisão judicial de apreensão ou de retirada do material, a cadeia de custódia preservará o sigilo do seu conteúdo, assegurada a presença do representante da OAB, nos termos dos §§ 6º-F e 6º-G deste artigo.

- Incluído pela Lei n. 14.365, de 2022.

§ 6º-E. Na hipótese de inobservância do § 6º-D deste artigo pelo agente público responsável pelo cumprimento do mandado de busca e apreensão, o representante da OAB fará o relatório do fato ocorrido, com a inclusão dos nomes dos servidores, dará conhecimento à autoridade judiciária e o encaminhará à OAB para a elaboração de notícia-crime.

- Incluído pela Lei n. 14.365, de 2022.

§ 6º-F. É garantido o direito de acompanhamento por representante da OAB e pelo profissional investigado durante a análise dos documentos e dos dispositivos de armazenamento de informação pertencentes a advogado, apreendidos ou interceptados, em todos os atos, para assegurar o cumprimento do disposto no inciso II do *caput* deste artigo.

- Promulgação de partes vetadas. Incluído pela Lei n. 14.365, de 2022.

§ 6º-G. A autoridade responsável informará, com antecedência mínima de 24 (vinte e quatro) horas, à seccional da OAB a data, o horário e o local em que serão analisados os documentos e os equipamentos apreendidos, garantido o direito de acompanhamento, em todos os atos, pelo representante da OAB e pelo profissional investigado para assegurar o disposto no § 6º-C deste artigo.

- Promulgação de partes vetadas. Incluído pela Lei n. 14.365, de 2022.

§ 6º-H. Em casos de urgência devidamente fundamentada pelo juiz, a análise dos documentos e dos equipamentos apreendidos poderá acontecer em prazo inferior a 24 (vinte e quatro) horas, garantido o direito de acompanhamento, em todos os atos, pelo representante da OAB e pelo profissional investigado para assegurar o disposto no § 6º-C deste artigo.

- ■ Promulgação de partes vetadas. Incluído pela Lei n. 14.365, de 2022.

§ 6º-I. É vedado ao advogado efetuar colaboração premiada contra quem seja ou tenha sido seu cliente, e a inobservância disso importará em processo disciplinar, que poderá culminar com a aplicação do disposto no inciso III do *caput* do art. 35 desta Lei, sem prejuízo das penas previstas no art. 154 do Decreto-Lei n. 2.848, de 7 de dezembro de 1940 (Código Penal).

- ■ Incluído pela Lei n. 14.365, de 2022.

§ 7º A ressalva constante do § 6º deste artigo não se estende a clientes do advogado averiguado que estejam sendo formalmente investigados como seus partícipes ou co-autores pela prática do mesmo crime que deu causa à quebra da inviolabilidade.

- ■ Incluído pela Lei n. 11.767, de 2008.

§ 8º (VETADO).

- ■ Incluído pela Lei n. 11.767, de 2008.

§ 9º (VETADO).

- ■ Incluído pela Lei n. 11.767, de 2008.

§ 10. Nos autos sujeitos a sigilo, deve o advogado apresentar procuração para o exercício dos direitos de que trata o inciso XIV.

- ■ Incluído pela Lei n. 13.245, de 2016.

§ 11. No caso previsto no inciso XIV, a autoridade competente poderá delimitar o acesso do advogado aos elementos de prova relacionados a diligências em andamento e ainda não documentados nos autos, quando houver risco de comprometimento da eficiência, da eficácia ou da finalidade das diligências.

- ■ Incluído pela Lei n. 13.245, de 2016.

§ 12. A inobservância aos direitos estabelecidos no inciso XIV, o fornecimento incompleto de autos ou o fornecimento de autos em que houve a retirada de peças já incluídas no caderno investigativo implicará responsabilização criminal e funcional por abuso de autoridade do responsável que impedir o acesso do advogado com o intuito de prejudicar o exercício da defesa, sem prejuízo do direito subjetivo do advogado de requerer acesso aos autos ao juiz competente.

- ■ Incluído pela Lei n. 13.245, de 2016.

§ 13. O disposto nos incisos XIII e XIV do *caput* deste artigo aplica-se integralmente a processos e a procedimentos eletrônicos, ressalvado o disposto nos §§ 10 e 11 deste artigo.

- ■ Incluído pela Lei n. 13.793, de 2019.

§ 14. Cabe, privativamente, ao Conselho Federal da OAB, em processo disciplinar próprio, dispor, analisar e decidir sobre a prestação efetiva do serviço jurídico realizado pelo advogado.

- ■ Incluído pela Lei n. 14.365, de 2022.

§ 15. Cabe ao Conselho Federal da OAB dispor, analisar e decidir sobre os honorários advocatícios dos serviços jurídicos realizados pelo advogado, resguardado o sigilo, nos termos do Capítulo VI desta Lei, e observado o disposto no inciso XXXV do *caput* do art. 5º da Constituição Federal.

18 ■ LEGISLAÇÃO ESPECÍFICA

Estatuto da Advocacia e a OAB

■ Incluído pela Lei n. 14.365, de 2022.

§ 16. É nulo, em qualquer esfera de responsabilização, o ato praticado com violação da competência privativa do Conselho Federal da OAB prevista no § 14 deste artigo.

■ Incluído pela Lei n. 14.365, de 2022.

Art. 7º-A. São direitos da advogada:

■ Incluído pela Lei n. 13.363, de 2016.

I – gestante:

■ Incluído pela Lei n. 13.363, de 2016.

a) entrada em tribunais sem ser submetida a detectores de metais e aparelhos de raios X;

■ Incluída pela Lei n. 13.363, de 2016.

b) reserva de vaga em garagens dos fóruns dos tribunais;

■ Incluída pela Lei n. 13.363, de 2016.

II – lactante, adotante ou que der à luz, acesso a creche, onde houver, ou a local adequado ao atendimento das necessidades do bebê;

■ Incluído pela Lei n. 13.363, de 2016.

III – gestante, lactante, adotante ou que der à luz, preferência na ordem das sustentações orais e das audiências a serem realizadas a cada dia, mediante comprovação de sua condição;

■ Incluído pela Lei n. 13.363, de 2016.

IV – adotante ou que der à luz, suspensão de prazos processuais quando for a única patrona da causa, desde que haja notificação por escrito ao cliente.

■ Incluído pela Lei n. 13.363, de 2016.

§ 1º Os direitos previstos à advogada gestante ou lactante aplicam-se enquanto perdurar, respectivamente, o estado gravídico ou o período de amamentação.

■ Incluído pela Lei n. 13.363, de 2016.

§ 2º Os direitos assegurados nos incisos II e III deste artigo à advogada adotante ou que der à luz serão concedidos pelo prazo previsto no art. 392 do Decreto-Lei n. 5.452, de 1º de maio de 1943 (Consolidação das Leis do Trabalho).

■ Incluído pela Lei n. 13.363, de 2016.

§ 3º O direito assegurado no inciso IV deste artigo à advogada adotante ou que der à luz será concedido pelo prazo previsto no § 6º do art. 313 da Lei n. 13.105, de 16 de março de 2015 (Código de Processo Civil).

■ Incluído pela Lei n. 13.363, de 2016.

Art. 7º-B. Constitui crime violar direito ou prerrogativa de advogado previstos nos incisos II, III, IV e V do *caput* do art. 7º desta Lei:

■ Incluído pela Lei n. 13.869, de 2019.

Pena – detenção, de 2 (dois) a 4 (quatro) anos, e multa.

■ Redação dada pela Lei n. 14.365, de 2022.

CAPÍTULO III
Da Inscrição

Art. 8º Para inscrição como advogado é necessário:

I – capacidade civil;

II – diploma ou certidão de graduação em direito, obtido em instituição de ensino oficialmente autorizada e credenciada;

III – título de eleitor e quitação do serviço militar, se brasileiro;

IV – aprovação em Exame de Ordem;

V – não exercer atividade incompatível com a advocacia;

VI – idoneidade moral;

VII – prestar compromisso perante o conselho.

§ 1º O Exame da Ordem é regulamentado em provimento do Conselho Federal da OAB.

§ 2º O estrangeiro ou brasileiro, quando não graduado em direito no Brasil, deve fazer prova do título de graduação, obtido em instituição estrangeira, devidamente revalidado, além de atender aos demais requisitos previstos neste artigo.

§ 3º A inidoneidade moral, suscitada por qualquer pessoa, deve ser declarada mediante decisão que obtenha no mínimo dois terços dos votos de todos os membros do conselho competente, em procedimento que observe os termos do processo disciplinar.

§ 4º Não atende ao requisito de idoneidade moral aquele que tiver sido condenado por crime infamante, salvo reabilitação judicial.

Art. 9º Para inscrição como estagiário é necessário:

I – preencher os requisitos mencionados nos incisos I, III, V, VI e VII do art. 8º;

II – ter sido admitido em estágio profissional de advocacia.

§ 1º O estágio profissional de advocacia, com duração de dois anos, realizado nos últimos anos do curso jurídico, pode ser mantido pelas respectivas instituições de ensino superior pelos Conselhos da OAB, ou por setores, órgãos jurídicos e escritórios de advocacia credenciados pela OAB, sendo obrigatório o estudo deste Estatuto e do Código de Ética e Disciplina.

§ 2º A inscrição do estagiário é feita no Conselho Seccional em cujo território se localize seu curso jurídico.

§ 3º O aluno de curso jurídico que exerça atividade incompatível com a advocacia pode freqüentar o estágio ministrado pela respectiva instituição de ensino superior, para fins de aprendizagem, vedada a inscrição na OAB.

§ 4º O estágio profissional poderá ser cumprido por bacharel em Direito que queira se inscrever na Ordem.

§ 5º Em caso de pandemia ou em outras situações excepcionais que impossibilitem as atividades presenciais, declaradas pelo poder público, o estágio profissional poderá ser realizado no regime de teletrabalho ou de trabalho a distância em sistema remoto ou não, por qualquer meio telemático, sem configurar vínculo de emprego a adoção de qualquer uma dessas modalidades.

■ Incluído pela Lei n. 14.365, de 2022.

§ 6º Se houver concessão, pela parte contratante ou conveniada, de equipamentos, sistemas e materiais ou reembolso de despesas de infraestrutura ou instalação, todos destinados a viabilizar a realização da atividade de estágio prevista no § 5º deste artigo, essa informação deverá constar, expressamente, do convênio de estágio e do termo de estágio.

■ Incluído pela Lei n. 14.365, de 2022.

Art. 10. A inscrição principal do advogado deve ser feita no Conselho Seccional em cujo território pretende estabelecer o seu domicílio profissional, na forma do regulamento geral.

§ 1º Considera-se domicílio profissional a sede principal da atividade de advocacia, prevalecendo, na dúvida, o domicílio da pessoa física do advogado.

§ 2º Além da principal, o advogado deve promover a inscrição suplementar nos Conselhos Seccionais em cujos territórios passar a exercer habitualmente a profissão considerando-se habitualidade a intervenção judicial que exceder de cinco causas por ano.

§ 3º No caso de mudança efetiva de domicílio profissional para outra unidade federativa, deve o advogado requerer a transferência de sua inscrição para o Conselho Seccional correspondente.

§ 4º O Conselho Seccional deve suspender o pedido de transferência ou de inscrição suplementar, ao verificar a existência de vício ou ilegalidade na inscrição principal, contra ela representando ao Conselho Federal.

Art. 11. Cancela-se a inscrição do profissional que:

I – assim o requerer;

II – sofrer penalidade de exclusão;

III – falecer;

IV – passar a exercer, em caráter definitivo, atividade incompatível com a advocacia;

V – perder qualquer um dos requisitos necessários para inscrição.

§ 1º Ocorrendo uma das hipóteses dos incisos II, III e IV, o cancelamento deve ser promovido, de ofício, pelo conselho competente ou em virtude de comunicação por qualquer pessoa.

§ 2º Na hipótese de novo pedido de inscrição – que não restaura o número de inscrição anterior – deve o interessado fazer prova dos requisitos dos incisos I, V, VI e VII do art. 8º.

§ 3º Na hipótese do inciso II deste artigo, o novo pedido de inscrição também deve ser acompanhado de provas de reabilitação.

Art. 12. Licencia-se o profissional que:

I – assim o requerer, por motivo justificado;

II – passar a exercer, em caráter temporário, atividade incompatível com o exercício da advocacia;

III – sofrer doença mental considerada curável.

Art. 13. O documento de identidade profissional, na forma prevista no regulamento geral, é de uso obrigatório no exercício da atividade de advogado ou de estagiário e constitui prova de identidade civil para todos os fins legais.

Art. 14. É obrigatória a indicação do nome e do número de inscrição em todos os documentos assinados pelo advogado, no exercício de sua atividade.

Parágrafo único. É vedado anunciar ou divulgar qualquer atividade relacionada com o exercício da advocacia ou o uso da expressão escritório de advocacia, sem indicação expressa do nome e do número de inscrição dos advogados que o integrem ou o número de registro da sociedade de advogados na OAB.

CAPÍTULO IV
Da Sociedade de Advogados

Art. 15. Os advogados podem reunir-se em sociedade simples de prestação de serviços de advocacia ou constituir sociedade unipessoal de advocacia, na forma disciplinada nesta Lei e no regulamento geral.

■ Redação dada pela Lei n. 13.247, de 2016.

§ 1º A sociedade de advogados e a sociedade unipessoal de advocacia adquirem personalidade jurídica com o registro aprovado dos seus atos constitutivos no Conselho Seccional da OAB em cuja base territorial tiver sede.

■ Redação dada pela Lei n. 13.247, de 2016.

§ 2º Aplica-se à sociedade de advogados e à sociedade unipessoal de advocacia o Código de Ética e Disciplina, no que couber.

■ Redação dada pela Lei n. 13.247, de 2016.

§ 3º As procurações devem ser outorgadas individualmente aos advogados e indicar a sociedade de que façam parte.

§ 4º Nenhum advogado pode integrar mais de uma sociedade de advogados, constituir mais de uma sociedade unipessoal de advocacia, ou integrar, simultaneamente, uma sociedade de advogados e uma sociedade unipessoal de advocacia, com sede ou filial na mesma área territorial do respectivo Conselho Seccional.

■ Redação dada pela Lei n. 13.247, de 2016.

§ 5º O ato de constituição de filial deve ser averbado no registro da sociedade e arquivado no Conselho Seccional onde se instalar, ficando os sócios, inclusive o titular da sociedade unipessoal de advocacia, obrigados à inscrição suplementar.

■ Redação dada pela Lei n. 13.247, de 2016.

§ 6º Os advogados sócios de uma mesma sociedade profissional não podem representar em juízo clientes de interesses opostos.

§ 7º A sociedade unipessoal de advocacia pode resultar da concentração por um advogado das quotas de uma sociedade de advogados, independentemente das razões que motivaram tal concentração.

■ Incluído pela Lei n. 13.247, de 2016.

§ 8º Nas sociedades de advogados, a escolha do sócio-administrador poderá recair sobre advogado que atue como servidor da administração direta, indireta e fundacional, desde que não esteja sujeito ao regime de dedicação exclusiva, não lhe sendo aplicável o disposto no inciso X do *caput* do art. 117 da Lei n. 8.112, de 11 de dezembro de 1990, no que se refere à sociedade de advogados.

- Promulgação de partes vetadas. Incluído pela Lei n. 14.365, de 2022.

§ 9º A sociedade de advogados e a sociedade unipessoal de advocacia deverão recolher seus tributos sobre a parcela da receita que efetivamente lhes couber, com a exclusão da receita que for transferida a outros advogados ou a sociedades que atuem em forma de parceria para o atendimento do cliente.

- Promulgação de partes vetadas. Incluído pela Lei n. 14.365, de 2022.

§ 10. Cabem ao Conselho Federal da OAB a fiscalização, o acompanhamento e a definição de parâmetros e de diretrizes da relação jurídica mantida entre advogados e sociedades de advogados ou entre escritório de advogados sócios e advogado associado, inclusive no que se refere ao cumprimento dos requisitos norteadores da associação sem vínculo empregatício autorizada expressamente neste artigo.

- Incluído pela Lei n. 14.365, de 2022.

§ 11. Não será admitida a averbação do contrato de associação que contenha, em conjunto, os elementos caracterizadores de relação de emprego previstos na Consolidação das Leis do Trabalho (CLT), aprovada pelo Decreto-Lei n. 5.452, de 1º de maio de 1943.

- Incluído pela Lei n. 14.365, de 2022.

§ 12. A sociedade de advogados e a sociedade unipessoal de advocacia podem ter como sede, filial ou local de trabalho espaço de uso individual ou compartilhado com outros escritórios de advocacia ou empresas, desde que respeitadas as hipóteses de sigilo previstas nesta Lei e no Código de Ética e Disciplina.

- Incluído pela Lei n. 14.365, de 2022.

Art. 16. Não são admitidas a registro nem podem funcionar todas as espécies de sociedades de advogados que apresentem forma ou características de sociedade empresária, que adotem denominação de fantasia, que realizem atividades estranhas à advocacia, que incluam como sócio ou titular de sociedade unipessoal de advocacia pessoa não inscrita como advogado ou totalmente proibida de advogar.

- Redação dada pela Lei n. 13.247/2016.

§ 1º A razão social deve ter, obrigatoriamente, o nome de, pelo menos, um advogado responsável pela sociedade, podendo permanecer o de sócio falecido, desde que prevista tal possibilidade no ato constitutivo.

§ 2º O impedimento ou a incompatibilidade em caráter temporário do advogado não o exclui da sociedade de advogados à qual pertença e deve ser averbado no registro da sociedade, observado o disposto nos arts. 27, 28, 29 e 30 desta Lei e proibida, em qualquer hipótese, a exploração de seu nome e de sua imagem em favor da sociedade.

- Redação dada pela Lei n. 14.365, de 2022.

§ 3° É proibido o registro, nos cartórios de registro civil de pessoas jurídicas e nas juntas comerciais, de sociedade que inclua, entre outras finalidades, a atividade de advocacia.

§ 4° A denominação da sociedade unipessoal de advocacia deve ser obrigatoriamente formada pelo nome do seu titular, completo ou parcial, com a expressão 'Sociedade Individual de Advocacia'.

- Incluído pela Lei n. 13.247/2016.

Art. 17. Além da sociedade, o sócio e o titular da sociedade individual de advocacia respondem subsidiária e ilimitadamente pelos danos causados aos clientes por ação ou omissão no exercício da advocacia, sem prejuízo da responsabilidade disciplinar em que possam incorrer.

- Redação pela Lei n. 13.247/2016.

Art. 17-A. O advogado poderá associar-se a uma ou mais sociedades de advogados ou sociedades unipessoais de advocacia, sem que estejam presentes os requisitos legais de vínculo empregatício, para prestação de serviços e participação nos resultados, na forma do Regulamento Geral e de Provimentos do Conselho Federal da OAB.

- Incluído pela Lei n. 14.365, de 2022.

Art. 17-B. A associação de que trata o art. 17-A desta Lei dar-se-á por meio de pactuação de contrato próprio, que poderá ser de caráter geral ou restringir-se a determinada causa ou trabalho e que deverá ser registrado no Conselho Seccional da OAB em cuja base territorial tiver sede a sociedade de advogados que dele tomar parte.

- Incluído pela Lei n. 14.365, de 2022.

Parágrafo único. No contrato de associação, o advogado sócio ou associado e a sociedade pactuarão as condições para o desempenho da atividade advocatícia e estipularão livremente os critérios para a partilha dos resultados dela decorrentes, devendo o contrato conter, no mínimo:

- Incluído pela Lei n. 14.365, de 2022.

I – qualificação das partes, com referência expressa à inscrição no Conselho Seccional da OAB competente;

- Incluído pela Lei n. 14.365, de 2022.

II – especificação e delimitação do serviço a ser prestado;

- Incluído pela Lei n. 14.365, de 2022.

III – forma de repartição dos riscos e das receitas entre as partes, vedada a atribuição da totalidade dos riscos ou das receitas exclusivamente a uma delas;

- Incluído pela Lei n. 14.365, de 2022.

IV – responsabilidade pelo fornecimento de condições materiais e pelo custeio das despesas necessárias à execução dos serviços;

- Incluído pela Lei n. 14.365, de 2022.

V – prazo de duração do contrato.

- Incluído pela Lei n. 14.365, de 2022.

CAPÍTULO V
Do Advogado Empregado

Art. 18. A relação de emprego, na qualidade de advogado, não retira a isenção técnica nem reduz a independência profissional inerentes à advocacia.

§ 1º O advogado empregado não está obrigado à prestação de serviços profissionais de interesse pessoal dos empregadores, fora da relação de emprego.

■ Incluído pela Lei n. 14.365, de 2022.

§ 2º As atividades do advogado empregado poderão ser realizadas, a critério do empregador, em qualquer um dos seguintes regimes:

■ Incluído pela Lei n. 14.365, de 2022.

I – exclusivamente presencial: modalidade na qual o advogado empregado, desde o início da contratação, realizará o trabalho nas dependências ou locais indicados pelo empregador;

■ Incluído pela Lei n. 14.365, de 2022.

II – não presencial, teletrabalho ou trabalho a distância: modalidade na qual, desde o início da contratação, o trabalho será preponderantemente realizado fora das dependências do empregador, observado que o comparecimento nas dependências de forma não permanente, variável ou para participação em reuniões ou em eventos presenciais não descaracterizará o regime não presencial;

■ Incluído pela Lei n. 14.365, de 2022.

III – misto: modalidade na qual as atividades do advogado poderão ser presenciais, no estabelecimento do contratante ou onde este indicar, ou não presenciais, conforme as condições definidas pelo empregador em seu regulamento empresarial, independentemente de preponderância ou não.

■ Incluído pela Lei n. 14.365, de 2022.

§ 3º Na vigência da relação de emprego, as partes poderão pactuar, por acordo individual simples, a alteração de um regime para outro.

■ Incluído pela Lei n. 14.365, de 2022.

Art. 19. O salário-mínimo profissional do advogado será fixado em sentença normativa, salvo se ajustado em acordo ou convenção coletiva de trabalho.

Art. 20. A jornada de trabalho do advogado empregado, quando prestar serviço para empresas, não poderá exceder a duração diária de 8 (oito) horas contínuas e a de 40 (quarenta) horas semanais.

■ Redação dada pela Lei n. 14.365, de 2022.

§ 1º Para efeitos deste artigo, considera-se como período de trabalho o tempo em que o advogado estiver à disposição do empregador, aguardando ou executando ordens, no seu escritório ou em atividades externas, sendo-lhe reembolsadas as despesas feitas com transporte, hospedagem e alimentação.

§ 2º As horas trabalhadas que excederem a jornada normal são remuneradas por um adicional não inferior a cem por cento sobre o valor da hora normal, mesmo havendo contrato escrito.

§ 3º As horas trabalhadas no período das vinte horas de um dia até as cinco horas do dia seguinte são remuneradas como noturnas, acrescidas do adicional de vinte e cinco por cento.

Art. 21. Nas causas em que for parte o empregador, ou pessoa por este representada, os honorários de sucumbência são devidos aos advogados empregados.

Parágrafo único. Os honorários de sucumbência, percebidos por advogado empregado de sociedade de advogados são partilhados entre ele e a empregadora, na forma estabelecida em acordo.

CAPÍTULO VI
Dos Honorários Advocatícios

Art. 22. A prestação de serviço profissional assegura aos inscritos na OAB o direito aos honorários convencionados, aos fixados por arbitramento judicial e aos de sucumbência.

§ 1º O advogado, quando indicado para patrocinar causa de juridicamente necessitado, no caso de impossibilidade da Defensoria Pública no local da prestação de serviço, tem direito aos honorários fixados pelo juiz, segundo tabela organizada pelo Conselho Seccional da OAB, e pagos pelo Estado.

§ 2º Na falta de estipulação ou de acordo, os honorários são fixados por arbitramento judicial, em remuneração compatível com o trabalho e o valor econômico da questão, observado obrigatoriamente o disposto nos §§ 2º, 3º, 4º, 5º, 6º, 6º-A, 8º, 8º-A, 9º e 10 do art. 85 da Lei n. 13.105, de 16 de março de 2015 (Código de Processo Civil).

■ Redação dada pela Lei n. 14.365, de 2022.

§ 3º Salvo estipulação em contrário, um terço dos honorários é devido no início do serviço, outro terço até a decisão de primeira instância e o restante no final.

§ 4º Se o advogado fizer juntar aos autos o seu contrato de honorários antes de expedir-se o mandado de levantamento ou precatório, o juiz deve determinar que lhe sejam pagos diretamente, por dedução da quantia a ser recebida pelo constituinte, salvo se este provar que já os pagou.

§ 5º O disposto neste artigo não se aplica quando se tratar de mandato outorgado por advogado para defesa em processo oriundo de ato ou omissão praticada no exercício da profissão.

§ 6º O disposto neste artigo aplica-se aos honorários assistenciais, compreendidos como os fixados em ações coletivas propostas por entidades de classe em substituição processual, sem prejuízo aos honorários convencionais.

■ Incluído pela Lei n. 13.725, de 2018.

§ 7º Os honorários convencionados com entidades de classe para atuação em substituição processual poderão prever a faculdade de indicar os beneficiários que, ao optarem por adquirir os direitos, assumirão as obrigações decorrentes do contrato originário a partir do momento em que este foi celebrado, sem a necessidade de mais formalidades.

■ Incluído pela Lei n. 13.725, de 2018.

§ 8º Consideram-se também honorários convencionados aqueles decorrentes da indicação de cliente entre advogados ou sociedade de advogados, aplicada a regra prevista no § 9º do art. 15 desta Lei.

- Incluído pela Lei n. 14.365, de 2022.

Art. 22-A. Fica permitida a dedução de honorários advocatícios contratuais dos valores acrescidos, a título de juros de mora, ao montante repassado aos Estados e aos Municípios na forma de precatórios, como complementação de fundos constitucionais.

- Incluído pela Lei n. 14.365, de 2022.

Parágrafo único. A dedução a que se refere o *caput* deste artigo não será permitida aos advogados nas causas que decorram da execução de título judicial constituído em ação civil pública ajuizada pelo Ministério Público Federal.

- Promulgação de partes vetadas. Incluído pela Lei n. 14.365, de 2022.

Art. 23. Os honorários incluídos na condenação, por arbitramento ou sucumbência, pertencem ao advogado, tendo este direito autônomo para executar a sentença nesta parte, podendo requerer que o precatório, quando necessário, seja expedido em seu favor.

- *Vide* ADIN 6.053.

Art. 24. A decisão judicial que fixar ou arbitrar honorários e o contrato escrito que os estipular são títulos executivos e constituem crédito privilegiado na falência, concordata, concurso de credores, insolvência civil e liquidação extrajudicial.

§ 1º A execução dos honorários pode ser promovida nos mesmos autos da ação em que tenha atuado o advogado, se assim lhe convier.

§ 2º Na hipótese de falecimento ou incapacidade civil do advogado, os honorários de sucumbência, proporcionais ao trabalho realizado, são recebidos por seus sucessores ou representantes legais.

~~**§ 3º** É nula qualquer disposição, cláusula, regulamento ou convenção individual ou coletiva que retire do advogado o direito ao recebimento dos honorários de sucumbência.~~

- *Vide* ADIN 1.194-4.

§ 3º-A. Nos casos judiciais e administrativos, as disposições, as cláusulas, os regulamentos ou as convenções individuais ou coletivas que retirem do sócio o direito ao recebimento dos honorários de sucumbência serão válidos somente após o protocolo de petição que revogue os poderes que lhe foram outorgados ou que noticie a renúncia a eles, e os honorários serão devidos proporcionalmente ao trabalho realizado nos processos.

- Incluído pela Lei n. 14.365, de 2022.

§ 4º O acordo feito pelo cliente do advogado e a parte contrária, salvo aquiescência do profissional, não lhe prejudica os honorários, quer os convencionados, quer os concedidos por sentença.

§ 5º Salvo renúncia expressa do advogado aos honorários pactuados na hipótese de encerramento da relação contratual com o cliente, o advogado mantém o direito aos honorários proporcionais ao trabalho realizado nos processos judiciais e administrativos em que tenha atuado, nos exatos termos do contrato celebrado, inclusive em relação aos eventos de sucesso que porventura venham a ocorrer após o encerramento da relação contratual.

- Incluído pela Lei n. 14.365, de 2022.

§ 6º O distrato e a rescisão do contrato de prestação de serviços advocatícios, mesmo que formalmente celebrados, não configuram renúncia expressa aos honorários pactuados.

- Incluído pela Lei n. 14.365, de 2022.

§ 7º Na ausência do contrato referido no § 6º deste artigo, os honorários advocatícios serão arbitrados conforme o disposto no art. 22 desta Lei.

- Incluído pela Lei n. 14.365, de 2022.

Art. 24-A. No caso de bloqueio universal do patrimônio do cliente por decisão judicial, garantir-se-á ao advogado a liberação de até 20% (vinte por cento) dos bens bloqueados para fins de recebimento de honorários e reembolso de gastos com a defesa, ressalvadas as causas relacionadas aos crimes previstos na Lei n. 11.343, de 23 de agosto de 2006 (Lei de Drogas), e observado o disposto no parágrafo único do art. 243 da Constituição Federal.

- Incluído pela Lei n. 14.365, de 2022.

§ 1º O pedido de desbloqueio de bens será feito em autos apartados, que permanecerão em sigilo, mediante a apresentação do respectivo contrato.

- Incluído pela Lei n. 14.365, de 2022.

§ 2º O desbloqueio de bens observará, preferencialmente, a ordem estabelecida no art. 835 da Lei n. 13.105, de 16 de março de 2015 (Código de Processo Civil).

- Incluído pela Lei n. 14.365, de 2022.

§ 3º Quando se tratar de dinheiro em espécie, de depósito ou de aplicação em instituição financeira, os valores serão transferidos diretamente para a conta do advogado ou do escritório de advocacia responsável pela defesa.

- Incluído pela Lei n. 14.365, de 2022.

§ 4º Nos demais casos, o advogado poderá optar pela adjudicação do próprio bem ou por sua venda em hasta pública para satisfação dos honorários devidos, nos termos do art. 879 e seguintes da Lei n. 13.105, de 16 de março de 2015 (Código de Processo Civil).

- Incluído pela Lei n. 14.365, de 2022.

§ 5º O valor excedente deverá ser depositado em conta vinculada ao processo judicial.

- Incluído pela Lei n. 14.365, de 2022.

Art. 25. Prescreve em cinco anos a ação de cobrança de honorários de advogado, contado o prazo:

I – do vencimento do contrato, se houver;

II – do trânsito em julgado da decisão que os fixar;

III – da ultimação do serviço extrajudicial;

IV – da desistência ou transação;

V – da renúncia ou revogação do mandato.

Art. 25-A. Prescreve em cinco anos a ação de prestação de contas pelas quantias recebidas pelo advogado de seu cliente, ou de terceiros por conta dele (art. 34, XXI).

- Incluído pela Lei n. 11.902, de 2009.

Art. 26. O advogado substabelecido, com reserva de poderes, não pode cobrar honorários sem a intervenção daquele que lhe conferiu o substabelecimento.

Parágrafo único. O disposto no *caput* deste artigo não se aplica na hipótese de o advogado substabelecido, com reservas de poderes, possuir contrato celebrado com o cliente.

- Incluído pela Lei n. 14.365, de 2022.

CAPÍTULO VII
Das Incompatibilidades e Impedimentos

Art. 27. A incompatibilidade determina a proibição total, e o impedimento, a proibição parcial do exercício da advocacia.

Art. 28. A advocacia é incompatível, mesmo em causa própria, com as seguintes atividades:

I – chefe do Poder Executivo e membros da Mesa do Poder Legislativo e seus substitutos legais;

II – membros de órgãos do Poder Judiciário, do Ministério Público, dos tribunais e conselhos de contas, dos juizados especiais, da justiça de paz, juízes classistas, bem como de todos os que exerçam função de julgamento em órgãos de deliberação coletiva da administração pública direta e indireta;

- *Vide* ADIN 1127-8.

III – ocupantes de cargos ou funções de direção em Órgãos da Administração Pública direta ou indireta, em suas fundações e em suas empresas controladas ou concessionárias de serviço público;

IV – ocupantes de cargos ou funções vinculados direta ou indiretamente a qualquer órgão do Poder Judiciário e os que exercem serviços notariais e de registro;

V – ocupantes de cargos ou funções vinculados direta ou indiretamente a atividade policial de qualquer natureza;

VI – militares de qualquer natureza, na ativa;

VII – ocupantes de cargos ou funções que tenham competência de lançamento, arrecadação ou fiscalização de tributos e contribuições parafiscais;

VIII – ocupantes de funções de direção e gerência em instituições financeiras, inclusive privadas.

§ 1º A incompatibilidade permanece mesmo que o ocupante do cargo ou função deixe de exercê-lo temporariamente.

§ 2º Não se incluem nas hipóteses do inciso III os que não detenham poder de decisão relevante sobre interesses de terceiro, a juízo do conselho competente da OAB, bem como a administração acadêmica diretamente relacionada ao magistério jurídico.

§ 3º As causas de incompatibilidade previstas nas hipóteses dos incisos V e VI do *caput* deste artigo não se aplicam ao exercício da advocacia em causa própria, estritamente para fins de defesa e tutela de direitos pessoais, desde que mediante inscrição especial na OAB, vedada a participação em sociedade de advogados.

■ Incluído pela Lei n. 14.365, de 2022. *Vide* ADIN 7.227.

§ 4º A inscrição especial a que se refere o § 3º deste artigo deverá constar do documento profissional de registro na OAB e não isenta o profissional do pagamento da contribuição anual, de multas e de preços de serviços devidos à OAB, na forma por ela estabelecida, vedada cobrança em valor superior ao exigido para os demais membros inscritos.

■ Incluído pela Lei n. 14.365, de 2022. *Vide* ADIN 7.227.

Art. 29. Os Procuradores Gerais, Advogados Gerais, Defensores Gerais e dirigentes de órgãos jurídicos da Administração Pública direta, indireta e fundacional são exclusivamente legitimados para o exercício da advocacia vinculada à função que exerçam, durante o período da investidura.

Art. 30. São impedidos de exercer a advocacia:

I – os servidores da administração direta, indireta e fundacional, contra a Fazenda Pública que os remunere ou à qual seja vinculada a entidade empregadora;

II – os membros do Poder Legislativo, em seus diferentes níveis, contra ou a favor das pessoas jurídicas de direito público, empresas públicas, sociedades de economia mista, fundações públicas, entidades paraestatais ou empresas concessionárias ou permissionárias de serviço público.

Parágrafo único. Não se incluem nas hipóteses do inciso I os docentes dos cursos jurídicos.

CAPÍTULO VIII
Da Ética do Advogado

Art. 31. O advogado deve proceder de forma que o torne merecedor de respeito e que contribua para o prestígio da classe e da advocacia.

§ 1º O advogado, no exercício da profissão, deve manter independência em qualquer circunstância.

§ 2º Nenhum receio de desagradar a magistrado ou a qualquer autoridade, nem de incorrer em impopularidade, deve deter o advogado no exercício da profissão.

Art. 32. O advogado é responsável pelos atos que, no exercício profissional, praticar com dolo ou culpa.

Parágrafo único. Em caso de lide temerária, o advogado será solidariamente responsável com seu cliente, desde que coligado com este para lesar a parte contrária, o que será apurado em ação própria.

Art. 33. O advogado obriga-se a cumprir rigorosamente os deveres consignados no Código de Ética e Disciplina.

Parágrafo único. O Código de Ética e Disciplina regula os deveres do advogado para com a comunidade, o cliente, o outro profissional e, ainda, a publicidade, a recusa do patrocínio, o dever de assistência jurídica, o dever geral de urbanidade e os respectivos procedimentos disciplinares.

18 ■ LEGISLAÇÃO ESPECÍFICA

CAPÍTULO IX
Das Infrações e Sanções Disciplinares

Art. 34. Constitui infração disciplinar:

I – exercer a profissão, quando impedido de fazê-lo, ou facilitar, por qualquer meio, o seu exercício aos não inscritos, proibidos ou impedidos;

II – manter sociedade profissional fora das normas e preceitos estabelecidos nesta lei;

III – valer-se de agenciador de causas, mediante participação nos honorários a receber;

IV – angariar ou captar causas, com ou sem a intervenção de terceiros;

V – assinar qualquer escrito destinado a processo judicial ou para fim extrajudicial que não tenha feito, ou em que não tenha colaborado;

VI – advogar contra literal disposição de lei, presumindo-se a boa-fé quando fundamentado na inconstitucionalidade, na injustiça da lei ou em pronunciamento judicial anterior;

VII – violar, sem justa causa, sigilo profissional;

VIII – estabelecer entendimento com a parte adversa sem autorização do cliente ou ciência do advogado contrário;

IX – prejudicar, por culpa grave, interesse confiado ao seu patrocínio;

X – acarretar, conscientemente, por ato próprio, a anulação ou a nulidade do processo em que funcione;

XI – abandonar a causa sem justo motivo ou antes de decorridos dez dias da comunicação da renúncia;

XII – recusar-se a prestar, sem justo motivo, assistência jurídica, quando nomeado em virtude de impossibilidade da Defensoria Pública;

XIII – fazer publicar na imprensa, desnecessária e habitualmente, alegações forenses ou relativas a causas pendentes;

XIV – deturpar o teor de dispositivo de lei, de citação doutrinária ou de julgado, bem como de depoimentos, documentos e alegações da parte contrária, para confundir o adversário ou iludir o juiz da causa;

XV – fazer, em nome do constituinte, sem autorização escrita deste, imputação a terceiro de fato definido como crime;

XVI – deixar de cumprir, no prazo estabelecido, determinação emanada do órgão ou de autoridade da Ordem, em matéria da competência desta, depois de regularmente notificado;

XVII – prestar concurso a clientes ou a terceiros para realização de ato contrário à lei ou destinado a fraudá-la;

XVIII – solicitar ou receber de constituinte qualquer importância para aplicação ilícita ou desonesta;

XIX – receber valores, da parte contrária ou de terceiro, relacionados com o objeto do mandato, sem expressa autorização do constituinte;

XX – locupletar-se, por qualquer forma, à custa do cliente ou da parte adversa, por si ou interposta pessoa;

XXI – recusar-se, injustificadamente, a prestar contas ao cliente de quantias recebidas dele ou de terceiros por conta dele;

XXII – reter, abusivamente, ou extraviar autos recebidos com vista ou em confiança;

XXIII – deixar de pagar as contribuições, multas e preços de serviços devidos à OAB, depois de regularmente notificado a fazê-lo;

■ *Vide* ADIN 7.020.

XXIV – incidir em erros reiterados que evidenciem inépcia profissional;

XXV – manter conduta incompatível com a advocacia;

XXVI – fazer falsa prova de qualquer dos requisitos para inscrição na OAB;

XXVII – tornar-se moralmente inidôneo para o exercício da advocacia;

XXVIII – praticar crime infamante;

XXIX – praticar, o estagiário, ato excedente de sua habilitação.

XXX – praticar assédio moral, assédio sexual ou discriminação.

■ Incluído pela Lei n. 14.612, de 2023.

§ 1º Inclui-se na conduta incompatível:

■ Renumerado do parágrafo único pela Lei n. 14.612, de 2023.

a) prática reiterada de jogo de azar, não autorizado por lei;

b) incontinência pública e escandalosa;

c) embriaguez ou toxicomania habituais.

§ 2º Para os fins desta Lei, considera-se:

■ Incluído pela Lei n. 14.612, de 2023.

I – assédio moral: a conduta praticada no exercício profissional ou em razão dele, por meio da repetição deliberada de gestos, palavras faladas ou escritas ou comportamentos que exponham o estagiário, o advogado ou qualquer outro profissional que esteja prestando seus serviços a situações humilhantes e constrangedoras, capazes de lhes causar ofensa à personalidade, à dignidade e à integridade psíquica ou física, com o objetivo de excluí-los das suas funções ou de desestabilizá-los emocionalmente, deteriorando o ambiente profissional;

■ Incluído pela Lei n. 14.612, de 2023.

II – assédio sexual: a conduta de conotação sexual praticada no exercício profissional ou em razão dele, manifestada fisicamente ou por palavras, gestos ou outros meios, proposta ou imposta à pessoa contra sua vontade, causando-lhe constrangimento e violando a sua liberdade sexual;

■ Incluído pela Lei n. 14.612, de 2023.

III – discriminação: a conduta comissiva ou omissiva que dispense tratamento constrangedor ou humilhante a pessoa ou grupo de pessoas, em razão de sua deficiência, pertença a determinada raça, cor ou sexo, procedência nacional ou regional, origem étnica, condição de gestante, lactante ou nutriz, faixa etária, religião ou outro fator.

■ Incluído pela Lei n. 14.612, de 2023.

Art. 35. As sanções disciplinares consistem em:

I – censura;

II – suspensão;

III – exclusão;

IV – multa.

Parágrafo único. As sanções devem constar dos assentamentos do inscrito, após o trânsito em julgado da decisão, não podendo ser objeto de publicidade a de censura.

Art. 36. A censura é aplicável nos casos de:

I – infrações definidas nos incisos I a XVI e XXIX do art. 34;

II – violação a preceito do Código de Ética e Disciplina;

III – violação a preceito desta lei, quando para a infração não se tenha estabelecido sanção mais grave.

Parágrafo único. A censura pode ser convertida em advertência, em ofício reservado, sem registro nos assentamentos do inscrito, quando presente circunstância atenuante.

Art. 37. A suspensão é aplicável nos casos de:

■ *Vide* ADIN 7.020.

I – infrações definidas nos incisos XVII a XXV e XXX do *caput* do art. 34 desta Lei;

■ Redação dada pela Lei n. 14.612, de 2023.

II – reincidência em infração disciplinar.

§ 1º A suspensão acarreta ao infrator a interdição do exercício profissional, em todo o território nacional, pelo prazo de trinta dias a doze meses, de acordo com os critérios de individualização previstos neste capítulo.

§ 2º Nas hipóteses dos incisos XXI e XXIII do art. 34, a suspensão perdura até que satisfaça integralmente a dívida, inclusive com correção monetária.

■ *Vide* RE 647.885.

§ 3º Na hipótese do inciso XXIV do art. 34, a suspensão perdura até que preste novas provas de habilitação.

Art. 38. A exclusão é aplicável nos casos de:

I – aplicação, por três vezes, de suspensão;

II – infrações definidas nos incisos XXVI a XXVIII do art. 34.

Parágrafo único. Para a aplicação da sanção disciplinar de exclusão, é necessária a manifestação favorável de dois terços dos membros do Conselho Seccional competente.

Art. 39. A multa, variável entre o mínimo correspondente ao valor de uma anuidade e o máximo de seu décuplo, é aplicável cumulativamente com a censura ou suspensão, em havendo circunstâncias agravantes.

Art. 40. Na aplicação das sanções disciplinares, são consideradas, para fins de atenuação, as seguintes circunstâncias, entre outras:

I – falta cometida na defesa de prerrogativa profissional;

II – ausência de punição disciplinar anterior;

III – exercício assíduo e proficiente de mandato ou cargo em qualquer órgão da OAB;

IV – prestação de relevantes serviços à advocacia ou à causa pública.

Parágrafo único. Os antecedentes profissionais do inscrito, as atenuantes, o grau de culpa por ele revelada, as circunstâncias e as conseqüências da infração são considerados para o fim de decidir:

a) sobre a conveniência da aplicação cumulativa da multa e de outra sanção disciplinar;

b) sobre o tempo de suspensão e o valor da multa aplicáveis.

Art. 41. É permitido ao que tenha sofrido qualquer sanção disciplinar requerer, um ano após seu cumprimento, a reabilitação, em face de provas efetivas de bom comportamento.

■ *Vide* art. 69, CED.

Parágrafo único. Quando a sanção disciplinar resultar da prática de crime, o pedido de reabilitação depende também da correspondente reabilitação criminal.

Art. 42. Fica impedido de exercer o mandato o profissional a quem forem aplicadas as sanções disciplinares de suspensão ou exclusão.

Art. 43. A pretensão à punibilidade das infrações disciplinares prescreve em cinco anos, contados da data da constatação oficial do fato.

§ 1º Aplica-se a prescrição a todo processo disciplinar paralisado por mais de três anos, pendente de despacho ou julgamento, devendo ser arquivado de ofício, ou a requerimento da parte interessada, sem prejuízo de serem apuradas as responsabilidades pela paralisação.

§ 2º A prescrição interrompe-se:

I – pela instauração de processo disciplinar ou pela notificação válida feita diretamente ao representado;

II – pela decisão condenatória recorrível de qualquer órgão julgador da OAB.

TÍTULO II
Da Ordem dos Advogados do Brasil

CAPÍTULO I
Dos Fins e da Organização

Art. 44. A Ordem dos Advogados do Brasil (OAB), serviço público, dotada de personalidade jurídica e forma federativa, tem por finalidade:

I – defender a Constituição, a ordem jurídica do Estado democrático de direito, os direitos humanos, a justiça social, e pugnar pela boa aplicação das leis, pela rápida administração da justiça e pelo aperfeiçoamento da cultura e das instituições jurídicas;

II – promover, com exclusividade, a representação, a defesa, a seleção e a disciplina dos advogados em toda a República Federativa do Brasil.

§ 1º A OAB não mantém com órgãos da Administração Pública qualquer vínculo funcional ou hierárquico.

§ 2º O uso da sigla OAB é privativo da Ordem dos Advogados do Brasil.

Art. 45. São órgãos da OAB:

I – o Conselho Federal;

II – os Conselhos Seccionais;

III – as Subseções;

IV – as Caixas de Assistência dos Advogados.

§ 1º O Conselho Federal, dotado de personalidade jurídica própria, com sede na capital da República, é o órgão supremo da OAB.

§ 2º Os Conselhos Seccionais, dotados de personalidade jurídica própria, têm jurisdição sobre os respectivos territórios dos Estados-membros, do Distrito Federal e dos Territórios.

§ 3º As Subseções são partes autônomas do Conselho Seccional, na forma desta lei e de seu ato constitutivo.

§ 4º As Caixas de Assistência dos Advogados, dotadas de personalidade jurídica própria, são criadas pelos Conselhos Seccionais, quando estes contarem com mais de mil e quinhentos inscritos.

§ 5º A OAB, por constituir serviço público, goza de imunidade tributária total em relação a seus bens, rendas e serviços.

§ 6º Os atos, as notificações e as decisões dos órgãos da OAB, salvo quando reservados ou de administração interna, serão publicados no *Diário Eletrônico da Ordem dos Advogados do Brasil*, a ser disponibilizado na internet, podendo ser afixados no fórum local, na íntegra ou em resumo.

■ Redação dada pela Lei 13.688, de 2018.

Art. 46. Compete à OAB fixar e cobrar, de seus inscritos, contribuições, preços de serviços e multas.

Parágrafo único. Constitui título executivo extrajudicial a certidão passada pela diretoria do Conselho competente, relativa a crédito previsto neste artigo.

Art. 47. O pagamento da contribuição anual à OAB isenta os inscritos nos seus quadros do pagamento obrigatório da contribuição sindical.

Art. 48. O cargo de conselheiro ou de membro de diretoria de órgão da OAB é de exercício gratuito e obrigatório, considerado serviço público relevante, inclusive para fins de disponibilidade e aposentadoria.

Art. 49. Os Presidentes dos Conselhos e das Subseções da OAB têm legitimidade para agir, judicial e extrajudicialmente, contra qualquer pessoa que infringir as disposições ou os fins desta lei.

Parágrafo único. As autoridades mencionadas no *caput* deste artigo têm, ainda, legitimidade para intervir, inclusive como assistentes, nos inquéritos e processos em que sejam indiciados, acusados ou ofendidos os inscritos na OAB.

Art. 50. Para os fins desta lei, os Presidentes dos Conselhos da OAB e das Subseções podem requisitar cópias de peças de autos e documentos a qualquer tribunal, magistrado, cartório e órgão da Administração Pública direta, indireta e fundacional.

■ *Vide* ADIN 1.127-8.

CAPÍTULO II
Do Conselho Federal

Art. 51. O Conselho Federal compõe-se:

I – dos conselheiros federais, integrantes das delegações de cada unidade federativa;

II – dos seus ex-presidentes, na qualidade de membros honorários vitalícios.

§ 1º Cada delegação é formada por três conselheiros federais.

§ 2º Os ex-presidentes têm direito apenas a voz nas sessões.

§ 3º O Instituto dos Advogados Brasileiros e a Federação Nacional dos Institutos dos Advogados do Brasil são membros honorários, somente com direito a voz nas sessões do Conselho Federal.

■ Promulgação de partes vetadas. Incluído pela Lei n. 14.365, de 2022.

Art. 52. Os presidentes dos Conselhos Seccionais, nas sessões do Conselho Federal, têm lugar reservado junto à delegação respectiva e direito somente a voz.

Art. 53. O Conselho Federal tem sua estrutura e funcionamento definidos no Regulamento Geral da OAB.

§ 1º O Presidente, nas deliberações do Conselho, tem apenas o voto de qualidade.

§ 2º O voto é tomado por delegação, e não pode ser exercido nas matérias de interesse da unidade que represente.

§ 3º Na eleição para a escolha da Diretoria do Conselho Federal, cada membro da delegação terá direito a 1 (um) voto, vedado aos membros honorários vitalícios.

■ Incluído pela Lei n. 11.179, de 2005.

Art. 54. Compete ao Conselho Federal:

I – dar cumprimento efetivo às finalidades da OAB;

II – representar, em juízo ou fora dele, os interesses coletivos ou individuais dos advogados;

III – velar pela dignidade, independência, prerrogativas e valorização da advocacia;

IV – representar, com exclusividade, os advogados brasileiros nos órgãos e eventos internacionais da advocacia;

V – editar e alterar o Regulamento Geral, o Código de Ética e Disciplina, e os Provimentos que julgar necessários;

VI – adotar medidas para assegurar o regular funcionamento dos Conselhos Seccionais;

VII – intervir nos Conselhos Seccionais, onde e quando constatar grave violação desta lei ou do regulamento geral;

VIII – cassar ou modificar, de ofício ou mediante representação, qualquer ato, de órgão ou autoridade da OAB, contrário a esta lei, ao regulamento geral, ao Código de Ética e Disciplina, e aos Provimentos, ouvida a autoridade ou o órgão em causa;

IX – julgar, em grau de recurso, as questões decididas pelos Conselhos Seccionais, nos casos previstos neste estatuto e no regulamento geral;

X – dispor sobre a identificação dos inscritos na OAB e sobre os respectivos símbolos privativos;

XI – apreciar o relatório anual e deliberar sobre o balanço e as contas de sua diretoria;

XII – homologar ou mandar suprir relatório anual, o balanço e as contas dos Conselhos Seccionais;

XIII – elaborar as listas constitucionalmente previstas, para o preenchimento dos cargos nos tribunais judiciários de âmbito nacional ou interestadual, com advogados que estejam em pleno exercício da profissão, vedada a inclusão de nome de membro do próprio Conselho ou de outro órgão da OAB;

XIV – ajuizar ação direta de inconstitucionalidade de normas legais e atos normativos, ação civil pública, mandado de segurança coletivo, mandado de injunção e demais ações cuja legitimação lhe seja outorgada por lei;

XV – colaborar com o aperfeiçoamento dos cursos jurídicos, e opinar, previamente, nos pedidos apresentados aos órgãos competentes para criação, reconhecimento ou credenciamento desses cursos;

XVI – autorizar, pela maioria absoluta das delegações, a oneração ou alienação de seus bens imóveis;

XVII – participar de concursos públicos, nos casos previstos na Constituição e na lei, em todas as suas fases, quando tiverem abrangência nacional ou interestadual;

XVIII – resolver os casos omissos neste estatuto.

XIX – fiscalizar, acompanhar e definir parâmetros e diretrizes da relação jurídica mantida entre advogados e sociedades de advogados ou entre escritório de advogados sócios e advogado associado, inclusive no que se refere ao cumprimento dos requisitos norteadores da associação sem vínculo empregatício;

■ Incluído pela Lei n. 14.365, de 2022.

XX – promover, por intermédio da Câmara de Mediação e Arbitragem, a solução sobre questões atinentes à relação entre advogados sócios ou associados e homologar, caso necessário, quitações de honorários entre advogados e sociedades de advogados, observado o disposto no inciso XXXV do *caput* do art. 5º da Constituição Federal.

■ Incluído pela Lei n. 14.365, de 2022.

Parágrafo único. A intervenção referida no inciso VII deste artigo depende de prévia aprovação por dois terços das delegações, garantido o amplo direito de defesa do Conselho Seccional respectivo, nomeando-se diretoria provisória para o prazo que se fixar.

Art. 55. A diretoria do Conselho Federal é composta de um Presidente, de um Vice--Presidente, de um Secretário-Geral, de um Secretário-Geral Adjunto e de um Tesoureiro.

§ 1º O Presidente exerce a representação nacional e internacional da OAB, competindo-lhe convocar o Conselho Federal, presidi-lo, representá-lo ativa e passivamente, em juízo ou fora dele, promover-lhe a administração patrimonial e dar execução às suas decisões.

§ 2º O regulamento geral define as atribuições dos membros da diretoria e a ordem de substituição em caso de vacância, licença, falta ou impedimento.

§ 3º Nas deliberações do Conselho Federal, os membros da diretoria votam como membros de suas delegações, cabendo ao Presidente, apenas, o voto de qualidade e o direito de embargar a decisão, se esta não for unânime.

CAPÍTULO III
Do Conselho Seccional

Art. 56. O Conselho Seccional compõe-se de conselheiros em número proporcional ao de seus inscritos, segundo critérios estabelecidos no regulamento geral.

§ 1º São membros honorários vitalícios os seus ex-presidentes, somente com direito a voz em suas sessões.

§ 2º O Presidente do Instituto dos Advogados local é membro honorário, somente com direito a voz nas sessões do Conselho.

§ 3º Quando presentes às sessões do Conselho Seccional, o Presidente do Conselho Federal, os Conselheiros Federais integrantes da respectiva delegação, o Presidente da Caixa de Assistência dos Advogados e os Presidentes das Subseções, têm direito a voz.

Art. 57. O Conselho Seccional exerce e observa, no respectivo território, as competências, vedações e funções atribuídas ao Conselho Federal, no que couber e no âmbito de sua competência material e territorial, e as normas gerais estabelecidas nesta lei, no regulamento geral, no Código de Ética e Disciplina, e nos Provimentos.

Art. 58. Compete privativamente ao Conselho Seccional:

I – editar seu regimento interno e resoluções;

II – criar as Subseções e a Caixa de Assistência dos Advogados;

III – julgar, em grau de recurso, as questões decididas por seu Presidente, por sua diretoria, pelo Tribunal de Ética e Disciplina, pelas diretorias das Subseções e da Caixa de Assistência dos Advogados;

IV – fiscalizar a aplicação da receita, apreciar o relatório anual e deliberar sobre o balanço e as contas de sua diretoria, das diretorias das Subseções e da Caixa de Assistência dos Advogados;

V – fixar a tabela de honorários, válida para todo o território estadual;

VI – realizar o Exame de Ordem;

VII – decidir os pedidos de inscrição nos quadros de advogados e estagiários;

VIII – manter cadastro de seus inscritos;

IX – fixar, alterar e receber contribuições obrigatórias, preços de serviços e multas;

X – participar da elaboração dos concursos públicos, em todas as suas fases, nos casos previstos na Constituição e nas leis, no âmbito do seu território;

XI – determinar, com exclusividade, critérios para o traje dos advogados, no exercício profissional;

XII – aprovar e modificar seu orçamento anual;

XIII – definir a composição e o funcionamento do Tribunal de Ética e Disciplina, e escolher seus membros;

XIV – eleger as listas, constitucionalmente previstas, para preenchimento dos cargos nos tribunais judiciários, no âmbito de sua competência e na forma do Provimento do Conselho Federal, vedada a inclusão de membros do próprio Conselho e de qualquer órgão da OAB;

XV – intervir nas Subseções e na Caixa de Assistência dos Advogados;

XVI – desempenhar outras atribuições previstas no regulamento geral.

XVII – fiscalizar, por designação expressa do Conselho Federal da OAB, a relação jurídica mantida entre advogados e sociedades de advogados e o advogado associado em atividade na circunscrição territorial de cada seccional, inclusive no que se refere ao cumprimento dos requisitos norteadores da associação sem vínculo empregatício;

■ Incluído pela Lei n. 14.365, de 2022.

XVIII – promover, por intermédio da Câmara de Mediação e Arbitragem, por designação do Conselho Federal da OAB, a solução sobre questões atinentes à relação entre advogados sócios ou associados e os escritórios de advocacia sediados na base da seccional e homologar, caso necessário, quitações de honorários entre advogados e sociedades de advogados, observado o disposto no inciso XXXV do *caput* do art. 5º da Constituição Federal.

■ Incluído pela Lei n. 14.365, de 2022.

Art. 59. A diretoria do Conselho Seccional tem composição idêntica e atribuições equivalentes às do Conselho Federal, na forma do regimento interno daquele.

CAPÍTULO IV
Da Subseção

Art. 60. A Subseção pode ser criada pelo Conselho Seccional, que fixa sua área territorial e seus limites de competência e autonomia.

§ 1º A área territorial da Subseção pode abranger um ou mais municípios, ou parte de município, inclusive da capital do Estado, contando com um mínimo de quinze advogados, nela profissionalmente domiciliados.

§ 2º A Subseção é administrada por uma diretoria, com atribuições e composição equivalentes às da diretoria do Conselho Seccional.

§ 3º Havendo mais de cem advogados, a Subseção pode ser integrada, também, por um conselho em número de membros fixado pelo Conselho Seccional.

§ 4º Os quantitativos referidos nos §§ 1º e 3º deste artigo podem ser ampliados, na forma do regimento interno do Conselho Seccional.

§ 5º Cabe ao Conselho Seccional fixar, em seu orçamento, dotações específicas destinadas à manutenção das Subseções.

§ 6º O Conselho Seccional, mediante o voto de dois terços de seus membros, pode intervir nas Subseções, onde constatar grave violação desta lei ou do regimento interno daquele.

Art. 61. Compete à Subseção, no âmbito de seu território:

I – dar cumprimento efetivo às finalidades da OAB;

II – velar pela dignidade, independência e valorização da advocacia, e fazer valer as prerrogativas do advogado;

III – representar a OAB perante os poderes constituídos;

IV – desempenhar as atribuições previstas no regulamento geral ou por delegação de competência do Conselho Seccional.

Parágrafo único. Ao Conselho da Subseção, quando houver, compete exercer as funções e atribuições do Conselho Seccional, na forma do regimento interno deste, e ainda:

a) editar seu regimento interno, a ser referendado pelo Conselho Seccional;

b) editar resoluções, no âmbito de sua competência;

c) instaurar e instruir processos disciplinares, para julgamento pelo Tribunal de Ética e Disciplina;

d) receber pedido de inscrição nos quadros de advogado e estagiário, instruindo e emitindo parecer prévio, para decisão do Conselho Seccional.

CAPÍTULO V
Da Caixa de Assistência dos Advogados

Art. 62. A Caixa de Assistência dos Advogados, com personalidade jurídica própria, destina-se a prestar assistência aos inscritos no Conselho Seccional a que se vincule.

§ 1º A Caixa é criada e adquire personalidade jurídica com a aprovação e registro de seu estatuto pelo respectivo Conselho Seccional da OAB, na forma do regulamento geral.

§ 2º A Caixa pode, em benefício dos advogados, promover a seguridade complementar.

§ 3º Compete ao Conselho Seccional fixar contribuição obrigatória devida por seus inscritos, destinada à manutenção do disposto no parágrafo anterior, incidente sobre atos decorrentes do efetivo exercício da advocacia.

§ 4º A diretoria da Caixa é composta de cinco membros, com atribuições definidas no seu regimento interno.

§ 5º Cabe à Caixa a metade da receita das anuidades recebidas pelo Conselho Seccional, considerado o valor resultante após as deduções regulamentares obrigatórias.

§ 6º Em caso de extinção ou desativação da Caixa, seu patrimônio se incorpora ao do Conselho Seccional respectivo.

§ 7º O Conselho Seccional, mediante voto de dois terços de seus membros, pode intervir na Caixa de Assistência dos Advogados, no caso de descumprimento de suas finalidades, designando diretoria provisória, enquanto durar a intervenção.

CAPÍTULO VI
Das Eleições e dos Mandatos

Art. 63. A eleição dos membros de todos os órgãos da OAB será realizada na segunda quinzena do mês de novembro, do último ano do mandato, mediante cédula única e votação direta dos advogados regularmente inscritos.

§ 1º A eleição, na forma e segundo os critérios e procedimentos estabelecidos no regulamento geral, é de comparecimento obrigatório para todos os advogados inscritos na OAB.

§ 2º O candidato deve comprovar situação regular perante a OAB, não ocupar cargo exonerável *ad nutum*, não ter sido condenado por infração disciplinar, salvo reabilitação, e exercer efetivamente a profissão há mais de 3 (três) anos, nas eleições para os cargos de Conselheiro Seccional e das Subseções, quando houver, e há mais de 5 (cinco) anos, nas eleições para os demais cargos.

■ Redação dada pela Lei n. 13.875, de 2019.

Art. 64. Consideram-se eleitos os candidatos integrantes da chapa que obtiver a maioria dos votos válidos.

§ 1º A chapa para o Conselho Seccional deve ser composta dos candidatos ao conselho e à sua diretoria e, ainda, à delegação ao Conselho Federal e à Diretoria da Caixa de Assistência dos Advogados para eleição conjunta.

§ 2º A chapa para a Subseção deve ser composta com os candidatos à diretoria, e de seu conselho quando houver.

Art. 65. O mandato em qualquer órgão da OAB é de três anos, iniciando-se em primeiro de janeiro do ano seguinte ao da eleição, salvo o Conselho Federal.

Parágrafo único. Os conselheiros federais eleitos iniciam seus mandatos em primeiro de fevereiro do ano seguinte ao da eleição.

Art. 66. Extingue-se o mandato automaticamente, antes do seu término, quando:

I – ocorrer qualquer hipótese de cancelamento de inscrição ou de licenciamento do profissional;

II – o titular sofrer condenação disciplinar;

III – o titular faltar, sem motivo justificado, a três reuniões ordinárias consecutivas de cada órgão deliberativo do conselho ou da diretoria da Subseção ou da Caixa de Assistência dos Advogados, não podendo ser reconduzido no mesmo período de mandato.

Parágrafo único. Extinto qualquer mandato, nas hipóteses deste artigo, cabe ao Conselho Seccional escolher o substituto, caso não haja suplente.

Art. 67. A eleição da Diretoria do Conselho Federal, que tomará posse no dia 1º de fevereiro, obedecerá às seguintes regras:

I – será admitido registro, junto ao Conselho Federal, de candidatura à presidência, desde seis meses até um mês antes da eleição;

II – o requerimento de registro deverá vir acompanhado do apoiamento de, no mínimo, seis Conselhos Seccionais;

III – até um mês antes das eleições, deverá ser requerido o registro da chapa completa, sob pena de cancelamento da candidatura respectiva;

IV – no dia 31 de janeiro do ano seguinte ao da eleição, o Conselho Federal elegerá, em reunião presidida pelo conselheiro mais antigo, por voto secreto e para mandato de 3 (três) anos, sua diretoria, que tomará posse no dia seguinte;

- Redação dada pela Lei n. 11.179, de 2005.

V – será considerada eleita a chapa que obtiver maioria simples dos votos dos Conselheiros Federais, presente a metade mais 1 (um) de seus membros.

- Redação dada pela Lei n. 11.179, de 2005.

Parágrafo único. Com exceção do candidato a Presidente, os demais integrantes da chapa deverão ser conselheiros federais eleitos.

TÍTULO III
Do Processo na OAB

CAPÍTULO I
Disposições Gerais

Art. 68. Salvo disposição em contrário, aplicam-se subsidiariamente ao processo disciplinar as regras da legislação processual penal comum e, aos demais processos, as regras gerais do procedimento administrativo comum e da legislação processual civil, nessa ordem.

Art. 69. Todos os prazos necessários à manifestação de advogados, estagiários e terceiros, nos processos em geral da OAB, são de quinze dias, inclusive para interposição de recursos.

§ 1º Nos casos de comunicação por ofício reservado ou de notificação pessoal, considera-se dia do começo do prazo o primeiro dia útil imediato ao da juntada aos autos do respectivo aviso de recebimento.

- Redação dada pela Lei n. 14.365, de 2022.

§ 2º No caso de atos, notificações e decisões divulgados por meio do *Diário Eletrônico da Ordem dos Advogados do Brasil*, o prazo terá início no primeiro dia útil seguinte à publicação, assim considerada o primeiro dia útil seguinte ao da disponibilização da informação no *Diário*.

- Redação dada pela Lei n. 13.688, de 2018.

CAPÍTULO II
Do Processo Disciplinar

Art. 70. O poder de punir disciplinarmente os inscritos na OAB compete exclusivamente ao Conselho Seccional em cuja base territorial tenha ocorrido a infração, salvo se a falta for cometida perante o Conselho Federal.

§ 1º Cabe ao Tribunal de Ética e Disciplina, do Conselho Seccional competente, julgar os processos disciplinares, instruídos pelas Subseções ou por relatores do próprio conselho.

§ 2º A decisão condenatória irrecorrível deve ser imediatamente comunicada ao Conselho Seccional onde o representado tenha inscrição principal, para constar dos respectivos assentamentos.

§ 3º O Tribunal de Ética e Disciplina do Conselho onde o acusado tenha inscrição principal pode suspendê-lo preventivamente, em caso de repercussão prejudicial à dignidade da advocacia, depois de ouvi-lo em sessão especial para a qual deve ser notificado a comparecer, salvo se não atender à notificação. Neste caso, o processo disciplinar deve ser concluído no prazo máximo de noventa dias.

■ *Vide* art. 144-A, RGEAOAB.

Art. 71. A jurisdição disciplinar não exclui a comum e, quando o fato constituir crime ou contravenção, deve ser comunicado às autoridades competentes.

Art. 72. O processo disciplinar instaura-se de ofício ou mediante representação de qualquer autoridade ou pessoa interessada.

§ 1º O Código de Ética e Disciplina estabelece os critérios de admissibilidade da representação e os procedimentos disciplinares.

§ 2º O processo disciplinar tramita em sigilo, até o seu término, só tendo acesso às suas informações as partes, seus defensores e a autoridade judiciária competente.

Art. 73. Recebida a representação, o Presidente deve designar relator, a quem compete a instrução do processo e o oferecimento de parecer preliminar a ser submetido ao Tribunal de Ética e Disciplina.

§ 1º Ao representado deve ser assegurado amplo direito de defesa, podendo acompanhar o processo em todos os termos, pessoalmente ou por intermédio de procurador, oferecendo defesa prévia após ser notificado, razões finais após a instrução e defesa oral perante o Tribunal de Ética e Disciplina, por ocasião do julgamento.

§ 2º Se, após a defesa prévia, o relator se manifestar pelo indeferimento liminar da representação, este deve ser decidido pelo Presidente do Conselho Seccional, para determinar seu arquivamento.

§ 3º O prazo para defesa prévia pode ser prorrogado por motivo relevante, a juízo do relator.

§ 4º Se o representado não for encontrado, ou for revel, o Presidente do Conselho ou da Subseção deve designar-lhe defensor dativo;

§ 5º É também permitida a revisão do processo disciplinar, por erro de julgamento ou por condenação baseada em falsa prova.

Art. 74. O Conselho Seccional pode adotar as medidas administrativas e judiciais pertinentes, objetivando a que o profissional suspenso ou excluído devolva os documentos de identificação.

CAPÍTULO III
Dos Recursos

Art. 75. Cabe recurso ao Conselho Federal de todas as decisões definitivas proferidas pelo Conselho Seccional, quando não tenham sido unânimes ou, sendo unânimes, contrariem esta lei, decisão do Conselho Federal ou de outro Conselho Seccional e, ainda, o regulamento geral, o Código de Ética e Disciplina e os Provimentos.

Parágrafo único. Além dos interessados, o Presidente do Conselho Seccional é legitimado a interpor o recurso referido neste artigo.

Art. 76. Cabe recurso ao Conselho Seccional de todas as decisões proferidas por seu Presidente, pelo Tribunal de Ética e Disciplina, ou pela diretoria da Subseção ou da Caixa de Assistência dos Advogados.

Art. 77. Todos os recursos têm efeito suspensivo, exceto quando tratarem de eleições (arts. 63 e seguintes), de suspensão preventiva decidida pelo Tribunal de Ética e Disciplina, e de cancelamento da inscrição obtida com falsa prova.

- *Vide* art. 144-A, RGEAOAB.

Parágrafo único. O regulamento geral disciplina o cabimento de recursos específicos, no âmbito de cada órgão julgador.

TÍTULO IV
Das Disposições Gerais e Transitórias

Art. 78. Cabe ao Conselho Federal da OAB, por deliberação de dois terços, pelo menos, das delegações, editar o regulamento geral deste estatuto, no prazo de seis meses, contados da publicação desta lei.

Art. 79. Aos servidores da OAB, aplica-se o regime trabalhista.

- *Vide* ADIN 3026-4.

§ 1º Aos servidores da OAB, sujeitos ao regime da Lei n. 8.112, de 11 de dezembro de 1990, é concedido o direito de opção pelo regime trabalhista, no prazo de noventa dias a partir da vigência desta lei, sendo assegurado aos optantes o pagamento de indenização, quando da aposentadoria, correspondente a cinco vezes o valor da última remuneração.

§ 2º Os servidores que não optarem pelo regime trabalhista serão posicionados no quadro em extinção, assegurado o direito adquirido ao regime legal anterior.

Art. 80. Os Conselhos Federal e Seccionais devem promover trienalmente as respectivas Conferências, em data não coincidente com o ano eleitoral, e, periodicamente, reunião do colégio de presidentes a eles vinculados, com finalidade consultiva.

Art. 81. Não se aplicam aos que tenham assumido originariamente o cargo de Presidente do Conselho Federal ou dos Conselhos Seccionais, até a data da publicação desta lei, as normas contidas no Título II, acerca da composição desses Conselhos, ficando assegurado o pleno direito de voz e voto em suas sessões.

18 ■ LEGISLAÇÃO ESPECÍFICA

Art. 82. Aplicam-se as alterações previstas nesta lei, quanto a mandatos, eleições, composição e atribuições dos órgãos da OAB, a partir do término do mandato dos atuais membros, devendo os Conselhos Federal e Seccionais disciplinarem os respectivos procedimentos de adaptação.

Parágrafo único. Os mandatos dos membros dos órgãos da OAB, eleitos na primeira eleição sob a vigência desta lei, e na forma do Capítulo VI do Título II, terão início no dia seguinte ao término dos atuais mandatos, encerrando-se em 31 de dezembro do terceiro ano do mandato e em 31 de janeiro do terceiro ano do mandato, neste caso com relação ao Conselho Federal.

Art. 83. Não se aplica o disposto no art. 28, inciso II, desta lei, aos membros do Ministério Público que, na data de promulgação da Constituição, se incluam na previsão do art. 29, § 3º, do seu Ato das Disposições Constitucionais Transitórias.

Art. 84. O estagiário, inscrito no respectivo quadro, fica dispensado do Exame de Ordem, desde que comprove, em até dois anos da promulgação desta lei, o exercício e resultado do estágio profissional ou a conclusão, com aproveitamento, do estágio de Prática Forense e Organização Judiciária, realizado junto à respectiva faculdade, na forma da legislação em vigor.

Art. 85. O Instituto dos Advogados Brasileiros, a Federação Nacional dos Institutos dos Advogados do Brasil e as instituições a eles filiadas têm qualidade para promover perante a OAB o que julgarem do interesse dos advogados em geral ou de qualquer de seus membros.

■ Redação dada pela Lei n. 14.365, de 2022.

Art. 86. Esta lei entra em vigor na data de sua publicação.

Art. 87. Revogam-se as disposições em contrário, especialmente a Lei n. 4.215, de 27 de abril de 1963, a Lei n. 5.390, de 23 de fevereiro de 1968, o Decreto-Lei n. 505, de 18 de março de 1969, a Lei n. 5.681, de 20 de julho de 1971, a Lei n. 5.842, de 6 de dezembro de 1972, a Lei n. 5.960, de 10 de dezembro de 1973, a Lei n. 6.743, de 5 de dezembro de 1979, a Lei n. 6.884, de 9 de dezembro de 1980, a Lei n. 6.994, de 26 de maio de 1982, mantidos os efeitos da Lei n. 7.346, de 22 de julho de 1985.

Brasília, 4 de julho de 1994; 173º da Independência e 106º da República.

ITAMAR FRANCO
Alexandre de Paula Dupeyrat Martins

18.2. CÓDIGO DE ÉTICA E DISCIPLINA DA OAB

CÓDIGO DE ÉTICA E DISCIPLINA DA OAB ([1])

O Conselho Federal da Ordem dos Advogados do Brasil, ao instituir o Código de Ética e Disciplina, norteou-se por princípios que formam a consciência profissional do advogado e representam imperativos de sua conduta, os quais se traduzem nos seguintes mandamentos: lutar sem receio pelo primado da Justiça; pugnar pelo cumprimento da Constituição e pelo respeito à Lei, fazendo com que o ordenamento jurídico seja interpretado com retidão, em perfeita sintonia com os fins sociais a que se dirige e as exigências do bem comum; ser fiel à verdade para poder servir à Justiça como um de seus elementos essenciais; proceder com lealdade e boa-fé em suas relações profissionais e em todos os atos do seu ofício; empenhar-se na defesa das causas confiadas ao seu patrocínio, dando ao constituinte o amparo do Direito, e proporcionando-lhe a realização prática de seus legítimos interesses; comportar-se, nesse mister, com independência e altivez, defendendo com o mesmo denodo humildes e poderosos; exercer a advocacia com o indispensável senso profissional, mas também com desprendimento, jamais permitindo que o anseio de ganho material sobreleve a finalidade social do seu trabalho; aprimorar-se no culto dos princípios éticos e no domínio da ciência jurídica, de modo a tornar-se merecedor da confiança do cliente e da sociedade como um todo, pelos atributos intelectuais e pela probidade pessoal; agir, em suma, com a dignidade e a correção dos profissionais que honram e engrandecem a sua classe.

Inspirado nesses postulados, o Conselho Federal da Ordem dos Advogados do Brasil, no uso das atribuições que lhe são conferidas pelos arts. 33 e 54, V, da Lei n. 8.906, de 4 de julho de 1994, aprova e edita este Código, exortando os advogados brasileiros à sua fiel observância.

TÍTULO I
Da Ética do Advogado

CAPÍTULO I
DOS PRINCÍPIOS FUNDAMENTAIS

■ *Vide* arts. 31 a 33 do CED.

Art. 1º O exercício da advocacia exige conduta compatível com os preceitos deste Código, do Estatuto, do Regulamento Geral, dos Provimentos e com os princípios da moral individual, social e profissional.

Art. 2º O advogado, indispensável à administração da Justiça, é defensor do Estado Democrático de Direito, dos direitos humanos e garantias fundamentais, da cidadania, da

---

1. Aprovado pela Resolução n. 2, de 19-10-2015, do CFOAB (*DOU* de 4-11-2015).

18 ■ LEGISLAÇÃO ESPECÍFICA

moralidade, da Justiça e da paz social, cumprindo-lhe exercer o seu ministério em consonância com a sua elevada função pública e com os valores que lhe são inerentes.

Parágrafo único. São deveres do advogado:

I – preservar, em sua conduta, a honra, a nobreza e a dignidade da profissão, zelando pelo caráter de essencialidade e indispensabilidade da advocacia;

II – atuar com destemor, independência, honestidade, decoro, veracidade, lealdade, dignidade e boa-fé;

III – velar por sua reputação pessoal e profissional;

IV – empenhar-se, permanentemente, no aperfeiçoamento pessoal e profissional;

V – contribuir para o aprimoramento das instituições, do Direito e das leis;

VI – estimular, a qualquer tempo, a conciliação e a mediação entre os litigantes, prevenindo, sempre que possível, a instauração de litígios;

VII – desaconselhar lides temerárias, a partir de um juízo preliminar de viabilidade jurídica;

VIII – abster-se de:

a) utilizar de influência indevida, em seu benefício ou do cliente;

b) vincular seu nome ou nome social a empreendimentos sabidamente escusos;

■ Alterada pela Resolução n. 7/2016.

c) emprestar concurso aos que atentem contra a ética, a moral, a honestidade e a dignidade da pessoa humana;

d) entender-se diretamente com a parte adversa que tenha patrono constituído, sem o assentimento deste;

e) ingressar ou atuar em pleitos administrativos ou judiciais perante autoridades com as quais tenha vínculos negociais ou familiares;

f) contratar honorários advocatícios em valores aviltantes;

IX – pugnar pela solução dos problemas da cidadania e pela efetivação dos direitos individuais, coletivos e difusos;

X – adotar conduta consentânea com o papel de elemento indispensável à administração da Justiça;

XI – cumprir os encargos assumidos no âmbito da Ordem dos Advogados do Brasil ou na representação da classe;

XII – zelar pelos valores institucionais da OAB e da advocacia;

XIII – ater-se, quando no exercício da função de defensor público, à defesa dos necessitados.

Art. 3º O advogado deve ter consciência de que o Direito é um meio de mitigar as desigualdades para o encontro de soluções justas e que a lei é um instrumento para garantir a igualdade de todos.

Art. 3º-A. O advogado e a advogada devem atuar com perspectiva interseccional de gênero e raça em todas as etapas dos procedimentos judicial, administrativo e disciplinar, afastando estereótipos, preconceitos e problemas estruturais que possam causar indevido desequilíbrio na relação entre os sujeitos.

- Artigo acrescentado pela Resolução n. 5/2024 – DEOAB 28-8-2024, p. 3.

Art. 4º O advogado, ainda que vinculado ao cliente ou constituinte, mediante relação empregatícia ou por contrato de prestação permanente de serviços, ou como integrante de departamento jurídico, ou de órgão de assessoria jurídica, público ou privado, deve zelar pela sua liberdade e independência.

Parágrafo único. É legítima a recusa, pelo advogado, do patrocínio de causa e de manifestação, no âmbito consultivo, de pretensão concernente a direito que também lhe seja aplicável ou contrarie orientação que tenha manifestado anteriormente.

Art. 5º O exercício da advocacia é incompatível com qualquer procedimento de mercantilização.

Art. 6º É defeso ao advogado expor os fatos em Juízo ou na via administrativa falseando deliberadamente a verdade e utilizando de má-fé.

Art. 7º É vedado o oferecimento de serviços profissionais que implique, direta ou indiretamente, angariar ou captar clientela.

CAPÍTULO II
DA ADVOCACIA PÚBLICA

- *Vide* art. 3º do EAOAB.
- *Vide* arts. 9º e 10 do RGEAOAB.

Art. 8º As disposições deste Código obrigam igualmente os órgãos de advocacia pública, e advogados públicos, incluindo aqueles que ocupem posição de chefia e direção jurídica.

§ 1º O advogado público exercerá suas funções com independência técnica, contribuindo para a solução ou redução de litigiosidade, sempre que possível.

§ 2º O advogado público, inclusive o que exerce cargo de chefia ou direção jurídica, observará nas relações com os colegas, autoridades, servidores e o público em geral, o dever de urbanidade, tratando a todos com respeito e consideração, ao mesmo tempo em que preservará suas prerrogativas e o direito de receber igual tratamento das pessoas com as quais se relacione.

CAPÍTULO III
DAS RELAÇÕES COM O CLIENTE

- *Vide* art. 5º do EAOAB.

Art. 9º O advogado deve informar o cliente, de modo claro e inequívoco, quanto a eventuais riscos da sua pretensão, e das consequências que poderão advir da demanda. Deve, igualmente, denunciar, desde logo, a quem lhe solicite parecer ou patrocínio, qualquer circunstância que possa influir na resolução de submeter-lhe a consulta ou confiar-lhe a causa.

18 ■ LEGISLAÇÃO ESPECÍFICA

281

Art. 10. As relações entre advogado e cliente baseiam-se na confiança recíproca. Sentindo o advogado que essa confiança lhe falta, é recomendável que externe ao cliente sua impressão e, não se dissipando as dúvidas existentes, promova, em seguida, o substabelecimento do mandato ou a ele renuncie.

Art. 11. O advogado, no exercício do mandato, atua como patrono da parte, cumprindo-lhe, por isso, imprimir à causa orientação que lhe pareça mais adequada, sem se subordinar a intenções contrárias do cliente, mas, antes, procurando esclarecê-lo quanto à estratégia traçada.

Art. 12. A conclusão ou desistência da causa, tenha havido, ou não, extinção do mandato, obriga o advogado a devolver ao cliente bens, valores e documentos que lhe hajam sido confiados e ainda estejam em seu poder, bem como a prestar-lhe contas, pormenorizadamente, sem prejuízo de esclarecimentos complementares que se mostrem pertinentes e necessários.

Parágrafo único. A parcela dos honorários paga pelos serviços até então prestados não se inclui entre os valores a ser devolvidos.

Art. 13. Concluída a causa ou arquivado o processo, presume-se cumprido e extinto o mandato.

Art. 14. O advogado não deve aceitar procuração de quem já tenha patrono constituído, sem prévio conhecimento deste, salvo por motivo plenamente justificável ou para adoção de medidas judiciais urgentes e inadiáveis.

Art. 15. O advogado não deve deixar ao abandono ou ao desamparo as causas sob seu patrocínio, sendo recomendável que, em face de dificuldades insuperáveis ou inércia do cliente quanto a providências que lhe tenham sido solicitadas, renuncie ao mandato.

Art. 16. A renúncia ao patrocínio deve ser feita sem menção do motivo que a determinou, fazendo cessar a responsabilidade profissional pelo acompanhamento da causa, uma vez decorrido o prazo previsto em lei (EAOAB, art. 5º, § 3º).

§ 1º A renúncia ao mandato não exclui responsabilidade por danos eventualmente causados ao cliente ou a terceiros.

§ 2º O advogado não será responsabilizado por omissão do cliente quanto a documento ou informação que lhe devesse fornecer para a prática oportuna de ato processual do seu interesse.

Art. 17. A revogação do mandato judicial por vontade do cliente não o desobriga do pagamento das verbas honorárias contratadas, assim como não retira o direito do advogado de receber o quanto lhe seja devido em eventual verba honorária de sucumbência, calculada proporcionalmente em face do serviço efetivamente prestado.

Art. 18. O mandato judicial ou extrajudicial não se extingue pelo decurso de tempo, salvo se o contrário for consignado no respectivo instrumento.

Art. 19. Os advogados integrantes da mesma sociedade profissional, ou reunidos em caráter permanente para cooperação recíproca, não podem representar, em juízo ou fora dele, clientes com interesses opostos.

Art. 20. Sobrevindo conflitos de interesse entre seus constituintes e não conseguindo o advogado harmonizá-los, caber-lhe-á optar, com prudência e discrição, por um dos mandatos, renunciando aos demais, resguardado sempre o sigilo profissional.

Art. 21. O advogado, ao postular em nome de terceiros, contra ex-cliente ou ex-empregador, judicial e extrajudicialmente, deve resguardar o sigilo profissional.

Art. 22. Ao advogado cumpre abster-se de patrocinar causa contrária à validade ou legitimidade de ato jurídico em cuja formação haja colaborado ou intervindo de qualquer maneira; da mesma forma, deve declinar seu impedimento ou o da sociedade que integre quando houver conflito de interesses motivado por intervenção anterior no trato de assunto que se prenda ao patrocínio solicitado.

Art. 23. É direito e dever do advogado assumir a defesa criminal, sem considerar sua própria opinião sobre a culpa do acusado.

Parágrafo único. Não há causa criminal indigna de defesa, cumprindo ao advogado agir, como defensor, no sentido de que a todos seja concedido tratamento condizente com a dignidade da pessoa humana, sob a égide das garantias constitucionais.

Art. 24. O advogado não se sujeita à imposição do cliente que pretenda ver com ele atuando outros advogados, nem fica na contingência de aceitar a indicação de outro profissional para com ele trabalhar no processo.

Art. 25. É defeso ao advogado funcionar no mesmo processo, simultaneamente, como patrono e preposto do empregador ou cliente.

Art. 26. O substabelecimento do mandato, com reserva de poderes, é ato pessoal do advogado da causa.

§ 1º O substabelecimento do mandato sem reserva de poderes exige o prévio e inequívoco conhecimento do cliente.

§ 2º O substabelecido com reserva de poderes deve ajustar antecipadamente seus honorários com o substabelecente.

CAPÍTULO IV
DAS RELAÇÕES COM OS COLEGAS, AGENTES POLÍTICOS, AUTORIDADES DE SERVIDORES PÚBLICOS E TERCEIROS

Art. 27. O advogado observará, nas suas relações com os colegas de profissão, agentes políticos, autoridades, servidores públicos e terceiros em geral, o dever de urbanidade, tratando a todos com respeito e consideração, ao mesmo tempo em que preservará seus direitos e prerrogativas, devendo exigir igual tratamento de todos com quem se relacione.

§ 1º O dever de urbanidade há de ser observado, da mesma forma, nos atos e manifestações relacionados aos pleitos eleitorais no âmbito da Ordem dos Advogados do Brasil.

18 ■ LEGISLAÇÃO ESPECÍFICA

§ 2º No caso de ofensa à honra do advogado ou à imagem da instituição, adotar-se-ão as medidas cabíveis, instaurando-se processo ético-disciplinar e dando-se ciência às autoridades competentes para apuração de eventual ilícito penal.

Art. 28. Consideram-se imperativos de uma correta atuação profissional o emprego de linguagem escorreita e polida, bem como a observância da boa técnica jurídica.

Art. 29. O advogado que se valer do concurso de colegas na prestação de serviços advocatícios, seja em caráter individual, seja no âmbito de sociedade de advogados ou de empresa ou entidade em que trabalhe, dispensar-lhes-á tratamento condigno, que não os torne subalternos seus nem lhes avilte os serviços prestados mediante remuneração incompatível com a natureza do trabalho profissional ou inferior ao mínimo fixado pela Tabela de Honorários que for aplicável.

Parágrafo único. Quando o aviltamento de honorários for praticado por empresas ou entidades públicas ou privadas, os advogados responsáveis pelo respectivo departamento ou gerência jurídica serão instados a corrigir o abuso, inclusive intervindo junto aos demais órgãos competentes e com poder de decisão da pessoa jurídica de que se trate, sem prejuízo das providências que a Ordem dos Advogados do Brasil possa adotar com o mesmo objetivo.

CAPÍTULO V
DA ADVOCACIA *PRO BONO*

■ *Vide* Provimento n. 166/2015 do CFOAB.

Art. 30. No exercício da advocacia *pro bono*, e ao atuar como defensor nomeado, conveniado ou dativo, o advogado empregará o zelo e a dedicação habituais, de forma que a parte por ele assistida se sinta amparada e confie no seu patrocínio.

§ 1º Considera-se advocacia *pro bono* a prestação gratuita, eventual e voluntária de serviços jurídicos em favor de instituições sociais sem fins econômicos e aos seus assistidos, sempre que os beneficiários não dispuserem de recursos para a contratação de profissional.

§ 2º A advocacia *pro bono* pode ser exercida em favor de pessoas naturais que, igualmente, não dispuserem de recursos para, sem prejuízo do próprio sustento, contratar advogado.

§ 3º A advocacia *pro bono* não pode ser utilizada para fins político-partidários ou eleitorais, nem beneficiar instituições que visem a tais objetivos, ou como instrumento de publicidade para captação de clientela.

CAPÍTULO VI
DO EXERCÍCIO DE CARGOS E FUNÇÕES NA OAB
E NA REPRESENTAÇÃO DA CLASSE

Art. 31. O advogado, no exercício de cargos ou funções em órgãos da Ordem dos Advogados do Brasil ou na representação da classe junto a quaisquer instituições, órgãos ou comissões, públicos ou privados, manterá conduta consentânea com as disposições deste Código e que revele plena lealdade aos interesses, direitos e prerrogativas da classe dos advogados que representa.

284 DOMINANDO ÉTICA

Art. 32. Não poderá o advogado, enquanto exercer cargos ou funções em órgãos da OAB ou representar a classe junto a quaisquer instituições, órgãos ou comissões, públicos ou privados, firmar contrato oneroso de prestação de serviços ou fornecimento de produtos com tais entidades nem adquirir bens imóveis ou móveis infungíveis de quaisquer órgãos da OAB, ou a estes aliená-los.

- Alterado pela Resolução n. 4/2016.

Parágrafo único. Não há impedimento ao exercício remunerado de atividade de magistério na Escola Nacional de Advocacia – ENA, nas Escolas de Advocacia – ESAs e nas Bancas do Exame de Ordem, observados os princípios da moralidade e da modicidade dos valores estabelecidos a título de remuneração.

- Alterado pela Resolução n. 4/2016.

Art. 33. Salvo em causa própria, não poderá o advogado, enquanto exercer cargos ou funções em órgãos da OAB ou tiver assento, em qualquer condição, nos seus Conselhos, atuar em processos que tramitem perante a entidade nem oferecer pareceres destinados a instruí-los.

Parágrafo único. A vedação estabelecida neste artigo não se aplica aos dirigentes de Seccionais quando atuem, nessa qualidade, como legitimados a recorrer nos processos em trâmite perante os órgãos da OAB.

Art. 34. Ao submeter seu nome à apreciação do Conselho Federal ou dos Conselhos Seccionais com vistas à inclusão em listas destinadas ao provimento de vagas reservadas à classe nos tribunais, no Conselho Nacional de Justiça, no Conselho Nacional do Ministério Público e em outros colegiados, o candidato assumirá o compromisso de respeitar os direitos e prerrogativas do advogado, não praticar nepotismo nem agir em desacordo com a moralidade administrativa e com os princípios deste Código, no exercício de seu mister.

CAPÍTULO VII
DO SIGILO PROFISSIONAL

- *Vide* art. 7º, XIX; art. 34, VII; art. 36, I, do EAOAB.

Art. 35. O advogado tem o dever de guardar sigilo dos fatos de que tome conhecimento no exercício da profissão.

Parágrafo único. O sigilo profissional abrange os fatos de que o advogado tenha tido conhecimento em virtude de funções desempenhadas na Ordem dos Advogados do Brasil.

Art. 36. O sigilo profissional é de ordem pública, independendo de solicitação de reserva que lhe seja feita pelo cliente.

§ 1º Presumem-se confidenciais as comunicações de qualquer natureza entre advogado e cliente.

§ 2º O advogado, quando no exercício das funções de mediador, conciliador e árbitro, se submete às regras de sigilo profissional.

Art. 37. O sigilo profissional cederá em face de circunstâncias excepcionais que configurem justa causa, como nos casos de grave ameaça ao direito à vida e à honra ou que envolvam defesa própria.

Art. 38. O advogado não é obrigado a depor, em processo ou procedimento judicial, administrativo ou arbitral, sobre fatos a cujo respeito deva guardar sigilo profissional.

CAPÍTULO VIII
DA PUBLICIDADE PROFISSIONAL

- *Vide* art. 1º, § 3º, do EAOAB.
- *Vide* Provimento n. 94/2000 da OAB.

Art. 39. A publicidade profissional do advogado tem caráter meramente informativo e deve primar pela discrição e sobriedade, não podendo configurar captação de clientela ou mercantilização da profissão.

Art. 40. Os meios utilizados para a publicidade profissional hão de ser compatíveis com a diretriz estabelecida no artigo anterior, sendo vedados:

I – a veiculação da publicidade por meio de rádio, cinema e televisão;

II – o uso de *outdoors*, painéis luminosos ou formas assemelhadas de publicidade;

III – as inscrições em muros, paredes, veículos, elevadores ou em qualquer espaço público;

IV – a divulgação de serviços de advocacia juntamente com a de outras atividades ou a indicação de vínculos entre uns e outras;

V – o fornecimento de dados de contato, como endereço e telefone, em colunas ou artigos literários, culturais, acadêmicos ou jurídicos, publicados na imprensa, bem assim quando de eventual participação em programas de rádio ou televisão, ou em veiculação de matérias pela internet, sendo permitida a referência a *e-mail*;

VI – a utilização de mala direta, a distribuição de panfletos ou formas assemelhadas de publicidade, com o intuito de captação de clientela.

Parágrafo único. Exclusivamente para fins de identificação dos escritórios de advocacia, é permitida a utilização de placas, painéis luminosos e inscrições em suas fachadas, desde que respeitadas as diretrizes previstas no artigo 39.

Art. 41. As colunas que o advogado mantiver nos meios de comunicação social ou os textos que por meio deles divulgar não deverão induzir o leitor a litigar nem promover, dessa forma, captação de clientela.

Art. 42. É vedado ao advogado:

I – responder com habitualidade a consulta sobre matéria jurídica, nos meios de comunicação social;

II – debater, em qualquer meio de comunicação, causa sob o patrocínio de outro advogado;

III – abordar tema de modo a comprometer a dignidade da profissão e da instituição que o congrega;

IV – divulgar ou deixar que sejam divulgadas listas de clientes e demandas;

V – insinuar-se para reportagens e declarações públicas.

Art. 43. O advogado que eventualmente participar de programa de televisão ou de rádio, de entrevista na imprensa, de reportagem televisionada ou veiculada por qualquer outro meio, para manifestação profissional, deve visar a objetivos exclusivamente ilustrativos, educacionais e instrutivos, sem propósito de promoção pessoal ou profissional, vedados pronunciamentos sobre métodos de trabalho usados por seus colegas de profissão.

Parágrafo único. Quando convidado para manifestação pública, por qualquer modo e forma, visando ao esclarecimento de tema jurídico de interesse geral, deve o advogado evitar insinuações com o sentido de promoção pessoal ou profissional, bem como o debate de caráter sensacionalista.

Art. 44. Na publicidade profissional que promover ou nos cartões e material de escritório de que se utilizar, o advogado fará constar seu nome, nome social ou o da sociedade de advogados, o número ou os números de inscrição na OAB.

■ Alterado pela Resolução n. 7/2016.

§ 1º Poderão ser referidos apenas os títulos acadêmicos do advogado e as distinções honoríficas relacionadas à vida profissional, bem como as instituições jurídicas de que faça parte, e as especialidades a que se dedicar, o endereço, *e-mail*, *site*, página eletrônica, *QR code*, logotipo e a fotografia do escritório, o horário de atendimento e os idiomas em que o cliente poderá ser atendido.

§ 2º É vedada a inclusão de fotografias pessoais ou de terceiros nos cartões de visitas do advogado, bem como menção a qualquer emprego, cargo ou função ocupado, atual ou pretérito, em qualquer órgão ou instituição, salvo o de professor universitário.

Art. 45. São admissíveis como formas de publicidade o patrocínio de eventos ou publicações de caráter científico ou cultural, assim como a divulgação de boletins, por meio físico ou eletrônico, sobre matéria cultural de interesse dos advogados, desde que sua circulação fique adstrita a clientes e a interessados do meio jurídico.

Art. 46. A publicidade veiculada pela internet ou por outros meios eletrônicos deverá observar as diretrizes estabelecidas neste capítulo.

Parágrafo único. A telefonia e a internet podem ser utilizadas como veículo de publicidade, inclusive para o envio de mensagens a destinatários certos, desde que estas não impliquem o oferecimento de serviços ou representem forma de captação de clientela.

18 ■ LEGISLAÇÃO ESPECÍFICA

Art. 47. As normas sobre publicidade profissional constantes deste capítulo poderão ser complementadas por outras que o Conselho Federal aprovar, observadas as diretrizes do presente Código.

Art. 47-A. Será admitida a celebração de termo de ajustamento de conduta no âmbito dos Conselhos Seccionais e do Conselho Federal para fazer cessar a publicidade irregular praticada por advogados e estagiários.

■ Incluído pela Resolução n. 4/2020.

Parágrafo único. O termo previsto neste artigo será regulamentado mediante edição de provimento do Conselho Federal, que estabelecerá seus requisitos e condições.

■ Incluído pela Resolução n. 4/2020.
■ O Provimento n. 200/2020, da OAB, regulamenta este art. 47-A.

CAPÍTULO IX
DOS HONORÁRIOS PROFISSIONAIS

■ *Vide* arts. 22 a 26 do EAOAB.

■ *Vide* art. 14 do RGEAOAB.

■ *Vide* Súmula 201, STJ.

Art. 48. A prestação de serviços profissionais por advogado, individualmente ou integrado em sociedades, será contratada, preferentemente, por escrito.

§ 1º O contrato de prestação de serviços de advocacia não exige forma especial, devendo estabelecer, porém, com clareza e precisão, o seu objeto, os honorários ajustados, a forma de pagamento, a extensão do patrocínio, esclarecendo se este abrangerá todos os atos do processo ou limitar-se-á a determinado grau de jurisdição, além de dispor sobre a hipótese de a causa encerrar-se mediante transação ou acordo.

§ 2º A compensação de créditos, pelo advogado, de importâncias devidas ao cliente, somente será admissível quando o contrato de prestação de serviços a autorizar ou quando houver autorização especial do cliente para esse fim, por este firmada.

§ 3º O contrato de prestação de serviços poderá dispor sobre a forma de contratação de profissionais para serviços auxiliares, bem como sobre o pagamento de custas e emolumentos, os quais, na ausência de disposição em contrário, presumem-se devam ser atendidos pelo cliente. Caso o contrato preveja que o advogado antecipe tais despesas, ser-lhe-á lícito reter o respectivo valor atualizado, no ato de prestação de contas, mediante comprovação documental.

§ 4º As disposições deste capítulo aplicam-se à mediação, à conciliação, à arbitragem ou a qualquer outro método adequado de solução dos conflitos.

§ 5º É vedada, em qualquer hipótese, a diminuição dos honorários contratados em decorrência da solução do litígio por qualquer mecanismo adequado de solução extrajudicial.

288 DOMINANDO ÉTICA

§ 6º Deverá o advogado observar o valor mínimo da Tabela de Honorários instituída pelo respectivo Conselho Seccional onde for realizado o serviço, inclusive aquele referente às diligências, sob pena de caracterizar-se aviltamento de honorários.

§ 7º O advogado promoverá, preferentemente, de forma destacada a execução dos honorários contratuais ou sucumbenciais.

Art. 49. Os honorários profissionais devem ser fixados com moderação, atendidos os elementos seguintes:

I – a relevância, o vulto, a complexidade e a dificuldade das questões versadas;

II – o trabalho e o tempo a ser empregados;

III – a possibilidade de ficar o advogado impedido de intervir em outros casos, ou de se desavir com outros clientes ou terceiros;

IV – o valor da causa, a condição econômica do cliente e o proveito para este resultante do serviço profissional;

V – o caráter da intervenção, conforme se trate de serviço a cliente eventual, frequente ou constante;

VI – o lugar da prestação dos serviços, conforme se trate do domicílio do advogado ou de outro;

VII – a competência do profissional;

VIII – a praxe do foro sobre trabalhos análogos.

Art. 50. Na hipótese da adoção de cláusula *quota litis*, os honorários devem ser necessariamente representados por pecúnia e, quando acrescidos dos honorários da sucumbência, não podem ser superiores às vantagens advindas a favor do cliente.

§ 1º A participação do advogado em bens particulares do cliente só é admitida em caráter excepcional, quando esse, comprovadamente, não tiver condições pecuniárias de satisfazer o débito de honorários e ajustar com o seu patrono, em instrumento contratual, tal forma de pagamento.

§ 2º Quando o objeto do serviço jurídico versar sobre prestações vencidas e vincendas, os honorários advocatícios poderão incidir sobre o valor de umas e outras, atendidos os requisitos da moderação e da razoabilidade.

Art. 51. Os honorários da sucumbência e os honorários contratuais, pertencendo ao advogado que houver atuado na causa, poderão ser por ele executados, assistindo-lhe direito autônomo para promover a execução do capítulo da sentença que os estabelecer ou para postular, quando for o caso, a expedição de precatório ou requisição de pequeno valor em seu favor.

§ 1º No caso de substabelecimento, a verba correspondente aos honorários da sucumbência será repartida entre o substabelecente e o substabelecido, proporcionalmente à atuação de cada um no processo ou conforme haja sido entre eles ajustado.

§ 2º Quando for o caso, a Ordem dos Advogados do Brasil ou os seus Tribunais de Ética e Disciplina poderão ser solicitados a indicar mediador que contribua no sentido de que a distribuição dos honorários da sucumbência, entre advogados, se faça segundo o critério estabelecido no § 1º.

§ 3º Nos processos disciplinares que envolverem divergência sobre a percepção de honorários da sucumbência, entre advogados, deverá ser tentada a conciliação destes, preliminarmente, pelo relator.

Art. 52. O crédito por honorários advocatícios, seja do advogado autônomo, seja de sociedade de advogados, não autoriza o saque de duplicatas ou qualquer outro título de crédito de natureza mercantil, podendo, apenas, ser emitida fatura, quando o cliente assim pretender, com fundamento no contrato de prestação de serviços, a qual, porém, não poderá ser levada a protesto.

Parágrafo único. Pode, todavia, ser levado a protesto o cheque ou a nota promissória emitido pelo cliente em favor do advogado, depois de frustrada a tentativa de recebimento amigável.

Art. 53. É lícito ao advogado ou à sociedade de advogados empregar, para o recebimento de honorários, sistema de cartão de crédito, mediante credenciamento junto a empresa operadora do ramo.

Parágrafo único. Eventuais ajustes com a empresa operadora que impliquem pagamento antecipado não afetarão a responsabilidade do advogado perante o cliente, em caso de rescisão do contrato de prestação de serviços, devendo ser observadas as disposições deste quanto à hipótese.

Art. 54. Havendo necessidade de promover arbitramento ou cobrança judicial de honorários, deve o advogado renunciar previamente ao mandato que recebera do cliente em débito.

TÍTULO II
Do Processo Disciplinar

- *Vide* arts. 68 a 77 do EAOAB.
- *Vide* arts. 137-D a 144-A do RGEAOAB.

CAPÍTULO I
DOS PROCEDIMENTOS

Art. 55. O processo disciplinar instaura-se de ofício ou mediante representação do interessado.

§ 1º A instauração, de ofício, do processo disciplinar dar-se-á em função do conhecimento do fato, quando obtido por meio de fonte idônea ou em virtude de comunicação da autoridade competente.

§ 2º Não se considera fonte idônea a que consistir em denúncia anônima.

Art. 55-A. Os procedimentos na OAB observarão a tramitação e o julgamento com perspectiva de gênero e raça, a ser reconhecida de ofício ou por solicitação da parte interessada.

Parágrafo único. O Conselho Federal regulamentará o disposto no *caput* do presente artigo, mediante edição de Provimento.

- Artigo acrescentado pela Resolução n. 5/2024 – DEOAB 28-8-2024, p. 3. Provimento n. 228 do CFOAB – DEOAB 28-8-2024, p. 1.

Art. 56. A representação será formulada ao Presidente do Conselho Seccional ou ao Presidente da Subseção, por escrito ou verbalmente, devendo, neste último caso, ser reduzida a termo.

Parágrafo único. Nas Seccionais cujos Regimentos Internos atribuírem competência ao Tribunal de Ética e Disciplina para instaurar o processo ético disciplinar, a representação poderá ser dirigida ao seu Presidente ou será a este encaminhada por qualquer dos dirigentes referidos no *caput* deste artigo que a houver recebido.

Art. 57. A representação deverá conter:

I – a identificação do representante, com a sua qualificação civil e endereço;

II – a narração dos fatos que a motivam, de forma que permita verificar a existência, em tese, de infração disciplinar;

III – os documentos que eventualmente a instruam e a indicação de outras provas a ser produzidas, bem como, se for o caso, o rol de testemunhas, até o máximo de cinco;

IV – a assinatura do representante ou a certificação de quem a tomou por termo, na impossibilidade de obtê-la.

Art. 58. Recebida a representação, o Presidente do Conselho Seccional ou o da Subseção, quando esta dispuser de Conselho, designa relator, por sorteio, um de seus integrantes, para presidir a instrução processual.

§ 1º Os atos de instrução processual podem ser delegados ao Tribunal de Ética e Disciplina, conforme dispuser o regimento interno do Conselho Seccional, caso em que caberá ao seu Presidente, por sorteio, designar relator.

§ 2º Antes do encaminhamento dos autos ao relator, serão juntadas a ficha cadastral do representado e certidão negativa ou positiva sobre a existência de punições anteriores, com menção das faltas atribuídas. Será providenciada, ainda, certidão sobre a existência ou não de representações em andamento, a qual, se positiva, será acompanhada da informação sobre as faltas imputadas.

- A Resolução n. 1/2016, da OAB, institui o modelo de certidão de representações em andamento.

§ 3º O relator, atendendo aos critérios de admissibilidade, emitirá parecer propondo a instauração de processo disciplinar ou o arquivamento liminar da representação, no prazo de 30 (trinta) dias, sob pena de redistribuição do feito pelo Presidente do Conselho Seccional ou da Subseção para outro relator, observando-se o mesmo prazo.

§ 4º O Presidente do Conselho competente ou, conforme o caso, o do Tribunal de Ética e Disciplina, proferirá despacho declarando instaurado o processo disciplinar ou determinando o arquivamento da representação, nos termos do parecer do relator ou segundo os fundamentos que adotar.

§ 5º A representação contra membros do Conselho Federal e Presidentes de Conselhos Seccionais é processada e julgada pelo Conselho Federal, sendo competente a Segunda Câmara reunida em sessão plenária. A representação contra membros da diretoria do Conselho Federal, Membros Honorários Vitalícios e detentores da Medalha Rui Barbosa será processada e julgada pelo Conselho Federal, sendo competente o Conselho Pleno.

§ 6º A representação contra dirigente de Subseção é processada e julgada pelo Conselho Seccional.

§ 7º Os Conselhos Seccionais poderão instituir Comissões de Admissibilidade no âmbito dos Tribunais de Ética e Disciplina, compostas por seus membros ou por Conselheiros Seccionais, com atribuição de análise prévia dos pressupostos de admissibilidade das representações ético-disciplinares, podendo propor seu arquivamento liminar.

- Incluído pela Resolução n. 4/2016.

Art. 58-A. Nos casos de infração ético-disciplinar punível com censura, será admissível a celebração de termo de ajustamento de conduta, se o fato apurado não tiver gerado repercussão negativa à advocacia.

- Inserido pela Resolução n. 4/2020.

Parágrafo único. O termo de ajustamento de conduta previsto neste artigo será regulamentado em provimento do Conselho Federal da OAB.

- Inserido pela Resolução n. 4/2020.

Art. 59. Compete ao relator do processo disciplinar determinar a notificação dos interessados para prestar esclarecimentos ou a do representado para apresentar defesa prévia, no prazo de 15 (quinze) dias, em qualquer caso.

§ 1º A notificação será expedida para o endereço constante do cadastro de inscritos do Conselho Seccional, observando-se, quanto ao mais, o disposto no Regulamento Geral.

§ 2º Se o representado não for encontrado ou ficar revel, o Presidente do Conselho competente ou, conforme o caso, o do Tribunal de Ética e Disciplina designar-lhe-á defensor dativo.

§ 3º Oferecida a defesa prévia, que deve ser acompanhada dos documentos que possam instruí-la e do rol de testemunhas, até o limite de 5 (cinco), será proferido despacho saneador e, ressalvada a hipótese do § 2º do art. 73 do EAOAB, designada, se for o caso, audiência para oitiva do representante, do representado e das testemunhas.

§ 4º O representante e o representado incumbir-se-ão do comparecimento de suas testemunhas, salvo se, ao apresentarem o respectivo rol, requererem, por motivo justificado, sejam elas notificadas a comparecer à audiência de instrução do processo.

§ 5º O relator pode determinar a realização de diligências que julgar convenientes, cumprindo-lhe dar andamento ao processo, de modo que este se desenvolva por impulso oficial.

§ 6º O relator somente indeferirá a produção de determinado meio de prova quando esse for ilícito, impertinente, desnecessário ou protelatório, devendo fazê-lo fundamentadamente.

§ 7º Concluída a instrução, o relator profere parecer preliminar fundamentado, a ser submetido ao Tribunal de Ética e Disciplina, dando enquadramento legal aos fatos imputados ao representado.

- Alterado pela Resolução n. 2/2022-COP – DEOAB, 27.09.2022, p. 2.

§ 8º Abre-se, em seguida, prazo sucessivo de 15 (quinze) dias, ao interessado e ao representado, para apresentação de razões finais.

- Alterado pela Resolução n. 9/2021-COP – DEOAB, 21.02.2022, p. 1.

Art. 60. O Presidente do Tribunal de Ética e Disciplina, após o recebimento do processo, devidamente instruído, designa, por sorteio, relator para proferir voto.

§ 1º Se o processo já estiver tramitando perante o Tribunal de Ética e Disciplina ou perante o Conselho competente, o relator não será o mesmo designado na fase de instrução.

§ 2º O processo será incluído em pauta na primeira sessão de julgamentos após a distribuição ao relator.

■ Redação dada pela Resolução n. 1/2016.

§ 3º O representante e o representado são notificados pela Secretaria do Tribunal, com 15 (quinze) dias de antecedência, para comparecerem à sessão de julgamento.

§ 4º Na sessão de julgamento, após o voto do relator, é facultada a sustentação oral pelo tempo de 15 (quinze) minutos, primeiro pelo representante e, em seguida, pelo representado.

Art. 61. Do julgamento do processo disciplinar lavrar-se-á acórdão, do qual constarão, quando procedente a representação, o enquadramento legal da infração, a sanção aplicada, o quórum de instalação e o de deliberação, a indicação de haver sido esta adotada com base no voto do relator ou em voto divergente, bem como as circunstâncias agravantes ou atenuantes consideradas e as razões determinantes de eventual conversão da censura aplicada em advertência sem registro nos assentamentos do inscrito.

Art. 62. Nos acórdãos serão observadas, ainda, as seguintes regras:

§ 1º O acórdão trará sempre a ementa, contendo a essência da decisão.

§ 2º O autor do voto divergente que tenha prevalecido figurará como redator para o acórdão.

§ 3º O voto condutor da decisão deverá ser lançado nos autos, com os seus fundamentos.

§ 4º O voto divergente, ainda que vencido, deverá ter seus fundamentos lançados nos autos, em voto escrito ou em transcrição na ata de julgamento do voto oral proferido, com seus fundamentos.

§ 5º Será atualizado nos autos o relatório de antecedentes do representado, sempre que o relator o determinar.

Art. 63. Na hipótese prevista no art. 70, § 3º, do EAOAB, em sessão especial designada pelo Presidente do Tribunal, serão facultadas ao representado ou ao seu defensor a apresentação de defesa, a produção de prova e a sustentação oral.

Art. 64. As consultas submetidas ao Tribunal de Ética e Disciplina receberão autuação própria, sendo designado relator, por sorteio, para o seu exame, podendo o Presidente, em face da complexidade da questão, designar, subsequentemente, revisor.

Parágrafo único. O relator e o revisor têm prazo de 10 (dez) dias cada um para elaboração de seus pareceres, apresentando-os na primeira sessão seguinte, para deliberação.

Art. 65. As sessões do Tribunal de Ética e Disciplina obedecerão ao disposto no respectivo Regimento Interno, aplicando-se-lhes, subsidiariamente, o do Conselho Seccional.

Art. 66. A conduta dos interessados, no processo disciplinar, que se revele temerária ou caracterize a intenção de alterar a verdade dos fatos, assim como a interposição de recursos com intuito manifestamente protelatório, contrariam os princípios deste Código, sujeitando os responsáveis à correspondente sanção.

Art. 67. Os recursos contra decisões do Tribunal de Ética e Disciplina, ao Conselho Seccional, regem-se pelas disposições do Estatuto da Advocacia e da Ordem dos Advogados do Brasil, do Regulamento Geral e do Regimento Interno do Conselho Seccional.

Parágrafo único. O Tribunal dará conhecimento de todas as suas decisões ao Conselho Seccional, para que determine periodicamente a publicação de seus julgados.

Art. 68. Cabe revisão do processo disciplinar, na forma prevista no Estatuto da Advocacia e da Ordem dos Advogados do Brasil (art. 73, § 5º).

§ 1º Tem legitimidade para requerer a revisão o advogado punido com a sanção disciplinar.

§ 2º A competência para processar e julgar o processo de revisão é do órgão de que emanou a condenação final.

§ 3º Quando o órgão competente for o Conselho Federal, a revisão processar-se-á perante a Segunda Câmara, reunida em sessão plenária.

§ 4º Observar-se-á, na revisão, o procedimento do processo disciplinar, no que couber.

§ 5º O pedido de revisão terá autuação própria, devendo os autos respectivos ser apensados aos do processo disciplinar a que se refira.

§ 6º O pedido de revisão não suspende os efeitos da decisão condenatória, salvo quando o relator, ante a relevância dos fundamentos e o risco de consequências irreparáveis para o requerente, conceder tutela cautelar para que se suspenda a execução.

■ Incluído pela Resolução n. 4/2016.

§ 7º A parte representante somente será notificada para integrar o processo de revisão quando o relator entender que deste poderá resultar dano ao interesse jurídico que haja motivado a representação.

■ Incluído pela Resolução n. 4/2016.

Art. 69. O advogado que tenha sofrido sanção disciplinar poderá requerer reabilitação, no prazo e nas condições previstos no Estatuto da Advocacia e da Ordem dos Advogados do Brasil (art. 41).

§ 1º A competência para processar e julgar o pedido de reabilitação é do Conselho Seccional em que tenha sido aplicada a sanção disciplinar. Nos casos de competência originária do Conselho Federal, perante este tramitará o pedido de reabilitação.

§ 2º Observar-se-á, no pedido de reabilitação, o procedimento do processo disciplinar, no que couber.

§ 3º O pedido de reabilitação terá autuação própria, devendo os autos respectivos ser apensados aos do processo disciplinar a que se refira.

§ 4º O pedido de reabilitação será instruído com provas de bom comportamento, no exercício da advocacia e na vida social, cumprindo à Secretaria do Conselho competente certificar, nos autos, o efetivo cumprimento da sanção disciplinar pelo requerente.

§ 5º Quando o pedido não estiver suficientemente instruído, o relator assinará prazo ao requerente para que complemente a documentação; não cumprida a determinação, o pedido será liminarmente arquivado.

CAPÍTULO II
DOS ÓRGÃOS DISCIPLINARES

Seção I
DOS TRIBUNAIS DE ÉTICA E DISCIPLINA

Art. 70. O Tribunal de Ética e Disciplina poderá funcionar dividido em órgãos fracionários, de acordo com seu regimento interno.

Art. 71. Compete aos Tribunais de Ética e Disciplina:

I – julgar, em primeiro grau, os processos ético-disciplinares;

II – responder a consultas formuladas, em tese, sobre matéria ético-disciplinar;

III – exercer as competências que lhe sejam conferidas pelo Regimento Interno da Seccional ou por este Código para a instauração, instrução e julgamento de processos ético-disciplinares;

IV – suspender, preventivamente, o acusado, em caso de conduta suscetível de acarretar repercussão prejudicial à advocacia, nos termos do Estatuto da Advocacia e da Ordem dos Advogados do Brasil;

V – organizar, promover e ministrar cursos, palestras, seminários e outros eventos da mesma natureza acerca da ética profissional do advogado ou estabelecer parcerias com as Escolas de Advocacia, com o mesmo objetivo;

VI – atuar como órgão mediador ou conciliador nas questões que envolvam:

a) dúvidas e pendências entre advogados;

b) partilha de honorários contratados em conjunto ou decorrentes de substabelecimento, bem como os que resultem de sucumbência, nas mesmas hipóteses;

c) controvérsias surgidas quando da dissolução de sociedade de advogados.

VII – em conjunto com o Conselho Federal e o Comitê de Acompanhamento e Capacitação sobre Julgamento com Perspectiva de Gênero e Raça, organizar, promover e desenvolver cursos, palestras, seminários e discussões a respeito de Julgamento com Perspectiva de Gênero e Raça, visando à formação da consciência dos julgadores, Conselheiros(as), servidores(as) e membros para afastar estereótipos, preconceitos e problemas estruturais que possam causar indevido desequilíbrio na relação entre os sujeitos.

■ Inciso VII acrescentado pela Resolução n. 5/2024 – DEOAB 28-8-2024, p. 3.

Seção II
Das Corregedorias-Gerais

Art. 72. As Corregedorias-Gerais integram o sistema disciplinar da Ordem dos Advogados do Brasil.

§ 1º O Secretário-Geral Adjunto exerce, no âmbito do Conselho Federal, as funções de Corregedor-Geral, cuja competência é definida em Provimento.

§ 2º Nos Conselhos Seccionais, as Corregedorias-Gerais terão atribuições da mesma natureza, observando, no que couber, Provimento do Conselho Federal sobre a matéria.

§ 3º A Corregedoria-Geral do Processo Disciplinar coordenará ações do Conselho Federal e dos Conselhos Seccionais voltadas para o objetivo de reduzir a ocorrência das infrações disciplinares mais frequentes.

TÍTULO III
Das Disposições Gerais e Transitórias

Art. 73. O Conselho Seccional deve oferecer os meios e o suporte de apoio material, logístico, de informática e de pessoal necessários ao pleno funcionamento e ao desenvolvimento das atividades do Tribunal de Ética e Disciplina.

§ 1º Os Conselhos Seccionais divulgarão, trimestralmente, na internet, a quantidade de processos ético-disciplinares em andamento e as punições decididas em caráter definitivo, preservadas as regras de sigilo.

§ 2º A divulgação das punições referidas no parágrafo anterior destacará cada infração tipificada no art. 34 da Lei n. 8.906/94.

Art. 74. Em até 180 (cento e oitenta) dias após o início da vigência do presente Código de Ética e Disciplina da OAB, os Conselhos Seccionais e os Tribunais de Ética e Disciplina deverão elaborar ou rever seus Regimentos Internos, adaptando-os às novas regras e disposições deste Código. No caso dos Tribunais de Ética e Disciplina, os Regimentos Internos serão submetidos à aprovação do respectivo Conselho Seccional e, subsequentemente, do Conselho Federal.

Art. 75. A pauta de julgamentos do Tribunal é publicada em órgão oficial e no quadro de avisos gerais, na sede do Conselho Seccional, com antecedência de 15 (quinze) dias, devendo ser dada prioridade, nos julgamentos, aos processos cujos interessados estiverem presentes à respectiva sessão.

Art. 76. As disposições deste Código obrigam igualmente as sociedades de advogados, os consultores e as sociedades consultoras em direito estrangeiro e os estagiários, no que lhes forem aplicáveis.

Art. 77. As disposições deste Código aplicam-se, no que couber, à mediação, à conciliação e à arbitragem, quando exercidas por advogados.

Art. 78. Os autos do processo disciplinar podem ter caráter virtual, mediante adoção de processo eletrônico.

Parágrafo único. O Conselho Federal da OAB regulamentará em Provimento o processo ético-disciplinar por meio eletrônico.

■ O Provimento n. 176/2017 da OAB regulamenta o processo ético-disciplinar.

Art. 79. Este Código entra em vigor a 1º de setembro de 2016, cabendo ao Conselho Federal e aos Conselhos Seccionais, bem como às Subseções da OAB, promover-lhe ampla divulgação.

■ Artigo com redação dada pela Resolução n. 3/2016.

Art. 80. Fica revogado o Código de Ética e Disciplina editado em 13 de fevereiro de 1995, bem como as demais disposições em contrário.

Brasília, 19 de outubro de 2015.

Marcus Vinicius Furtado Coêlho

18.3. REGULAMENTO GERAL DO ESTATUTO DA ADVOCACIA E DA OAB

REGULAMENTO GERAL DO ESTATUTO DA ADVOCACIA E DA OAB[2]

Dispõe sobre o Regulamento Geral previsto na Lei n. 8.906, de 4 de julho de 1994.

O Conselho Federal da Ordem dos Advogados do Brasil, no uso das atribuições conferidas pelos artigos 54, V, e 78 da Lei n. 8.906, de 4 de julho de 1994, resolve:

TÍTULO I
Da Advocacia

CAPÍTULO I
DA ATIVIDADE DE ADVOCACIA

■ *Vide* arts. 1º a 5º do EAOAB.

Seção I
Da Atividade de Advocacia em Geral

Art. 1º A atividade de advocacia é exercida com observância da Lei n. 8.906/94 (Estatuto), deste Regulamento Geral, do Código de Ética e Disciplina e dos Provimentos.

Art. 2º O visto do advogado em atos constitutivos de pessoas jurídicas, indispensável ao registro e arquivamento nos órgãos competentes, deve resultar da efetiva constatação, pelo profissional que os examinar, de que os respectivos instrumentos preenchem as exigências legais pertinentes.

■ Redação determinada pelo Conselho Pleno do Conselho Federal da OAB, em Sessões Plenárias dos dias 16-10-2000, 6-11-2000 e 7-11-2000.

Parágrafo único. Estão impedidos de exercer o ato de advocacia referido neste artigo os advogados que prestem serviços a órgãos ou entidades da Administração Pública direta ou indireta, da unidade federativa a que se vincule a Junta Comercial, ou a quaisquer repartições administrativas competentes para o mencionado registro.

------

2. *DOU* de 16-11-1994.

Art. 3º É defeso ao advogado funcionar no mesmo processo, simultaneamente, como patrono e preposto do empregador ou cliente.

Art. 4º A prática de atos privativos de advocacia, por profissionais e sociedades não inscritos na OAB, constitui exercício ilegal da profissão.

Parágrafo único. É defeso ao advogado prestar serviços de assessoria e consultoria jurídicas para terceiros, em sociedades que não possam ser registradas na OAB.

Art. 5º Considera-se efetivo exercício da atividade de advocacia a participação anual mínima em cinco atos privativos previstos no art. 1º do Estatuto, em causas ou questões distintas.

Parágrafo único. A comprovação do efetivo exercício faz-se mediante:

a) certidão expedida por cartórios ou secretarias judiciais;

b) cópia autenticada de atos privativos;

c) certidão expedida pelo órgão público no qual o advogado exerça função privativa do seu ofício, indicando os atos praticados.

Art. 6º O advogado deve notificar o cliente da renúncia ao mandato (art. 5º, § 3º, do Estatuto), preferencialmente mediante carta com aviso de recepção, comunicando, após, o Juízo.

Art. 7º A função de diretoria e gerência jurídicas em qualquer empresa pública, privada ou paraestatal, inclusive em instituições financeiras, é privativa de advogado, não podendo ser exercida por quem não se encontre inscrito regularmente na OAB.

Art. 8º A incompatibilidade prevista no art. 28, II, do Estatuto, não se aplica aos advogados que participam dos órgãos nele referidos, na qualidade de titulares ou suplentes, como representantes dos advogados.

- Redação determinada pelo Conselho Pleno do Conselho Federal da OAB, em Sessões Plenárias dos dias 16-10-2000, 6-11-2000 e 7-11-2000.

§ 1º Ficam, entretanto, impedidos de exercer a advocacia perante os órgãos em que atuam, enquanto durar a investidura.

- Renumerado pelo Conselho Pleno do Conselho Federal da OAB, em Sessões Plenárias dos dias 16-10-2000, 6-11-2000 e 7-11-2000.

§ 2º A indicação dos representantes dos advogados nos juizados especiais deverá ser promovida pela Subseção ou, na sua ausência, pelo Conselho Seccional.

- Incluído pelo Conselho Pleno do Conselho Federal da OAB, em Sessões Plenárias dos dias 16-10-2000, 6-11-2000 e 7-11-2000.

Seção II
Da Advocacia Pública

- *Vide* art. 3º do EAOAB.
- *Vide* art. 8º do Código de Ética da OAB.

Art. 9º Exercem a advocacia pública os integrantes da Advocacia-Geral da União, da Defensoria Pública e das Procuradorias e Consultorias Jurídicas dos Estados, do Distrito Federal, dos Municípios, das autarquias e das fundações públicas, estando obrigados à inscrição na OAB, para o exercício de suas atividades.

18 ■ LEGISLAÇÃO ESPECÍFICA

Parágrafo único. Os integrantes da advocacia pública são elegíveis e podem integrar qualquer órgão da OAB.

Art. 10. Os integrantes da advocacia pública, no exercício de atividade privativa prevista no art. 1º do Estatuto, sujeitam-se ao regime do Estatuto, deste Regulamento Geral e do Código de Ética e Disciplina, inclusive quanto às infrações e sanções disciplinares.

Seção III
Do Advogado Empregado

■ *Vide* arts. 18 a 21 do EAOAB.

Art. 11. Compete a sindicato de advogados e, na sua falta, a federação ou confederação de advogados, a representação destes nas convenções coletivas celebradas com as entidades sindicais representativas dos empregadores, nos acordos coletivos celebrados com a empresa empregadora e nos dissídios coletivos perante a Justiça do Trabalho, aplicáveis às relações de trabalho.

Art. 12. Para os fins do art. 20 da Lei n. 8.906/94, considera-se de dedicação exclusiva o regime de trabalho que for expressamente previsto em contrato individual de trabalho.

■ Redação determinada pelo Conselho Pleno do Conselho Federal da OAB, em Sessões Plenárias dos dias 16-10-2000, 6-11-2000 e 7-11-2000.

Parágrafo único. Em caso de dedicação exclusiva, serão remuneradas como extraordinárias as horas trabalhadas que excederem a jornada normal de oito horas diárias.

■ Redação determinada pelo Conselho Pleno do Conselho Federal da OAB, em Sessões Plenárias dos dias 16-10-2000, 6-11-2000 e 7-11-2000.

Art. 13. (REVOGADO).

■ Revogado pelo Conselho Pleno do Conselho Federal da OAB, em Sessões Plenárias dos dias 16-10-2000, 6-11-2000 e 8-12-2000.

Art. 14. Os honorários de sucumbência, por decorrerem precipuamente do exercício da advocacia e só acidentalmente da relação de emprego, não integram o salário ou a remuneração, não podendo, assim, ser considerados para efeitos trabalhistas ou previdenciários.

Parágrafo único. Os honorários de sucumbência dos advogados empregados constituem fundo comum, cuja destinação é decidida pelos profissionais integrantes do serviço jurídico da empresa ou por seus representantes.

CAPÍTULO II
DOS DIREITOS E DAS PRERROGATIVAS

■ *Vide* arts. 6º a 7º-A do EAOAB.

Seção I
Da Defesa Judicial dos Direitos e das Prerrogativas

Art. 15. Compete ao Presidente do Conselho Federal, do Conselho Seccional ou da Subseção, ao tomar conhecimento de fato que possa causar, ou que já causou, violação de direitos ou prerrogativas da profissão, adotar as providências judiciais e extrajudiciais cabíveis para prevenir ou restaurar o império do Estatuto, em sua plenitude, inclusive mediante representação administrativa.

Parágrafo único. O Presidente pode designar advogado, investido de poderes bastantes, para as finalidades deste artigo.

Art. 16. Sem prejuízo da atuação de seu defensor, contará o advogado com a assistência de representante da OAB nos inquéritos policiais ou nas ações penais em que figurar como indiciado, acusado ou ofendido, sempre que o fato a ele imputado decorrer do exercício da profissão ou a este vincular-se.

- Redação determinada pelo Conselho Pleno do Conselho Federal da OAB, em Sessões Plenárias dos dias 17-6-1997, 17-8-1997 e 17-11-1997.

Art. 17. Compete ao Presidente do Conselho ou da Subseção representar contra o responsável por abuso de autoridade, quando configurada hipótese de atentado à garantia legal de exercício profissional, prevista na Lei n. 4.898, de 9 de dezembro de 1965.

- A Lei n. 4.898, de 9-12-1965, foi revogada pela Lei n. 13.869, de 5-9-2019, que passou a tratar do assunto (abuso de autoridade).

Seção II
Do Desagravo Público

- O Provimento n. 179, de 26-6-2018, do Conselho Federal da OAB, institui e regulamenta o Registro Nacional de Violações de Prerrogativas, no âmbito da OAB.
- *Vide* art. 7º, XVII, do EAOAB.

Art. 18. O inscrito na OAB, quando ofendido comprovadamente em razão do exercício profissional ou de cargo ou função da OAB, tem direito ao desagravo público promovido pelo Conselho competente, de ofício, a seu pedido ou de qualquer pessoa.

- Redação determinada pelo Conselho Pleno do Conselho Federal da OAB, em Sessões Plenárias dos dias 17-6-1997, 17-8-1997 e 17-11-1997.

§ 1º O pedido será submetido à Diretoria do Conselho competente, que poderá, nos casos de urgência e notoriedade, conceder imediatamente o desagravo, *ad referendum* do órgão competente do Conselho, conforme definido em regimento interno.

- Redação determinada pela Resolução n. 1, de 22-5-2018.

§ 2º Nos demais casos, a Diretoria remeterá o pedido de desagravo ao órgão competente para instrução e decisão, podendo o relator, convencendo-se da existência de prova ou indício de ofensa relacionada ao exercício da profissão ou de cargo da OAB, solicitar informações da pessoa ou autoridade ofensora, no prazo de 15 (quinze) dias, sem que isso configure condição para a concessão do desagravo.

- Redação determinada pela Resolução n. 1, de 22-5-2018.

§ 3º O relator pode propor o arquivamento do pedido se a ofensa for pessoal, se não estiver relacionada com o exercício profissional ou com as prerrogativas gerais do advogado ou se configurar crítica de caráter doutrinário, político ou religioso.

- Redação determinada pela Resolução n. 1, de 22-5-2018.

§ 4º Recebidas ou não as informações e convencendo-se da procedência da ofensa, o relator emite parecer que é submetido ao órgão competente do Conselho, conforme definido em regimento interno.

■ Redação determinada pela Resolução n. 1, de 22-5-2018.

§ 5º Os desagravos deverão ser decididos no prazo máximo de 60 (sessenta) dias.

■ Redação determinada pela Resolução n. 1, de 22-5-2018.

§ 6º Em caso de acolhimento do parecer, é designada a sessão de desagravo, amplamente divulgada, devendo ocorrer, no prazo máximo de 30 (trinta) dias, preferencialmente, no local onde a ofensa foi sofrida ou onde se encontre a autoridade ofensora.

■ Redação determinada pela Resolução n. 1, de 22-5-2018.

§ 7º Na sessão de desagravo o Presidente lê a nota a ser publicada na imprensa, encaminhada ao ofensor e às autoridades, e registrada nos assentamentos do inscrito e no Registro Nacional de Violações de Prerrogativas.

■ Redação determinada pela Resolução n. 1, de 22-5-2018.

§ 8º Ocorrendo a ofensa no território da Subseção a que se vincule o inscrito, a sessão de desagravo pode ser promovida pela diretoria ou conselho da Subseção, com representação do Conselho Seccional.

■ Incluído pela Resolução n. 1, de 22-5-2018.

§ 9º O desagravo público, como instrumento de defesa dos direitos e prerrogativas da advocacia, não depende de concordância do ofendido, que não pode dispensá-lo, devendo ser promovido a critério do Conselho.

■ Incluído pela Resolução n. 1, de 22-5-2018.

Art. 19. Compete ao Conselho Federal promover o desagravo público de Conselheiro Federal ou de Presidente do Conselho Seccional, quando ofendidos no exercício das atribuições de seus cargos e ainda quando a ofensa a advogado se revestir de relevância e grave violação às prerrogativas profissionais, com repercussão nacional.

Parágrafo único. O Conselho Federal, observado o procedimento previsto no art. 18 deste Regulamento, indica seus representantes para a sessão pública de desagravo, na sede do Conselho Seccional, salvo no caso de ofensa a Conselheiro Federal.

CAPÍTULO III
DA INSCRIÇÃO NA OAB

■ *Vide* arts. 8º a 14 do EAOAB.

Art. 20. O requerente à inscrição principal no quadro de advogados presta o seguinte compromisso, de pé e com a mão direita no peito esquerdo, perante o Conselho Seccional, a Diretoria ou o Conselho da Subseção: 'Prometo exercer a advocacia com dignidade e independência, observar a ética, os deveres e prerrogativas profissionais e defender a Constituição, a ordem jurídica do Estado Democrático, os direitos humanos, a justiça social, a boa aplicação das leis, a rápida administração da justiça e o aperfeiçoamento da cultura e das instituições jurídicas'.

- Alterado pela Resolução n. 02/2024-COP (DEOAB, 23-4-2024, p. 1).

§ 1º É indelegável, por sua natureza solene e personalíssima, o compromisso referido neste artigo.

§ 2º A conduta incompatível com a advocacia, comprovadamente imputável ao requerente, impede a inscrição no quadro de advogados.

- Renumerado pelo Conselho Pleno do Conselho Federal da OAB, em Sessões Plenárias dos dias 17-6-1997, 17-8-1997 e 17-11-1997.

§ 3º A inscrição no quadro de advogados da OAB é condicionada à consulta, pelo Conselho Seccional onde tramita o pedido de registro, ao banco de dados nacional de inidoneidade moral, o qual é alimentado por todas as Seccionais e pelo Conselho Federal.

- § 3º acrescentado pela Resolução n. 1/2024 (DEOAB, 12-9-2024, p. 4).

Art. 21. O advogado pode requerer o registro, nos seus assentamentos, de fatos comprovados de sua atividade profissional ou cultural, ou a ela relacionados, e de serviços prestados à classe, à OAB e ao País.

Art. 22. O advogado, regularmente notificado, deve quitar seu débito relativo às anuidades, no prazo de 15 (quinze) dias da notificação, sob pena de suspensão, aplicada em processo disciplinar.

- Redação determinada pelo Conselho Pleno do Conselho Federal da OAB, em Sessão Plenária do dia 20-10-1998.

Parágrafo único. Cancela-se a inscrição quando ocorrer a terceira suspensão, relativa ao não pagamento de anuidades distintas.

- Redação determinada pelo Conselho Federal da OAB, em Sessão Plenária do dia 20-10-1998.

Art. 23. O requerente à inscrição no quadro de advogados, na falta de diploma regularmente registrado, apresenta certidão de graduação em direito, acompanhada de cópia autenticada do respectivo histórico escolar.

Parágrafo único. (REVOGADO).

- Revogado pelo Conselho Pleno do Conselho Federal da OAB, em Sessões Plenárias dos dias 16-10-2000, 6-11-2000 e 7-11-2000.

Art. 24. Aos Conselhos Seccionais da OAB incumbe alimentar, automaticamente, por via eletrônica, o Cadastro Nacional dos Advogados – CNA, mantendo as informações correspondentes constantemente atualizadas.

- Redação determinada pela Resolução n. 5, de 7-6-2016.

§ 1º O CNA deve conter o nome completo de cada advogado, o nome social, o número da inscrição, o Conselho Seccional e a Subseção a que está vinculado, o número de inscrição no CPF, a filiação, o sexo, a autodeclaração de cor ou raça, a data de inscrição na OAB e sua modalidade, a existência de penalidades eventualmente aplicadas, estas em campo reservado, a fotografia, o endereço completo e o número de telefone profissional, o endereço do correio eletrônico e o nome da sociedade de advogados de que eventualmente faça parte, ou esteja associado, e, opcionalmente, o nome profissional, a existência de deficiência de

18 ■ LEGISLAÇÃO ESPECÍFICA

303

que seja portador, opção para doação de órgãos, Registro Geral, data e órgão emissor, número do título de eleitor, zona, seção, UF eleitoral, certificado militar e passaporte.

■ Redação determinada pelas Resoluções n. 01/2012 (*DOU* de 19-4-2012, S. 1, p. 96), 05/2016 (*DOU* de 5-7-2016, S. 1, p. 52) e 03/2020 (*DEOAB* de 8-10-2021, p. 3). *Vide* inciso I do art. 7º do Provimento n. 185/2018 (*DOU* de 16-11-2018, S. 1, p. 184-186).

§ 2º No cadastro são incluídas, igualmente, informações sobre o cancelamento das inscrições.

■ Redação determinada pela Resolução n. 1, de 18-4-2012.

§ 3º O Conselho Seccional em que o advogado mantenha inscrição suplementar deverá registrar a punição disciplinar imposta por outra Seccional, no CNA, em até 24 (vinte e quatro) horas, a contar da comunicação de que trata o art. 70, § 2º, do EAOAB.

■ Incluído pela Resolução n. 3, de 7-8-2018.

Art. 24-A. Aos Conselhos Seccionais da OAB incumbe alimentar, automaticamente e em tempo real, por via eletrônica, o Cadastro Nacional das Sociedades de Advogados – CNSA, mantendo as informações correspondentes constantemente atualizadas.

■ Incluído pela Resolução n. 1, de 18-4-2012.

§ 1º O CNSA deve conter a razão social, o número de registro perante a seccional, a data do pedido de registro e a do efetivo registro, o prazo de duração, o endereço completo, inclusive telefone e correio eletrônico, nome, nome social e qualificação de todos os sócios e as modificações ocorridas em seu quadro social.

■ Redação determinada pela Resolução n. 5, de 7-6-2016.

§ 2º Mantendo a sociedade filiais, os dados destas, bem como os números de inscrição suplementar de seus sócios (Provimento n. 112/2006, art. 7º, § 1º), após averbados no Conselho Seccional no qual se localiza o escritório sede, serão averbados no CNSA.

■ Incluído pela Resolução n. 1, de 18-4-2012.

§ 3º São igualmente averbados no CNSA os ajustes de associação ou de colaboração.

■ Incluído pela Resolução n. 1, de 18-4-2012.

§ 4º São proibidas razões sociais iguais ou semelhantes, prevalecendo a razão social da sociedade com inscrição mais antiga.

■ Incluído pela Resolução n. 1, de 18-4-2012.

§ 5º Constatando-se semelhança ou identidade de razões sociais, o Conselho Federal da OAB solicitará, de ofício, a alteração da razão social mais recente, caso a sociedade com registro mais recente não requeira a alteração da sua razão social, acrescentando ou excluindo dados que a distinga da sociedade precedentemente registrada.

■ Incluído pela Resolução n. 1, de 18-4-2012.

§ 6º Verificado conflito de interesses envolvendo sociedades em razão de identidade ou semelhança de razões sociais, em Estados diversos, a questão será apreciada pelo Conselho Federal da OAB, garantindo-se o devido processo legal.

■ Incluído pela Resolução n. 1, de 18-4-2012.

Art. 24-B. Aplicam-se ao Cadastro Nacional das Sociedades de Advogados – CNSA as normas estabelecidas no Provimento n. 95/2000 para os advogados, assim como as restrições quanto à divulgação das informações nele inseridas.

304 DOMINANDO
ÉTICA

■ Incluído pela Resolução n. 1, de 18-4-2012.

Art. 25. Os pedidos de transferência de inscrição de advogados são regulados em Provimento do Conselho Federal.

■ Redação determinada pelo Conselho Pleno do Conselho Federal da OAB, em Sessões Plenárias dos dias 17-6-1997, 17-8-1997 e 17-11-1997.

Art. 26. O advogado fica dispensado de comunicar o exercício eventual da profissão, até o total de cinco causas por ano, acima do qual obriga-se à inscrição suplementar.

CAPÍTULO IV
DO ESTÁGIO PROFISSIONAL

■ *Vide* arts. 9º, 34, XXIX, e 36, I, do EAOAB.

Art. 27. O estágio profissional de advocacia, inclusive para graduados, é requisito necessário à inscrição no quadro de estagiários da OAB e meio adequado de aprendizagem prática.

§ 1º O estágio profissional de advocacia pode ser oferecido pela instituição de ensino superior autorizada e credenciada, em convênio com a OAB, complementando-se a carga horária do estágio curricular supervisionado com atividades práticas típicas de advogado e de estudo do Estatuto e do Código de Ética e Disciplina, observado o tempo conjunto mínimo de 300 (trezentas) horas, distribuído em dois ou mais anos.

§ 2º A complementação da carga horária, no total estabelecido no convênio, pode ser efetivada na forma de atividades jurídicas no núcleo de prática jurídica da instituição de ensino, na Defensoria Pública, em escritórios de advocacia ou em setores jurídicos públicos ou privados, credenciados e fiscalizados pela OAB.

§ 3º As atividades de estágio ministrado por instituição de ensino, para fins de convênio com a OAB, são exclusivamente práticas, incluindo a redação de atos processuais e profissionais, as rotinas processuais, a assistência e a atuação em audiências e sessões, as visitas a órgãos judiciários, a prestação de serviços jurídicos e as técnicas de negociação coletiva, de arbitragem e de conciliação.

Art. 28. O estágio realizado na Defensoria Pública da União, do Distrito Federal ou dos Estados, na forma do art. 145 da Lei Complementar n. 80, de 12 de janeiro de 1994, é considerado válido para fins de inscrição no quadro de estagiários da OAB.

Art. 29. Os atos de advocacia, previstos no art. 1º do Estatuto, podem ser subscritos por estagiário inscrito na OAB, em conjunto com o advogado ou o defensor público.

§ 1º O estagiário inscrito na OAB pode praticar isoladamente os seguintes atos, sob a responsabilidade do advogado:

I – retirar e devolver autos em cartório, assinando a respectiva carga;

II – obter junto aos escrivães e chefes de secretarias certidões de peças ou autos de processos em curso ou findos;

III – assinar petições de juntada de documentos a processos judiciais ou administrativos.

§ 2º Para o exercício de atos extrajudiciais, o estagiário pode comparecer isoladamente, quando receber autorização ou substabelecimento do advogado.

18 ■ LEGISLAÇÃO ESPECÍFICA

Art. 30. O estágio profissional de advocacia, realizado integralmente fora da instituição de ensino, compreende as atividades fixadas em convênio entre o escritório de advocacia ou entidade que receba o estagiário e a OAB.

Art. 31. Cada Conselho Seccional mantém uma Comissão de Estágio e Exame de Ordem, a quem incumbe coordenar, fiscalizar e executar as atividades decorrentes do estágio profissional da advocacia.

■ Redação determinada pela Resolução n. 1, de 13-6-2011.

§ 1º Os convênios de estágio profissional e suas alterações, firmados pelo Presidente do Conselho ou da Subseção, quando esta receber delegação de competência, são previamente elaborados pela Comissão, que tem poderes para negociá-los com as instituições interessadas.

■ Redação determinada pela Resolução n. 1, de 13-6-2011.

§ 2º A Comissão pode instituir subcomissões nas Subseções.

§ 3º (REVOGADO).

■ Revogado pela Resolução n. 1, de 13-6-2011.

§ 4º Compete ao Presidente do Conselho Seccional designar a Comissão, que pode ser composta por advogados não integrantes do Conselho.

CAPÍTULO V
DA IDENTIDADE PROFISSIONAL

■ A Resolução n. 1, de 10-3-2009, do Conselho Federal da OAB, dispõe sobre as normas de Identificação Profissional dos Advogados, Estagiários, Consultores em Direito Estrangeiro e Membros da OAB e da Caixa de Assistência dos Advogados.

■ A Resolução n. 3 de 10-2-2020, do Conselho Federal da OAB, dispõe sobre o Cartão de Identidade Profissional Digital dos Advogados e Estagiários.

Art. 32. São documentos de identidade profissional a carteira e o cartão emitidos pela OAB, de uso obrigatório pelos advogados e estagiários inscritos, para o exercício de suas atividades, os quais podem ser emitidos de forma digital.

■ Redação determinada pela Resolução n. 1, de 10-2-2020.

Parágrafo único. O uso do cartão dispensa o da carteira.

■ *Vide* nota ao art. 34, *caput*, deste Regulamento.

Art. 33. A carteira de identidade do advogado, relativa à inscrição originária, tem as dimensões de 7,00 (sete) x 11,00 (onze) centímetros e observa os seguintes critérios:

I – a capa, em fundo vermelho, contém as armas da República e as expressões "Ordem dos Advogados do Brasil" e "Carteira de Identidade de Advogado";

II – a primeira página repete o conteúdo da capa, acrescentado da expressão "Conselho Seccional de (...)" e do inteiro teor do art. 13 do Estatuto;

III – a segunda página destina-se aos dados de identificação do advogado, na seguinte ordem: número da inscrição, nome, nome social, filiação, naturalidade, data do nascimento, nacionalidade, data da colação de grau, data do compromisso e data da expedição, e à assinatura do Presidente do Conselho Seccional;

- Redação determinada pela Resolução n. 5, de 7-6-2016.

IV – a terceira página é dividida para os espaços de uma foto 3 (três) x 4 (quatro) centímetros, da impressão digital e da assinatura do portador;

V – as demais páginas, em branco e numeradas, destinam-se ao reconhecimento de firma dos signatários e às anotações da OAB, firmadas pelo Secretário-Geral ou Adjunto, incluindo as incompatibilidades e os impedimentos, o exercício de mandatos, as designações para comissões, as funções na OAB, os serviços relevantes à profissão e os dados da inscrição suplementar, pelo Conselho que a deferir;

VI – a última página destina-se à transcrição do art. 7º do Estatuto.

Parágrafo único. O nome social é a designação pela qual a pessoa travesti ou transexual se identifica e é socialmente reconhecida e será inserido na identificação do advogado mediante requerimento.

- Redação determinada pela Resolução n. 5, de 7-6-2016.

Art. 34. O cartão de identidade tem o mesmo modelo e conteúdo do cartão de identificação pessoal (registro geral), com as seguintes adaptações, segundo o modelo aprovado pela Diretoria do Conselho Federal:

- A Resolução n. 1, de 10-3-2009, da Diretoria do Conselho Federal da OAB, dispõe sobre as normas de identificação profissional dos advogados, estagiários, consultores em direito estrangeiro e membros da OAB e da Caixa de Assistência dos Advogados, estabelecendo em seu art. 3º: "Art. 3º Serão os seguintes os prazos de validade dos cartões de identidade: I – do Advogado: indeterminado; II – Suplementar: indeterminado; III – do estagiário: até dois anos; IV – do Consultor em Direito Estrangeiro: três anos; V – dos Membros da OAB: prazo do mandato; VI – dos Membros Honorários Vitalícios: permanente; VII – dos Membros das Caixas de Assistência dos Advogados: prazo do mandato".

I – o fundo é de cor branca e a impressão dos caracteres e armas da República, de cor vermelha;

II – o anverso contém os seguintes dados, nesta sequência: Ordem dos Advogados do Brasil, Conselho Seccional de (...), Identidade de Advogado (em destaque), n. da inscrição, nome, nome social, filiação, naturalidade, data do nascimento e data da expedição, e a assinatura do Presidente, podendo ser acrescentados os dados de identificação de registro geral, de CPF, eleitoral e outros;

- Redação determinada pela Resolução n. 5, de 7-6-2016.

III – o verso destina-se à fotografia, observações e assinatura do portador.

- Inciso III com redação determinada pela Resolução n. 4, de 31-10-2006.

§ 1º No caso de inscrição suplementar o cartão é específico, indicando-se: "N. da Inscrição Suplementar:" (em negrito ou sublinhado).

§ 2º Os Conselhos Federal e Seccionais podem emitir cartão de identidade para os seus membros e para os membros das Subseções, acrescentando, abaixo do termo "Identidade de

Advogado", sua qualificação de conselheiro ou dirigente da OAB e, no verso, o prazo de validade, coincidente com o mandato.

§ 3º O cartão de identidade profissional digital dos advogados e estagiários, constituindo versão eletrônica de identidade para todos os fins legais (art. 13 da Lei n. 8.906/94 – EAOAB), submete-se à disciplina prevista no presente artigo.

- Incluído pela Resolução n. 1, de 10-2-2020.

Art. 35. O cartão de identidade do estagiário tem o mesmo modelo e conteúdo do cartão de identidade do advogado, com a indicação de "Identidade de Estagiário", em destaque, e do prazo de validade, que não pode ultrapassar três anos nem ser prorrogado.

Parágrafo único. O cartão de identidade do estagiário perde sua validade imediatamente após a prestação do compromisso como advogado.

- Redação determinada pelo Conselho Pleno do Conselho Federal da OAB, em Sessões Plenárias dos dias 17-6-1997, 17-8-1997 e 17-11-1997.

Art. 36. O suporte material do cartão de identidade é resistente, devendo conter dispositivo para armazenamento de certificado digital.

- Redação determinada pela Resolução n. 2, do Conselho Federal da OAB, de 12-9-2006.

CAPÍTULO VI
DAS SOCIEDADES DE ADVOGADOS

- O Provimento n. 112, de 10-9-2006, do Conselho Federal da OAB, dispõe sobre as Sociedades de Advogados.
- O Provimento OAB n. 170, de 24-2-2016, dispõe sobre as sociedades unipessoais de advocacia.
- *Vide* arts. 15 a 17 do EAOAB.
- *Vide* art. 16 do Código de Ética da OAB.

Art. 37. Os advogados podem constituir sociedade simples, unipessoal ou pluripessoal, de prestação de serviços de advocacia, a qual deve ser regularmente registrada no Conselho Seccional da OAB em cuja base territorial tiver sede.

- Redação determinada pela Resolução n. 2, de 12-4-2016.

§ 1º As atividades profissionais privativas dos advogados são exercidas individualmente, ainda que revertam à sociedade os honorários respectivos.

- Renumerado pela Resolução n. 2, de 12-4-2016.

§ 2º As sociedades unipessoais e as pluripessoais de advocacia são reguladas em Provimento do Conselho Federal.

- Incluído pela Resolução n. 2, de 12-4-2016.

Art. 38. O nome completo ou abreviado, ou o nome social de, no mínimo, um advogado responsável pela sociedade consta obrigatoriamente da razão social, podendo permanecer o nome ou o nome social de sócio falecido se, no ato constitutivo ou na alteração contratual em vigor, essa possibilidade tiver sido prevista.

308 | DOMINANDO
ÉTICA

■ Redação determinada pela Resolução n. 5, de 7-6-2016.

Art. 39. A sociedade de advogados pode associar-se com advogados, sem vínculo de emprego, para participação nos resultados.

■ O Provimento n. 169, de 2-12-2015, do Conselho Federal da OAB, dispõe sobre as relações societárias entre sócios patrimoniais e de serviços e o advogado associado previsto neste artigo.

Parágrafo único. Os contratos referidos neste artigo são averbados no registro da sociedade de advogados.

Art. 40. Os advogados sócios e os associados respondem subsidiária e ilimitadamente pelos danos causados diretamente ao cliente, nas hipóteses de dolo ou culpa e por ação ou omissão, no exercício dos atos privativos da advocacia, sem prejuízo da responsabilidade disciplinar em que possam incorrer.

Art. 41. As sociedades de advogados podem adotar qualquer forma de administração social, permitida a existência de sócios gerentes, com indicação dos poderes atribuídos.

Art. 42. Podem ser praticados pela sociedade de advogados, com uso da razão social, os atos indispensáveis às suas finalidades, que não sejam privativos de advogado.

Art. 43. O registro da sociedade de advogados observa os requisitos e procedimentos previstos em Provimento do Conselho Federal.

■ Redação determinada pelo Conselho Pleno do Conselho Federal da OAB, em Sessões Plenárias dos dias 17-6-1997, 17-8-1997 e 17-11-1997.

TÍTULO II
Da Ordem dos Advogados do Brasil (OAB)

CAPÍTULO I
DOS FINS E DA ORGANIZAÇÃO

■ *Vide* arts. 44 a 50 do EAOAB.

Art. 44. As finalidades da OAB, previstas no art. 44 do Estatuto, são cumpridas pelos Conselhos Federal e Seccionais e pelas Subseções, de modo integrado, observadas suas competências específicas.

Art. 45. A exclusividade da representação dos advogados pela OAB, prevista no art. 44, II, do Estatuto, não afasta a competência própria dos sindicatos e associações sindicais de advogados, quanto à defesa dos direitos peculiares da relação de trabalho do profissional empregado.

Art. 46. Os novos Conselhos Seccionais serão criados mediante Resolução do Conselho Federal.

Art. 47. O patrimônio do Conselho Federal, do Conselho Seccional, da Caixa de Assistência dos Advogados e da Subseção é constituído de bens móveis e imóveis e outros bens e valores que tenham adquirido ou venham a adquirir.

18 ■ LEGISLAÇÃO ESPECÍFICA

Art. 48. A alienação ou oneração de bens imóveis depende de aprovação do Conselho Federal ou do Conselho Seccional, competindo à Diretoria do órgão decidir pela aquisição de qualquer bem e dispor sobre os bens móveis.

Parágrafo único. A alienação ou oneração de bens imóveis depende de autorização da maioria das delegações, no Conselho Federal, e da maioria dos membros efetivos, no Conselho Seccional.

Art. 49. Os cargos da Diretoria do Conselho Seccional têm as mesmas denominações atribuídas aos da Diretoria do Conselho Federal.

Parágrafo único. Os cargos da Diretoria da Subseção e da Caixa de Assistência dos Advogados têm as seguintes denominações: Presidente, Vice-Presidente, Secretário, Secretário Adjunto e Tesoureiro.

Art. 50. Ocorrendo vaga de cargo de diretoria do Conselho Federal ou do Conselho Seccional, inclusive do Presidente, em virtude de perda do mandato (art. 66 do Estatuto), morte ou renúncia, o substituto é eleito pelo Conselho a que se vincule, dentre os seus membros.

Art. 51. A elaboração das listas constitucionalmente previstas, para preenchimento dos cargos nos tribunais judiciários, é disciplinada em Provimento do Conselho Federal.

Art. 52. A OAB participa dos concursos públicos, previstos na Constituição e nas leis, em todas as suas fases, por meio de representante do Conselho competente, designado pelo Presidente, incumbindo-lhe apresentar relatório sucinto de suas atividades.

Parágrafo único. Incumbe ao representante da OAB velar pela garantia da isonomia e da integridade do certame, retirando-se quando constatar irregularidades ou favorecimentos e comunicando os motivos ao Conselho.

Art. 53. Os conselheiros e dirigentes dos órgãos da OAB tomam posse firmando, juntamente com o Presidente, o termo específico, após prestar o seguinte compromisso: "Prometo manter, defender e cumprir os princípios e finalidades da OAB, exercer com dedicação e ética as atribuições que me são delegadas e pugnar pela dignidade, independência, prerrogativas e valorização da advocacia".

Art. 54. Compete à Diretoria dos Conselhos Federal e Seccionais, da Subseção ou da Caixa de Assistência declarar extinto o mandato, ocorrendo uma das hipóteses previstas no art. 66 do Estatuto, encaminhando ofício ao Presidente do Conselho Seccional.

§ 1º A Diretoria, antes de declarar extinto o mandato, salvo no caso de morte ou renúncia, ouve o interessado no prazo de quinze dias, notificando-o mediante ofício com aviso de recebimento.

§ 2º Havendo suplentes de Conselheiros, a ordem de substituição é definida no Regimento Interno do Conselho Seccional.

§ 3º Inexistindo suplentes, o Conselho Seccional elege, na sessão seguinte à data do recebimento do ofício, o Conselheiro Federal, o diretor do Conselho Seccional, o Conselheiro Seccional, o diretor da Subseção ou o diretor da Caixa de Assistência dos Advogados, onde se deu a vaga.

§ 4º Na Subseção onde houver conselho, este escolhe o substituto.

CAPÍTULO II
DA RECEITA

Art. 55. Aos inscritos na OAB incumbe o pagamento das anuidades, contribuições, multas e preços de serviços fixados pelo Conselho Seccional.

- *Caput* com redação determinada pelo Conselho Pleno do Conselho Federal da OAB, em Sessões Plenárias dos dias 17-6-1997, 17-8-1997 e 17-11-1997.

§ 1º As anuidades, contribuições, multas e preços de serviços previstos no *caput* deste artigo serão fixados pelo Conselho Seccional, devendo seus valores ser comunicados ao Conselho Federal até o dia 30 de novembro do ano anterior, salvo em ano eleitoral, quando serão determinadas e comunicadas ao Conselho Federal até o dia 31 de janeiro do ano da posse, podendo ser estabelecidos pagamentos em cotas periódicas.

- Redação determinada pela Resolução n. 2, de 9-10-2007.

§ 2º *(Revogado pelo Conselho Pleno do Conselho Federal da OAB em 14-3-2006 – DJU de 28-3-2006.)*

§ 3º O edital a que se refere o *caput* do art. 128 deste Regulamento divulgará a possibilidade de parcelamento e o número máximo de parcelas.

- Incluído pelo Conselho Pleno do Conselho Federal da OAB, em Sessões Plenárias dos dias 16-10-2000, 6-11-2000 e 7-11-2000.

Art. 56. As receitas brutas mensais das anuidades, incluídas as eventuais atualizações monetárias, juros e multas, podendo-se deduzir da base de cálculo, as despesas financeiras de compensação dos boletos bancários e taxa de utilização de cartão de crédito, exceto aquelas de antecipação de recebíveis, serão deduzidas em 60% (sessenta por cento) para seguinte destinação:

- Alterado pelas Resoluções n. 2/2007 (*DJ*, 24.10.2000, S.1, p. 486), 2/2013 (*DOU*, 03.07.2013, S.1, p. 86) e 1/2023 – COP (DEOAB, 31.05.2023, p. 2).

I – 10% (dez por cento) para o Conselho Federal;

- Redação determinada pela Resolução n. 2, de 9-10-2007.

II – 3% (três por cento) para o Fundo Cultural;

- Redação determinada pela Resolução n. 2, de 9-10-2007.

III – 2% (dois por cento) para o Fundo de Integração e Desenvolvimento Assistencial dos Advogados – FIDA, regulamentado em Provimento do Conselho Federal;

- Redação determinada pela Resolução n. 2, de 9-10-2007.

IV – 45% (quarenta e cinco por cento) para as despesas administrativas e manutenção do Conselho Seccional.

- Incluído pela Resolução n. 2, de 9-10-2007.

§ 1º Os repasses das receitas previstas neste artigo efetuam-se em instituição financeira, indicada pelo Conselho Federal em comum acordo com o Conselho Seccional, através de compartilhamento obrigatório, automático e imediato, com destinação em conta corrente específica deste, do Fundo Cultural, do Fundo de Integração e Desenvolvimento Assistencial dos Advogados – FIDA e da Caixa de Assistência dos Advogados, vedado o recebimento na

18 ■ LEGISLAÇÃO ESPECÍFICA   311

Tesouraria do Conselho Seccional, exceto quanto às receitas de preços e serviços, e observados os termos do modelo aprovado pelo Diretor-Tesoureiro do Conselho Federal, sob pena de aplicação do art. 54, VII, do Estatuto da Advocacia e da OAB.

■ Redação determinada pela Resolução n. 2, de 9-10-2007.

§ 2º O Fundo Cultural será administrado pela Escola Superior de Advocacia, mediante deliberação da Diretoria do Conselho Seccional.

■ Redação determinada pela Resolução n. 2, de 9-10-2007.

§ 3º O Fundo de Integração e Desenvolvimento Assistencial dos Advogados – FIDA será administrado por um Conselho Gestor designado pela Diretoria do Conselho Federal.

■ Redação determinada pela Resolução n. 2, de 9-10-2007.

§ 4º Os Conselhos Seccionais elaborarão seus orçamentos anuais considerando o limite disposto no inciso IV para manutenção da sua estrutura administrativa e das subseções, utilizando a margem resultante para suplementação orçamentária do exercício, caso se faça necessária.

■ Incluído pela Resolução n. 2, de 9-10-2007.

§ 5º Qualquer transferência de bens ou recursos de um Conselho Seccional a outro depende de autorização do Conselho Federal.

■ Renumerado para § 5º pela Resolução n. 2, de 9-10-2007.

Art. 57. Cabe à Caixa de Assistência dos Advogados a metade da receita das anuidades, incluídas as eventuais atualizações monetárias e juros, recebidas pelo Conselho Seccional, considerado o valor resultante após as deduções obrigatórias, nos percentuais previstos no art. 56 do Regulamento Geral.

■ Redação determinada pela Resolução n. 2, de 10-6-2013.

§ 1º Poderão ser deduzidas despesas nas receitas destinadas à Caixa de Assistência, desde que previamente pactuadas.

■ Incluído pela Resolução n. 2, de 9-10-2007.

§ 2º A aplicação dos recursos da Caixa de Assistência deverá estar devidamente demonstrada nas prestações de contas periódicas do Conselho Seccional, obedecido o disposto no § 5º do art. 60 do Regulamento Geral.

■ Incluído pela Resolução n. 2, de 9-10-2007.

Art. 58. Compete privativamente ao Conselho Seccional, na primeira sessão ordinária do ano, apreciar o relatório anual e deliberar sobre o balanço e as contas da Diretoria do Conselho Seccional, da Caixa de Assistência dos Advogados e das Subseções, referentes ao exercício anterior, na forma de seu Regimento Interno.

§ 1º O Conselho Seccional elege, dentre seus membros, uma comissão de orçamento e contas para fiscalizar a aplicação da receita e opinar previamente sobre a proposta de orçamento anual e as contas.

§ 2º O Conselho Seccional pode utilizar os serviços de auditoria independente para auxiliar a comissão de orçamento e contas.

§ 3º O exercício financeiro dos Conselhos Federal e Seccionais encerra-se no dia 31 de dezembro de cada ano.

Regulamento Geral do
Estatuto da Advocacia

Art. 59. Deixando o cargo, por qualquer motivo, no curso do mandato, os Presidentes do Conselho Federal, do Conselho Seccional, da Caixa de Assistência e da Subseção apresentam, de forma sucinta, relatório e contas ao seu sucessor.

Art. 60. Os Conselhos Seccionais aprovarão seus orçamentos anuais, para o exercício seguinte, até o mês de outubro e o Conselho Federal até a última sessão do ano, permitida a alteração dos mesmos no curso do exercício, mediante justificada necessidade, devidamente aprovada pelos respectivos colegiados.

- Redação determinada pelo Conselho Pleno do Conselho Federal da OAB, em Sessões Plenárias dos dias 17-6-1997, 17-8-1997 e 17-11-1997.

§ 1º O orçamento do Conselho Seccional, incluindo as Subseções, estima a receita, fixa a despesa e prevê as deduções destinadas ao Conselho Federal, ao Fundo Cultural, ao Fundo de Integração e Desenvolvimento Assistencial dos Advogados – FIDA e à Caixa de Assistência, e deverá ser encaminhado, mediante cópia, até o dia 10 do mês subsequente, ao Conselho Federal, podendo o seu Diretor-Tesoureiro, após análise prévia, devolvê-lo à Seccional, para os devidos ajustes.

- Redação determinada pela Resolução n. 2, de 9-10-2007.

§ 2º Aprovado o orçamento e, igualmente, as eventuais suplementações orçamentárias, encaminhar-se-á cópia ao Conselho Federal, até o dia 10 do mês subsequente, para os fins regulamentares.

- Redação determinada pelo Conselho Pleno do Conselho Federal da OAB, em Sessões Plenárias dos dias 17-6-1997, 17-8-1997 e 17-11-1997.

§ 3º O Conselho Seccional recém-empossado deverá promover, se necessário, preferencialmente nos dois primeiros meses de gestão, a reformulação do orçamento anual, encaminhando cópia do instrumento respectivo ao Conselho Federal, até o dia 10 do mês de março do ano em curso.

- Redação determinada pela Resolução n. 2, de 9-10-2007.

§ 4º A Caixa de Assistência dos Advogados aprovará seu orçamento para o exercício seguinte, até a última sessão do ano.

- Redação determinada pela Resolução n. 2, de 9-10-2007.

§ 5º O Conselho Seccional fixa o modelo e os requisitos formais e materiais para o orçamento, o relatório e as contas da Caixa de Assistência e das Subseções.

- Renumerado pela Resolução n. 2, de 9-10-2007.

Art. 61. O relatório, o balanço e as contas dos Conselhos Seccionais e da Diretoria do Conselho Federal, na forma prevista em Provimento, são julgados pela Terceira Câmara do Conselho Federal, com recurso para o Órgão Especial.

§ 1º Cabe à Terceira Câmara fixar os modelos dos orçamentos, balanços e contas da Diretoria do Conselho Federal e dos Conselhos Seccionais.

§ 2º A Terceira Câmara pode determinar a realização de auditoria independente nas contas do Conselho Seccional, com ônus para este, sempre que constatar a existência de graves irregularidades.

§ 3º O relatório, o balanço e as contas dos Conselhos Seccionais do ano anterior serão remetidos à Terceira Câmara até o final do quarto mês do ano seguinte.

■ Redação determinada pelo Conselho Pleno do Conselho Federal da OAB, em Sessão Plenária do dia 9-11-2003.

§ 4º O relatório, o balanço e as contas da Diretoria do Conselho Federal são apreciados pela Terceira Câmara a partir da primeira sessão ordinária do ano seguinte ao do exercício.

§ 5º Os Conselhos Seccionais só podem pleitear recursos materiais e financeiros ao Conselho Federal se comprovadas as seguintes condições:

■ Redação determinada pelo Conselho Pleno do Conselho Federal da OAB, em Sessões Plenárias dos dias 17-6-1997, 17-8-1997 e 17-11-1997.

a) remessa de cópia do orçamento e das eventuais suplementações orçamentárias, no prazo estabelecido pelo § 2º do art. 60;

■ Incluída pelo Conselho Pleno do Conselho Federal da OAB, em Sessões Plenárias dos dias 17-6-1997, 17-8-1997 e 17-11-1997.

b) prestação de contas aprovada na forma regulamentar; e

■ Incluída pelo Conselho Pleno do Conselho Federal da OAB, em Sessões Plenárias dos dias 17-6-1997, 17-8-1997 e 17-11-1997.

c) repasse atualizado da receita devida ao Conselho Federal, suspendendo-se o pedido, em caso de controvérsia, até decisão definitiva sobre a liquidez dos valores correspondentes.

■ Incluída pelo Conselho Pleno do Conselho Federal da OAB, em Sessões Plenárias dos dias 17-6-1997, 17-8-1997 e 17-11-1997.

CAPÍTULO III
DO CONSELHO FEDERAL

■ *Vide* arts. 51 a 55 do EAOAB.

Seção I
Da Estrutura e do Funcionamento

■ Seção I com redação determinada pelo Conselho Pleno do Conselho Federal da OAB, em Sessões Plenárias dos dias 16-10-2000, 6-11-2000 e 7-11-2000.

Art. 62. O Conselho Federal, órgão supremo da OAB, com sede na Capital da República, compõe-se de um Presidente, dos Conselheiros Federais integrantes das delegações de cada unidade federativa e de seus ex-Presidentes.

§ 1º Os ex-Presidentes têm direito a voz nas sessões do Conselho, sendo assegurado o direito de voto aos que exerceram mandato antes de 5 de julho de 1994 ou em seu exercício se encontravam naquela data.

■ Redação determinada pelo Conselho Pleno do Conselho Federal da OAB, em Sessões Plenárias dos dias 17-6-1997, 17-8-1997 e 17-11-1997.

§ 2º O Presidente, nas suas relações externas, apresenta-se como Presidente Nacional da OAB.

§ 3º O Presidente do Conselho Seccional tem lugar reservado junto à delegação respectiva e direito a voz em todas as sessões do Conselho e de suas Câmaras.

Art. 63. O Presidente do Instituto dos Advogados Brasileiros, o Presidente da Federação Nacional dos Institutos dos Advogados do Brasil e os agraciados com a "Medalha Rui Barbosa" podem participar das sessões do Conselho Pleno, com direito a voz.

■ Alterado pela Resolução n. 4/2022-COP – DEOAB, 16.11.2022, p. 3.

Art. 64. O Conselho Federal atua mediante os seguintes órgãos:

I – O Conselho Pleno;

II – Órgão Especial do Conselho Pleno;

III – Primeira, Segunda e Terceira Câmaras;

IV – Diretoria;

V – Presidente.

Parágrafo único. Para o desempenho de suas atividades, o Conselho conta também com comissões permanentes, definidas em Provimento, e com comissões temporárias, todas designadas pelo Presidente, integradas ou não por Conselheiros Federais, submetidas a um regimento interno único, aprovado pela Diretoria do Conselho Federal, que o levará ao conhecimento do Conselho Pleno.

■ Redação determinada pelo Conselho Pleno do Conselho Federal da OAB, em Sessões Plenárias dos dias 16-10-2000, 6-11-2000 e 7-11-2000.

■ A Resolução n. 6, de 12-12-2000, institui o Regimento Interno das Comissões Permanentes e Temporárias do Conselho Federal da OAB.

■ O Provimento OAB n. 115, de 12-3-2007, define as Comissões Permanentes do Conselho Federal da OAB.

Art. 65. No exercício do mandato, o Conselheiro Federal atua no interesse da advocacia nacional e não apenas no de seus representados diretos.

§ 1º O cargo de Conselheiro Federal é incompatível com o de membro de outros órgãos da OAB, exceto quando se tratar de ex-Presidente do Conselho Federal e do Conselho Seccional, ficando impedido de debater e votar as matérias quando houver participado da deliberação local.

§ 2º Na apuração da antiguidade do Conselheiro Federal somam-se todos os períodos de mandato, mesmo que interrompidos.

Art. 66. Considera-se ausente das sessões ordinárias mensais dos órgãos deliberativos do Conselho Federal o Conselheiro que, sem motivo justificado, faltar a qualquer uma.

Parágrafo único. Compete ao Conselho Federal fornecer ajuda de transporte e hospedagem aos Conselheiros Federais integrantes das bancadas dos Conselhos Seccionais que não tenham capacidade financeira para suportar a despesa correspondente.

■ Redação determinada pelo Conselho Pleno do Conselho Federal da OAB, em Sessões Plenárias dos dias 17-6-1997, 17-8-1997 e 17-11-1997.

Art. 67. Os Conselheiros Federais, integrantes de cada delegação, após a posse, são distribuídos pelas três Câmaras especializadas, mediante deliberação da própria delegação, comunicada ao Secretário-Geral, ou, na falta desta, por decisão do Presidente, dando-se preferência ao mais antigo no Conselho e, havendo coincidência, ao de inscrição mais antiga.

§ 1º O Conselheiro, na sua delegação, é substituto dos demais, em qualquer órgão do Conselho, nas faltas ou impedimentos ocasionais ou no caso de licença.

§ 2º Quando estiverem presentes 2 (dois) substitutos, concomitantemente, a preferência é do mais antigo no Conselho e, em caso de coincidência, do que tiver inscrição mais antiga.

§ 3º A delegação indica seu representante ao Órgão Especial do Conselho Pleno.

Art. 68. O voto em qualquer órgão colegiado do Conselho Federal é tomado por delegação, em ordem alfabética, seguido dos ex-Presidentes presentes, com direito a voto.

§ 1º Os membros da Diretoria votam como integrantes de suas delegações.

§ 2º O Conselheiro Federal opina mas não participa da votação de matéria de interesse específico da unidade que representa.

§ 3º Na eleição dos membros da Diretoria do Conselho Federal, somente votam os Conselheiros Federais, individualmente.

- § 3º acrescentado pela Resolução n. 1, do Conselho Federal da OAB, de 6-8-2006.

Art. 69. A seleção das decisões dos órgãos deliberativos do Conselho Federal é periodicamente divulgada em forma de ementário.

Art. 70. Os órgãos deliberativos do Conselho Federal podem cassar ou modificar atos ou deliberações de órgãos ou autoridades da OAB, ouvidos estes e os interessados previamente, no prazo de quinze dias, sempre que contrariem o Estatuto, este Regulamento Geral, o Código de Ética e Disciplina e os Provimentos.

- Alterado pela Resolução n. 4/2022-COP - DEOAB, 16.11.2022, p. 3.

Art. 71. Toda matéria pertinente às finalidades e às competências do Conselho Federal da OAB será distribuída automaticamente no órgão colegiado competente a um relator, mediante sorteio eletrônico, com inclusão na pauta da sessão seguinte, organizada segundo critério de antiguidade.

- Redação determinada pela Resolução n. 1, de 10-6-2013.

§ 1º Se o relator determinar alguma diligência, o processo é retirado da ordem do dia, figurando em anexo da pauta com indicação da data do despacho.

§ 2º Incumbe ao relator apresentar na sessão seguinte, por escrito, o relatório, o voto e a proposta de ementa.

§ 3º O relator pode determinar diligências, requisitar informações, instaurar representação incidental, propor ao Presidente a redistribuição da matéria e o arquivamento, quando for irrelevante ou impertinente às finalidades da OAB, ou o encaminhamento do processo ao Conselho Seccional competente, quando for de interesse local.

§ 4º Em caso de inevitável perigo de demora da decisão, pode o relator conceder provimento cautelar, com recurso de ofício ao órgão colegiado, para apreciação preferencial na sessão posterior.

§ 5º O relator notifica o Conselho Seccional e os interessados, quando forem necessárias suas manifestações.

§ 6º Compete ao relator manifestar-se sobre as desistências, prescrições, decadências e intempestividades dos recursos, para decisão do Presidente do órgão colegiado.

Art. 72. O processo será redistribuído automaticamente caso o relator, após a inclusão em pauta, não o apresente para julgamento na sessão seguinte ou quando, fundamentadamente e no prazo de 5 (cinco) dias, a contar do recebimento dos autos, declinar da relatoria.

▪ Redação determinada pela Resolução n. 1, de 10-6-2013.

§ 1º O presidente do colegiado competente poderá deferir a prorrogação do prazo de apresentação do processo para julga-mento estipulado no *caput*, por 1 (uma) sessão, mediante requerimento por escrito e fundamentado do relator.

▪ Incluído pela Resolução n. 1, de 10-6-2013.

§ 2º Redistribuído o processo, caso os autos encontrem-se com o relator, o presidente do órgão colegiado determinará sua devolução à secretaria, em até 5 (cinco) dias.

▪ Incluído pela Resolução n. 1, de 10-6-2013.

Art. 73. Em caso de matéria complexa, o Presidente designa uma comissão em vez de relator individual.

Parágrafo único. A comissão escolhe um relator e delibera coletivamente, não sendo considerados os votos minoritários para fins de relatório e voto.

Seção II
Do Conselho Pleno

Art. 74. O Conselho Pleno é integrado pelos Conselheiros Federais de cada delegação e pelos ex-Presidentes, sendo presidido pelo Presidente do Conselho Federal e secretariado pelo Secretário-Geral.

Art. 75. Compete ao Conselho Pleno deliberar, em caráter nacional, sobre propostas e indicações relacionadas às finalidades institucionais da OAB (art. 44, I, do Estatuto) e sobre as demais atribuições previstas no art. 54 do Estatuto, respeitadas as competências privativas dos demais órgãos deliberativos do Conselho Federal, fixadas neste Regulamento Geral, e ainda:

I – eleger o sucessor dos membros da Diretoria do Conselho Federal, em caso de vacância;

II – regular, mediante resolução, matérias de sua competência que não exijam edição de Provimento;

III – instituir, mediante Provimento, comissões permanentes para assessorar o Conselho Federal e a Diretoria.

▪ Redação determinada pelo Conselho Pleno do Conselho Federal da Ordem dos Advogados do Brasil, em Sessões Plenárias dos dias 16-10-2000, 6-11-2000 e 7-11-2000.

Parágrafo único. O Conselho Pleno pode decidir sobre todas as matérias privativas de seu Órgão Especial, quando o Presidente atribuir-lhes caráter de urgência e grande relevância.

Art. 76. As proposições e os requerimentos deverão ser oferecidos por escrito, cabendo ao relator apresentar relatório e voto na sessão seguinte, acompanhados de ementa do acórdão.

▪ Redação determinada pela Resolução n. 1, de 10-6-2013.

§ 1º No Conselho Pleno, o Presidente, em caso de urgência e relevância, pode designar relator para apresentar relatório e voto orais na mesma sessão.

§ 2º Quando a proposta importar despesas não previstas no orçamento, pode ser apreciada apenas depois de ouvido o Diretor Tesoureiro quanto às disponibilidades financeiras para sua execução.

Art. 77. O voto da delegação é o de sua maioria, havendo divergência entre seus membros, considerando-se invalidado em caso de empate.

§ 1º O Presidente não integra a delegação de sua unidade federativa de origem e não vota, salvo em caso de empate.

§ 2º Os ex-Presidentes empossados antes de 5 de julho de 1994 têm direito de voto equivalente ao de uma delegação, em todas as matérias, exceto na eleição dos membros da Diretoria do Conselho Federal.

■ Redação determinada pela Resolução n. 1, do Conselho Federal da OAB, de 6-8-2006.

Art. 78. Para editar e alterar o Regulamento Geral, o Código de Ética e Disciplina e os Provimentos e para intervir nos Conselhos Seccionais é indispensável o quorum de 2/3 (dois terços) das delegações.

Parágrafo único. Para as demais matérias prevalece o quorum de instalação e de votação estabelecido neste Regulamento Geral.

Art. 79. A proposta que implique baixar normas gerais de competência do Conselho Pleno ou encaminhar projeto legislativo ou emendas aos Poderes competentes somente pode ser deliberada se o relator ou a comissão designada elaborar o texto normativo, a ser remetido aos Conselheiros juntamente com a convocação da sessão.

§ 1º Antes de apreciar proposta de texto normativo, o Conselho Pleno delibera sobre a admissibilidade da relevância da matéria.

§ 2º Admitida a relevância, o Conselho passa a decidir sobre o conteúdo da proposta do texto normativo, observados os seguintes critérios:

a) procede-se à leitura de cada dispositivo, considerando-o aprovado se não houver destaque levantado por qualquer membro ou encaminhado por Conselho Seccional;

b) havendo destaque, sobre ele manifesta-se apenas aquele que o levantou e a comissão relatora ou o relator, seguindo-se a votação.

§ 3º Se vários membros levantarem destaque sobre o mesmo ponto controvertido, um, dentre eles, é eleito como porta-voz.

§ 4º Se o texto for totalmente rejeitado ou prejudicado pela rejeição, o Presidente designa novo relator ou comissão revisora para redigir outro.

Art. 80. A OAB pode participar e colaborar em eventos internacionais, de interesse da advocacia, mas somente se associa a organismos internacionais que congreguem entidades congêneres.

Parágrafo único. Os Conselhos Seccionais podem representar a OAB em geral ou os advogados brasileiros em eventos internacionais ou no exterior, quando autorizados pelo Presidente Nacional.

318 DOMINANDO ÉTICA

Art. 81. Constatando grave violação do Estatuto ou deste Regulamento Geral, a Diretoria do Conselho Federal notifica o Conselho Seccional para apresentar defesa e, havendo necessidade, designa representantes para promover verificação ou sindicância, submetendo o relatório ao Conselho Pleno.

§ 1º Se o relatório concluir pela intervenção, notifica-se o Conselho Seccional para apresentar defesa por escrito e oral perante o Conselho Pleno, no prazo e tempo fixados pelo Presidente.

§ 2º Se o Conselho Pleno decidir pela intervenção, fixa prazo determinado, que pode ser prorrogado, cabendo à Diretoria designar diretoria provisória.

§ 3º Ocorrendo obstáculo imputável à Diretoria do Conselho Seccional para a sindicância, ou no caso de irreparabilidade do perigo pela demora, o Conselho Pleno pode aprovar liminarmente a intervenção provisória.

Art. 82. As indicações de ajuizamento de ação direta de inconstitucionalidade submetem-se ao juízo prévio de admissibilidade da Diretoria para aferição da relevância da defesa dos princípios e normas constitucionais e, sendo admitidas, observam o seguinte procedimento:

I – o relator, designado pelo Presidente, independentemente da decisão da Diretoria, pode levantar preliminar de inadmissibilidade perante o Conselho Pleno, quando não encontrar norma ou princípio constitucional violados pelo ato normativo;

II – aprovado o ajuizamento da ação, esta será proposta pelo Presidente do Conselho Federal;

- Redação determinada pelo Conselho Pleno do Conselho Federal da OAB, em Sessões Plenárias dos dias 16-10-2000, 6-11-2000 e 7-11-2000.

III – cabe à assessoria do Conselho acompanhar o andamento da ação.

§ 1º Em caso de urgência que não possa aguardar a sessão ordinária do Conselho Pleno, ou durante o recesso do Conselho Federal, a Diretoria decide quanto ao mérito, *ad referendum* daquele.

§ 2º Quando a indicação for subscrita por Conselho Seccional da OAB, por entidade de caráter nacional ou por delegação do Conselho Federal, a matéria não se sujeita ao juízo de admissibilidade da Diretoria.

Art. 83. Compete à Comissão Nacional de Educação Jurídica do Conselho Federal opinar previamente nos pedidos para criação, reconhecimento e credenciamento dos cursos jurídicos referidos no art. 54, XV, do Estatuto.

- Redação determinada pela Resolução n. 1, de 13-6-2011.

§ 1º O Conselho Seccional em cuja área de atuação situar-se a instituição de ensino superior interessada será ouvido, preliminarmente, nos processos que tratem das matérias referidas neste artigo, devendo a seu respeito manifestar-se no prazo de 30 (trinta) dias.

- Renumerado pela Resolução n. 3, do Conselho Federal da OAB, de 12-9-2006.

§ 2º A manifestação do Conselho Seccional terá em vista, especialmente, os seguintes aspectos:

- Incluído pela Resolução n. 3, do Conselho Federal da OAB, de 12-9-2006.

a) a verossimilhança do projeto pedagógico do curso, em face da realidade local;
- Incluída pela Resolução n. 3, do Conselho Federal da OAB, de 12-9-2006.

b) a necessidade social da criação do curso, aferida em função dos critérios estabelecidos pela Comissão de Ensino Jurídico do Conselho Federal;
- Incluída pela Resolução n. 3, do Conselho Federal da OAB, de 12-9-2006.

c) a situação geográfica do município sede do curso, com indicação de sua população e das condições de desenvolvimento cultural e econômico que apresente, bem como da distância em relação ao município mais próximo onde haja curso jurídico;
- Incluída pela Resolução n. 3, do Conselho Federal da OAB, de 12-9-2006.

d) as condições atuais das instalações físicas destinadas ao funcionamento do curso;
- Incluída pela Resolução n. 3, do Conselho Federal da OAB, de 12-9-2006.

e) a existência de biblioteca com acervo adequado, a que tenham acesso direto os estudantes.
- Incluída pela Resolução n. 3, do Conselho Federal da OAB, de 12-9-2006.

§ 3º A manifestação do Conselho Seccional deverá informar sobre cada um dos itens mencionados no parágrafo anterior, abstendo-se, porém, de opinar, conclusivamente, sobre a conveniência ou não da criação do curso.
- Incluído pela Resolução n. 3, do Conselho Federal da OAB, de 12-9-2006.

§ 4º O Conselho Seccional encaminhará sua manifestação diretamente à Comissão de Ensino Jurídico do Conselho Federal, dela não devendo fornecer cópia à instituição interessada ou a terceiro antes do pronunciamento final do Conselho Federal.
- Incluído pela Resolução n. 3, do Conselho Federal da OAB, de 12-9-2006.

Seção III
Do Órgão Especial do Conselho Pleno

Art. 84. O Órgão Especial é composto por um Conselheiro Federal integrante de cada delegação, sem prejuízo de sua participação no Conselho Pleno, e pelos ex-Presidentes, sendo presidido pelo Vice-Presidente e secretariado pelo Secretário-Geral Adjunto.

Parágrafo único. O Presidente do Órgão Especial, além de votar por sua delegação, tem o voto de qualidade, no caso de empate, salvo quando se tratar de procedimento disciplinar passível de aplicação de sanção prevista no art. 35 do Estatuto da Advocacia e da OAB, caso em que, quando houver empate de votos, o Presidente votará apenas por sua delegação, prevalecendo a decisão mais favorável ao advogado representado.
- Redação determinada pela Resolução n. 1, de 18-3-2019.

Art. 85. Compete ao Órgão Especial deliberar, privativamente e em caráter irrecorrível, sobre:

I – recurso contra decisões das Primeira e Terceira Câmaras, quando não tenham sido unânimes ou, sendo unânimes, contrariem a Constituição, as leis, o Estatuto, decisões do Conselho Federal, este Regulamento Geral, o Código de Ética e Disciplina ou os Provimentos;

320 DOMINANDO
ÉTICA

■ Alterado pelas Resoluções n. 1/2007-COP (*DJ*, 04.05.2007, S. 1, p. 1.442) e 3/2022-COP (DEOAB, 16.11.2022, p. 1).

II – recurso contra decisão da Segunda Câmara, nos casos de pedido de revisão e dos incisos III e IV, do art. 89, deste Regulamento Geral, quando não tenham sido unânimes ou, sendo unânimes, contrariem a Constituição, as leis, o Estatuto, decisões do Conselho Federal, este Regulamento Geral, o Código de Ética e Disciplina ou os Provimentos;

■ Inserido pelas Resoluções n. 1/2007-COP (*DJ*, 04.05.2007, S. 1, p. 1.442) e 3/2022-COP (DEOAB, 16.11.2022, p. 1). Ver Resolução n. 1/2011-SCA (*DOU*, 22.09.2011, S. 1, p. 771).

III – recurso contra decisões do Presidente ou da Diretoria do Conselho Federal e do Presidente do Órgão Especial;

■ Renumerado pela Resolução OAB n. 1, de 17-4-2007.

IV – consultas escritas, formuladas em tese, relativas às matérias de competência das Câmaras especializadas ou à interpretação do Estatuto, deste Regulamento Geral, do Código de Ética e Disciplina e dos Provimentos, devendo todos os Conselhos Seccionais ser cientificados do conteúdo das respostas;

■ Renumerado pela Resolução OAB n. 1, de 17-4-2007.

V – conflitos ou divergências entre órgãos da OAB;

■ Renumerado pela Resolução OAB n. 1, de 17-4-2007.

VI – determinação ao Conselho Seccional competente para instaurar processo, quando, em autos ou peças submetidos ao conhecimento do Conselho Federal, encontrar fato que constitua infração disciplinar.

■ Renumerado pela Resolução OAB n. 1, de 17-4-2007.

§ 1º Os recursos ao Órgão Especial podem ser manifestados pelo Presidente do Conselho Federal, pelas partes ou pelos recorrentes originários.

§ 2º O relator pode propor ao Presidente do Órgão Especial o arquivamento da consulta, quando não se revestir de caráter geral ou não tiver pertinência com as finalidades da OAB, ou o seu encaminhamento ao Conselho Seccional, quando a matéria for de interesse local.

Art. 86. A decisão do Órgão Especial constitui orientação dominante da OAB sobre a matéria, quando consolidada em súmula publicada no *Diário Eletrônico da OAB*.

■ Redação determinada pela Resolução n. 5, de 2-10-2018.

Seção IV

Das Câmaras

Art. 87. As Câmaras são presididas:

I – a Primeira, pelo Secretário-Geral;

II – a Segunda, pelo Secretário-Geral Adjunto;

III – a Terceira, pelo Tesoureiro.

§ 1º Os Secretários das Câmaras são designados, dentre seus integrantes, por seus Presidentes.

§ 2º Nas suas faltas e impedimentos, os Presidentes e Secretários das Câmaras são substituídos pelos Conselheiros mais antigos e, havendo coincidência, pelos de inscrição mais antiga.

§ 3º O Presidente da Câmara, além de votar por sua delegação, tem o voto de qualidade, no caso de empate, salvo quando se tratar de procedimento disciplinar passível de aplicação de sanção prevista no art. 35 do Estatuto da Advocacia e da OAB, caso em que, quando houver empate de votos, o Presidente votará apenas por sua delegação, prevalecendo a decisão mais favorável ao advogado representado.

- Redação determinada pela Resolução n. 1, de 18-3-2019.

Art. 88. Compete à Primeira Câmara:

I – decidir os recursos sobre:

a) atividade de advocacia e direitos e prerrogativas dos advogados e estagiários;

b) inscrição nos quadros da OAB;

c) incompatibilidades e impedimentos.

II – expedir resoluções regulamentando o Exame de Ordem, para garantir sua eficiência e padronização nacional, ouvida a missão Nacional de Exame de Ordem;

- Redação determinada pelo Conselho Pleno do Conselho Federal da OAB, em Sessões Plenárias dos dias 16-10-2000, 6-11-2000 e 7-11-2000.

III – julgar as representações sobre as matérias de sua competência;

- Incluído pelo Conselho Pleno do Conselho Federal da OAB, em Sessões Plenárias dos dias 17-6-1997, 17-8-1997 e 17-11-1997.

IV – propor, instruir e julgar os incidentes de uniformização de decisões de sua competência;

- Incluído pelo Conselho Pleno do Conselho Federal da OAB, em Sessões Plenárias dos dias 17-6-1997, 17-8-1997 e 17-11-1997.

V – determinar ao Conselho Seccional competente a instauração de processo quando, em autos ou peças submetidas ao seu julgamento, tomar conhecimento de fato que constitua infração disciplinar;

- Incluído pelo Conselho Pleno do Conselho Federal da OAB, em Sessões Plenárias dos dias 16-10-2000, 6-11-2000 e 7-11-2000.

VI – julgar os recursos interpostos contra decisões de seu Presidente.

- Incluído pelo Conselho Pleno do Conselho Federal da OAB, em Sessões Plenárias dos dias 16-10-2000, 16-11-2000 e 7-11-2000.

Art. 89. Compete à Segunda Câmara:

I – decidir os recursos sobre ética e deveres do advogado, infrações e sanções disciplinares;

II – promover em âmbito nacional a ética do advogado, juntamente com os Tribunais de Ética e Disciplina, editando resoluções regulamentares ao Código de Ética e Disciplina;

III – julgar as representações sobre as matérias de sua competência;

- Incluído pelo Conselho Pleno do Conselho Federal da OAB, em Sessões Plenárias dos dias 17-6-1997, 17-8-1997 e 17-11-1997.

IV – propor, instruir e julgar os incidentes de uniformização de decisões de sua competência;

322 DOMINANDO
ÉTICA

- Incluído pelo Conselho Pleno do Conselho Federal da OAB, em Sessões Plenárias dos dias 17-6-1997, 17-8-1997 e 17-11-1997.

V – determinar ao Conselho Seccional competente a instauração de processo quando, em autos ou peças submetidas ao seu julgamento, tomar conhecimento de fato que constitua infração disciplinar;

- Incluído pelo Conselho Pleno do Conselho Federal da OAB, em Sessões Plenárias dos dias 16-10-2000, 6-11-2000 e 7-11-2000.

VI – julgar os recursos interpostos contra decisões de seu Presidente;

- Incluído pelo Conselho Pleno do Conselho Federal da OAB, em Sessões Plenárias dos dias 16-10-2000, 6-11-2000 e 7-11-2000.

VII – eleger, dentre seus integrantes, os membros da Corregedoria do Processo Disciplinar, em número máximo de 3 (três), com atribuição, em caráter nacional, de orientar e fiscalizar a tramitação dos processos disciplinares de competência da OAB, podendo, para tanto, requerer informações e realizar diligências, elaborando relatório anual dos processos em trâmite no Conselho Federal e nos Conselhos Seccionais e Subseções.

- Incluído pelo Conselho Pleno do Conselho Federal da OAB, em Sessões Plenárias dos dias 16-10-2000, 6-11-2000 e 7-11-2000.

Art. 89-A. A Segunda Câmara será dividida em três Turmas, entre elas repartindo-se, com igualdade, os processos recebidos pela Secretaria.

- Incluído pela Resolução OAB n. 1, de 17-4-2007.

§ 1º Na composição das Turmas, que se dará por ato do Presidente da Segunda Câmara, será observado o critério de representatividade regional, de sorte a nelas estarem presentes todas as Regiões do País.

- Incluído pela Resolução OAB n. 1, de 17-4-2007.

§ 2º As Turmas serão presididas pelo Conselheiro presente de maior antiguidade no Conselho Federal, admitindo-se o revezamento, a critério dos seus membros, salvo a Turma integrada pelo Presidente da Segunda Câmara, que será por ele presidida.

- Incluído pela Resolução OAB n. 1, de 17-4-2007.

§ 3º Das decisões das Turmas caberá recurso para o Pleno da Segunda Câmara quando não tenham sido unânimes ou, sendo unânimes, contrariem a Constituição, as leis, o Estatuto, decisões do Conselho Federal, este Regulamento Geral, o Código de Ética e Disciplina ou os Provimentos.

- Inserido pelas Resoluções n. 1/2007 (*DJ*, 04.05.2007, p. 1442) e 3/2022-COP (DEOAB, 16.11.2022, p. 1).

§ 4º No julgamento do recurso, o relator ou qualquer membro da Turma poderá propor que esta o afete ao Pleno da Câmara, em vista da relevância ou especial complexidade da matéria versada, podendo proceder do mesmo modo quando suscitar questões de ordem que impliquem a adoção de procedimentos comuns pelas Turmas.

- Incluído pela Resolução OAB n. 1, de 17-4-2007.

§ 5º Não cabe recurso contra a decisão do Pleno da Segunda Câmara referida no § 3º deste artigo, ressalvados embargos de declaração.

■ Inserido pela Resolução n. 3/2022-COP (DEOAB, 16.11.2022, p. 1).

Art. 90. Compete à Terceira Câmara:

I – decidir os recursos relativos à estrutura, aos órgãos e ao processo eleitoral da OAB;

II – decidir os recursos sobre sociedades de advogados, advogados associados e advogados empregados;

III – apreciar os relatórios anuais e deliberar sobre o balanço e as contas da Diretoria do Conselho Federal e dos Conselhos Seccionais;

IV – suprir as omissões ou regulamentar as normas aplicáveis às Caixas de Assistência dos Advogados, inclusive mediante resoluções;

V – modificar ou cancelar, de ofício ou a pedido de qualquer pessoa, dispositivo do Regimento Interno do Conselho Seccional que contrarie o Estatuto ou este Regulamento Geral;

VI – julgar as representações sobre as matérias de sua competência;

■ Incluído pelo Conselho Pleno do Conselho Federal da OAB, em Sessões Plenárias dos dias 17-6-1997, 17-8-1997 e 1º-11-1997.

VII – propor, instruir e julgar os incidentes de uniformização de decisões de sua competência;

■ Inciso VII acrescentado pelo Conselho Pleno do Conselho Federal da OAB, em Sessões Plenárias dos dias 17-6-1997, 17-8-1997 e 1º-11-1997.

VIII – determinar ao Conselho Seccional competente a instauração de processo quando, em autos ou peças submetidas ao seu julgamento, tomar conhecimento de fato que constitua infração disciplinar;

■ Inciso VIII acrescentado pelo Conselho Pleno do Conselho Federal da OAB, em Sessões Plenárias dos dias 16-10-2000, 6-11-2000 e 7-11-2000.

IX – julgar os recursos interpostos contra decisões de seu Presidente.

■ Inciso IX acrescentado pelo Conselho Pleno do Conselho Federal da OAB, em Sessões Plenárias dos dias 16-10-2000, 6-11-2000 e 7-11-2000.

Seção V
Das Sessões

Art. 91. Os órgãos colegiados do Conselho Federal reúnem-se ordinariamente nos meses de fevereiro a dezembro de cada ano, em sua sede no Distrito Federal, nas datas fixadas pela Diretoria.

■ *Caput* com redação determinada pela Resolução n. 1, de 22-6-2010.

§ 1º Em caso de urgência ou no período de recesso (janeiro), o Presidente ou um terço das delegações do Conselho Federal pode convocar sessão extraordinária.

■ § 1º com redação determinada pela Resolução n. 1, de 22-6-2010.

§ 2º A sessão extraordinária, em caráter excepcional e de grande relevância, pode ser convocada para local diferente da sede do Conselho Federal.

§ 3º As convocações para as sessões ordinárias são acompanhadas de minuta da ata da sessão anterior e dos demais documentos necessários.

§ 4º Mediante prévia deliberação do Conselho Pleno, poderá ser dispensada a realização da sessão ordinária do mês de julho, sem prejuízo da regular fruição dos prazos processuais e regulamentares.

- § 4º acrescentado pela Resolução n. 1, de 22-6-2010.

Art. 92. Para instalação e deliberação dos órgãos colegiados do Conselho Federal da OAB exige-se a presença de metade das delegações, salvo nos casos de *quorum* qualificado, previsto neste Regulamento Geral.

§ 1º A deliberação é tomada pela maioria de votos dos presentes.

§ 2º Comprova-se a presença pela assinatura no documento próprio, sob controle do Secretário da sessão.

§ 3º Qualquer membro presente pode requerer a verificação do quorum, por chamada.

§ 4º A ausência à sessão, depois da assinatura de presença, não justificada ao Presidente, é contada para efeito de perda do mandato.

Art. 93. Nas sessões observa-se a seguinte ordem:

I – verificação do *quorum* e abertura;

II – leitura, discussão e aprovação da ata da sessão anterior;

III – comunicações do Presidente;

IV – ordem do dia;

V – expediente e comunicações dos presentes.

Parágrafo único. A ordem dos trabalhos ou da pauta pode ser alterada pelo Presidente, em caso de urgência ou de pedido de preferência.

Art. 94. O julgamento de qualquer processo ocorre do seguinte modo:

I – leitura do relatório, do voto e da proposta de ementa do acórdão, todos escritos, pelo relator;

II – sustentação oral pelo interessado ou seu advogado, com o prazo de 15 (quinze) minutos, a qual, em se tratando de embargos de declaração, somente será admitida se estes tiverem efeitos infringentes, caso em que a sustentação se dará no limite de 5 (cinco) minutos, tendo o respectivo processo preferência no julgamento;

- Inciso II com redação determinada pela Resolução n. 4, de 18-11-2019.

III – discussão da matéria, dentro do prazo máximo fixado pelo Presidente, não podendo cada Conselheiro fazer uso da palavra mais de uma vez nem por mais de três minutos, salvo se lhe for concedida prorrogação;

IV – votação da matéria, não sendo permitidas questões de ordem ou justificativa oral de voto, precedendo as questões prejudiciais e preliminares às de mérito;

V – a votação da matéria será realizada mediante chamada em ordem alfabética das bancadas, iniciando-se com a delegação integrada pelo relator do processo em julgamento;

- Inciso V com redação determinada pela Resolução n. 3, de 9-9-2013.

VI – proclamação do resultado pelo Presidente, com leitura da súmula da decisão.

18 ■ LEGISLAÇÃO ESPECÍFICA

325

■ Inciso V renumerado para inciso VI pela Resolução n. 3, de 9-9-2013.

§ 1º Os apartes só serão admitidos quando concedidos pelo orador. Não será admitido aparte:

■ § 1º acrescentado pelo Conselho Pleno do Conselho Federal da OAB, em Sessões Plenárias dos dias 16-10-2000, 6-11-2000 e 7-11-2000.

a) à palavra do Presidente;

■ Alínea *a* acrescentada pelo Conselho Pleno do Conselho Federal da OAB, em Sessões Plenárias dos dias 16-10-2000, 6-11-2000 e 7-11-2000.

b) ao Conselheiro que estiver suscitando questão de ordem.

■ Alínea *b* acrescentada pelo Conselho Pleno do Conselho Federal da OAB, em Sessões Plenárias dos dias 16-10-2000, 6-11-2000 e 7-11-2000.

§ 2º Se durante a discussão o Presidente julgar que a matéria é complexa e não se encontra suficientemente esclarecida, suspende o julgamento, designando revisor para a sessão seguinte.

■ § 2º renumerado pelo Conselho Pleno do Conselho Federal da OAB, em Sessões Plenárias dos dias 16-10-2000, 6-11-2000 e 7-11-2000.

§ 3º A justificação escrita do voto pode ser encaminhada à Secretaria até 15 (quinze) dias após a votação da matéria.

■ § 3º renumerado pelo Conselho Pleno do Conselho Federal da OAB, em Sessões Plenárias dos dias 16-10-2000, 6-11-2000 e 7-11-2000.

§ 4º O Conselheiro pode pedir preferência para antecipar seu voto se necessitar ausentar-se justificadamente da sessão.

■ § 4º renumerado pelo Conselho Pleno do Conselho Federal da OAB, em Sessões Plenárias dos dias 16-10-2000, 6-11-2000 e 7-11-2000.

§ 5º O Conselheiro pode eximir-se de votar se não tiver assistido à leitura do relatório.

■ § 5º renumerado pelo Conselho Pleno do Conselho Federal da OAB, em Sessões Plenárias dos dias 16-10-2000, 6-11-2000 e 7-11-2000.

§ 6º O relatório e o voto do relator, na ausência deste, são lidos pelo Secretário.

■ § 6º renumerado pelo Conselho Pleno do Conselho Federal da OAB, em Sessões Plenárias dos dias 16-10-2000, 6-11-2000 e 7-11-2000.

§ 7º Vencido o relator, o autor do voto vencedor lavra o acórdão.

■ § 7º renumerado pelo Conselho Pleno do Conselho Federal da OAB, em Sessões Plenárias dos dias 16-10-2000, 6-11-2000 e 7-11-2000.

Art. 95. O pedido justificado de vista por qualquer Conselheiro, quando não for em mesa, não adia a discussão, sendo deliberado como preliminar antes da votação da matéria.

Parágrafo único. A vista concedida é coletiva, permanecendo os autos do processo na Secretaria, com envio de cópias aos que as solicitarem, devendo a matéria ser julgada na sessão ordinária seguinte, com preferência sobre as demais, ainda que ausentes o relator ou o Conselheiro requerente.

Art. 96. As decisões coletivas são formalizadas em acórdãos, assinados pelo Presidente e pelo relator, e publicadas.

§ 1º As manifestações gerais do Conselho Pleno podem dispensar a forma de acórdão.

§ 2º As ementas têm numeração sucessiva e anual, relacionada ao órgão deliberativo.

Art. 97. As pautas e decisões são publicadas no *Diário Eletrônico da OAB*, ou comunicadas pessoalmente aos interessados, e afixadas em local de fácil acesso na sede do Conselho Federal.

■ Artigo com redação determinada pela Resolução n. 5, de 2-10-2018.

Art. 97-A. Será admitido o julgamento de processos dos órgãos colegiados em ambiente telepresencial, denominado Sessão Virtual, observando-se, quando cabíveis, as disposições dos arts. 91 a 97 deste Regulamento Geral.

■ *Caput* acrescentado pela Resolução n. 19, de 22-4-2020.

§ 1º Poderão ser incluídos nas sessões virtuais processos que tenham sido pautados em sessões ordinárias ou extraordinárias presenciais anteriores, para início ou continuidade de julgamento.

■ § 1º acrescentado pela Resolução n. 19, de 22-4-2020.

§ 2º As sessões virtuais serão convocadas pelos presidentes dos órgãos colegiados, com, pelo menos, 15 (quinze) dias úteis de antecedência.

■ § 2º acrescentado pela Resolução n. 19, de 22-4-2020.

§ 3º As partes, os interessados e seus procuradores serão notificados pelo *Diário Eletrônico da OAB* de que o julgamento se dará em ambiente telepresencial.

■ § 3º acrescentado pela Resolução n. 19, de 22-4-2020.

§ 4º Nas hipóteses regulamentares em que couber sustentação oral, facultada à parte, ao interessado ou a seus procuradores, esta, com duração de, no máximo, 15 (quinze) minutos, será realizada na sessão virtual, após a leitura do relatório e do voto pelo Relator.

■ § 4º acrescentado pela Resolução n. 19, de 22-4-2020.

§ 5º A sustentação oral de que trata o parágrafo anterior, bem como a participação telepresencial, deverá ser previamente requerida pela parte, pelo interessado ou por seus procuradores, em até 24 (vinte e quatro) horas antes do início da sessão virtual.

■ § 5º acrescentado pela Resolução n. 19, de 22-4-2020.

§ 6º O requerimento previsto no parágrafo anterior deverá ser realizado por correio eletrônico ou petição nos autos, com a identificação do processo, do órgão julgador, da data da sessão virtual de julgamento e do endereço eletrônico do requerente, que será utilizado para incluí-lo na respectiva sessão.

■ § 6º acrescentado pela Resolução n. 19, de 22-4-2020.

§ 7º A sustentação oral ou a participação telepresencial será realizada por videoconferência, com a utilização de plataforma disponibilizada pelo Conselho Federal, sendo de inteira responsabilidade da parte, do interessado ou de seus advogados toda a infraestrutura tecnológica necessária para sua participação na sessão virtual.

■ § 7º acrescentado pela Resolução n. 19, de 22-4-2020.

§ 8º Não serão incluídos na sessão virtual, ou dela serão excluídos, os seguintes processos:

■ § 8º, *caput*, acrescentado pela Resolução n. 19, de 22-4-2020.

I – os indicados pelo Relator, mediante despacho fundamentado, para julgamento em sessão presencial;

- Inciso I acrescentado pela Resolução n. 19, de 22-4-2020.

II – os destacados por um ou mais conselheiros para julgamento em sessão presencial, após o encerramento da fase de debates, mediante acolhimento ou não do presidente do órgão colegiado correspondente;

- Inciso II acrescentado pela Resolução n. 19, de 22-4-2020.

III – os que tiverem pedido de sustentação oral presencial e os destacados por quaisquer das partes, dos interessados ou de seus procuradores, desde que requerido em até 24 (vinte e quatro) horas antes do início da sessão virtual, e deferido pelo relator.

- Inciso III acrescentado pela Resolução n. 19, de 22-4-2020.

§ 9º Os julgamentos em sessão virtual serão públicos e poderão ser acompanhados pela rede mundial de computadores (internet), exceto no tocante aos processos que tramitam em sigilo, aos quais terão acesso somente as partes, os interessados e seus procuradores.

- § 9º acrescentado pela Resolução n. 19, de 22-4-2020.

Seção VI
Da Diretoria do Conselho Federal

Art. 98. O Presidente é substituído em suas faltas, licenças e impedimentos pelo Vice-Presidente, pelo Secretário-Geral, pelo Secretário-Geral Adjunto e pelo Tesoureiro, sucessivamente.

§ 1º O Vice-Presidente, o Secretário-Geral, o Secretário-Geral Adjunto e o Tesoureiro substituem-se nessa ordem, em suas faltas e impedimentos ocasionais, sendo o último substituído pelo Conselheiro Federal mais antigo e, havendo coincidência de mandatos, pelo de inscrição mais antiga.

§ 2º No caso de licença temporária, o Diretor é substituído pelo Conselheiro designado pelo Presidente.

§ 3º No caso de vacância de cargo da Diretoria, em virtude de perda do mandato, morte ou renúncia, o sucessor é eleito pelo Conselho Pleno.

§ 4º Para o desempenho de suas atividades, a Diretoria contará, também, com dois representantes institucionais permanentes, cujas funções serão exercidas por Conselheiros Federais por ela designados, *ad referendum* do Conselho Pleno, destinadas ao acompanhamento dos interesses da Advocacia no Conselho Nacional de Justiça e no Conselho Nacional do Ministério Público.

- § 4º acrescentado pela Resolução n. 1, de 18-5-2015.

Art. 99. Compete à Diretoria, coletivamente:

I – dar execução às deliberações dos órgãos deliberativos do Conselho;

II – elaborar e submeter à Terceira Câmara, na forma e prazo estabelecidos neste Regulamento Geral, o orçamento anual da receita e da despesa, o relatório anual, o balanço e as contas;

III – elaborar estatística anual dos trabalhos e julgados do Conselho;

IV – distribuir e redistribuir as atribuições e competências entre os seus membros;

V – elaborar e aprovar o plano de cargos e salários e a política de administração de pessoal do Conselho, propostos pelo Secretário-Geral;

VI – promover assistência financeira aos órgãos da OAB, em caso de necessidade comprovada e de acordo com previsão orçamentária;

VII – definir critérios para despesas com transporte e hospedagem dos Conselheiros, membros das comissões e convidados;

VIII – alienar ou onerar bens móveis;

IX – resolver os casos omissos no Estatuto e no Regulamento Geral, *ad referendum* do Conselho Pleno.

Art. 100. Compete ao Presidente:

I – representar a OAB em geral e os advogados brasileiros, no país e no exterior, em juízo ou fora dele;

II – representar o Conselho Federal, em juízo ou fora dele;

III – convocar e presidir o Conselho Federal e executar suas decisões;

IV – adquirir, onerar e alienar bens imóveis, quando autorizado, e administrar o patrimônio do Conselho Federal, juntamente com o Tesoureiro;

V – aplicar penas disciplinares, no caso de infração cometida no âmbito do Conselho Federal;

VI – assinar, com o Tesoureiro, cheques e ordens de pagamento;

VII – executar e fazer executar o Estatuto e a legislação complementar.

Art. 101. Compete ao Vice-Presidente:

I – presidir o Órgão Especial e executar suas decisões;

II – executar as atribuições que lhe forem cometidas pela Diretoria ou delegadas, por portaria, pelo Presidente.

Art. 102. Compete ao Secretário-Geral:

I – presidir a Primeira Câmara e executar suas decisões;

II – dirigir todos os trabalhos de Secretaria do Conselho Federal;

III – secretariar as sessões do Conselho Pleno;

IV – manter sob sua guarda e inspeção todos os documentos do Conselho Federal;

V – controlar a presença e declarar a perda de mandato dos Conselheiros Federais;

VI – executar a administração do pessoal do Conselho Federal;

VII – emitir certidões e declarações do Conselho Federal.

Art. 103. Compete ao Secretário-Geral Adjunto:

I – presidir a Segunda Câmara e executar suas decisões;

II – organizar e manter o cadastro nacional dos advogados e estagiários, requisitando os dados e informações necessários aos Conselhos Seccionais e promovendo as medidas necessárias;

■ O Provimento n. 95, de 16-10-2000, do Conselho Federal da OAB, dispõe sobre o Cadastro Nacional dos Advogados.

III – executar as atribuições que lhe forem cometidas pela Diretoria ou delegadas pelo Secretário-Geral;

IV – secretariar o Órgão Especial.

Art. 104. Compete ao Tesoureiro:

I – presidir a Terceira Câmara e executar suas decisões;

II – manter sob sua guarda os bens e valores e o almoxarifado do Conselho;

III – administrar a Tesouraria, controlar e pagar todas as despesas autorizadas e assinar cheques e ordens de pagamento com o Presidente;

IV – elaborar a proposta de orçamento anual, o relatório, os balanços e as contas mensais e anuais da Diretoria;

V – propor à Diretoria a tabela de custas do Conselho Federal;

VI – fiscalizar e cobrar as transferências devidas pelos Conselhos Seccionais ao Conselho Federal, propondo à Diretoria a intervenção nas Tesourarias dos inadimplentes;

VII – manter inventário dos bens móveis e imóveis do Conselho Federal, atualizado anualmente;

VIII – receber e dar quitação dos valores recebidos pelo Conselho Federal.

§ 1º Em casos imprevistos, o Tesoureiro pode realizar despesas não constantes do orçamento anual, quando autorizadas pela Diretoria.

§ 2º Cabe ao Tesoureiro propor à Diretoria o regulamento para aquisições de material de consumo e permanente.

CAPÍTULO IV
DO CONSELHO SECCIONAL

■ *Vide* arts. 56 a 59 do EAOAB.

Art. 105. Compete ao Conselho Seccional, além do previsto nos arts. 57 e 58 do Estatuto:

I – cumprir o disposto nos incisos I, II e III do art. 54 do Estatuto;

II – adotar medidas para assegurar o regular funcionamento das Subseções;

III – intervir, parcial ou totalmente, nas Subseções e na Caixa de Assistência dos Advogados, onde e quando constatar grave violação do Estatuto, deste Regulamento Geral e do Regimento Interno do Conselho Seccional;

IV – cassar ou modificar, de ofício ou mediante representação, qualquer ato de sua diretoria e dos demais órgãos executivos e deliberativos, da diretoria ou do conselho da Subseção e da diretoria da Caixa de Assistência dos Advogados, contrários ao Estatuto, ao Regulamento Geral, aos Provimentos, ao Código de Ética e Disciplina, ao seu Regimento Interno e às suas Resoluções;

V – ajuizar, após deliberação:

a) ação direta de inconstitucionalidade de leis ou atos normativos estaduais e municipais, em face da Constituição Estadual ou da Lei Orgânica do Distrito Federal;

b) ação civil pública, para defesa de interesses difusos de caráter geral e coletivos e individuais homogêneos;

- Alínea *b* com redação determinada pelo Conselho Pleno do Conselho Federal da OAB, em Sessões Plenárias dos dias 16-10-2000, 6-11-2000 e 7-11-2000.

c) mandado de segurança coletivo, em defesa de seus inscritos, independentemente de autorização pessoal dos interessados;

d) mandado de injunção, em face da Constituição Estadual ou da Lei Orgânica do Distrito Federal.

- *Vide* Lei n. 13.300, de 23-6-2016, que disciplina o processo e o julgamento dos mandados de injunção individual e coletivo.

Parágrafo único. O ajuizamento é decidido pela Diretoria, no caso de urgência ou recesso do Conselho Seccional.

Art. 106. Os Conselhos Seccionais são compostos de conselheiros eleitos, incluindo os membros da Diretoria, proporcionalmente ao número de advogados com inscrição concedida, observados os seguintes critérios:

I – abaixo de 3.000 (três mil) inscritos, até 40 (quarenta) membros;

- Inciso I com redação determinada pela Resolução n. 4, de 19-8-2024. (DEOAB, a. 6, n. 1422, 21-8-2024, p. 4).

II – a partir de 3.000 (três mil) inscritos, mais um membro por grupo completo de 3.000 (três mil) inscritos, até o total de 90 (noventa) membros.

- Inciso II com redação determinada pela Resolução n. 4, de 19-8-2024. (DEOAB, a. 6, n. 1422, 21-8-2024, p. 4).

§ 1º Cabe ao Conselho Seccional, observado o número da última inscrição concedida, fixar o número de seus membros, mediante resolução, sujeita a referendo do Conselho Federal, que aprecia a base de cálculo e reduz o excesso, se houver.

§ 2º O Conselho Seccional, a delegação do Conselho Federal, a diretoria da Caixa de Assistência dos Advogados, a diretoria e o conselho da Subseção podem ter suplentes, eleitos na chapa vencedora, em número fixado entre a metade e o total de conselheiros titulares.

- § 2º com redação determinada pela Resolução n. 3, de 18-4-2012.

§ 3º Não se incluem no cálculo da composição dos elegíveis ao Conselho seus ex-Presidentes, o Presidente do Instituto dos Advogados e o Presidente da Federação Nacional dos Institutos dos Advogados do Brasil.

- Alterado pela Resolução n. 4/2022-COP – DEOAB, 16.11.2022, p. 3.

Art. 107. Todos os órgãos vinculados ao Conselho Seccional reúnem-se, ordinariamente, nos meses de fevereiro a dezembro, em suas sedes, e para a sessão de posse no mês de janeiro do primeiro ano do mandato.

§ 1º Em caso de urgência ou nos períodos de recesso (janeiro), os Presidentes dos órgãos ou um terço de seus membros podem convocar sessão extraordinária.

- § 1º com redação determinada pela Resolução n. 1, de 22-6-2010.

§ 2º As convocações para as sessões ordinárias são acompanhadas de minuta da ata da sessão anterior e dos demais documentos necessários.

Art. 108. Para aprovação ou alteração do Regimento Interno do Conselho, de criação e intervenção em Caixa de Assistência dos Advogados e Subseções e para aplicação da pena de exclusão de inscrito é necessário *quorum* de presença de 2/3 (dois terços) dos conselheiros.

§ 1º Para as demais matérias exige-se quorum de instalação e deliberação de metade dos membros de cada órgão deliberativo, não se computando no cálculo os ex-Presidentes presentes, com direito a voto.

§ 2º A deliberação é tomada pela maioria dos votos dos presentes, incluindo os ex-Presidentes com direito a voto.

§ 3º Comprova-se a presença pela assinatura no documento próprio, sob controle do Secretário da sessão.

§ 4º Qualquer membro presente pode requerer a verificação do *quorum*, por chamada.

§ 5º A ausência à sessão depois da assinatura de presença, não justificada ao Presidente, é contada para efeito de perda do mandato.

Art. 109. O Conselho Seccional pode dividir-se em órgãos deliberativos e instituir comissões especializadas, para melhor desempenho de suas atividades.

§ 1º Os órgãos do Conselho podem receber a colaboração gratuita de advogados não conselheiros, inclusive para instrução processual, considerando-se função relevante em benefício da advocacia.

§ 2º No Conselho Seccional e na Subseção que disponha de conselho é obrigatória a instalação e o funcionamento da Comissão de Direitos Humanos, da Comissão de Orçamento e Contas e da Comissão de Estágio e Exame de Ordem.

§ 3º Os suplentes podem desempenhar atividades permanentes e temporárias, na forma do Regimento Interno.

§ 4º As Câmaras e os órgãos julgadores em que se dividirem os Conselhos Seccionais para o exercício das respectivas competências serão integradas exclusivamente por Conselheiros eleitos, titulares ou suplentes.

- § 4º acrescentado pela Resolução n. 4, de 7-12-2010.

Art. 110. Os relatores dos processos em tramitação no Conselho Seccional têm competência para instrução, podendo ouvir depoimentos, requisitar documentos, determinar diligências e propor o arquivamento ou outra providência porventura cabível ao Presidente do órgão colegiado competente.

Art. 111. O Conselho Seccional fixa tabela de honorários advocatícios, definindo as referências mínimas e as proporções, quando for o caso.

Parágrafo único. A tabela é amplamente divulgada entre os inscritos e encaminhada ao Poder Judiciário para os fins do art. 22 do Estatuto.

Art. 112. O Exame de Ordem será regulamentado por Provimento editado pelo Conselho Federal.

■ *Caput* com redação determinada pela Resolução n. 1, de 13-6-2011.

§ 1º O Exame de Ordem é organizado pela Coordenação Nacional de Exame de Ordem, na forma de Provimento do Conselho Federal.

■ § 1º com redação determinada pela Resolução n. 1, de 13-6-2011.

§ 2º Às Comissões de Estágio e Exame de Ordem dos Conselhos Seccionais compete fiscalizar a aplicação da prova e verificar o preenchimento dos requisitos exigidos dos examinandos quando dos pedidos de inscrição, assim como difundir as diretrizes e defender a necessidade do Exame de Ordem.

■ § 2º com redação determinada pela Resolução n. 1, de 13-6-2011.

Art. 113. O Regimento Interno do Conselho Seccional define o procedimento de intervenção total ou parcial nas Subseções e na Caixa de Assistência dos Advogados, observados os critérios estabelecidos neste Regulamento Geral para a intervenção no Conselho Seccional.

Art. 114. Os Conselhos Seccionais definem nos seus Regimentos Internos a composição, o modo de eleição e o funcionamento dos Tribunais de Ética e Disciplina, observados os procedimentos do Código de Ética e Disciplina.

§ 1º Os membros dos Tribunais de Ética e Disciplina, inclusive seus Presidentes, são eleitos na primeira sessão ordinária após a posse dos Conselhos Seccionais, dentre os seus integrantes ou advogados de notável reputação ético-profissional, observados os mesmos requisitos para a eleição do Conselho Seccional.

§ 2º O mandato dos membros dos Tribunais de Ética e Disciplina tem a duração de 3 (três) anos.

§ 3º Ocorrendo qualquer das hipóteses do art. 66 do Estatuto, o membro do Tribunal de Ética e Disciplina perde o mandato antes do seu término, cabendo ao Conselho Seccional eleger o substituto.

CAPÍTULO V
DAS SUBSEÇÕES

■ *Vide* arts. 60 e 61 do EAOAB.

Art. 115. Compete às Subseções dar cumprimento às finalidades previstas no art. 61 do Estatuto e neste Regulamento Geral.

Art. 116. O Conselho Seccional fixa, em seu orçamento anual, dotações específicas para as Subseções, e as repassa segundo programação financeira aprovada ou em duodécimos.

Art. 117. A criação de Subseção depende, além da observância dos requisitos estabelecidos no Regimento Interno do Conselho Seccional, de estudo preliminar de viabilidade realizado por comissão especial designada pelo Presidente do Conselho Seccional, incluindo o número de advogados efetivamente residentes na base territorial, a existência de comarca judiciária, o levantamento e a perspectiva do mercado de trabalho, o custo de instalação e de manutenção.

Art. 118. A resolução do Conselho Seccional que criar a Subseção deve:

I – fixar sua base territorial;

II – definir os limites de suas competências e autonomia;

III – fixar a data da eleição da diretoria e do conselho, quando for o caso, e o início do mandato com encerramento coincidente com o do Conselho Seccional;

IV – definir a composição do conselho da Subseção e suas atribuições, quando for o caso.

§ 1º Cabe à Diretoria do Conselho Seccional encaminhar cópia da resolução ao Conselho Federal, comunicando a composição da diretoria e do conselho.

§ 2º Os membros da diretoria da Subseção integram seu conselho, que tem o mesmo presidente.

Art. 119. Os conflitos de competência entre Subseções e entre estas e o Conselho Seccional são por este decididos, com recurso voluntário ao Conselho Federal.

Art. 120. Quando a Subseção dispuser de conselho, o Presidente deste designa um de seus membros, como relator, para instruir processo de inscrição no quadro da OAB, para os residentes em sua base territorial, ou processo disciplinar, quando o fato tiver ocorrido na sua base territorial.

§ 1º Os relatores dos processos em tramitação na Subseção têm competência para instrução, podendo ouvir depoimentos, requisitar documentos, determinar diligências e propor o arquivamento ou outra providência ao Presidente.

§ 2º Concluída a instrução do pedido de inscrição, o relator submete parecer prévio ao conselho da Subseção, que pode ser acompanhado pelo relator do Conselho Seccional.

§ 3º Concluída a instrução do processo disciplinar, nos termos previstos no Estatuto e no Código de Ética e Disciplina, o relator emite parecer prévio, o qual, se homologado pelo Conselho da Subseção, é submetido ao julgamento do Tribunal de Ética e Disciplina.

§ 4º Os demais processos, até mesmo os relativos à atividade de advocacia, incompatibilidades e impedimentos, obedecem a procedimento equivalente.

CAPÍTULO VI
DAS CAIXAS DE ASSISTÊNCIA DOS ADVOGADOS

■ *Vide* art. 62 do EAOAB.

Art. 121. As Caixas de Assistência dos Advogados são criadas mediante aprovação e registro de seus estatutos pelo Conselho Seccional.

Art. 122. O estatuto da Caixa define as atividades da Diretoria e a sua estrutura organizacional.

§ 1º A Caixa pode contar com departamentos específicos, integrados por profissionais designados por sua Diretoria.

§ 2º O plano de empregos e salários do pessoal da Caixa é aprovado por sua Diretoria e homologado pelo Conselho Seccional.

Art. 123. A assistência aos inscritos na OAB é definida no estatuto da Caixa e está condicionada à:

I – regularidade do pagamento, pelo inscrito, da anuidade à OAB;

II – carência de um ano, após o deferimento da inscrição;

III – disponibilidade de recursos da Caixa.

Parágrafo único. O estatuto da Caixa pode prever a dispensa dos requisitos de que cuidam os incisos I e II, em casos especiais.

Art. 124. A seguridade complementar pode ser implementada pela Caixa, segundo dispuser seu estatuto.

Art. 125. As Caixas promovem entre si convênios de colaboração e execução de suas finalidades.

Art. 126. A Coordenação Nacional das Caixas, por elas mantida, composta de seus presidentes, é órgão de assessoramento do Conselho Federal da OAB para a política nacional de assistência e seguridade dos advogados, tendo seu Coordenador direito a voz nas sessões, em matéria a elas pertinente.

Art. 127. O Conselho Federal pode constituir fundos nacionais de seguridade e assistência dos advogados, coordenados pelas Caixas, ouvidos os Conselhos Seccionais.

CAPÍTULO VII
DAS ELEIÇÕES

- *Vide* arts. 63 a 67 do EAOAB.

Art. 128. O Presidente do Conselho Seccional, *ad referendum* da Diretoria, em até 45 (quarenta e cinco) dias contínuos, antes da data da eleição, no último ano do mandato, convoca os advogados e advogadas regularmente inscritos e adimplentes para a votação direta e obrigatória, mediante edital publicado, em forma resumida, no Diário Eletrônico da OAB.

- Alterado pelas sessões plenárias dos dias 16 de outubro, 06 e 07 de novembro de 2000 (*DJ*, 12.12.2000, S.1, p. 575), Resoluções 01/2014 (*DOU*, 14.11.2014, S.1, p. 352-353), 05/2018-COP (*DOU*, S. 1, 31.10.2018, p. 126), 02/2023-COP (DEOAB, 10.11.2023, p. 23, retificada em DEOAB, 13.11.2023, p. 1) e Provimento 182/2018 (*DOU*, 31.10.2018, S. 1, p. 126).

I – (REVOGADO).

- Revogado pela Resolução 02/2023-COP (DEOAB, 10.11.2023, p. 23, retificada em DEOAB, 13.11.2023, p. 1).

II – (REVOGADO).

- Revogado pela Resolução 02/2023-COP (DEOAB, 10.11.2023, p. 23, retificada em DEOAB, 13.11.2023, p. 1).

III – (REVOGADO).

- Revogado pela Resolução 02/2023-COP (DEOAB, 10.11.2023, p. 23, retificada em DEOAB, 13.11.2023, p. 1).

IV – (REVOGADO).

- Revogado pela Resolução 02/2023-COP (DEOAB, 10.11.2023, p. 23, retificada em DEOAB, 13.11.2023, p. 1).

V – (REVOGADO).

- Revogado pela Resolução 02/2023-COP (DEOAB, 10.11.2023, p. 23, retificada em DEOAB, 13.11.2023, p. 1).

VI – (REVOGADO).

- Revogado pela Resolução 02/2023-COP (DEOAB, 10.11.2023, p. 23, retificada em DEOAB, 13.11.2023, p. 1).

VII – (REVOGADO).

- Revogado pela Resolução 02/2023-COP (DEOAB, 10.11.2023, p. 23, retificada em DEOAB, 13.11.2023, p. 1).

§ 1º (REVOGADO).

- Revogado pela Resolução 02/2023-COP (DEOAB, 10.11.2023, p. 23, retificada em DEOAB, 13.11.2023, p. 1).

§ 2º (REVOGADO).

- Revogado pela Resolução 02/2023-COP (DEOAB, 10.11.2023, p. 23, retificada em DEOAB, 13.11.2023, p. 1).

§ 3º (REVOGADO).

- Revogado pela Resolução 02/2023-COP (DEOAB, 10.11.2023, p. 23, retificada em DEOAB, 13.11.2023, p. 1).

§ 4º (REVOGADO).

- Revogado pela Resolução 02/2023-COP (DEOAB, 10.11.2023, p. 23, retificada em DEOAB, 13.11.2023, p. 1).

§ 5º As eleições nos Conselhos Seccionais, Subseções e Caixas de Assistência dos Advogados serão regulamentadas por Provimento editado pelo Conselho Federal.

- Inserido pela Resolução 02/2023-COP (DEOAB, 10.11.2023, p. 23, retificada em DEOAB, 13.11.2023, p. 1).

Art. 128-A. (REVOGADO).

- Revogado pela Resolução 02/2023-COP (DEOAB, 10.11.2023, p. 23, retificada em DEOAB, 13.11.2023, p. 1).

Art. 129. (REVOGADO).

- Revogado pela Resolução 02/2023-COP (DEOAB, 10.11.2023, p. 23, retificada em DEOAB, 13.11.2023, p. 1).

§ 1º (REVOGADO).

- Revogado pela Resolução 02/2023-COP (DEOAB, 10.11.2023, p. 23, retificada em DEOAB, 13.11.2023, p. 1).

§ 2º (REVOGADO).

- Revogado pela Resolução 02/2023-COP (DEOAB, 10.11.2023, p. 23, retificada em DEOAB, 13.11.2023, p. 1).

§ 3º (REVOGADO).

- Revogado pela Resolução 02/2023-COP (DEOAB, 10.11.2023, p. 23, retificada em DEOAB, 13.11.2023, p. 1).

§ 4º (REVOGADO).

- Revogado pela Resolução 02/2023-COP (DEOAB, 10.11.2023, p. 23, retificada em DEOAB, 13.11.2023, p. 1).

§ 5º (REVOGADO).

- Revogado pela Resolução 02/2023-COP (DEOAB, 10.11.2023, p. 23, retificada em DEOAB, 13.11.2023, p. 1).

Art. 130. (REVOGADO).

- Revogado pela Resolução 02/2023-COP (DEOAB, 10.11.2023, p. 23, retificada em DEOAB, 13.11.2023, p. 1).

Parágrafo único. (REVOGADO)

- Revogado pela Resolução 02/2023-COP (DEOAB, 10.11.2023, p. 23, retificada em DEOAB, 13.11.2023, p. 1).

Art. 131. (REVOGADO).

- Revogado pela Resolução 02/2023-COP (DEOAB, 10.11.2023, p. 23, retificada em DEOAB, 13.11.2023, p. 1).

§ 1º (REVOGADO).

- Revogado pela Resolução 02/2023-COP (DEOAB, 10.11.2023, p. 23, retificada em DEOAB, 13.11.2023, p. 1).

§ 2º (REVOGADO).

- Revogado pela Resolução 02/2023-COP (DEOAB, 10.11.2023, p. 23, retificada em DEOAB, 13.11.2023, p. 1).

§ 3º (REVOGADO).

- Revogado pela Resolução 02/2023-COP (DEOAB, 10.11.2023, p. 23, retificada em DEOAB, 13.11.2023, p. 1).

§ 4º (REVOGADO).

- Revogado pela Resolução 02/2023-COP (DEOAB, 10.11.2023, p. 23, retificada em DEOAB, 13.11.2023, p. 1).

§ 5º (REVOGADO).

- Revogado pela Resolução 02/2023-COP (DEOAB, 10.11.2023, p. 23, retificada em DEOAB, 13.11.2023, p. 1).

§ 6º (REVOGADO).

- Revogado pela Resolução 02/2023-COP (DEOAB, 10.11.2023, p. 23, retificada em DEOAB, 13.11.2023, p. 1).

§ 7º (REVOGADO).

- Revogado pela Resolução 02/2023-COP (DEOAB, 10.11.2023, p. 23, retificada em DEOAB, 13.11.2023, p. 1).

§ 8º (REVOGADO).

- Revogado pela Resolução 02/2023-COP (DEOAB, 10.11.2023, p. 23, retificada em DEOAB, 13.11.2023, p. 1).

a) (REVOGADO).

- Revogado pela Resolução 02/2023-COP (DEOAB, 10.11.2023, p. 23, retificada em DEOAB, 13.11.2023, p. 1).

b) (REVOGADO).

- Revogado pela Resolução 02/2023-COP (DEOAB, 10.11.2023, p. 23, retificada em DEOAB, 13.11.2023, p. 1).

c) (REVOGADO).

- Revogado pela Resolução 02/2023-COP (DEOAB, 10.11.2023, p. 23, retificada em DEOAB, 13.11.2023, p. 1).

d) (REVOGADO).

- Revogado pela Resolução 02/2023-COP (DEOAB, 10.11.2023, p. 23, retificada em DEOAB, 13.11.2023, p. 1).

e) (REVOGADO).

- Revogado pela Resolução 02/2023-COP (DEOAB, 10.11.2023, p. 23, retificada em DEOAB, 13.11.2023, p. 1).

f) (REVOGADO).

- Revogado pela Resolução 02/2023-COP (DEOAB, 10.11.2023, p. 23, retificada em DEOAB, 13.11.2023, p. 1).

g) (REVOGADO).

- Revogado pela Resolução 02/2023-COP (DEOAB, 10.11.2023, p. 23, retificada em DEOAB, 13.11.2023, p. 1).

h) (REVOGADO).

- Revogado pela Resolução 02/2023-COP (DEOAB, 10.11.2023, p. 23, retificada em DEOAB, 13.11.2023, p. 1).

i) (REVOGADO).

- Revogado pela Resolução 02/2023-COP (DEOAB, 10.11.2023, p. 23, retificada em DEOAB, 13.11.2023, p. 1).

§ 9º (REVOGADO).

- Revogado pela Resolução 02/2023-COP (DEOAB, 10.11.2023, p. 23, retificada em DEOAB, 13.11.2023, p. 1).

§ 10. (REVOGADO).

- Revogado pela Resolução 02/2023-COP (DEOAB, 10.11.2023, p. 23, retificada em DEOAB, 13.11.2023, p. 1).

§ 11. (REVOGADO).

- Revogado pela Resolução 02/2023-COP (DEOAB, 10.11.2023, p. 23, retificada em DEOAB, 13.11.2023, p. 1).

§ 12. (REVOGADO).

- Revogado pela Resolução 02/2023-COP (DEOAB, 10.11.2023, p. 23, retificada em DEOAB, 13.11.2023, p. 1).

§ 13. (REVOGADO).

- Revogado pela Resolução 02/2023-COP (DEOAB, 10.11.2023, p. 23, retificada em DEOAB, 13.11.2023, p. 1).

Art. 131-A. (REVOGADO).

- Revogado pela Resolução 02/2023-COP (DEOAB, 10.11.2023, p. 23, retificada em DEOAB, 13.11.2023, p. 1).

§ 1º (REVOGADO).

- Revogado pela Resolução 02/2023-COP (DEOAB, 10.11.2023, p. 23, retificada em DEOAB, 13.11.2023, p. 1).

§ 2º (REVOGADO).

- Revogado pela Resolução 02/2023-COP (DEOAB, 10.11.2023, p. 23, retificada em DEOAB, 13.11.2023, p. 1).

§ 3º (REVOGADO).

- Revogado pela Resolução 02/2023-COP (DEOAB, 10.11.2023, p. 23, retificada em DEOAB, 13.11.2023, p. 1).

Art. 131-B. (REVOGADO).

- Revogado pela Resolução 02/2023-COP (DEOAB, 10.11.2023, p. 23, retificada em DEOAB, 13.11.2023, p. 1).

§ 1º (REVOGADO).

- Revogado pela Resolução 02/2023-COP (DEOAB, 10.11.2023, p. 23, retificada em DEOAB, 13.11.2023, p. 1).

§ 2º (REVOGADO).

- Revogado pela Resolução 02/2023-COP (DEOAB, 10.11.2023, p. 23, retificada em DEOAB, 13.11.2023, p. 1).

Art. 132. (REVOGADO).

- Revogado pela Resolução n. 02/2023-COP (DEOAB, 10.11.2023, p. 23, retificada em DEOAB, 13.11.2023, p. 1).

§ 1º (REVOGADO).

- Revogado pela Resolução n. 02/2023-COP (DEOAB, 10.11.2023, p. 23, retificada em DEOAB, 13.11.2023, p. 1).

I – (REVOGADO).

- Revogado pela Resolução n. 02/2023-COP (DEOAB, 10.11.2023, p. 23, retificada em DEOAB, 13.11.2023, p. 1).

II – (REVOGADO).

- Revogado pela Resolução n. 02/2023-COP (DEOAB, 10.11.2023, p. 23, retificada em DEOAB, 13.11.2023, p. 1).

III – (REVOGADO).

■ Revogado pela Resolução n. 02/2023-COP (DEOAB, 10.11.2023, p. 23, retificada em DEOAB, 13.11.2023, p. 1).

IV – (REVOGADO).

■ Revogado pela Resolução n. 02/2023-COP (DEOAB, 10.11.2023, p. 23, retificada em DEOAB, 13.11.2023, p. 1).

V – (REVOGADO).

■ Revogado pela Resolução n. 02/2023-COP (DEOAB, 10.11.2023, p. 23, retificada em DEOAB, 13.11.2023, p. 1).

VI – (REVOGADO).

■ Revogado pela Resolução n. 02/2023-COP (DEOAB, 10.11.2023, p. 23, retificada em DEOAB, 13.11.2023, p. 1).

§ 2º (REVOGADO).

■ Revogado pela Resolução n. 02/2023-COP (DEOAB, 10.11.2023, p. 23, retificada em DEOAB, 13.11.2023, p. 1).

§ 3º (REVOGADO).

■ Revogado pela Resolução n. 02/2023-COP (DEOAB, 10.11.2023, p. 23, retificada em DEOAB, 13.11.2023, p. 1).

§ 4º (REVOGADO).

■ Revogado pela Resolução n. 02/2023-COP (DEOAB, 10.11.2023, p. 23, retificada em DEOAB, 13.11.2023, p. 1).

§ 5º (REVOGADO).

■ Revogado pela Resolução n. 02/2023-COP (DEOAB, 10.11.2023, p. 23, retificada em DEOAB, 13.11.2023, p. 1).

Art. 133. (REVOGADO).

■ Revogado pela Resolução n. 02/2023-COP (DEOAB, 10.11.2023, p. 23, retificada em DEOAB, 13.11.2023, p. 1).

I – (REVOGADO).

■ Revogado pela Resolução n. 02/2023-COP (DEOAB, 10.11.2023, p. 23, retificada em DEOAB, 13.11.2023, p. 1).

II – (REVOGADO).

■ Revogado pela Resolução n. 02/2023-COP (DEOAB, 10.11.2023, p. 23, retificada em DEOAB, 13.11.2023, p. 1).

III – (REVOGADO).

■ Revogado pela Resolução n. 02/2023-COP (DEOAB, 10.11.2023, p. 23, retificada em DEOAB, 13.11.2023, p. 1).

IV – (REVOGADO).

■ Revogado pela Resolução n. 02/2023-COP (DEOAB, 10.11.2023, p. 23, retificada em DEOAB, 13.11.2023, p. 1).

V – (REVOGADO).

■ Revogado pela Resolução n. 02/2023-COP (DEOAB, 10.11.2023, p. 23, retificada em DEOAB, 13.11.2023, p. 1).

VI – (REVOGADO).

- Revogado pela Resolução n. 02/2023-COP (DEOAB, 10.11.2023, p. 23, retificada em DEOAB, 13.11.2023, p. 1).

§ 1º (REVOGADO).

- Revogado pela Resolução n. 02/2023-COP (DEOAB, 10.11.2023, p. 23, retificada em DEOAB, 13.11.2023, p. 1).

§ 2º (REVOGADO).

- Revogado pela Resolução n. 02/2023-COP (DEOAB, 10.11.2023, p. 23, retificada em DEOAB, 13.11.2023, p. 1).

§ 3º (REVOGADO).

- Revogado pela Resolução n. 02/2023-COP (DEOAB, 10.11.2023, p. 23, retificada em DEOAB, 13.11.2023, p. 1).

§ 4º (REVOGADO).

- Revogado pela Resolução n. 02/2023-COP (DEOAB, 10.11.2023, p. 23, retificada em DEOAB, 13.11.2023, p. 1).

§ 5º (REVOGADO).

- Revogado pela Resolução n. 02/2023-COP (DEOAB, 10.11.2023, p. 23, retificada em DEOAB, 13.11.2023, p. 1).

I – (REVOGADO).

- Revogado pela Resolução n. 02/2023-COP (DEOAB, 10.11.2023, p. 23, retificada em DEOAB, 13.11.2023, p. 1).

II – (REVOGADO).

- Revogado pela Resolução n. 02/2023-COP (DEOAB, 10.11.2023, p. 23, retificada em DEOAB, 13.11.2023, p. 1).

III – (REVOGADO).

- Revogado pela Resolução n. 02/2023-COP (DEOAB, 10.11.2023, p. 23, retificada em DEOAB, 13.11.2023, p. 1).

IV – (REVOGADO).

- Revogado pela Resolução n. 02/2023-COP (DEOAB, 10.11.2023, p. 23, retificada em DEOAB, 13.11.2023, p. 1).

§ 6º (REVOGADO).

- Revogado pela Resolução n. 02/2023-COP (DEOAB, 10.11.2023, p. 23, retificada em DEOAB, 13.11.2023, p. 1).

§ 7º (REVOGADO).

- Revogado pela Resolução n. 02/2023-COP (DEOAB, 10.11.2023, p. 23, retificada em DEOAB, 13.11.2023, p. 1).

§ 8º (REVOGADO).

- Revogado pela Resolução n. 02/2023-COP (DEOAB, 10.11.2023, p. 23, retificada em DEOAB, 13.11.2023, p. 1).

§ 9º (REVOGADO).

- Revogado pela Resolução n. 02/2023-COP (DEOAB, 10.11.2023, p. 23, retificada em DEOAB, 13.11.2023, p. 1).

§ 10. (REVOGADO).

- Revogado pela Resolução n. 02/2023-COP (DEOAB, 10.11.2023, p. 23, retificada em DEOAB, 13.11.2023, p. 1).

§ 11. (REVOGADO).

- Revogado pela Resolução n. 02/2023-COP (DEOAB, 10.11.2023, p. 23, retificada em DEOAB, 13.11.2023, p. 1).

§ 12. (REVOGADO).

- Revogado pela Resolução n. 02/2023-COP (DEOAB, 10.11.2023, p. 23, retificada em DEOAB, 13.11.2023, p. 1).

§ 13. (REVOGADO).

- Revogado pela Resolução n. 02/2023-COP (DEOAB, 10.11.2023, p. 23, retificada em DEOAB, 13.11.2023, p. 1).

§ 14. (REVOGADO).

- Revogado pela Resolução n. 02/2023-COP (DEOAB, 10.11.2023, p. 23, retificada em DEOAB, 13.11.2023, p. 1).

§ 15. (REVOGADO).

- Revogado pela Resolução n. 02/2023-COP (DEOAB, 10.11.2023, p. 23, retificada em DEOAB, 13.11.2023, p. 1).

Art. 134. (REVOGADO).

- Revogado pela Resolução n. 02/2023-COP (DEOAB, 10.11.2023, p. 23, retificada em DEOAB, 13.11.2023, p. 1).

§ 1º (REVOGADO).

- Revogado pela Resolução n. 02/2023-COP (DEOAB, 10.11.2023, p. 23, retificada em DEOAB, 13.11.2023, p. 1).

§ 2º (REVOGADO).

- Revogado pela Resolução n. 02/2023-COP (DEOAB, 10.11.2023, p. 23, retificada em DEOAB, 13.11.2023, p. 1).

§ 3º (REVOGADO).

- Revogado pela Resolução n. 02/2023-COP (DEOAB, 10.11.2023, p. 23, retificada em DEOAB, 13.11.2023, p. 1).

§ 4º (REVOGADO).

- Revogado pela Resolução n. 02/2023-COP (DEOAB, 10.11.2023, p. 23, retificada em DEOAB, 13.11.2023, p. 1).

§ 5º (REVOGADO).

- Revogado pela Resolução n. 02/2023-COP (DEOAB, 10.11.2023, p. 23, retificada em DEOAB, 13.11.2023, p. 1).

§ 6º (REVOGADO).

- Revogado pela Resolução n. 02/2023-COP (DEOAB, 10.11.2023, p. 23, retificada em DEOAB, 13.11.2023, p. 1).

§ 7º (REVOGADO).

- Revogado pela Resolução n. 02/2023-COP (DEOAB, 10.11.2023, p. 23, retificada em DEOAB, 13.11.2023, p. 1).

Art. 135. (REVOGADO).

- Revogado pela Resolução n. 02/2023-COP (DEOAB, 10.11.2023, p. 23, retificada em DEOAB, 13.11.2023, p. 1).

§ 1º (REVOGADO).

- Revogado pela Resolução n. 02/2023-COP (DEOAB, 10.11.2023, p. 23, retificada em DEOAB, 13.11.2023, p. 1).

§ 2º (REVOGADO).

- Revogado pela Resolução n. 02/2023-COP (DEOAB, 10.11.2023, p. 23, retificada em DEOAB, 13.11.2023, p. 1).

§ 3º (REVOGADO).

- Revogado pela Resolução n. 02/2023-COP (DEOAB, 10.11.2023, p. 23, retificada em DEOAB, 13.11.2023, p. 1).

Art. 136. (REVOGADO).

- Revogado pela Resolução n. 02/2023-COP (DEOAB, 10.11.2023, p. 23, retificada em DEOAB, 13.11.2023, p. 1).

§ 1º (REVOGADO).

- Revogado pela Resolução n. 02/2023-COP (DEOAB, 10.11.2023, p. 23, retificada em DEOAB, 13.11.2023, p. 1).

§ 2º (REVOGADO).

- Revogado pela Resolução n. 02/2023-COP (DEOAB, 10.11.2023, p. 23, retificada em DEOAB, 13.11.2023, p. 1).

Art. 137. A eleição para a Diretoria do Conselho Federal observa o disposto no art. 67 do Estatuto.

§ 1º (REVOGADO).

- Revogado pela Resolução n. 02/2023-COP (DEOAB, 10.11.2023, p. 23, retificada em DEOAB, 13.11.2023, p. 1).

I – (REVOGADO)

- Revogado pela Resolução n. 02/2023-COP (DEOAB, 10.11.2023, p. 23, retificada em DEOAB, 13.11.2023, p. 1).

II – (REVOGADO).

- Revogado pela Resolução n. 02/2023-COP (DEOAB, 10.11.2023, p. 23, retificada em DEOAB, 13.11.2023, p. 1).

§ 2º (REVOGADO).

- Revogado pela Resolução n. 02/2023-COP (DEOAB, 10.11.2023, p. 23, retificada em DEOAB, 13.11.2023, p. 1).

§ 3º (REVOGADO).

18 ■ LEGISLAÇÃO ESPECÍFICA

- Revogado pela Resolução n. 02/2023-COP (DEOAB, 10.11.2023, p. 23, retificada em DEOAB, 13.11.2023, p. 1).

§ 4º (REVOGADO).

- Revogado pela Resolução n. 02/2023-COP (DEOAB, 10.11.2023, p. 23, retificada em DEOAB, 13.11.2023, p. 1).

§ 5º (REVOGADO).

- Revogado pela Resolução n. 02/2023-COP (DEOAB, 10.11.2023, p. 23, retificada em DEOAB, 13.11.2023, p. 1).

§ 6º (REVOGADO).

- Revogado pela Resolução n. 02/2023-COP (DEOAB, 10.11.2023, p. 23, retificada em DEOAB, 13.11.2023, p. 1).

§ 7º A eleição no Conselho Federal será regulamentada por Provimento editado pelo Conselho Federal.

- Inserido pela Resolução n. 02/2023-COP (DEOAB, 10.11.2023, p. 23, retificada em DEOAB, 13.11.2023, p. 1).

Art. 137-A. (REVOGADO).

- Revogado pela Resolução n. 02/2023-COP (DEOAB, 10.11.2023, p. 23, retificada em DEOAB, 13.11.2023, p. 1).

§ 1º (REVOGADO).

- Revogado pela Resolução n. 02/2023-COP (DEOAB, 10.11.2023, p. 23, retificada em DEOAB, 13.11.2023, p. 1).

§ 2º (REVOGADO).

- Revogado pela Resolução n. 02/2023-COP (DEOAB, 10.11.2023, p. 23, retificada em DEOAB, 13.11.2023, p. 1).

§ 3º (REVOGADO).

- Revogado pela Resolução n. 02/2023-COP (DEOAB, 10.11.2023, p. 23, retificada em DEOAB, 13.11.2023, p. 1).

§ 4º (REVOGADO).

- Revogado pela Resolução n. 02/2023-COP (DEOAB, 10.11.2023, p. 23, retificada em DEOAB, 13.11.2023, p. 1).

§ 5º (REVOGADO).

- Revogado pela Resolução n. 02/2023-COP (DEOAB, 10.11.2023, p. 23, retificada em DEOAB, 13.11.2023, p. 1).

§ 6º (REVOGADO).

- Revogado pela Resolução n. 02/2023-COP (DEOAB, 10.11.2023, p. 23, retificada em DEOAB, 13.11.2023, p. 1).

§ 7º (REVOGADO).

- Revogado pela Resolução n. 02/2023-COP (DEOAB, 10.11.2023, p. 23, retificada em DEOAB, 13.11.2023, p. 1).

§ 8º (REVOGADO).

- Revogado pela Resolução n. 02/2023-COP (DEOAB, 10.11.2023, p. 23, retificada em DEOAB, 13.11.2023, p. 1).

§ 9º (REVOGADO).

■ Revogado pela Resolução n. 02/2023-COP (DEOAB, 10.11.2023, p. 23, retificada em DEOAB, 13.11.2023, p. 1).

§ 10. (REVOGADO).

■ Revogado pela Resolução n. 02/2023-COP (DEOAB, 10.11.2023, p. 23, retificada em DEOAB, 13.11.2023, p. 1).

§ 11. (REVOGADO).

■ Revogado pela Resolução n. 02/2023-COP (DEOAB, 10.11.2023, p. 23, retificada em DEOAB, 13.11.2023, p. 1).

Art. 137-B. (REVOGADO).

■ Revogado pela Resolução n. 02/2023-COP (DEOAB, 10.11.2023, p. 23, retificada em DEOAB, 13.11.2023, p. 1).

Art. 137-C. Na ausência de normas expressas no Estatuto e neste Regulamento, ou em Provimento, aplica-se, supletivamente, no que couber, a legislação eleitoral.

■ Artigo acrescentado pela Resolução n. 1, do Conselho Federal da OAB, de 6-8-2006.

CAPÍTULO VIII
DAS NOTIFICAÇÕES E DOS RECURSOS

■ Capítulo VIII com redação determinada pelo Conselho Pleno do Conselho Federal da OAB, em Sessões Plenárias dos dias 16-10-2000, 6-11-2000 e 7-11-2000.

■ *Vide* arts. 68 a 77 do EAOAB.

■ *Vide* arts. 55 a 69 do Código de Ética da OAB.

Art. 137-D. A notificação inicial para a apresentação de defesa prévia ou manifestação em processo administrativo perante a OAB deverá ser feita através de correspondência, com aviso de recebimento, enviada para o endereço profissional ou residencial constante do cadastro do Conselho Seccional.

■ Acrescentado pela Resolução n. 1, do Conselho Federal da OAB, de 6-8-2006.

§ 1º Incumbe ao advogado manter sempre atualizado o seu endereço residencial e profissional no cadastro do Conselho Seccional, presumindo-se recebida a correspondência enviada para o endereço nele constante.

§ 2º Frustrada a entrega da notificação de que trata o *caput* deste artigo, será a mesma realizada através de edital, a ser publicado no *Diário Eletrônico da OAB*.

■ Redação determinada pela Resolução n. 5, de 2-10-2018.

§ 3º Quando se tratar de processo disciplinar, a notificação inicial feita através de edital deverá respeitar o sigilo de que trata o art. 72, § 2º, da Lei n. 8.906/94, dele não podendo constar qualquer referência de que se trate de matéria disciplinar, constando apenas o nome completo do advogado, nome social, o seu número de inscrição e a observação de que ele deverá comparecer à sede do Conselho Seccional ou da Subseção para tratar de assunto de seu interesse.

■ Redação determinada pela Resolução n. 5, de 7-6-2016.

18 ■ LEGISLAÇÃO ESPECÍFICA

§ 4º As demais notificações no curso do processo disciplinar serão feitas através de correspondência, na forma prevista no *caput* deste artigo, ou através de publicação no *Diário Eletrônico da OAB*, devendo, as publicações, observar que o nome e o nome social do representado deverão ser substituídos pelas suas respectivas iniciais, indicando-se o nome completo do seu procurador ou os seus, na condição de advogado, quando postular em causa própria.

■ Redação determinada pela Resolução n. 5, de 2-10-2018.

§ 5º A notificação de que trata o inciso XXIII, do art. 34, da Lei n. 8.906/94 será feita na forma prevista no *caput* deste artigo ou através de edital coletivo publicado no *Diário Eletrônico da OAB*.

■ Redação determinada pela Resolução n. 5, de 2-10-2018.

Art. 138. À exceção dos embargos de declaração, os recursos são dirigidos ao órgão julgador superior competente, embora interpostos perante a autoridade ou órgão que proferiu a decisão recorrida.

§ 1º O juízo de admissibilidade é do relator do órgão julgador a que se dirige o recurso, não podendo a autoridade ou órgão recorrido rejeitar o encaminhamento.

§ 2º O recurso tem efeito suspensivo, exceto nas hipóteses previstas no Estatuto.

§ 3º Os embargos de declaração são dirigidos ao relator da decisão recorrida, que lhes pode negar seguimento, fundamentadamente, se os tiver por manifestamente protelatórios, intempestivos ou carentes dos pressupostos legais para interposição.

§ 4º Admitindo os embargos de declaração, o relator os colocará em mesa para julgamento, independentemente de inclusão em pauta ou publicação, na primeira sessão seguinte, salvo justificado impedimento.

§ 5º Não cabe recurso contra as decisões referidas nos §§ 3º e 4º.

§ 6º Excetuando-se os processos ético-disciplinares, nos casos de nulidade ou extinção processual para retorno dos autos à origem, com regular prosseguimento do feito, o órgão recursal deve logo julgar o mérito da causa, desde que presentes as condições de imediato julgamento.

■ Acrescentado pela Resolução n. 3, de 16-9-2019.

Art. 139. Todos os prazos processuais necessários à manifestação de advogados, estagiários e terceiros, nos processos em geral da OAB, são de quinze dias, computados somente os dias úteis e contados do primeiro dia útil seguinte, seja da publicação da decisão no Diário Eletrônico da OAB, seja da data da juntada aos autos do respectivo aviso de recebimento, anotada pela secretaria do órgão da OAB.

■ Alterado pelas Resoluções n. 9/2016 (*DOU*, 26.10.2016, S. 1, p. 156), 5/2018-COP (*DOU*, 31.10.2018, S. 1, p. 126) e 4/2022-COP (DEOAB, 16.11.2022, p. 3).

§ 1º O recurso poderá ser interposto via fac-símile ou similar, devendo o original ser entregue até 10 (dez) dias da data da interposição.

■ Acrescentado pelo Conselho Pleno do Conselho Federal da OAB, em Sessões Plenárias dos dias 16-10-2000, 6-11-2000 e 7-11-2000.

§ 2º Os recursos poderão ser protocolados nos Conselhos Seccionais ou nas Subseções nos quais se originaram os processos correspondentes, devendo o interessado indicar a quem

346 DOMINANDO
ÉTICA

recorre e remeter cópia integral da peça, no prazo de 10 (dez) dias, ao órgão julgador superior competente, via sistema postal rápido, fac-símile ou correio eletrônico.

- Redação determinada pela Resolução n. 2, de 18-4-2012.

§ 3º Entre os dias 20 e 31 de dezembro e durante o período de recesso (janeiro) do Conselho da OAB que proferiu a decisão recorrida, os prazos são suspensos, reiniciando-se no primeiro dia útil após o seu término.

- Redação determinada pela Resolução n. 10, de 8-11-2016.

§ 4º A contagem dos prazos processuais em dias úteis prevista neste artigo passará a vigorar a partir de 1º de janeiro de 2017, devendo ser adotada nos processos administrativos em curso.

- Acrescentado pela Resolução n. 9, de 18-10-2016.

Art. 140. O relator, ao constatar intempestividade ou ausência dos pressupostos legais para interposição do recurso, profere despacho indicando ao Presidente do órgão julgador o indeferimento liminar, devolvendo-se o processo ao órgão recorrido para executar a decisão.

Parágrafo único. Contra a decisão do Presidente, referida neste artigo, cabe recurso voluntário ao órgão julgador.

Art. 141. Se o relator da decisão recorrida também integrar o órgão julgador superior, fica neste impedido de relatar o recurso.

Art. 142. Quando a decisão, inclusive dos Conselhos Seccionais, conflitar com orientação de órgão colegiado superior, fica sujeita ao duplo grau de jurisdição.

Art. 143. Contra decisão do Presidente ou da Diretoria da Subseção cabe recurso ao Conselho Seccional, mesmo quando houver conselho na Subseção.

Art. 144. Contra a decisão do Tribunal de Ética e Disciplina cabe recurso ao plenário ou órgão especial equivalente do Conselho Seccional.

Parágrafo único. O Regimento Interno do Conselho Seccional disciplina o cabimento dos recursos no âmbito de cada órgão julgador.

Art. 144-A. Para a formação do recurso interposto contra decisão de suspensão preventiva de advogado (art. 77 da Lei n. 8.906/94), dever-se-á juntar cópia integral dos autos da representação disciplinar, permanecendo o processo na origem para cumprimento da pena preventiva e tramitação final, nos termos do art. 70, § 3º, do Estatuto.

- Acrescentado pelo Conselho Pleno do Conselho Federal da OAB, em Sessões Plenárias dos dias 16-10-2000, 6-11-2000 e 7-11-2000.

Art. 144-B. Não se pode decidir, em grau algum de julgamento, com base em fundamento a respeito do qual não se tenha dado às partes oportunidade de se manifestar anteriormente, ainda que se trate de matéria sobre a qual se deva decidir de ofício, salvo quanto às medidas de urgência previstas no Estatuto.

- Acrescentado pela Resolução n. 2, de 19-8-2019.

Art. 144-C. Fundamentado em razões de segurança jurídica ou de excepcional interesse social da OAB, poderá o órgão julgador recursal competente, por maioria de seus membros, restringir os efeitos da decisão ou decidir que esta só tenha eficácia a partir de seu trânsito em julgado ou de outro momento que venha a ser fixado.

■ Inserido pela Resolução 01/2022-COP – DEOAB, 12.04.2022, p. 2.

CAPÍTULO IX
DAS CONFERÊNCIAS E DOS COLÉGIOS DE PRESIDENTES

■ *Vide* art. 80 do EAOAB.

Art. 145. A Conferência Nacional da Advocacia Brasileira é órgão consultivo máximo do Conselho Federal, reunindo-se trienalmente, no segundo ano do mandato, tendo por objetivo o estudo e o debate das questões e problemas que digam respeito às finalidades da OAB e ao congraçamento da advocacia.

■ Redação determinada pela Resolução n. 8, de 30-8-2016.

§ 1º As Conferências da Advocacia dos Estados e do Distrito Federal são órgãos consultivos dos Conselhos Seccionais, reunindo-se trienalmente, no segundo ano do mandato.

■ Redação determinada pela Resolução n. 8, de 30-8-2016.

§ 2º No primeiro ano do mandato do Conselho Federal ou do Conselho Seccional, decidem-se a data, o local e o tema central da Conferência.

§ 3º As conclusões das Conferências têm caráter de recomendação aos Conselhos correspondentes.

Art. 146. São membros das Conferências:

I – efetivos: os Conselheiros e Presidentes dos órgãos da OAB presentes, os advogados e estagiários inscritos na Conferência, todos com direito a voto;

II – convidados: as pessoas a quem a Comissão Organizadora conceder tal qualidade, sem direito a voto, salvo se for advogado.

§ 1º Os convidados, expositores e membros dos órgãos da OAB têm identificação especial durante a Conferência.

§ 2º Os estudantes de direito, mesmo inscritos como estagiários na OAB, são membros ouvintes, escolhendo um porta-voz entre os presentes em cada sessão da Conferência.

Art. 147. A Conferência é dirigida por uma Comissão Organizadora, designada pelo Presidente do Conselho, por ele presidida e integrada pelos membros da Diretoria e outros convidados.

§ 1º O Presidente pode desdobrar a Comissão Organizadora em comissões específicas, definindo suas composições e atribuições.

§ 2º Cabe à Comissão Organizadora definir a distribuição do temário, os nomes dos expositores, a programação dos trabalhos, os serviços de apoio e infraestrutura e o regimento interno da Conferência.

Art. 148. Durante o funcionamento da Conferência, a Comissão Organizadora é representada pelo Presidente, com poderes para cumprir a programação estabelecida e decidir as questões ocorrentes e os casos omissos.

348 DOMINANDO
ÉTICA

Art. 149. Os trabalhos da Conferência desenvolvem-se em sessões plenárias, painéis ou outros modos de exposição ou atuação dos participantes.

§ 1º As sessões são dirigidas por um Presidente e um Relator, escolhidos pela Comissão Organizadora.

§ 2º Quando as sessões se desenvolvem em forma de painéis, os expositores ocupam a metade do tempo total e a outra metade é destinada aos debates e votação de propostas ou conclusões pelos participantes.

§ 3º É facultado aos expositores submeter as suas conclusões à aprovação dos participantes.

Art. 150. O Colégio de Presidentes dos Conselhos Seccionais é regulamentado em Provimento.

Parágrafo único. O Colégio de Presidentes das Subseções é regulamentado no Regimento Interno do Conselho Seccional.

TÍTULO III
Das Disposições Gerais e Transitórias

Art. 151. Os órgãos da OAB não podem se manifestar sobre questões de natureza pessoal, exceto em caso de homenagem a quem tenha prestado relevantes serviços à sociedade e à advocacia.

Parágrafo único. As salas e dependências dos órgãos da OAB não podem receber nomes de pessoas vivas ou inscrições estranhas às suas finalidades, respeitadas as situações já existentes na data da publicação deste Regulamento Geral.

Art. 152. A "Medalha Rui Barbosa" é a comenda máxima conferida pelo Conselho Federal às grandes personalidades da advocacia brasileira.

Parágrafo único. A Medalha só pode ser concedida uma vez, no prazo do mandato do Conselho, e será entregue ao homenageado em sessão solene.

Art. 153. Os estatutos das Caixas criadas anteriormente ao advento do Estatuto serão a ele adaptados e submetidos ao Conselho Seccional, no prazo de 120 (cento e vinte) dias, contado da publicação deste Regulamento Geral.

Art. 154. Os Provimentos editados pelo Conselho Federal complementam este Regulamento Geral, no que não sejam com ele incompatíveis.

Parágrafo único. Todas as matérias relacionadas à ética do advogado, às infrações e sanções disciplinares e ao processo disciplinar são regulamentadas pelo Código de Ética e Disciplina.

Art. 155. Os Conselhos Seccionais, até o dia 31 de dezembro de 2007, adotarão os documentos de identidade profissional, na forma prevista nos arts. 32 a 36 deste Regulamento.

■ Redação determinada pela Resolução n. 2, do Conselho Federal da OAB, de 12-9-2006.

§ 1º Os advogados inscritos até a data da implementação a que se refere o *caput* deste artigo deverão substituir os cartões de identidade até 31 de janeiro de 2009.

■ Redação determinada pela Resolução n. 1, do Conselho Federal da OAB, de 16-6-2008.

§ 2º Facultar-se-á ao advogado inscrito até 31 de dezembro de 1997 o direito de usar e permanecer exclusivamente com a carteira de identidade, desde que, até 31 de dezembro de 1999, assim solicite formalmente.

■ Acrescentado pelo Conselho Pleno do Conselho Federal da OAB, em Sessões Plenárias dos dias 17-6-1997, 17-8-1997 e 17-11-1997.

§ 3º O pedido de uso e permanência da carteira de identidade, que impede a concessão de uma nova, deve ser anotado no documento profissional, como condição de sua validade.

■ Acrescentado pelo Conselho Pleno do Conselho Federal da OAB, em Sessões Plenárias dos dias 17-6-1997, 17-8-1997 e 17-11-1997.

§ 4º Salvo nos casos previstos neste artigo, findos os prazos nele fixados, os atuais documentos perderão a validade, mesmo que permaneçam em poder de seus portadores.

■ Acrescentado pelo Conselho Pleno do Conselho Federal da OAB, em Sessões Plenárias dos dias 17-6-1997, 17-8-1997 e 17-11-1997.

Art. 156. Os processos em pauta para julgamento das Câmaras Reunidas serão apreciados pelo Órgão Especial, a ser instalado na primeira sessão após a publicação deste Regulamento Geral, mantidos os relatores anteriormente designados, que participarão da respectiva votação.

Art. 156-A. Excetuados os prazos regulados pelo Provimento n. 102/2004, previstos em editais próprios, ficam suspensos até 1º de agosto de 2010 os prazos processuais iniciados antes ou durante o mês de julho de 2010.

■ Acrescentado pela Resolução n. 1, de 22-6-2010.

Art. 156-B. As alterações das regras estabelecidas no art. 131, *caput* e §§ 1º, 2º, 3º, 4º e 6º, deste Regulamento Geral, promovidas em 2020 e 2021, passarão a vigorar a partir das eleições de 2021, inclusive, e, no caso do percentual mínimo de 30% (trinta por cento) estipulado de cotas raciais para advogados negros e advogadas negras, valerão pelo prazo de 10 (dez) mandatos.

■ Redação determinada pela Resolução n. 8, de 24-8-2021.

Art. 156-C. As eleições nos Conselhos Seccionais e nas Subseções em 2021 e no Conselho Federal em 2022 serão regidas pelas regras do Provimento n. 146/2011 e deste Regulamento Geral, vigentes em 2021.

■ Redação determinada pela Resolução n. 5, de 14-12-2020.

Art. 156-D. O uso de meio eletrônico na tramitação de processos administrativos, comunicação de atos e transmissão de peças processuais será admitido mediante instituição de Sistema de Processo Eletrônico, nos termos de ato normativo a ser editado pelo Conselho Pleno do Conselho Federal da OAB.

■ Acrescentado pela Resolução n. 5, de 9-12-2019.

Art. 157. Revogam-se as disposições em contrário, especialmente os Provimentos de n. 1, 2, 3, 5, 6, 7, 9, 10, 11, 12, 13, 14, 15, 16, 17, 18, 19, 20, 21, 22, 24, 25, 27, 28, 29, 30, 31, 32,

350 DOMINANDO ÉTICA

33, 34, 35, 36, 38, 39, 40, 41, 46, 50, 51, 52, 54, 57, 59, 60, 63, 64, 65, 67 e 71, e o Regimento Interno do Conselho Federal, mantidos os efeitos das Resoluções 1/94 e 2/94.

Art. 158. Este Regulamento Geral entra em vigor na data de sua publicação.

Sala das Sessões, em Brasília, 16 de outubro e 6 de novembro de 1994.

José Roberto Batochio

18.4. PROVIMENTO N. 205/2021

PROVIMENTO N. 205/2021

Dispõe sobre a publicidade e a informação da advocacia.

O Conselho Federal da Ordem dos Advogados do Brasil, no uso das atribuições que lhe são conferidas pelo art. 54, V, da Lei n. 8.906, de 4 de julho de 1994, e considerando as normas sobre publicidade e informação da advocacia constantes no Código de Ética e Disciplina, no Provimento n. 94/2000, em resoluções e em assentos dos Tribunais de Ética e Disciplina dos diversos Conselhos Seccionais; considerando a necessidade de ordená-las de forma sistemática e de especificar adequadamente sua compreensão; e considerando o decidido nos autos da Proposição n. 49.0000.2021.001737-6/COP, RESOLVE:

Art. 1º É permitido o marketing jurídico, desde que exercido de forma compatível com os preceitos éticos e respeitadas as limitações impostas pelo Estatuto da Advocacia, Regulamento Geral, Código de Ética e Disciplina e por este Provimento.

§ 1º As informações veiculadas deverão ser objetivas e verdadeiras e são de exclusiva responsabilidade das pessoas físicas identificadas e, quando envolver pessoa jurídica, dos sócios administradores da sociedade de advocacia que responderão pelos excessos perante a Ordem dos Advogados do Brasil, sem excluir a participação de outros inscritos que para ela tenham concorrido.

§ 2º Sempre que solicitado pelos órgãos competentes para a fiscalização da Ordem dos Advogados do Brasil, as pessoas indicadas no parágrafo anterior deverão comprovar a veracidade das informações veiculadas, sob pena de incidir na infração disciplinar prevista no art. 34, inciso XVI, do Estatuto da Advocacia e da OAB, entre outras eventualmente apuradas.

Art. 2º Para fins deste provimento devem ser observados os seguintes conceitos:

I – Marketing jurídico: Especialização do marketing destinada aos profissionais da área jurídica, consistente na utilização de estratégias planejadas para alcançar objetivos do exercício da advocacia;

II – Marketing de conteúdos jurídicos: estratégia de marketing que se utiliza da criação e da divulgação de conteúdos jurídicos, disponibilizados por meio de ferramentas de comunicação, voltada para informar o público e para a consolidação profissional do(a) advogado(a) ou escritório de advocacia;

III – Publicidade: meio pelo qual se tornam públicas as informações a respeito de pessoas, ideias, serviços ou produtos, utilizando os meios de comunicação disponíveis, desde que não vedados pelo Código de Ética e Disciplina da Advocacia;

IV – Publicidade profissional: meio utilizado para tornar pública as informações atinentes ao exercício profissional, bem como os dados do perfil da pessoa física ou jurídica inscrita na Ordem dos Advogados do Brasil, utilizando os meios de comunicação disponíveis, desde que não vedados pelo Código de Ética e Disciplina da Advocacia;

V – Publicidade de conteúdos jurídicos: divulgação destinada a levar ao conhecimento do público conteúdos jurídicos;

VI – Publicidade ativa: divulgação capaz de atingir número indeterminado de pessoas, mesmo que elas não tenham buscado informações acerca do anunciante ou dos temas anunciados;

VII – Publicidade passiva: divulgação capaz de atingir somente público certo que tenha buscado informações acerca do anunciante ou dos temas anunciados, bem como por aqueles que concordem previamente com o recebimento do anúncio;

VIII – Captação de clientela: para fins deste provimento, é a utilização de mecanismos de marketing que, de forma ativa, independentemente do resultado obtido, se destinam a angariar clientes pela indução à contratação dos serviços ou estímulo do litígio, sem prejuízo do estabelecido no Código de Ética e Disciplina e regramentos próprios.

Art. 3º A publicidade profissional deve ter caráter meramente informativo e primar pela discrição e sobriedade, não podendo configurar captação de clientela ou mercantilização da profissão, sendo vedadas as seguintes condutas:

I – referência, direta ou indireta, a valores de honorários, forma de pagamento, gratuidade ou descontos e reduções de preços como forma de captação de clientes;

II – divulgação de informações que possam induzir a erro ou causar dano a clientes, a outros(as) advogados(as) ou à sociedade;

III – anúncio de especialidades para as quais não possua título certificado ou notória especialização, nos termos do parágrafo único do art. 3º-A do Estatuto da Advocacia;

IV – utilização de orações ou expressões persuasivas, de autoengrandecimento ou de comparação;

V – distribuição de brindes, cartões de visita, material impresso e digital, apresentações dos serviços ou afins de maneira indiscriminada em locais públicos, presenciais ou virtuais, salvo em eventos de interesse jurídico.

§ 1º Entende-se por publicidade profissional sóbria, discreta e informativa a divulgação que, sem ostentação, torna público o perfil profissional e as informações atinentes ao exercício profissional, conforme estabelecido pelo § 1º, do art. 44, do Código de Ética e Disciplina, sem incitar diretamente ao litígio judicial, administrativo ou à contratação de serviços, sendo vedada a promoção pessoal.

§ 2º Os consultores e as sociedades de consultores em direito estrangeiro devidamente autorizadas pela Ordem dos Advogados do Brasil, nos termos do Provimento n. 91/2000, somente poderão realizar o marketing jurídico com relação às suas atividades de consultoria em direito estrangeiro correspondente ao país ou Estado de origem do profissional interessado. Para esse fim, nas peças de caráter publicitário a sociedade acrescentará obrigatoriamente ao nome ou razão social que internacionalmente adote a expressão "Consultores em direito estrangeiro" (art. 4º do Provimento 91/2000).

Art. 4º No marketing de conteúdos jurídicos poderá ser utilizada a publicidade ativa ou passiva, desde que não esteja incutida a mercantilização, a captação de clientela ou o em-

18 ■ LEGISLAÇÃO ESPECÍFICA

prego excessivo de recursos financeiros, sendo admitida a utilização de anúncios, pagos ou não, nos meios de comunicação, exceto nos meios vedados pelo art. 40 do Código de Ética e Disciplina e desde que respeitados os limites impostos pelo inciso V do mesmo artigo e pelo Anexo Único deste provimento.

§ 1º Admite-se, na publicidade de conteúdos jurídicos, a identificação profissional com qualificação e títulos, desde que verdadeiros e comprováveis quando solicitados pela Ordem dos Advogados do Brasil, bem como com a indicação da sociedade da qual faz parte.

§ 2º Na divulgação de imagem, vídeo ou áudio contendo atuação profissional, inclusive em audiências e sustentações orais, em processos judiciais ou administrativos, não alcançados por segredo de justiça, serão respeitados o sigilo e a dignidade profissional e vedada a referência ou menção a decisões judiciais e resultados de qualquer natureza obtidos em procedimentos que patrocina ou participa de alguma forma, ressalvada a hipótese de manifestação espontânea em caso coberto pela mídia.

§ 3º Para os fins do previsto no inciso V do art. 40 do Código de Ética e Disciplina, equiparam-se ao e-mail, todos os dados de contato e meios de comunicação do escritório ou advogado(a), inclusive os endereços dos *sites*, das redes sociais e os aplicativos de mensagens instantâneas, podendo também constar o logotipo, desde que em caráter informativo, respeitados os critérios de sobriedade e discrição.

§ 4º Quando se tratar de venda de bens e eventos (livros, cursos, seminários ou congressos), cujo público-alvo sejam advogados(as), estagiários(as) ou estudantes de direito, poderá ser utilizada a publicidade ativa, observadas as limitações do *caput* deste artigo.

§ 5º É vedada a publicidade a que se refere o *caput* mediante uso de meios ou ferramentas que influam de forma fraudulenta no seu impulsionamento ou alcance.

Art. 5º A publicidade profissional permite a utilização de anúncios, pagos ou não, nos meios de comunicação não vedados pelo art. 40 do Código de Ética e Disciplina.

§ 1º É vedado o pagamento, patrocínio ou efetivação de qualquer outra despesa para viabilizar aparição em *rankings*, prêmios ou qualquer tipo de recebimento de honrarias em eventos ou publicações, em qualquer mídia, que vise destacar ou eleger profissionais como detentores de destaque.

§ 2º É permitida a utilização de logomarca e imagens, inclusive fotos dos(as) advogados(as) e do escritório, assim como a identidade visual nos meios de comunicação profissional, sendo vedada a utilização de logomarca e símbolos oficiais da Ordem dos Advogados do Brasil.

§ 3º É permitida a participação do advogado ou da advogada em vídeos ao vivo ou gravados, na internet ou nas redes sociais, assim como em debates e palestras virtuais, desde que observadas as regras dos arts. 42 e 43 do CED, sendo vedada a utilização de casos concretos ou apresentação de resultados.

Art. 6º Fica vedada, na publicidade ativa, qualquer informação relativa às dimensões, qualidades ou estrutura física do escritório, assim como a menção à promessa de resultados ou a utilização de casos concretos para oferta de atuação profissional.

Parágrafo único. Fica vedada em qualquer publicidade a ostentação de bens relativos ao exercício ou não da profissão, como uso de veículos, viagens, hospedagens e bens de consumo, bem como a menção à promessa de resultados ou a utilização de casos concretos para oferta de atuação profissional.

Art. 7º Considerando que é indispensável a preservação do prestígio da advocacia, as normas estabelecidas neste provimento também se aplicam à divulgação de conteúdos que, apesar de não se relacionarem com o exercício da advocacia, possam atingir a reputação da classe à qual o profissional pertence.

Art. 8º Não é permitido vincular os serviços advocatícios com outras atividades ou divulgação conjunta de tais atividades, salvo a de magistério, ainda que complementares ou afins.

Parágrafo único. Não caracteriza infração ético-disciplinar o exercício da advocacia em locais compartilhados (*coworking*), sendo vedada a divulgação da atividade de advocacia em conjunto com qualquer outra atividade ou empresa que compartilhem o mesmo espaço, ressalvada a possibilidade de afixação de placa indicativa no espaço físico em que se desenvolve a advocacia e a veiculação da informação de que a atividade profissional é desenvolvida em local de *coworking*.

Art. 9º Fica criado o Comitê Regulador do Marketing Jurídico, de caráter consultivo, vinculado à Diretoria do Conselho Federal, que nomeará seus membros, com mandato concomitante ao da gestão, e será composto por:

I – 05 (cinco) Conselheiros(as) Federais, um(a) de cada região do país, indicados(as) pela Diretoria do CFOAB;

II – 01 (um) representante do Colégio de Presidentes de Seccionais.

III – 01 (um) representante indicado pelo Colégio de Presidentes dos Tribunais de Ética e Disciplina;

IV – 01 (um) representante indicado pela Coordenação Nacional de Fiscalização da Atividade Profissional da Advocacia; e

V – 01 (um) representante indicado pelo Colégio de Presidentes das Comissões da Jovem Advocacia.

§ 1º O Comitê Regulador do Marketing Jurídico se reunirá periodicamente para acompanhar a evolução dos critérios específicos sobre marketing, publicidade e informação na advocacia constantes do Anexo Único deste provimento, podendo propor ao Conselho Federal a alteração, a supressão ou a inclusão de novos critérios e propostas de alteração do provimento.

§ 2º Com a finalidade de pacificar e unificar a interpretação dos temas pertinentes perante os Tribunais de Ética e Disciplina e Comissões de Fiscalização das Seccionais, o Comitê poderá propor ao Órgão Especial, com base nas disposições do Código de Ética e Disciplina e pelas demais disposições previstas neste provimento, sugestões de interpretação dos dispositivos sobre publicidade e informação.

Art. 10. As Seccionais poderão conceder poderes coercitivos à respectiva Comissão de Fiscalização, permitindo a expedição de notificações com a finalidade de dar efetividade às disposições deste provimento.

Art. 11. Faz parte integrante do presente provimento o Anexo Único, que estabelece os critérios específicos sobre a publicidade e informação da advocacia.

Art. 12. Fica revogado o Provimento n. 94, de 05 de setembro de 2000, bem como as demais disposições em contrário.

Parágrafo único. Este provimento não se aplica às eleições do sistema OAB, que possui regras próprias quanto à campanha e à publicidade.

Art. 13. Este Provimento entra em vigor no prazo de 30 (trinta) dias a contar da data de sua publicação no *Diário Eletrônico da OAB*.

Brasília, 15 de julho de 2021.
Felipe de Santa Cruz Oliveira Scaletsky
Presidente do Conselho Federal da OAB
Sandra Krieger Gonçalves
Relatora

ANEXO ÚNICO

Anuários	Somente é possível a participação em publicações que indiquem, de forma clara e precisa, qual a metodologia e os critérios de pesquisa ou de análise que justifiquem a inclusão de determinado escritório de advocacia ou advogado(a) na publicação, ou ainda que indiquem que se trata de mera compilação de escritórios ou advogados(as). É vedado o pagamento, patrocínio ou efetivação de qualquer outra despesa para viabilizar anúncios ou aparição em publicações como contrapartida de premiação ou ranqueamento.
Aplicativos para responder consultas jurídicas	Não é admitida a utilização de aplicativos de forma indiscriminada para responder automaticamente consultas jurídicas a não clientes por suprimir a imagem, o poder decisório e as responsabilidades do profissional, representando mercantilização dos serviços jurídicos.
Aquisição de palavra-chave a exemplo do *Google Ads*	Permitida a utilização de ferramentas de aquisição de palavra-chave quando responsivo a uma busca iniciada pelo potencial cliente e desde que as palavras selecionadas estejam em consonância com ditames éticos. Proibido o uso de anúncios ostensivos em plataformas de vídeo.

Cartão de visitas	Deve conter nome ou nome social do(a) advogado(a) e o número da inscrição na OAB e o nome da sociedade, se integrante de sociedade. Pode conter número de telefone, endereço físico/eletrônico, *QR Code* que permita acesso aos dados/*site*. Pode ser físico e eletrônico.
Chatbot	Permitida a utilização para o fim de facilitar a comunicação ou melhorar a prestação de serviços jurídicos, não podendo afastar a pessoalidade da prestação do serviço jurídico, nem suprimir a imagem, o poder decisório e as responsabilidades do profissional. É possível, por exemplo, a utilização no *site* para responder as primeiras dúvidas de um potencial cliente ou para encaminhar as primeiras informações sobre a atuação do escritório. Ou ainda, como uma solução para coletar dados, informações ou documentos.
Correspondências e comunicados (mala direta)	O envio de cartas e comunicações a uma coletividade ("mala direta") é expressamente vedado. Somente é possível o envio de cartas e comunicações se destinadas a clientes e pessoas de relacionamento pessoal ou que os solicitem ou os autorizem previamente, desde que não tenham caráter mercantilista, que não representem captação de clientes e que não impliquem oferecimento de serviços.
Criação de conteúdo, palestras, artigos	Deve ser orientada pelo caráter técnico informativo, sem divulgação de resultados concretos obtidos, clientes, valores ou gratuidade.
Ferramentas tecnológicas	Podem ser utilizadas com a finalidade de auxiliar os(as) advogados(as) a serem mais eficientes em suas atividades profissionais, sem suprimir a imagem, o poder decisório e as responsabilidades do profissional.
Grupos de WhatsApp	Permitida a divulgação por meio de grupos de WhatsApp, desde que se trate de grupo de pessoas determinadas, das relações do(a) advogado(a) ou do escritório de advocacia e seu conteúdo respeite as normas do Código de Ética e Disciplina e do presente provimento.
***Lives* nas redes sociais e YouTube**	É permitida a realização de *lives* nas redes sociais e vídeos no YouTube, desde que seu conteúdo respeite as normas do Código de Ética e Disciplina e do presente provimento.
Patrocínio e impulsionamento nas redes sociais	Permitido, desde que não se trate de publicidade contendo oferta de serviços jurídicos.
Petições, papéis, pastas e materiais de escritório	Pode conter nome e nome social do(a) advogado(a) e da sociedade, endereço físico/eletrônico, número de telefone e logotipo.

Placa de identificação do escritório	Pode ser afixada no escritório ou na residência do(a) advogado(a), não sendo permitido que seja luminosa tal qual a que se costuma ver em farmácias e lojas de conveniência. Suas dimensões não são preestabelecidas, bastando que haja proporcionalidade em relação às dimensões da fachada do escritório ou residência, sempre respeitando os critérios de discrição e moderação.
Redes sociais	É permitida a presença nas redes sociais, desde que seu conteúdo respeite as normas do Código de Ética e Disciplina e do presente provimento.

Provimento n. 205/2021